财务与会计类应用型创新系列规划教材

New
Accounting Basis

新编会计基础

主　编　黄　垚　赵　杰
副主编　黄筱卉　张丽萍　张姝玉　王　赟

ZHEJIANG UNIVERSITY PRESS
浙江大学出版社

图书在版编目（CIP）数据

新编会计基础 / 黄垚，赵杰主编 . —杭州 ：浙江大学出版社，2019.10(2024.10重印)

ISBN 978-7-308-19595-9

Ⅰ．①新… Ⅱ．①黄… ②赵… Ⅲ．①会计学—教材 Ⅳ．①F230

中国版本图书馆 CIP 数据核字（2019）第 203854 号

新编会计基础

黄 垚 赵 杰 主编

黄筱卉 张丽萍 张姝玉 王 赟 副主编

责任编辑	朱 辉
责任校对	高士吟 汪 潇
封面设计	春天书装
出版发行	浙江大学出版社
	（杭州市天目山路148号 邮政编码310007）
	（网址：http://www.zjupress.com）
排 版	杭州晨特广告有限公司
印 刷	广东虎彩云印刷有限公司绍兴分公司
开 本	787mm×1092mm 1/16
印 张	23.5
字 数	572千
版 印 次	2019年10月第1版 2024年10月第3次印刷
书 号	ISBN 978-7-308-19595-9
定 价	59.00元

前　言

苟日新,日日新,又日新。经济越发展,会计越需要改革。会计是沟通经济工作者的桥梁。会计人才的培养,必须与日新月异的经济发展同步。

互联网技术的迅猛发展,推动了教育教学改革的不断深化与创新。本教材内容力求与现行相关法律法规的要求和会计改革的实践相一致,主要根据我国2017年新修订的《会计法》、2019年增值税调整等相关配套政策以及2017年、2018年修订的企业具体会计准则、有关法律法规的要求编写,运用"互联网+教育"平台,将各章节教学课件、教学视频、案例与分析提示、通关测试题和文章阅读等内容打包,设置为二维码,呈现于本"新形态"教材之中,对会计基础教材进行"新形态"的建设、改革与完善。

本次我们组织编写《新编基础会计》教材的目标是:①确保教材建设与我国会计实务改革相匹配,力求教材内容的更新与会计改革的实践同步;②运用"互联网+教育"手段,以二维码方式呈现教学课件、教学视频和文章阅读等,使教材形式、学习方式多样化;③依托"互联网+教育"资源,依凭二维码形式的案例与分析提示、通关测试习题等辅助工具,将教学内容、教学技术与教学管理紧密结合,既突破传统教材编排理念,又延展教材、课堂、教学资源的丰富性、时效性,切实深化课堂教学服务;④"通"与"专"并重,教材、课堂、教学资源相融,力求多维度展现易教易学的教材体系和风格,帮助会计学入门者尽快进入"角色",为向更深层次、更高专业水平迈进打下坚实基础。

本书每章内容翔实,体系完备。章前有导标:"本章导航""知识目标""技能目标""中英文关键词"和"引导案例";章中有诠释:利于理解本章原理、基础的"提示说明";章后有附录:"本章小结""重点提示""案例与分析"(或"思考与分析")、"客观题通关测试""实务题通关测试""文章阅读"等。本书遵循"理论讲透、实务足够、案例同步、实训到位"的编写原则,力争做到"教学目标""教学内容"和"章后通关测试"的内在统一。本书设计了然:内容编写全面、务实;内容表述新颖明了;应用导向,"通"与"专"结合;宜教易学,以读者为本,想读者之所想,供读者之所需。

本书由具有丰富会计教学经验和实务经验的教师参与编写,其中黄垚、赵杰为本书主编,黄垚负责全书设计和书稿审阅,编写第4章一般企业主要经营业务核算、第5章会计账户分类、第8章财产清查;赵杰编写第1章总论、第2章会计要素与会计等式;张丽萍编写第3章账户与复式记账、第9章财务会计报告;黄垚、王赟编写第6章会计凭证、第7章会计账簿;黄筱卉参与编写第2章会计要素与会计等式,编写第11章会计规范体系与会计工作组织;张姝玉参与编写第1章总论,编写第10章会计核算组织形式。黄垚、黄筱卉对二维码内容等做了补充。赵杰、黄垚、黄筱卉进行了终稿审阅和校对工作。

在编写过程中我们博采众长,参阅了最新会计实务等方面的大量书籍,引用了有关资料,主要的参考文献已列于书后。本书的编辑、出版得到了浙江大学出版社和宁波大学同仁的大力支持与帮助,在此一并表示诚挚的谢意! 由于水平有限,书中难免存在疏漏和不足,敬请批评指正。

2019 年 9 月

编 者

目 录
CONTENTS

第4章 一般企业主要经营业务核算

第5章 会计账户分类

第6章 会计凭证

第7章 会计账簿

第8章　**财产清查**

第9章　**财务会计报告**

我们正处在一个科技时代,同时也是一个会计时代,在这个时代里,掌握一些会计知识已成为人们的基本需求。

第1章 总 论

本章导航

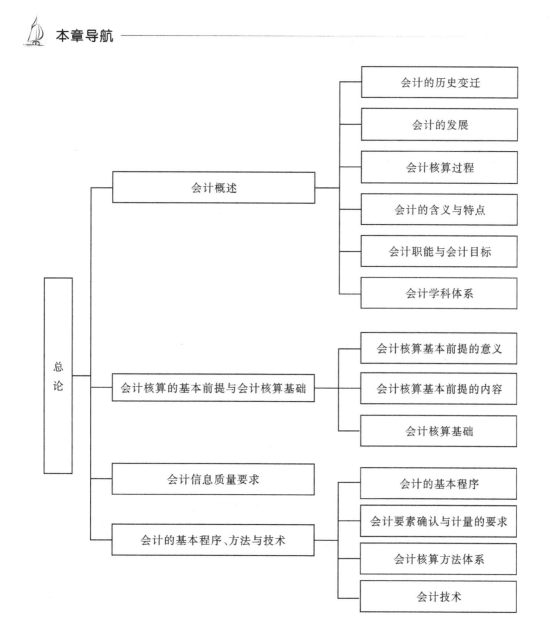

知识目标 ───────

了解会计的产生及发展历程;理解和掌握会计的现状、会计的含义、会计的职能、会计的目标、会计的任务;了解和理解会计核算的基本前提、会计信息质量要求;了解会计核算所采用的方法;了解会计学科体系的组成。

 技能目标 ───────

在实际工作中体会会计的基本假设及会计核算内容。

 中英文关键词 ───────

会计:accounting
会计对象:accounting object
会计职能:accounting function
会计作用:accounting effect
会计学:accountancy
管理会计:managerial accounting
会计师事务所:accounting firm
会计师:accountant
会计信息:accounting information
会计信息质量:quality of accounting information
持续经营:going-concern basis
货币计量:monetary measurement
会计计量:accounting measurement
重置成本:replacement cost
可变现净值:net realizable value
权责发生制:accrual basis

会计环境:accounting environment
资金:fund
会计目标 accounting objective
会计本质:nature accounting
财务会计:financial accounting
成本会计:cost accounting
会计循环:accounting cycle
注册会计师:certified public accountant
会计核算:accounting
会计主体:accounting entity

会计期间(会计分期):accounting period
会计假设:accounting assumption
历史成本:historical cost
现值:present value
公允价值:fair value
收付实现制:accounting on cash basis

 引导案例 ───────

小王是会计专业的一名新生,来自乡镇。小王家隔壁邻居张大叔是会计,儿时,他经常去张大叔家玩,看他拨着老式算盘在那黄黄的账本上写着什么。出于对会计的好奇,高考填报志愿时,小王报了会计专业。入学已有一段时日了,小王对"会计"的概念还有很多的疑惑:

会计到底是什么?

会计是指一个人——比如隔壁家张大叔,人称张会计?

会计是一项工作——打打算盘、记记账？

会计是一个机构——挂着"财务部"或"财务处"牌子的职能部门？

会计是一门学科——不少大学开设的会计专业？

带着一系列问题，小王在星期日的早晨敲响了同专业大三老乡的宿舍门……经过交谈，小王从学长那里了解了自己所学专业的基本内容和培养目标，对会计的概念有了初步的认识。

当你拿到这本教材时，你是否也有同小王一样的困惑呢？

1-1　教学课件

1-2　教学视频

第1节　会计概述

1. 会计的历史变迁

任何一个组织，无论是以追求经济效益为目标的企业，还是提供公共产品的行政事业单位，开展业务活动，总会有财产物资的收付和进出。要对组织的财产物资收付和进出做到"心中有数，全面把握"，就要运用会计这种综合性的"工商语言"。会计是如何做到对单位业务"心中有数"的？会计是干什么的？在现实生活中，会计早已为人们所熟知。它不仅从微观上直接影响着一个单位的经营和管理，而且从宏观上影响着一个国家、一个地区乃至全球的经济和社会发展的走势。在现实生活中，会计与每个人的理财及衣食住行也有着密切的联系。由此可见，会计已经触及社会和人类生活的每个方面。但会计的影响力并非历来如此，在其发展的不同时代有着较大的差异。一般认为，与人类社会发展的历史脉络相一致，会计的发展也经历了古代会计、近代会计和现代会计三个主要时期（见图1-1）。

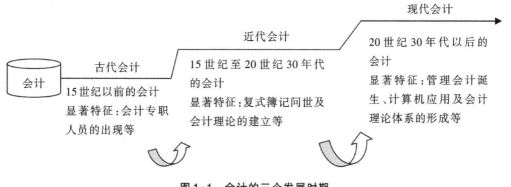

图1-1　会计的三个发展时期

1.1　古代会计（原始社会末期至15世纪）

古代会计的产生经历了一个漫长的历史时期。会计的产生并不与人类的诞生同步，它的产生受制于经济发展的水平，受制于社会管理的需要，受制于文化和科学技术的进步，等等，会计是社会经济发展到一定阶段的产物。例如我国古代的"结绳记事""刻木记日"以及外国古代的刻石记事等。这些简单的计量与记录行为，主要用来计算劳动成果及其分配，是会计的萌芽。由于当时生产力水平比较低，在很长时期内，人们所关心的主要还是生产本身，会计最初还是生产职能的附带部分。因此，古代会计在人类诞生数万年之后才姗姗起步。有观点认为，古代会计是奴隶社会至封建社会这一时期的会计，其主要标志有会计专职人员的出现、会计机构的建立以及"会计"名词的形成等。

"会计"一词由来已久，我国古代"会计"一词产生于西周，主要指对收支活动的记录、计算、考察和监督。清代学者焦循在《孟子正义》一书中对"会"和"计"做过概括性的解释："零星算为之计，总合算为之会。"这说明会计既要进行连续的个别核算，又要把个别核算加以综合，进行系统、综合、全面的核算。

在我国，据文献记载和考证，早在原始社会末期就出现了简单的原始计量、记录行为。3000年前我国的西周王朝就已经建立起了至今仍为世人称道的严密的财计组织。在这个组织机构体系中，所设立的大宰、司会、小宰、宰夫等官职，其主要职责就是掌管国家和地方的"百物财用"。此外，还设有司书、职币、职岁等负责账簿记录的会计人员。将"会"与"计"二字合用，组合为"会计"一词。自春秋战国至秦代，出现了"籍书"和"簿书"之类的账册，用"入""出"作为主要记录符号来反映各种经济出入事项。到唐朝，"账""簿"二字已经连用，报表和账簿已普遍使用纸张。我国的收付记账法、记账所用的数码字、计量单位都在此时传入日本，为日本官方和民间广泛采用。到宋、元两代，会计方法又有了新的进展，会计账簿已有了序时账和总分类账的区别，特别是创建和运用了"四柱结算法"。当时封建官厅办理钱粮报销和移交手续时所造的表册叫"四柱清册"，所谓四柱，即"旧管""新收""开除""实在"，其含义分别相当于现代会计中的"期初结存""本期收入""本期支出""期末结存"，四柱之间的平衡关系，可用会计方程式表示为"旧管+新收-开除=实在"。四柱结算法在民间也逐步得到推广运用。它的创建和运用，是我国会计工作者对会计学科的一项重大贡献，为我国通行多年的收付记账法奠定了理论基础。

在一些庄园中，奴隶主为管理其个人的钱粮收支等，也任用了一些专门的保管和记账人员。有关资料记载，孔子就曾受任管理庄园中的钱粮等收支，因而留下了"会计当而已矣"的传世名言。

古代会计阶段既是会计的开创阶段，也是会计取得长足进步的阶段。不过与今天的会计相比，当时的会计技术和方法等还非常简单。例如，在会计记账方法上，主要采用文字记述方式记录有关交易或事项，这种做法被称为单式簿记或单式记账；在计量上，主要采用实物计量单位，而不是货币计量单位。另外，在古代会计阶段，尽管人们已经有了会计实践，并产生了一定的会计思想，但还没有形成比较系统的会计理论。

1.2　近代会计（15世纪至20世纪30年代）

近代会计一般是指15世纪至20世纪30年代的会计。近代会计形成的显著标志是复式簿记(也称复式记账法)的创建与传播。与单式簿记相比,复式簿记主要体现在记账方法的重大变革上。在复式簿记中,对某一交易或事项起码应从两个不同的方面,运用两个或两个以上账户加以记录,对交易或事项的内容反映得更加全面、完整,是一种优于单式簿记的科学记账方法。

为了适应商业和手工业迅速发展的需要,明末清初,在四柱结算法的基础上,我国又出现了一种比较完善的会计核算方法,称为"龙门账"。"龙门账"把全部账目分为"进""缴""存""该"四大类,用"进-缴"和"存-该"双轨计算盈亏,并编制"进缴表"和"存该表"。当"进-缴=存-该"时,称为"合龙门"。"龙门账"中的"进缴表""存该表"分别与现代会计的"损益表""资产负债表"的意义和作用相似。"龙门账"的创建,为复式记账原理的运用做出了重大贡献。清代以后,资本主义经济关系逐渐发展,产生了"天地合账",一切账项都要在"天方""地方"各记一笔,以反映同一账项的来龙去脉,所记金额必须相等,称为"天地合"。

在古代会计发展的后期,对复式记账法的探索为世界各国所重视。我国的会计前辈们在唐宋时期创建的"四柱结算法"、在明末清初创立的"龙门账"等,都充分体现了复式记账的原理,是世界会计发展史上的辉煌成果,但由于经济发展落后,缺乏对会计变革的迫切需求,缺少热心人士的总结完善,这些成果逐渐退出了历史舞台。在国外,13世纪前后,以意大利为中心的欧洲成为当时世界经济发展的中心,经济贸易的发达以及资本借贷业务的兴起为复式记账法的探索提供了极为有利的经济环境。从事商业经营的精明的商人们在实践中创建了流传至今的复式簿记方法,即借贷记账法。1494年,意大利数学家卢卡·帕乔利(Luca Pacioli)从理论和实务两个方面总结了在民间已经流行了200余年的借贷记账法,并写入了其数学专著《算术、几何、比与比例概要》中,使复式簿记知识在欧洲乃至全世界得到了迅速传播。帕乔利也因其对复式簿记传播的重大贡献而被后人赞誉为"近代会计之父"。

> **提示说明**
>
> 《算术、几何、比与比例概要》是一部内容丰富的数学著作,它由五部分组成:算术和代数、商业算术的应用、簿记、货币和兑换、纯粹数学和应用几何。

应当指出的是,复式簿记的诞生不仅是会计记账方法上的历史性变革,而且是会计理论体系得以建立的起源。帕乔利在其数学著作中,不仅全面而系统地介绍了会计科目、会计账户、会计账簿等基本知识和复式簿记的技术、方法,还阐释了影响至今的相关理论,他在著作中所提出的会计中心论、会计主体和会计分期、会计的目的和会计要素等观点,是早期会计理论研究内容的成果,为后人深入进行会计理论问题的探讨和会计理论体系的构建提供了初步框架,至今仍是会计领域的研究者孜孜探究的理论课题。为此,复式簿记的诞生被誉为会计发展史上第一个里程碑。

综上所述,近代会计形成的主要标志有二:一是利用货币计量进行价值核算;二是广泛采用复式记账法,从而形成现代会计的基本特征和发展基石。

1.3 现代会计（20世纪30年代以后）

现代会计一般是指20世纪30年代以后的会计，这一阶段是会计的跨越式发展时期。现代会计形成的主要标志是会计目标的重大变化、管理会计形成并与财务会计分离、电子计算机在会计上的应用、财务会计理论的形成以及随世界经济一体化而兴起的会计准则的国际趋同等。

1.3.1 会计目标的重大变化

20世纪30年代，现代经济的发展加速了企业组织形式的变革，股份公司这一新的企业组织形式如雨后春笋般在世界各地涌现，同时也对现代会计的发展起到了巨大的推动作用。与过去的私人企业、合伙企业不同，股份公司的经营资金主要来源于股东对企业的投资，并不同程度地产生了"两权分离"。在这种状况下，企业既要承担有效使用投资并保证投资保值增值的责任，也相应地承担向投资者报告财务会计信息并切实保证财务会计信息质量的责任。因而，如何从会计的角度处理好企业与投资者等之间的利益关系、企业发展与社会经济发展等方面的关系，成为现代会计面临的新问题，并对会计理论和会计实务的发展提出了新的要求。

1.3.2 管理会计与财务会计分离

20世纪30年代，随着管理科学的发展，科学管理对企业兴亡的重要作用日益凸显。如何利用会计提供的信息分析企业经营活动现状、预测经营活动前景、为经营决策提供依据等成为会计研究的重要课题。在传统会计基础上，逐步形成并分离出一个新的学科——管理会计，进而形成了财务会计与管理会计并行的格局。在企业中，会计的分工也更为细化，管理会计主要服务于企业内部的经营管理，向企业管理层提供有助于其经营预测和决策方面的相关信息；而财务会计则主要承担向投资者等财务报告使用者提供企业相关信息的责任，这也是会计目标变化所引发的必然结果。

1.3.3 电子计算机在会计上的应用

随着科学技术日新月异的发展，电子计算机、互联网等现代科学技术手段在会计工作上广泛应用，为会计的发展提供了新的强大动力，从而引发了会计技术手段的伟大变革。管理会计的诞生，电子计算机等科学技术手段在会计上的应用，都堪称会计发展史上新的里程碑。

1.3.4 财务会计理论的形成与会计准则的国际趋同

现代会计阶段也是会计理论，特别是现代财务会计理论体系建立和发展的繁荣时期。在近代会计理论框架的基础上，逐步形成了以会计目标为核心，包括会计定义、会计假设、会计对象、会计要素、会计信息质量要求、会计确认、会计计量和会计报告等概念在内的完整而系统的财务会计理论（见图1-2），并以此为指导建立了会计规范。

财务会计理论来自会计实务，反过来又用于指导会计实务。这种指导作用突出体现在：成熟的会计理论本身就属于会计规范的组成内容，同时又用于指导具体会计准则的建立，而会计准则体系的形成又可以用于指导会计实务的规范化处理。20世纪后半叶开始，特别是进入21世纪以来，世界市场经济一体化进程加快，会计的发展也不再仅限于一个国家或地区。国际（地区间）经济交往在各个领域的扩展，经营资本在国际上（地区间）的流动，新的会计实务不断涌现，建立全球统一的会计规范的呼声越来越高，用以规范会计实务的会计准则在越来越多的国家和地区实现了趋同。这些变化也给会计理论的进一步发展和完善提供了新的历史契机,作为"世界商业语言"的会计必将实现更快更好的发展。

图1-2所示的现代财务会计理论体系是会计基础课程的重要组成部分,在本书的后续章节中将陆续展开讨论。

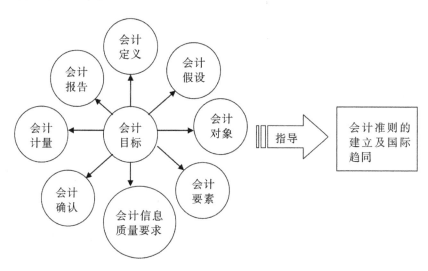

图1-2　现代财务会计理论体系

2. 会计的发展

2.1　影响会计发展的主要社会环境

任何事物的发展变化都是其内外部因素共同作用的结果,会计的发展也是如此。从上述对会计发展三个阶段的分析可见,会计方法和技术手段经历了由简到繁,会计功能经历了由弱到强,会计理论经历了从无到有并不断完善的渐变过程。这些变化既是会计自身发展所必需的,也是会计所处的社会环境所决定的。这些社会环境主要包括经济环境、政治环境、科技环境、教育环境、法律环境和文化环境等(见图1-3)。

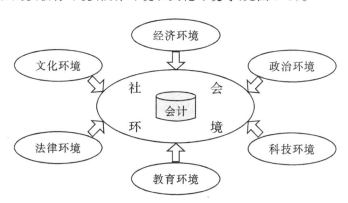

图1-3　影响会计发展的主要社会环境

会计发展是诸多环境因素共同作用的结果,其中有些环境因素在会计特定的发展阶段甚至会起到决定性的作用。例如,政治环境的改善能够为会计发展提供宽松的氛围;簿记著作的问世极大地改变了会计教育的条件;财经教育事业的发展能够为会计发展提供源源不断的人才资源;科技的发展能够为会计发展提供新技术,促进会计手段的变革;等等。这些都充分体现了政治环境、教育环境和科技环境的变化对会计发展强有力的推动作用。

2.2 会计发展的动因

尽管影响会计发展的环境因素是多方面的,但经济环境对会计各个发展阶段都具有普遍的影响。经济环境的变化对会计的发展具有巨大的推动作用,是会计发展的根本动因。当然,会计的发展也会反作用于经济环境,对经济发展产生有力的促进作用。总之,经济的发展必然推动会计向更高层次发展,会计的发展也必然为经济的发展提供强有力的支持。

3. 会计核算过程

放眼社会,我们发现,无论是企业还是政府机关、学校、医院、社会团体,无一单位不设会计岗位。会计作为一种特殊的技术手段,通过记账、算账、报账来核算本单位的收入、费用和利润,反映单位经济活动中拥有的经济资源及资源的来源,反映单位的经济效益。表1-1与表1-2就是会计提供的最终成果——财务报表的一个范例(为便于初学者理解做了简化处理)。

表1-1 利润表

20×9年12月　　　　　　　　　　　　　　　　　　　　单位:万元

项目	上年数	本年数
一、产品销售收入	1 000	1 200
减:产品销售成本	750	900
二、产品销售利润	250	300
加:投资收益	0	20
减:厂部费用	100	100
三、营业利润	150	220
减:非营业损失	0	0
四、利润总额	150	220
减:所得税	35	55
五、净利润	115	165

表1-2　资产负债表

20×9年12月31日　　　　　　　　　　　　　　　　　　　单位:万元

资产	本年数	上年数	资金来源	本年数	上年数
货币资金	290	209	应付账款	209	290
应收账款	159	209	长期借款	490	409
库存	359	309	投资者投入资本	309	309
厂房设备等固定资产	309	390	未分配利润	109	109
资产合计	1 117	1 117	资金来源总计	1 117	1 117

阅读者(如企业股东、发放贷款的银行、政府部门)通过阅读企业财务报表就能综合了解企业当前的经营规模、拥有的总资产、资产的存在形态、本月所创造的利润及利润的来源等经营状况。企业的管理层随时需要利用财务报表了解和解决企业的许多日常问题;贷款给企业的银行要利用财务报表掌握企业偿还债务能力的信息;股票或债券的持有人或者是准备投资企业股票或债券的人,就要关心被投资企业的财务状况和盈利情况。他们都会关心企业的市盈率是多少,资产报酬率是多少,流动比率、速动比率、资金周转率是多少。通过对资料进一步纵横比较,他们还可以看出更多的信息,如销售与利润的关系及其变化、资产经营水平及其变化等。

很显然,上述财务报表提供的是综合性的信息,是对企业日常经营过程中各类交易或事项的账本记录的提炼。

我们常会看到有些家庭会设账本,反映家庭一个时期(一个月或一年)的收入、支出与结余。

其实企业设置的会计账户更详细、全面,如表1-1和表1-2中的"产品销售收入""产品销售成本""所得税""应收账款""固定资产"等就是分别核算、反映企业某一类经济活动发生规模和期末结余情况的账户名称。会计账户反映的信息是分类的、序时的,比财务报表反映的信息更详细、全面。其实财务报表就是在会计账户信息基础上提炼、整合出来的。分类登记会计账户是综合编制财务报表的基础。

那么登记会计账户的依据又是什么呢?

会计账户是分类、序时登记与反映企业发生的交易或事项的,而如实反映交易或事项发生的书面文件就是会计凭证,如证明工资发放的工资单、证明材料领用的领料单、证明产品销售的销售发票。编制、审核会计凭证又是会计一项重要的基础工作,是登记会计账户的基础,会计账户是否真实决定了财务报表的真实性,而会计账户的真实性又是由会计凭证的真实性来保证的。因此会计部门一项非常重要的工作就是对会计凭证进行仔细审核,只有通过审核的凭证才能进入企业会计核算程序,才能保证会计账户、财务报表等重要会计信息的真实。

会计凭证是反映企业一笔交易或事项的会计信息,编制会计凭证是逐笔反映企业交易或事项的会计核算方法;会计账户是反映某一类交易或事项的会计信息,根据会计凭证将交易或事项分类登记到不同的会计账户中,是分类反映企业交易或事项的会计核算方法;财务报表是综合反映企业交易或事项的会计信息,汇总各会计账户提供的某段时间各类交易或事项的发生额或结余额,是综合反映企业交易或事项(财务状况和经营成果)的会计核算方法。

企业会计就是通过编制会计凭证、登记会计账户、编制财务报表等方法,全面、连续、系统地反映核算企业的交易或事项(见图1-4)。从编制会计凭证到登记会计账户,再到编制财务报表是不断综合提炼、浓缩会计信息的过程。有不同要求的会计信息阅读者可以根据需要分别查阅会计凭证、会计账户、财务报表来详细、分类、综合地了解企业的交易或事项。会计信息能同时满足会计信息阅读者不同的信息要求。

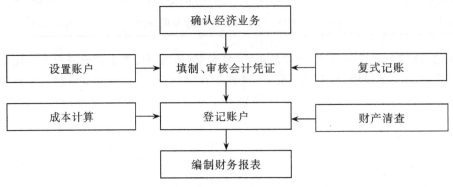

图1-4 会计核算过程示意

任何经济活动都离不开会计这种技术手段来核算、反映其规模、效益。任何企业的会计工作都包括编制会计凭证、登记会计账簿、编制财务报表三种方法、三个环节。会计犹如X光或CT,对企业发生的经济活动由粗到细扫描、诊断,详细、分类、综合地反映企业的交易或事项、经营状况和经营成果,为会计信息阅读者了解企业、做出决策如实提供信息。而且经济越发展,会计越重要。

4. 会计的含义与特点

4.1 会计的含义

考察角度不同,就会对会计产生不同的认识,对会计就会有不同的描述方式。传统的会计是指以货币形式,利用复式记账原理,按照规定的程序,对某一会计主体(企业)的经济活动进行计量、记录、分类、整理,定期编制反映一定期间经营情况的财务报表。我国会计理论界对会计含义的理解主要有两种代表性的观点:一是信息系统论,即认为会计是一个运用货币单位对交易或事项进行确认、计量、记录和报告的信息系统;二是管理活动论,即认为会计是通过收集、处理和利用经济信息,对经济活动进行规划、组织、控制和指导,促使人们权衡利弊得失、讲求经济效果的一种管理活动。

4.1.1 会计是一个信息系统

会计对经济活动过程中占有的财产物资和发生的劳动耗费的原始数据进行加工,产生信息,供人们了解和管理经济活动之用。信息是会计工作所产生的结果。从这一点来看,会计是一个信息系统。

从取得经济活动的原始数据到将信息传输给使用者,需要经过确认、计量、记录、报告四个环节。

确认是指按照会计规范将某一项目作为会计要素正式地列入财务报表的过程。

在会计确认环节,某项经济活动产生的原始数据涉及是否应该记录、记录在什么账户里、何时记录三个问题。凡是符合确认标准的经济活动的原始数据,均应在会计账户中予以确认,最终综合地将其反映在财务报表里。例如,顺达实业股份有限公司 2010 年 3 月 10 日,销售商品一批,货款为 200 万元,当日收到现金 80 万元,双方约定余款 120 万元在 2010 年 8 月 10 日一次性结清。对这项销售业务涉及的货款、收入的现金、未结算货款等原始数据,会计人员经确认分别将其记录在销售收入、库存现金、应收账款账户里,记录时间为 2007 年 3 月 10 日。

计量是指对经过确认的经济活动的原始数据,以货币或其他度量单位衡量其对会计要素在数量上的影响和结果的过程。在会计计量环节,涉及如何计量以及以什么度量单位进行计量的问题。在上例中,销售收入、库存现金、应收账款应分别计量为:销售收入 200 万元,库存现金 80 万元,应收账款 120 万元。

记录是指运用会计特有的方法,将经过确认和计量的经济活动的原始数据在会计凭证、账簿等会计信息载体上加以记录的过程。在上例中,应当运用复式记账方法分别进行如下记录:编制会计凭证,登记销售收入、库存现金、应收账款明细账,登记总账。

报告是指将会计确认、计量、记录的结果,以财务报表的形式提供给会计信息使用者的过程,如综合反映企业财务状况的资产负债表、综合反映企业经营成果的利润表。会计报告是会计工作的最终成果,也是会计确认、计量、记录的目的,编制会计报告是会计信息系统的最终环节。

4.1.2　会计是一种管理活动

会计主要用货币量度对企业生产经营过程中占用的财产物资和发生的劳动耗费进行系统的确认、计量、记录和报告。确认、计量、记录和报告本身不是目的,而是会计所用的手段。凭借这些手段,达到从一个特定的侧面管好一个企业的生产经营,提高经济效益的目的。从这一点来看,会计是一种管理活动。

企业生产经营的根本目的是追求利润的最大化。为了达到这一目的,企业必须进行科学、有效的管理。企业的管理过程一般包括规划、组织、实施和控制四个阶段。在管理的每一个阶段,会计除了为管理提供信息外,还直接参与其中,尤其是从资金和成本角度参与。

规划是管理活动的开始,管理人员应确定企业目标和策略,草拟和选择方案,编制实施计划和预算。在该阶段,会计人员一方面需要为草拟和选择方案、编制计划和预算提供信息,另一方面需要参与分析各种方案、计划和预算的可行性和利弊得失,为最终确定规划献计献策。

组织是为完成规划而优化各项资源的组合,并按时配置这些资源,包括机构设置、职责分配、人员配备、资金调度、团队协调等。在这个阶段,会计人员需要协助管理层将规划分解为财务指标、筹措和调度资金、控制资金使用成本等。

实施是规划的执行过程,具体表现为融资、投资和经营活动的开展。在这个阶段,会计人员需要具体办理并控制各项资源的流入、流出和配置,如收支资金、发放工资、控制成本等,此外还需要向管理人员反映规划实施的偏差。

控制主要是检查规划执行情况,辨识潜在风险,分析差异原因,并对具体实施活动进行监督。在该阶段,会计人员需要分析融资、投资和经营活动情况同计划的差异和原因,比较企业总体财务状况、经营成果同计划的差异和原因,并同管理人员一起制定对策等。

4.2 会计的特点

会计的特点是指会计作为一种经济管理活动与其他管理活动相区别的特殊性。作为一种信息系统与其他信息系统的区别。会计核算与统计核算、业务核算相比,具有如下特点。

4.2.1 以货币为主要计量单位

会计核算与统计核算、业务核算以及其他管理活动之间最重要的区别,就是会计以货币为主要计量单位。也就是说,会计是以货币为基本计量尺度来量度所有核算对象的,并将企业的生产经营活动、财务状况、经营成果、现金流量的数据资料转化为按统一货币单位反映的会计信息。

尽管企业的经济活动可以用不同的计量尺度来量度,如实物量度、劳动量度、货币量度等,但是在商品经济条件下,会计所使用的共同尺度只能是货币量度。这是由货币量度的优越性和实物量度、劳动量度的局限性所决定的。因为实物量度只能总计同一种类的物资,不能总计各种不同种类的物资,更不能综合反映各种不同的经济活动;劳动量度只能核算工作时间方面的劳动耗费,而不能核算价值形式的劳动耗费。唯有货币能为会计计量及会计记录的分类和总括反映提供其他任何量度都无法提供的统一计量标准。从这个意义上讲,货币是会计的基本计量单位,而其他计量单位则属于辅助计量单位。

4.2.2 定期进行综合核算,完整、连续、系统地提供会计信息

会计核算在时间上表现为定期核算,即将企业持续不断的生产经营活动人为地分割为长度相等的会计期间,定期地运用统一的货币量度将经济活动的过程和结果综合为各种总括的价值指标,分期确定各个会计期间的收入、费用和利润,反映每一会计期间的期初、期末的资产、负债和所有者权益,并进行账目结算和编报财务报表,完整、连续、系统地向企业的各利益相关人提供必要的会计信息。会计核算的完整性、连续性和系统性是由会计目标所决定的。

4.2.3 以提高经济效益为终极目的

在现代市场经济条件下,企业是以获利和维持偿债能力为财务目的的经济组织,一切经济管理活动都是为了提高企业的经济效益。经济效益是经济效果和经济利益的综合概念,通常是指在经济活动中产出大于投入、得大于失、劳动成果大于劳动占用和劳动耗费的增量。讲求经济效益与会计有着特殊的渊源,会计本身就是基于提高经济效益的客观要求产生和发展起来的。企业提高经济效益的重要途径在于加强经济管理,经济管理的重心在于经济决策,经济决策则离不开必要的信息资料。会计正是适应这种客观需要,运用会计核算、会计控制、会计分析、会计检查以及会计预测与决策等各种方法和手段,将企业的交易或事项加工整理、转换为有用的价值管理信息,为企业的经济决策服务。所以,会计的终极目的就是提高经济效益。

5. 会计职能与会计目标

会计职能,是指会计在经济管理中所具有的功能,即会计作为一种经济管理活动,客观上应具备的本质功能。尽管会计职能随着社会生产和会计的发展而发展,不断地派生出新的职能,但是其基本职能则主要表现在反映职能和监督职能两个方面。

5.1 反映职能

会计的反映职能,也称为会计核算职能,就是提供会计信息的职能。它是以货币为主要计量单位,对企业、事业单位的经济活动进行记录、计量、计算和报告,向投资者、债权人、政府部门和社会公众提供其经济决策所需要的会计信息。反映职能的特点如下。

其一,以货币为计量单位反映企业的经济活动情况,为信息需求者提供财务信息。会计在数量方面反映经济活动时,可以采用实物度量、劳动度量和货币度量三种度量方式。但由于会计反映的是价值运动,所以,会计主要是以货币为计量单位,对企业、事业单位经济活动的过程和结果进行核算的。

其二,会计反映注重正在和已经发生的经济活动。即对企业、事业单位经济活动进行事中和事后反映。当然,会计也对未来的经济活动进行预测,但会计反映职能主要体现在对历史事实进行核算上。

其三,会计反映以会计凭证为依据,并具有完整性、连续性和系统性。会计反映的完整性是指会计对所有能用货币计量的交易或事项都要进行记录,不应遗漏。会计反映的连续性是指会计对能用货币计量的各种交易或事项要按照其发生的时间顺序进行记录,不应中断;会计反映的系统性是指会计对能用货币计量的各种交易或事项所产生的数据信息进行科学的分类,使其形成相互联系的整体,不应杂乱无章。

5.2 监督职能

会计的监督职能,就是监督企业、事业单位经济活动的合法性、合理性、有效性,维护国家财经纪律,提高经济效益。会计监督职能的特点如下。

其一,会计监督以国家法令法规和企业各项制度、计划预算为依据,对会计主体经济活动的合法性、合理性、有效性实施控制与调节。

其二,会计监督是在会计反映职能基础上进行的,因此,会计监督主要是对利用货币反映的经济活动进行监督。会计监督是根据会计反映所提供的价值指标来全面地控制和调节企业、事业单位的经济活动,综合地考核其经济效益。当然,会计也对实物资产进行监督,以保证实物资产的安全性和完整性。

其三,会计监督包括事前监督、事中监督、事后监督,但以事中和事后监督为主。通过事中监督,可以及时发现经济活动中存在的问题,采取相应的措施,控制和调节经济活动,使经济活动按照预定的目标进行,并能及时纠正违法、违规行为。通过定期的事后监督,可以分析、考核企业、事业单位的经营业绩,总结经营管理中的经验和教训,不断改善企业、事业单位的经营管理现状,提高经济效益。通过事前监督,可以审查企业等单位未来经济活动方案的合法性、合理性和有效性,分析其可行性,以降低企业、事业单位的经营风险。

会计反映职能和会计监督职能是相互联系并相辅相成的。会计反映职能是基础,没有会计反映职能,会计监督职能就失去了监督的对象;会计监督职能是会计反映职能的保障和延伸,没有会计监督职能,会计信息质量就无法得到保障,会计提供会计信息的职能就无法得以发挥。

5.3 会计的其他职能

会计在履行核算监督基本职能同时,也履行着其他的经济职能。

随着社会的进步、经济的发展以及新技术的应用,会计在具有反映和监督职能的基础上,逐步发展了新的职能,满足会计信息阅读者提高经济效益的需要。

5.3.1 参与预测和决策

经济管理水平的不断提高,要求会计适应经济管理的要求,不断扩大自身的职能。不但要求会计提供事后的会计信息,还要求会计参与到事前的预测和决策过程中,担当起领导预决策的参谋。

5.3.2 制订财务计划

会计根据决策的目标制订相应的计划,使决策目标具体化,以保证决策目标能够顺利完成。财务计划是单位计划体系的核心,也是保证其他计划顺利执行的前提条件。

5.3.3 进行事后分析与考核

在经济活动发生后,会计对计划执行的结果进行检查、分析与考核。通过检查与分析,找出经济活动过程中存在的问题,并提出解决问题的建议,供领导决策时参考。同时按照经济责任制的要求,将存在的问题与责任者的经济责任挂钩,作为考核经营者业绩的参考依据。

5.4 会计目标

我国的《企业会计准则———基本准则》第四条规定,财务会计报告的目标是向财务会计报告使用者提供与企业财务状况、经营成果和现金流量等有关的会计信息,反映企业管理层受托责任履行情况,有助于财务会计报告使用者做出经济决策。从会计作为一个信息系统的角度来看,会计的目标就是向会计信息的使用者提供有助于其经济决策的会计信息。这就涉及与会计目标相关的两个问题:谁是会计信息的使用者? 会计能提供什么样的信息?

5.4.1 会计信息的使用者

企业会计信息有很多使用者,其中有的处于企业内部,如企业内部各层次的管理人员、企业的职工;有的处于企业外部,如企业的所有者、债权人、客户和供货方,直接管理企业的政府部门,国家财政和计划部门,一般公众,等等。

(1)投资者或潜在的投资者

对于上市公司来说,投资者包括现有的持股者,也包括那些愿意购买股票的潜在投资者。投资者或潜在的投资者在做出投资决策时,需要了解和掌握企业的经营状况、投资回报、企业发展前景等有关信息。假定你持有顺达实业股份有限公司 10 000 股股票,买入价为每股4.5元,那么你最关心的是这个股票会不会涨价,它的价值是多少,每股价格 5 元时应不应该卖掉,是否应该卖掉顺达的股票而买入另外一家公司的股票。回答这些问题当然需要多方面的信息,包括国家宏观经济政策、投资者心理预期等都会对股价产生影响,但是,上市公司财务报表所披露的信息应是投资者评价上市公司业绩的最主要信息来源。通过财务报表信息,投资者可以了解和掌握管理当局所保管及运用的经济资源的情况、企业支付股息红利及还本付息的能力、企业资产的增值情况及现金流量的大小,以便评估管理当局达到经营目标的能力、投资的内在风险和投资报酬,适时改变投资方向或更换经理人。具体地讲,已投资股票的股东需要利用会计信息及其他信息,决定继续持有该股票还是将其出售,潜在投资者需要决定是否购买股票,购买哪家企业的股票,以及以何种价格买进。一般认为,当某一上市公司的财务报表对外公布后,证券市场中的投资者能够迅速地利用财务报表中的新信息进行投资决策,从而引起该上市公司的股票价格发生变动。影响证券市场价格的因素有很多,除了会计信息外还有国家宏观经济政策、投资者心理预期、政治因素等,不过,股票价格总是以一种公正的方式对上市公司的各种财务事项做出反应。一个理性的投资者应主要借助会计信息做出决策。现在许多证券分析师和咨询机构通过综合分析,往往可以从财务报告中获取更多有用的信息,并在进行行情分析时加进他们的咨询意见或看法,为普通投资者的决策提供参考。

(2)债权人

银行和其他债权人为企业提供贷款和其他信用,需要了解和掌握企业是否能够定期付息、是否能够偿还到期贷款和债务等有关财务信息。假如顺达实业股份有限公司希望新建一条生产线,扩大生产规模,开发新的产品,为此,需要一笔资金。经公司董事会批准,该公司拟向商业银行借款 800 万元,期限为 5 年。商业银行在接到顺达实业股份有限公司的贷款申请后,就需要对其经营状况进行评估,主要考虑以下问题:公司的财务状况是否良好? 公司的长期经营能力如何? 贷款到期时,公司是否有足够的现金偿债? 即银行及其他债权人需要了解企业资产的流动性(短期偿债能力)及长期偿债能力。银行需要进一步评估顺达实业股份有限公司的未来现金流量信息,因为有时候,虽然企业获利情况良好,但因扩充过度,资金冻结在非流动资产上,周转不灵。有时,企业的现金流入虽超过现金流出,但因为时间上不能配合,也可能周转不灵。企业资产若失去流动性,不仅债权人权益受到影响,投资者的收益亦无着落。这些都需要银行借助会计信息来分析。

(3)政府管理部门

政府机构包括中央政府和地方政府,他们要进行宏观管理和控制,要对产品、金融和资本等各类市场进行监督和调节。这种调节作用表现在:宏观管理部门要考核和监督国民经济总体运行情况,从而制定正确、合理、有效的调控和管理措施,促进国民经济协调有序地发展。税务部门要以会计信息为依据向企业征税,保证国家财政收入。统计部门要汇总分析各单位、各行业、各地区的经营情况和发展趋势。这些在很大程度上需要会计系统提供的信息。

(4)企业管理当局

企业管理当局需要大量的会计信息。企业管理当局在经营中需要了解和掌握企业的财务信息,包括资产的运用和分布状况、财务成本和经营活动状况、资本的运营状况、企业经营的业绩等。企业管理当局不仅需要借助会计信息对日常经营活动进行管理和控制，还需要借助会计信息进行科学的经营决策与管理决策。例如前面谈到的顺达实业股份有限公司，要新建一条生产线，在决定开发这一项目之前，公司管理当局就必须讨论如下问题：这一生产线项目的前期开发成本是多少？这条生产线的生产能力如何？市场潜力有多大？需要多长时间才能使公司盈利？可能的盈利水平有多高？

（5）供应商及客户

对于一个企业的供应商来说，企业经营的稳定持久显然具有重要意义，这不仅保证了其拥有一个稳定的客户，同时也保证了它的销售资金的回笼。因此供应商往往需要借助会计了解企业的经营状况，以便于制定产销计划和赊销策略等。而对于企业的客户来说，其需要借助会计信息来确定企业的产品供应是否稳定，特别是如果他们预先支付货款的话，需要借助会计信息来确定企业的财务状况是否可靠。客户所关注的会计信息是非常重要的，如企业因经营不善突然停产或因其他原因中断采购，均有可能导致企业生产活动的瘫痪，从而无法保障客户的利益。

（6）企业职工和其他利益集团

企业职工和其他利益集团依赖于企业或与企业有一定的联系，需要获得企业稳健发展和获利能力的资料。具体来讲，企业职工需要了解企业目标的实现、能提供的报酬、发展前景、对自己的吸引力等。社会公众关心企业可能以哪种方式对当地做出贡献，如给当地提供就业机会的能力、对环境的保护情况等。

显然，会计信息的使用者对会计信息的要求不同，各有侧重，但他们有一个共同的关注点，那就是：企业特定时点财务状况的信息；企业特定会计期间经营成果的信息；企业特定会计期间现金流入、现金流出及现金净流量的信息。

5.4.2 会计能提供的信息

如前所述，会计是一个信息系统，它主要向信息使用者提供有助于其进行各种决策的财务信息。作为财务信息载体的财务报表，是综合反映企业一定时期财务状况、经营成果及现金流量情况的书面报告文件。财务报表的主体一般为资产负债表、利润表和现金流量表，为了使报表使用者更好地理解财务报表，企业还要编制基本财务报表的附表、附注和财务情况说明书。要想懂得会计语言，懂得运用会计信息，那就要学会运用财务报表，财务报表告诉了我们会计能提供什么信息。

（1）关于企业财务状况的信息

企业财务状况是反映企业经营实力的重要方面，也是企业营运状况分析的重要内容。分析企业财务状况的目的在于了解企业偿债能力。通过财务报表，信息使用者可以了解企业在某一特定时日所拥有的经济资源（资产），这些经济资源上的权利（负债与所有者权益）以及引起资产、负债与所有者权益变动的各种交易、事项和情况的信息，即企业在一定时日的财务状况的信息。这一类信息是资产负债表提供的。

如根据表1-2提供的资产负债表，信息使用者可以知道该公司20×9年12月31日的资产总额为1 117万元，负债总额为699万元，从而计算出该公司20×9年12月31日的净资产为418万元，负债与资产的比例超过50%。该公司20×9年12月31日的流动资产为808万元，流动负债为209万元，流动资产比流动负债多3倍多，看起来公司的短期偿债能力是比较强的。另外该公司20×9年12月31日的库存现金和应收账款共计449万元，比应付账款要多,可以看出公司如需即时还债也没有问题,反映出企业当前良好的财务状况。

（2）关于企业经营成果的信息

经营成果是企业在一定期间内生产经营活动的结果,即利润,它是通过企业在一个特定时期内获取的收入减去相应发生的费用得到的。会计通过利润表提供企业在一个特定时期关于经营成果的信息,显示企业经营者的经营业绩,反映企业获利能力的大小及其发展趋势,表达企业经营的成功程度。因此,利润表提供的经营成果的信息备受投资者及其他报表使用者的关注。

通过利润表1-1,信息使用者可以了解到该公司20×9年的经营成果,并对该公司的经营情况做出评价。特别是与前期利润比较,还能推测该公司未来收益,预测该公司未来的经营业绩。与上年相比,在相同的资产规模下,销售量和销售利润均增加了20%,而且对外投资获得了收益,导致利润总额增加了近五成,经营效益明显上升。

（3）关于企业现金流量的信息

通常情况下,报表使用者比较关注企业的获利情况,并且往往以所获利润的多少作为衡量标准,企业获利多少在一定程度上表明了企业具有一定的现金支付能力。但是,企业一定期间内获得的利润并不代表企业真正具有偿债或支付能力。在某些情况下,虽然企业利润表上反映的经营业绩很可观,但财务也可能会很困难,不能偿还到期债务;还有些企业虽然利润表上反映的经营成果并不可观,但却有足够的偿付能力。现金流量表能够说明企业一定期间内现金流入和流出的原因,说明企业的偿债能力和支付股利的能力。

（4）表外信息和非货币信息

财务报表是提供会计信息的主要方式,其揭示信息的特点是货币化。但是会计信息的计量并非只具有单一的属性,信息的揭示并非只能局限于报表,那些难以确认、不能以货币量化的信息,会计也能够通过表外信息在一定程度上提供。

6. 会计学科体系

会计作为一项管理活动,已有几千年的历史,但会计作为一门学问,出现得却相对较晚,仅有几百年的历史。会计从其学科性质来说,是属于经济管理中的一门应用性学科,是研究和阐述会计系统与会计工作发展规律的一门学科,即对会计系统的对象、功能、结构、目标及运行条件、基本约束规范和专门方法进行研究、阐述而形成的学科。会计实践是不断发展和丰富的,相应地,会计理论也在不断地发展和完善。会计实践的发展和丰富推动了会计理论的发展和完善。会计学科体系是一个庞大的体系,其分类也是多角度的、动态的、分层次的。其中,按会计学科体系的研究对象分类是最重要的分类方式,主要包括会计基础学科、企业会计学科、政府及非营利组织会计学科、特殊领域会计学科、综合性会计学科。会计基础学科包括会计工作基础学科、会计行为基础学科、会计方法学科、会计教育学科、会计史学科;企业会计学科包括财务会计、成本会计、管理会计、证券公司会计、金融企业会计、税务会计等;政府及非营利组织会计学科包括财政总预算会计、行政单位会计、事业单位会计、科研单位会计、军队会计、社团会计等;特殊领域会计学科包括无形资产会计、物价变动会计、破产会计、期货会计、司法会计、人力资源会计等;综合性会计学科包括社会会计、社会责任会计、环境会计等。

> **提示说明**　非营利组织主要包括政府机构、事业单位和社会团体等,其主要负责社会事务或某些社会事业方面的管理,其所需资金一般来自财政预算拨款或借款,其开展业务活动也不是为了盈利。

　　会计学科体系反映在会计教育中又具体表现为会计课程体系。目前,我国的会计课程体系一般由以下课程组成:基础会计学(会计学原理)、财务会计学、成本会计学、财务管理学、管理会计学、审计学、会计电算化、会计制度设计等。其中,基础会计学(会计学原理)、财务会计学、成本会计学、财务管理学、管理会计学、审计学是会计学科体系中的主干学科,也是会计课程体系中的主干课程。

　　上述会计课程体系中,基础会计学(会计学原理)是会计学大家族中最具基础性的学科,主要讲述会计学的基本理论、基本知识和技能。本书将以此为主线进行阐述。

第2节　会计核算的基本前提与会计核算基础

1. 会计核算基本前提的意义

　　会计核算基本前提,是会计人员在进行会计核算时必须依据的先决条件,没有基本前提,会计核算就难以顺利、正常地进行。会计核算基本前提的意义如下。

1-3　教学视频

1.1　满足会计核算的要求

　　会计核算是以货币为主要计量单位,对企事业等单位一定时期的经济活动进行真实、准确、完整的记录、计算和报告。该项工作要求:以货币为主要计量单位;企事业等单位是会计核算的主体;企事业等单位的经济活动是会计核算的对象;一定时期(月、季、年)是会计核算的期限;真实、准确和完整是会计核算应达到的质量标准;会计核算的程序是对经济活动的记录、计算和报告。由于企事业等单位的会计核算工作是在一定时间、地点和条件下进行的,因此必须确立、遵守与其相适应的会计核算基本前提。

1.2　能够顺利地对社会再生产进行核算

　　在社会主义市场经济条件下,为了对社会再生产中生产、分配、交换、消费各环节的资金运动顺利地进行核算,就必须对以下几方面加以确定:确定会计核算的空间范围,即对整个国民经济、部门还是对地区、基层单位进行会计核算;确定会计核算的时间范围,即对一定的年度、季度还是月份进行会计核算;确定会计核算的内容,即对一定单位正在进行的经济活动进行会计核算;确定会计核算的计量依据和方法,即采用某种计量单位、某种记账方法和某种会计处理基础进行会计核算。

1.3 保证会计核算质量

确定了会计核算基本前提,才能做到真实、准确、完整、及时地反映企事业等单位的经济活动情况。

总之,确定会计核算基本前提,反映了会计工作的规律性。历史、现实的会计工作经验证明必须有会计核算基本前提。

2. 会计核算基本前提的内容

我国的会计核算基本前提,由国家主管会计工作的部门予以规定,将对会计核算具有整体制约功能和可操作性的内容列入会计核算基本前提。

会计核算基本前提,即会计假设,是指为了保证会计工作的正常进行和会计信息的质量,对会计核算的范围、内容、基本程序和方法所做的基本假定。会计核算基本前提的内容包括:会计主体假设、持续经营假设、会计期间假设、货币计量假设。

上述各项会计核算基本前提已在我国有关会计法规中予以规定,这种规定完全是出于客观的需要,有充分的客观性,否则会计就不能发挥其职能。在上述各项会计核算基本前提中,会计主体解决了会计核算和监督的空间范围问题;持续经营和会计分期解决了会计核算和监督的内容和时间范围问题;货币计量解决了会计核算的计量单位问题。会计核算基本前提之间既有联系又有区别,缺一不可,共同为会计工作的顺利开展奠定了基础。

2.1 会计主体

2.1.1 会计主体的概念

会计主体是会计工作服务的特定单位或组织。会计主体假设是指会计核算应当以企业发生的各项经济业务为对象,记录和反映企业本身的各项生产活动。也就是说,会计核算反映一个特定企业的经济业务,只记本主体的账。会计主体假设明确了会计工作的空间范围。

再生产过程中的资金运动,表现为国民经济的工业、农业、建筑业、商品流通业、对外贸易、科学技术事业、文化事业、卫生事业和城市公用事业等部门的资金运动。国民经济各部门的资金运动又表现为所属企业、事业、机关和其他单位的资金运动。一般来说,这些企业、事业、机关和其他单位就是会计主体。

会计主体可以是法人单位,如企业、事业单位,也可以是非法人单位,如合伙经营企业;可以是一个企业,也可以是企业中的内部单位或企业中的一个特定的部分,如企业的分公司、企业设立的事业部;可以是单一企业,也可以是几个企业组成的联营公司或企业集团,如由若干个子公司和母公司组成的企业集团等。

一般来说,法律主体必然是会计主体,但会计主体不一定就是法律主体。

2.1.2 会计主体的条件

(1)具有一定的资金

不论企业、事业单位还是其他单位,凡从事生产经营活动或其他活动,都必须拥有一定数量的资金。这种资金,根据国家法律的规定,可以采取国家投资、其他法人单位投资、外商投资、社会个人或本企业内部职工投资等方式筹集;可以由单位内部积累,如按规定提取的盈余公积金;也可以按一定条件向银行借款;等等。对这些资金,依据国家法律、法规、制度的规定,单位有权分配和使用。

(2)进行独立活动

按规定独立地从事生产经营活动或其他活动。这种进行独立活动的权利包括:计划权——有权根据本单位的具体情况确定方针、进行决策、编制计划并组织群众执行;财权——根据本单位的资金情况,有权独立使用自有资金和借入资金,有权处置本单位的资产,有权支配生产经营活动所取得的一部分盈利;物权——根据市场物资供应情况,有权选购一部分物资,直接和有关单位签订供销合同;人权——根据国家的劳动政策和法规,保证劳动者的地位和物质利益,有劳动用工权和人事管理权。

(3)实行独立核算

根据国家财政、银行和主管部门的规定,设置独立的会计机构,配备专职或兼职的会计人员;在当地银行开设账户,进行往来结算;对生产经营活动或其他活动,运用会计方法,进行真实、准确、完整、及时的核算;在生产经营活动中,以收抵支,计算盈亏或自负盈亏,在其他活动中,量入为出,厉行节约,收支相抵,略有结余;定期(月度、季度、半年度、年度)进行结算,编制会计报表。

上述三项条件是相互联系的,有了一定的资金,才能独立地从事生产经营活动或其他活动,在此基础上才能实行独立核算。在这些条件中,关键是实行独立核算。

2.2　持续经营

2.2.1　持续经营的概念

持续经营是指会计主体的生产经营活动将无限期地延续下去,在可以预见的未来不会因破产、清算、解散等而不复存在。持续经营假设是指会计核算应当以企业持续、正常的生产经营活动为前提,而不考虑企业是否破产、清算、解散等,在此前提下选择会计程序及会计处理方法,进行会计核算。

《企业会计准则——基本准则》第六条规定,会计确认、计量和报告应当以持续经营为前提。持续经营适应了市场经济发展的客观要求。社会主义生产是现代化大生产,社会主义的经济事业持续地向前发展,客观要求社会主义企业在国家宏观调控下,进行长期持续的、正常的经营。在经济发展和经济体制改革中,少数企业可能进行转产、合并或撤销而停止经营;个别企业因经营管理不善严重亏损,不能清偿债务而依法宣告破产。但是,从总体上讲,在社会主义市场经济条件下,绝大多数企业是能够进行持续、正常的经营活动的。

持续经营假设明确了会计工作的时间范围。

2.2.2　持续经营的意义

(1)持续经营与会计主体、会计期间、货币计量等前提条件有着不可分割的密切联系。会计主体确定后,首先面临的问题是该单位能够存在多长时间。只有规定在预见的未来能够持续经营下去,才需要进一步确定会计期间、货币计量的前提条件,才能进一步选择和确定会计核算所使用的一系列会计处理方法。

（2）持续经营是会计核算必不可少的前提条件。企业在持续正常经营活动情况下，资金运动才能表现为周而复始的循环。会计在此条件下，才能分期记账、算账，编制会计报表，为管理部门提供财务信息；才能进行会计预测、决策、控制、检查、分析、考核与编制计划，完成会计任务。

（3）在持续经营的前提下，企业对会计信息的收集、处理所使用的会计处理方法才能保持稳定性和一致性，会计记录和会计报表才能真实可靠。否则，一些公认的会计处理方法将缺乏存在的基础而无法采用。

（4）持续经营的前提便于解决资产计价和负债偿还问题。例如，企业在持续正常经营条件下，对长期使用的各项固定资产，均可按其原始成本入账，对同一种固定资产，也无须因其先后原始价值的不同而重新估价；对其所负担的各种债务，如应付账款等，可以按照原来规定的条件偿还。而在清算情况下，资产的价值则必须按照实际变现的价值计算，负债必须按照资产变现后的实际负担能力清偿。

（5）持续经营为采用权责发生制奠定了基础。以持续经营为前提，企业就能以应收应付款项作为确定本期收益和费用的标准。在持续经营的前提下，企业对其使用的机器设备、厂房等固定资产，按照其价值和使用情况，可以确定采用某一折旧方法计提折旧费用；企业发生的有关预付、待摊或预提待付等各项费用，能够按照其受益期间进行合理分配，以保证财务成果的真实和合理。

2.3 会计期间

2.3.1 会计期间的概念

会计期间亦称会计分期，是将企业持续不断的生产经营活动按长短标准分割为均等的时间间隔。这种按时间长短划分的固定时期单位，就是会计期间。会计期间前提条件解决了会计核算和监督的时间范围问题。

在一般情况下，企业、事业等单位的经济活动连续不断地进行着，会计对经济活动的核算和监督，同样也是连续进行的。但是，为了观察资金运动过程，检查财务计划完成情况，考核、分析经营成果，正确处理会计事项，必须将连续不断的经济活动过程划分为固定的时间单位，以便结算一定时期的收入、支出，确定财务成果并编制会计报表。

2.3.2 会计期间的规定

我国《企业会计准则——基本准则》第七条规定，企业应当划分会计期间，分期结算账目和编制财务会计报告。会计期间分为年度和中期。中期是指短于一个完整的会计年度的报告期间。

会计期间前提主要是确定会计年度。会计年度由各国根据不同情况确定。世界上大多数国家采用历年制，即日历年度，每年1月1日到12月31日为一个会计年度。有些国家采用季度起首制，包括4月制、7月制和10月制，4月制是指从每年4月1日起至下年3月31日止为一个会计年度；7月制是指从每年7月1日起至下年6月30日止为一个会计年度；10月制是指从每年10月1日起至下年9月30日止为一个会计年度。

我国采用日历年度为会计年度。《中华人民共和国会计法》（以下简称《会计法》）第八条规定，会计年度自公历1月1日起至12月31日止。会计年度确定之后，一般是按日历年度确定会计中期。我国规定以日历年度为会计年度的原因：一是与财政年度一致，便于国家的财政管理;二是我国企业目前都是采用日历年度为会计年度。

2.3.3　会计期间的意义

（1）会计期间与持续经营前提相互补充,不可分离。只有规定会计主体能够持续经营下去,才有可能和有必要确定会计期间(即会计分期)。会计分期依赖于持续经营,持续经营需要会计分期。立足于企业持续、正常的经营,尽可能分清各个会计期间的经营成果,才能连续地提供会计主体在各个会计期间的会计信息。

（2）确定会计期间以便正确组织会计工作。一般来说,在会计月份,月终要进行月份结算,计算盈亏或收支结果;按月结算的,涉及几个月份的事项要按跨月会计事项处理。在会计季度,季终要进行季度结算,计算季度的盈亏或收支结果。有的单位规定按季结算而不按月结算,按季结算的,涉及几个季度的事项要按跨季会计事项处理。在会计年度,年终要进行年度会计决算,反映年度财务状况,检查和总结财务计划或国家预算执行情况;有的单位规定按年度结算而不按季度结算,按年结算的,涉及年度之间的事项要按跨年会计事项处理。总之,按会计期间的规定,要及时、正确地处理会计事项。在会计期间发生的会计事项,涉及本期收入和支出的事项与涉及几个时期(即跨期)收入和支出的事项,要分别处理,不得混同。

（3）会计期间前提是会计处理方法一致的基础。由于会计期间前提将一个连续的生产经营过程人为地划分开来,分别计量和报告,因此,为了对比、分析各个会计期间的财务状况,各个会计期间所使用的会计处理方法必须一致。

（4）规定会计期间,有利于企业及时结算账目,编制会计报表,提供财务信息,满足企业内部加强经营管理及有关各方进行决策的需要。

（5）划分会计期间对于确定会计核算程序和方法具有重要作用。有了会计期间,才会产生本期与跨期的区别;有了本期与跨期的区别,才会产生权责发生制和收付实现制,才会使不同类型的会计主体有记账的基准。采用权责发生制后,对一些收入和费用需按照权责关系在本期或以后会计期间进行分配,确定其归属的会计期间。为此,需在会计处理上运用预收、预付、应收、应付会计方法。

2.4　货币计量

2.4.1　货币计量的概念

货币计量是指会计主体在会计核算过程中应将货币作为计量单位,记录、反映会计主体的经营情况。

在日常会计工作中,货币计价表现为对会计事项的记录,如在账簿中的登记、计算成本、计算财务结果、编制会计报表等。所以,货币计量是实际会计工作的重要内容。以货币为计量单位是商品经济发展的必然结果。在生产和交换的初期,物与物交换为主要形式,会计记录只能采用实物计量单位。伴随着生产的发展和产品间交换的频繁、交换范围和规模的扩大,产品逐渐变成商品,商品的价值最终固定在货币形态上,货币成为代表一切商品交换价值的最恰当存在的特殊商品。因此,对经济活动记录、计量的单位逐步由实物单位过渡到以货币单位为主。到了资本主义阶段,随着商品生产的高度发展,一切商品的价值都必须以货币表示,从而使货币单位作为会计计量的统一标准尺度。我国实行社会主义市场经济体制,在会计工作中,将货币作为统一计量尺度,是市场经济的需要。

2.4.2　货币计量的规定

我国要求企业选用一种货币作为基准,称为记账本位币。记账本位币以外的货币则称为外币。在确定货币计量假设时,必须同时确立币值稳定假设。

《会计法》第十二条规定,会计核算以人民币为记账本位币。业务收支以人民币以外的货币为主的单位,可以选定其中一种货币作为记账本位币,但是编报的财务会计报告应当折算为人民币。《会计基础工作规范》第四十条规定,境外单位向国内有关部门编报的会计报表,应当折算为人民币反映。上述规定的主要原因如下。

(1)在我国,由于人民币是法定货币,在我国境内具有广泛的流通性,因此规定我国的会计核算以人民币为记账本位币,企业的生产经营活动一律通过人民币进行核算。

(2)随着我国对外开放政策的实施和深化,外商投资企业在我国不断增多,对外贸易和合作发展迅速,人民币以外的其他币种在一些单位的日常会计核算中的应用明显增多,有的占据了支付主导地位,如果要求这些单位平时的每笔外币核算业务都折算为人民币计算,不仅会加大会计工作量,也会影响其经济业务的往来。为适应企业的业务特点和管理需要,《会计法》对此做出了可以选用人民币以外的货币作为记账本位币的规定。但选用时,必须遵守"业务收支以人民币以外的货币为主"的原则,而且记账本位币一经确定,不得随意变动。

(3)以人民币以外的货币为记账本位币的单位,在编制财务会计报告时,应依据国家统一的会计制度规定,按照一定的外汇汇率折算为人民币反映,便于财务会计报告使用者阅读和使用,也便于税务、工商等部门通过财务会计报告计算应交税款和进行工商年检。这是我国宏观经济管理和人民生活的客观要求,也是我国地位的体现。

(4)对于我国在境外设立的企业,其日常会计核算通常将当地的币种作为记账本位币。为了便于境内有关部门了解企业财务状况和经营成果,这些企业在向境内报送会计报表时,应当折算为人民币,以人民币为单位反映企业情况。

2.4.3　货币计量的意义

(1)以货币为计量单位对经济活动进行计量,可以克服实物计量单位的差异性和劳动计量单位的复杂性,从而获得综合性的价值指标。如反映权益类价值指标的实收资本,反映负债类价值指标的银行借款,反映资产类价值指标的固定资产、材料、产成品、现金、银行存款,反映生产经营过程的费用或成本,反映生产经营成果的利润或亏损,反映执行预算收入与支出结果的结余或超支,等等。

(2)依据上述价值指标,才能全面地反映资金运动及其各个方面的规模、速度和比例;才能计算资金的耗费、收回与财务结果;才能监督资金运动,管好用好资金,节约、合理使用资金;才能总结、考核和分析完成国家计划或执行国家预算的情况;才能为编制计划提供全面、正确的资料。以货币计量单位进行计量而得到的价值指标,具有综合性和可比性的优点,实际使用比较广泛。

以货币作为计量单位是会计核算的前提,也是会计核算的特点,但是为适应会计核算和管理的需要,也要结合使用实物计量单位和劳动计量单位。如加强固定资金和储备资金的管理,在对固定资产和材料进行价值核算的同时要进行实物量的核算;在计算职工劳动报酬时,要利用劳动量度(实际工作小时或工作日)计算应支付职工的工资;等等。

2.4.4 货币计量的要求

（1）内容要真实

货币计量所反映的内容要真实，要反映客观存在的事实，不歪曲、夸大或缩小。真实的东西，是客观存在在一定时间、地点和条件下的具体的东西。会计上以货币计量的客观事物要有真凭实据，即要有证明客观事物存在的书面凭证，证明事物发生的时间、地点、条件和经办人员；要有证明人员或齐全的实物验收及按规定要求的其他经办手续。内容是真实的，不仅要求每一件事是真实的，而且要求全部事实都是真实的；还要求事实符合党和国家的方针、政策、法律、法规和制度。

（2）计算要正确

依据客观存在的事实进行货币计量，在计算上应是正确的。为了计算正确，关键在于规定的计算方法要科学，如对固定资产、材料、产成品等的计价方法，提取固定资产折旧费用等的方法，预提、待摊和分配费用等的方法。计价方法科学，才能正确地反映客观存在的事实。当然，也要注意计算时的操作技术，计算的结果要核对无误。

（3）标准要统一

企业、事业、机关单位和其他单位在进行货币计量时的标准要统一。这主要包括以下内容：

①计量的货币单位要统一。我国的会计核算以"元"为货币计量单位，与外国的经济往来，凡按外币计算的都要按规定将外币换算为人民币进行核算。

②计量的价格依据要统一。如对固定资产、材料、产品或商品、在产品等计量的价格依据，是由国家物价部门、有关主管部门和企业等制定的现行价格。

③计量的期间要统一。如对一定时期或一定时点的有关事项进行计量的标准应是统一的，月终对材料或商品的盘点要在统一规定的日期进行。

货币计量做到标准统一，才能在各单位、各部门和各地区之间进行比较和统一核算。

2.4.5 货币计量的基础

在我国，会计货币计量的基础是实际价（实际成本）。采用实际价对固定资产、材料、产品或商品等进行估价，在计价时以当期的价格水平为依据。这是因为：我国是以生产资料公有制为基础的社会主义国家，国民经济要实行宏观调控，物价是可以控制的；按一定时期的实际价进行计价，与当期收益和费用据以计算的价格水平一致，才能正确地反映当期的财务结果，才能正确地反映某一时期的历史估价水平；按实际价进行估价，与不同时期的价值指标进行对比时，才能揭示价格变动对收益和费用的影响；按实际价进行计价也比较简单。

综上所述，会计假设虽然是人为确定的，但完全是出于客观的需要，有充分的客观必然性。否则，会计核算工作就无法进行。上述四项假设缺一不可，既有联系也有区别，共同为会计核算工作的开展奠定基础。

3. 会计核算基础

会计分期的存在，产生了发生的交易或事项应被确认入哪一个会计期间的问题。如本年12月10日销售的商品符合收入确认的条件，但款项于下年的1月收回。那么该项收入是作为本年的收入确认，还是作为下年的收入确认呢？该项收入的确认有两种方法：一种是作为本年的收入确认,其依据是该项经营活动是本年完成的;一种是作为下年的收入确认,其依据是款项在下年收回。与此相适应,会计核算基础分为权责发生制和收付实现制。

3.1 权责发生制

所谓权责发生制,就是对于收入和费用,不论是否有款项的收付,都按其是否影响各会计期间经营成果的收益情况,确认其归属期。也就是说,凡属本期的收入,不管其款项是否收到,都应作为本期收入;凡属本期应当负担的费用,不管其款项是否付出,都应作为本期费用。反之,凡不归属于本期的收入,即使款项已经收妥,也不能作为本期收入;凡不应归属于本期的费用,即使款项已经付出,也不能作为本期费用。例如:某企业 2019 年 1 月份一次性预付全年房租 120 000 元,根据权责发生制原则,该费用应在一年内平均分配,即从 2019 年 1 月开始到 2019 年 12 月为止的 12 个月内全部分配完毕。因此,1 月份只应负担 10 000 元房租费用。

由于权责发生制确定本期收入和费用是以"应收应付"作为确认标准,而不问款项的收付,所以其又被称为"应计制"或"应收应付制"。

3.2 收付实现制

所谓收付实现制,是指以实际收到或付出款项的日期确定其归属期。也就是说,凡属本期收到的收入和支付的费用,不管其是否应归属于本期,都作为本期的收入和费用;反之,凡本期未收到的收入和未支付的费用,即使其应归属于本期,也不能作为本期的收入和费用。例如:某企业于 2019 年 4 月份收到其客户的预付货款 10 000 元,存入银行。根据收付实现制原则,该款项是在 4 月份收到的,应作为该月的收入。这种做法简单、方便,容易被人接受;但计算出来的本期盈亏不准确亦不合理,所以企业一般不予采用,它主要用于非营利性的行政、事业和团体单位。

由于收付实现制确定本期收入和费用是以现金收付为准,所以其又被称为"现金制"或"实收实付制"。

权责发生制是与收付实现制相对应的一种会计核算基础,是确定收入和费用的两种截然不同的原则与方法。后者在确认收入和费用时一律以实际的款项收付为标志。按权责发生制确认收入和费用,比较符合经济业务事项的经济实质,有利于准确地反映企业的经营成果和财务状况。正确地应用权责发生制是会计核算中非常重要的一条规范。我国《企业会计准则——基本准则》规定,企业应当以权责发生制为基础进行会计确认、计量和报告。

第 3 节 会计信息质量要求

会计信息有狭义与广义之分。狭义的会计信息是指某一会计主体,如某一企业所提供的财务状况、经营成果和现金流量等方面的信息。这类会计信息是由企业会计人员通过编制有关的会计报表,如资产负债表、利润表和现金流量表等对外提供的会计信息。广义的会计信息除以上信息外,还包括处于企业加工整理过程中的会计信息,如在会计记录环节生成的、呈现于会计凭证和会计账簿等载体中的信息等。本书重点介绍的是企业对外提供的会计信息。

会计作为一项管理活动,其主要目的之一是向企业的利益相关者提供反映经营者受托责任和对投资者决策有用的会计信息。要达到这个目的,就必须要求会计信息具有一定的质量特征。企业的会计信息质量要求是指对企业在对外财务报告中所提供的会计信息质量的基本要求,是使财务报告所提供的会计信息与包括投资者在内的各类使用者的经济决策相关应具备的基本特征。因而,会计信息质量要求也被称为会计信息质量特征、会计信息质量标准。

会计信息质量要求是财务会计理论的内容之一,也是各国企业会计准则应予规范的重点内容。但各个国家所规定的会计信息质量要求的内容多寡及排列顺序等都有所不同。

我国《企业会计准则——基本准则》规定,会计信息质量特征包括以下八项:可靠性、相关性、可理解性、可比性、实质重于形式、重要性、谨慎性和及时性。这些质量特征要求会计人员在处理会计业务、提供会计信息时,遵循这些会计信息的质量要求,以便更好地为企业的利益相关者服务。

1. 可靠性

可靠性也称客观性、真实性,是对会计信息质量的一项基本要求。《企业会计准则——基本准则》第十二条规定,企业应当以实际发生的交易或者事项为依据进行会计确认、计量和报告,如实反映符合确认和计量要求的各项会计要素及其他相关信息,保证会计信息真实可靠,内容完整。

会计核算所提供的会计信息是投资者、债权人、政府及有关部门和社会公众的决策依据,如果会计数据不能客观、真实地反映企业经济活动的实际情况,势必无法满足各有关方面了解企业财务状况和经营成果以进行决策的需要,甚至可能导致错误的决策。可靠性要求会计核算的各个阶段,包括会计确认、计量、记录和报告,必须力求真实客观,必须以实际发生的经济活动及表明经济业务发生的合法凭证为依据。

在会计实务中,有些数据只能根据会计人员的经验或对未来的预计进行计算。例如,固定资产的折旧年限、对制造费用分配方法的选择等,都会受到一定程度的个人主观意志的影响。不同会计人员对同一经济业务的处理出现不同的计量结果是在所难免的。但是,会计人员应在统一标准的条件下将可能发生的误差降到最低程度,以保证会计核算提供的会计资料真实可靠。

2. 相关性

相关性原则,又称有用性原则,是会计信息质量的一项基本要求,是指会计核算所提供的会计信息应当有助于信息使用者做出决策,也就是信息要与决策相关联。这条原则所表明的含义就是我们通常所说的会计目标。《企业会计准则——基本准则》第十三条规定,企业提供的会计信息应当与财务会计报告使用者的经济决策需要相关,有助于财务会计报告使用者对企业过去、现在或者未来的情况做出评价或者预测。

信息要成为有用的,就必须与使用者的决策需要相关。当信息通过帮助使用者评估过去、现在或者未来的事项,或者通过确证、纠正使用者过去的评价,影响使用者的经济决策时,信息就具有相关性。这就要求信息具有预测价值和确证价值(亦称反馈价值)。

信息的预测价值和确证价值是可以统一的。比如,关于企业拥有资产的数量和结构的信息,对使用者来说,既可以用来预测企业利用现有机遇和应付不利形势的能力,也可以证明过去对企业资产数量和结构以及计划经营活动的预测与结果的一致性。同时,预测未来的财务状况和经营业绩以及股利和工资的支付、证券价格的变动等使用者关心的其他事宜,常常以关于财务状况和过去经营业绩的信息为基础。

3. 可理解性

可理解性,也称明晰性,是对会计信息质量的一项重要要求。《企业会计准则——基本准则》第十四条规定,企业提供的会计信息应当清晰明了,便于财务会计报告使用者理解和使用。

提供会计信息的目的在于使用,要使用就必须了解会计信息的内涵,明确会计信息的内容。如果无法做到这一点,就谈不上对决策有用。信息是否被使用者所理解,取决于信息本身是否易懂,也取决于使用者理解信息的能力。可理解性是决策者与决策有用性的连接点。如信息不能被决策者所理解,那么这种信息毫无用处。因此,可理解性不仅是信息的一种质量标准,也是一个与信息使用者有关的质量标准。会计人员应尽可能传递、表达易被使用者理解的会计信息,而使用者也应设法提高自身的综合素养,以增强理解会计信息的能力。

4. 可比性

可比性原则是指会计核算应当按照规定的会计处理方法进行,会计指标应当口径一致,相互可比。《企业会计准则——基本准则》第十五条规定,企业提供的会计信息应当具有可比性。

为了明确企业财务状况和经营业绩的变化趋势,使用者必须能够比较企业不同时期的财务报表。为了评估不同企业相对的财务状况、经营业绩和现金流量,使用者还必须能够比较不同企业的财务报表。因此,对同一企业不同时点发生的同类交易或事项,以及不同企业同一时期发生的同类交易或其他事项的计量和报告,都必须采用一致的方法。

可比性也是会计信息质量的一项重要要求。它包括两个方面的含义,即同一企业在不同时期的纵向可比,不同企业在同一时期的横向可比。要做到这两个方面的可比,就必须做到:同一企业不同时期发生的相同或者相似的交易或者事项,应当采用一致的会计政策,不得随意变更。确须变更的,应当在附注中说明。不同企业发生的相同或者相似的交易或者事项,应当采用规定的会计政策,确保会计信息口径一致、相互可比。

5. 实质重于形式

实质重于形式原则就是要求在对会计要素进行确认和计量时,应重视交易的实质,而不管其采用何种形式。《企业会计准则——基本准则》第十六条规定,企业应当按照交易或者事项的经济实质进行会计确认、计量和报告,不应仅以交易或者事项的法律形式为依据。

如果要真实地反映拟反映的交易或事项,那就必须根据它们的实质和经济现实,而不是仅仅根据它们的法律形式进行核算和反映。交易或事项的实质,并非与它们的法律形式的外在形式相一致。

经济实质与其法律形式构成了交易或事项相辅相成的两个方面。一般而言,企业发生的交易或事项的经济实质与法律形式是统一的。如企业用自有资金购入的材料和设备等,其经济性质属于预期能够为企业带来经济利益的资产;从法律形式来看,企业对其具有所有权、使用权和处置权。在这种情况下,交易或事项的经济实质与法律形式是一致的。但在有些情况下,交易或事项的经济性质和法律形式会产生一定的分离。在这一方面,最典型的例子当属对融资租入固定资产的确认和计量。从形式上看,该项固定资产的所有权在出租方,企业只是拥有使用权和控制权。也就是说,该项固定资产并不是企业购入的固定资产,因此,不能将其作为企业的固定资产加以核算。但是,由于融资租入固定资产的租赁期限一般都超过了固定资产可使用期限,而且到期后企业可以以一定的价格购买该项固定资产,因此,为了正确地反映企业的资产和负债状况,对于融资租入的固定资产,一方面应将其作为企业的自有固定资产加以核算,另一方面应将其作为企业的一项长期应付款加以反映。

6. 重要性

重要性原则是指在全面反映企业的财务状况和经营成果的同时,应当区别经济业务的重要程度,采用不同的会计处理程序和方法。具体来说,对于重要的经济业务,应单独核算、分项反映,力求准确,并在财务报告中做重点说明;对于不重要的经济业务,在不影响会计信息真实性的情况下,可适当简化会计核算或合并反映,以便集中精力抓好关键。《企业会计准则——基本准则》第十七条规定,企业提供的会计信息应当反映与企业财务状况、经营成果和现金流量等有关的所有重要交易或者事项。

重要性的意义在于:对会计信息使用者来说,对经营决策有重要影响的会计信息是最需要的,如果会计信息不分主次,反而会有碍于使用,甚至影响决策。而且,对不重要的经济业务简化核算或合并反映,可以节省人力、物力和财力,符合成本效益原则。

需要明确的是,重要性具有相对性,并不是同样的业务对不同的企业都是重要或不重要的事项。对于某项会计事项判断其重要性,在很大程度上取决于会计人员的职业判断。一般来说,重要性可以从质和量两个方面进行判断。从性质方面来说,如果某会计事项发生可能对决策产生重大影响,则该事项属于具有重要性的事项;从数量方面来说,如果某会计事项的发生达到一定数量或比例可能对决策产生重大影响,则该事项属于具有重要性的事项。

7. 谨慎性

谨慎性,又称稳健性,是指在处理不确定性经济业务时,应持谨慎态度,一项经济业务有多种处理方法可供选择时,应选择不导致夸大资产、虚增利润的方法。在进行会计核算时,应当合理预计可能发生的损失和费用,而不应预计可能发生的收入或过高估计资产的价值。《企业会计准则——基本准则》第十八条规定,企业对交易或者事项进行会计确认、计量和报告应当保持应有的谨慎,不应高估资产或者收益、低估负债或者费用。

谨慎性的要求体现在会计核算的全过程,在会计上的应用是多方面的。例如,对应收账款提取坏账准备,就是先将预计不能收回的货款作为本期费用,计入当期损益,以后确实无法收回时冲销坏账准备;对固定资产计提折旧采用加速折旧法;等等。

遵循谨慎性原则,对企业存在的经营风险加以合理估计,对防范风险起到预警作用,有利于企业做出正确的经营决策,有利于保护投资者和债权人的利益,有利于提高企业在市场上的竞争能力。但是,企业在运用谨慎性原则时,不能滥用,不能以谨慎性原则为由任意计提各种准备,即秘密准备。例如,按照有关规定,企业应当计提坏账准备、存货跌价准备等减值准备,待后一年度再予以转回。这种行为属于滥用谨慎性原则,计提秘密准备,是会计准则所不允许的。

8. 及时性

及时性原则是指会计核算要讲求时效,要求会计处理及时进行,以便于会计信息的及时利用。及时性的要求表现在:对会计信息及时搜集、及时加工处理和及时传递。《企业会计准则——基本准则》第十九条规定,企业对于已经发生的交易或者事项,应当及时进行会计确认、计量和报告,不得提前或者延后。

信息的报告如果不适当地拖延,就可能失去其相关性。当然,及时提供可能会损坏可靠性。企业可能需要权衡及时报告与提供可靠信息的利弊。为了在及时的基础上提供信息,在了解某一交易或事项的所有方面之前就做出报告,这就会损害可靠性。相反,如果推迟到了解所有方面之后再报告,信息可能极为可靠,但是对于必须在事中做决策的使用者,用处可能很小。要在相关性和可靠性之间达到平衡,决定性的问题是如何最佳地满足使用者的经济决策需要。

在实务中,常常需要在上述八项会计信息质量特征之间权衡或取舍。其目的一般是达到质量特征之间的适当平衡,以便实现财务报告的目标。质量特征在不同情况下的相对重要性,取决于会计人员的职业判断。

第4节 会计的基本程序、方法与技术

为了实现会计的目标,会计这个信息系统在提供信息时,就必须遵循一定的程序,配之以相应的方法与技术。

1. 会计的基本程序

会计的基本程序,指的是会计的数据处理与加工信息的程序。随着企业生产经营活动的不断进行,产生了物质流、能量流和信息流。会计要能从无数的经济数据中辨认出含有会计信息的数据,使之能够进入会计信息系统,通过加工处理,转换成有助于决策和与之相关的其他信息,再输送给会计信息的使用者。经过人类长期、不断地总结,形成了今天的以确认、计量、记录、报告等为主的会计基本程序。

1.1 会计确认

会计确认,是指依据一定的标准,辨认数据能否、何时输入会计信息系统以及如何进行报告的过程,即包括初始确认和再确认两个步骤。从这里可以看出,会计的确认几乎涉及整个会计加工处理程序,确认能否及何时输入会计信息系统(初始确认)是第一步工作。

无论是初始确认还是再确认,首先都涉及确认标准的问题。我国《企业会计准则——基本准则》中规定了会计要素的确认标准,主要包括:

(1)符合要素的定义(可定义性)。有关经济业务被确认为一项要素,必须先符合该要素的定义。例如,企业原来在账面上所登记的一项应收账款,期末时已确证无法收回,由于它已不能为其拥有者(包括控制者)带来任何未来的经济利益,就不应作为资产,因此,应在资产负债表中予以剔除。

(2)有关的经济利益很可能流入或流出企业(相关性与可靠性)。首先要求所确认的项目与财务报表的目标应当相关;其次要求那些量化信息如果不太可靠,就需要从财务报表信息中剔除。这里的"很可能"表示经济利益流入或流出的可能性在50%以上。

(3)有关的价值以及流入或流出的经济利益能够被可靠地计量(可计量性)。它规定了所要确认的对象,能够按照货币量度单位进行量化,不能量化的则不符合确认标准的要求。例如,企业在经营活动中所涉及的一些重要资源(如合同、有才能的企业家等)由于无法量化,就不能出现在企业的财务报表上。

其次是时间标准的问题,即确认数据何时能输入会计信息系统。在市场经济条件下,由于各种原因,经济业务发生的时间与相应的现金收支行为的发生时间不一致,往往会发生应收未收、应付未付等经济事项,因而在选择确认的时间基础时,就有以下两种基础可供选择:

(1)收付实现制。一切会计要素的确认,特别是对于收入和费用的确认,均以现金流入和现金流出的时间作为确认标准。

(2)权责发生制。一切会计要素的确认,特别是对于收入和费用的确认,均以权利已经形成或义务(责任)的真正发生为基础。出于会计信息对决策的有用性这一会计目标,也是为了较准确地考核企业各期间的经营业绩和经济效益,企业的会计确认一般都选择权责发生制作为时间确认的基础。比如,企业签订了一项经济合同,但尚未执行,因而对具体的会计要素未产生影响,就不能输入会计系统;当企业履行该合同,向对方发出一批货物后而货款尚未收到时,就可以确认该笔经济业务对会计要素的影响及其金额。

1.2 会计计量

会计计量,是为了将符合确认条件的会计要素登记入账,并列报于财务报表而确定其金额的过程。企业应当按照规定的会计计量属性进行计量,确定相关金额。

1.2.1 会计计量属性及其构成

计量属性,是指所予以计量的某一要素的特性。例如,桌子的长度、铁块的重量、楼房的高度等。从会计的角度来说,计量属性反映的是会计要素金额的确定基础。例如,一台机器可以按原来取得时的实际价格(历史成本)作为其金额,还可以按现在购买同样机器的价格(重置成本)作为其金额,还可以按现在出售它的价格(可变现净值)作为其金额,等等。这些都可以作为该台机器(固定资产)金额的确定基础。我国《企业会计准则——基本准则》第四十二条规定,会计计量属性主要包括历史成本、重置成本、可变现净值、现值和公允价值等。

(1)历史成本

历史成本,又称实际成本,就是取得或制造某项资产时所实际支付的现金或现金等价物的金额,或者负债发生时承担现时义务的金额。

在历史成本计量下,资产按照其购置时支付的现金或现金等价物的金额,或者按照购置时所付出的对价的公允价值计量。负债按照其因承担现时义务而实际收到的款项或资产的金额,或者承担现时义务的合同金额,或者按照日常活动中为偿还负债预期需要支付的现金或现金等价物的金额计量。

(2)重置成本

重置成本又称现实成本,是指按照当前市场条件,重新取得相同或者相似资产所需支付的现金或现金等价物的金额。

在重置成本计量下,资产按照现在购买相同或者相似资产所需支付的现金或现金等价物的金额计量。负债按照现在偿付该项债务所需支付的现金或现金等价物的金额计量。在实务中,重置成本多用于盘盈固定资产的计量等。

(3)可变现净值

可变现净值是指在正常生产经营过程中,预计售价减去进一步加工成本和预计销售费用以及相关税费后的净值。

在可变现净值计量下,资产按照其正常对外销售所能收到现金或现金等价物的金额扣减该资产至完工时估计将要发生的成本、估计的销售费用以及相关税费后的金额计量。可变现净值通常用于存货资产减值情况下的后续计量。

(4)现值

现值是指对未来现金流量按恰当的折现率进行折现后的价值,是考虑货币时间价值的一种属性。

在现值计量下,资产按照预计从其持续使用和最终处置中所产生的未来净现金流入量的折现金额计量。负债按照预计期限内需要偿还的未来净现金流出量的折现金额计量。现值通常用于非流动资产可收回金额和以摊余成本计量的金融资产价值的确定等。

(5)公允价值

公允价值是指在公平交易中,熟悉情况的交易双方自愿进行资产交换或者债务清偿的金额。在公允价值计量下,资产和负债按照在公平交易中熟悉情况的交易双方自愿进行资产交换或者债务清偿的金额计量。公允价值主要用于交易性金融资产、可供出售金融资产的计量等。

对五种计量属性的解释见表1-3。

表1-3　对五种计量属性的解释

计量属性	对资产的计量	对负债的计量
历史成本	按照购置时的金额	按照承担现时义务时的金额
重置成本	按照现在购买时的金额	按照现在偿还时的金额
可变现净值	按照现在销售时的金额	
现值	按照将来的金额折算	
公允价值	在公平交易中,熟悉情况的交易双方按照自愿进行资产交换或者债务清偿的金额计量	

1.2.2　会计计量属性的应用原则

《企业会计准则——基本准则》第四十三条规定,企业在对会计要素进行计量时,一般应当采用历史成本,采用重置成本、可变现净值、现值、公允价值计量的,应当保证所确定的会计要素金额能够取得并可靠计量。这是对会计计量属性选择的一种限定性条件,一般应当用历史成本,如果要用其他计量属性,必须保证金额能够取得并可靠计量。

1.3　会计记录

会计记录,是指对资金运动过程中经过确认可以进入会计信息系统处理的每项数据,运用预先设计的账户(会计要素的再分类与具体化)和有关的文字及金额,按复式记账的要求,在账簿上加以登记。会计记录是会计核算中的一个重要环节,形成会计核算的一个子系统——复式簿记系统。会计记录既对资金的运动进行详细、具体的描述与量化,又在数据进行分类、汇总及加工等方面起作用。只有经过这一程序,会计才能生成有助于经济决策的财务信息。

1.4　会计报告

会计报告,是指把会计所形成的财务信息传递给信息使用者的手段。通过会计记录生成的信息量多又很分散,因此,必须压缩数量,提高质量,使其成为财务指标体系,才能便于信息使用者使用。如何传递信息,在目前的条件下,只能利用财务报告的形式,包括财务报表和其他财务报告。报表不是把复式簿记所形成的资料重新罗列一次,而是对账簿资料的再加工。这也就存在着哪些数据应进入报表及如何进入报表的问题,这是另一意义上的确认,有人称之为第二次确认(再确认)。

会计报告反映企业的财务状况、经营成果和现金流量。其中,财务状况是指企业某一特定日期的资产总额及构成、负债总额及构成、所有者权益总额及构成。经营成果是指企业某一会计期间的利润(亏损)总额及构成情况。现金流量是指企业某一会计期间现金和现金等价物流入和流出的情况。

财务报告包括会计报表及其附注和其他应当在财务报告中披露的相关信息与资料。

（1）会计报表

会计报表至少应当包括资产负债表、利润表、现金流量表等报表。

①资产负债表是反映企业在某一特定日期的财务状况的会计报表。

②利润表是反映企业在一定会计期间的经营成果的会计报表。

③现金流量表是反映企业在一定会计期间的现金和现金等价物流入和流出情况的会计报表。

（2）会计报表附注

会计报表附注是对会计报表中列示项目所做的进一步说明，以及对未能在这些报表中列示的项目的说明等。

（3）其他应当披露的相关信息与资料

该内容具体可以根据有关法律法规的规定和外部报告使用者的信息需求而定。如企业可以在财务报告中披露其承担的社会责任、对社会的贡献、可持续发展能力等信息。

会计基本程序之间的关系可用图1-5表示。

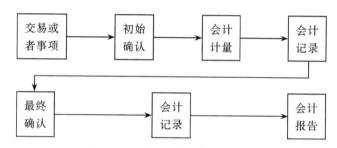

图1-5 会计基本程序之间的关系

值得注意的是，在会计处理中，为了保证会计记录的真实、可靠，在会计记录之前必须先进行初始确认和会计计量。为了保证财务报告对决策的有用性，在编制财务报告之前也必须进行最终确认和会计记录。《企业会计准则——基本准则》特别强调，在编制财务报告时，对那些符合资产、负债、收入、费用定义但不符合确认条件的事项，不能列入财务报告。可见，最终确认和会计记录也是会计程序不可或缺的内容。

因此，会计的四个基本程序，都体现在记录和报告的过程之中。由会计记录和会计报告的定义可知，记录和报告两个基本程序是通过设置会计科目、复式记账、填制与审核凭证、登记账簿、编制财务报告完成的。

会计计量单位与会计计量属性的组合是实施会计计量的重要条件。对于同一经济信息进行会计确认与计量，如果采用不同的计量单位和计量基础，则会产生不同的计量结果。通常将计量单位与计量属性的不同组合称为计量模式，如历史成本/名义货币、历史成本/不变购买力、重置成本/名义货币、重置成本/不变购买力等计量模式。不同的计量模式表现出不同程度的相关性和可靠性，具体取决于财务报告的要求。

一般情况下，将以一定的价值表现特定时点上资产、负债项目的价值及其变动结果称为计价。例如，资产的计价实际上就是以货币为尺度，衡量、计算和确定资产的价值；负债的计价是以货币为尺度，衡量、计算和确定负债的偿还价值。以统一的货币计量企业在经营过程中的收入、费用,并将其进行比较,最后确定盈亏的过程,称为收益确定。

2. 会计要素确认与计量的要求

会计信息的载体是财务报告,财务报告由会计要素组成,对会计要素进行报告之前必须进行会计要素的确认与计量。对会计要素进行确认与计量要符合一定的条件,在确认与计量过程中还要遵循以下要求:划分收益性支出与资本性支出、收入与费用配比、历史成本计量。

2.1 划分收益性支出与资本性支出

会计核算应当合理划分收益性支出与资本性支出。支出的效益仅与本会计年度(或一个营业周期)相关的,应当作为收益性支出;支出的效益与几个会计年度(或几个营业周期)相关的,应当作为资本性支出。

划分收益性支出与资本性支出的目的在于正确确定企业的当期(一般指一个会计年度)损益。具体来说,收益性支出是为取得本期收益而发生的支出,应当作为本期费用,计入当期损益,列于利润表中。例如,已销售商品的成本、期间费用、所得税等。资本性支出是为形成生产经营能力,为以后各期取得收益而发生的各种支出,应当作为资产反映,列于资产负债表中。例如,购置固定资产和无形资产的支出等。

如果将一项收益性支出按资本性支出处理,就会造成少计费用而多计资产,出现当期利润虚增而资产价值偏高的现象;如果将一项资本性支出按收益性支出处理,则会造成多计费用而少计资产,以致当期利润虚减而资产价值偏低。

2.2 收入与费用配比

正确确定一个会计期间的收入和与其相关的成本、费用,以便计算当期的损益,这是收入与费用配比的要求。

收入与费用配比包括两方面的配比问题:一是收入与费用在因果联系上的配比,即取得一定的收入时发生了一定的支出,而发生这些支出的目的就是取得这些收入;二是收入与费用在时间上的配比,即一定会计期间的收入与费用的配比。

2.3 历史成本计量

历史成本计量,又称实际成本计量或原始成本计量,是指企业的各项财产物资应当按取得或购置时发生的实际支出进行计价。物价变动时,除国家另有规定外,不得调整账面价值。

以历史成本进行计量有助于对各项资产、负债项目的确认和对计量结果的验证和控制;同时,可避免企业随意改动资产价格造成经营成果虚假或任意操纵企业的经营业绩。

用历史成本计价比较客观,有原始凭证作为证明,可以随时查证和防止随意更改。但这样做是建立在币值稳定假设基础之上的。如果发生物价变动导致币值出现不稳定的情况,则需要研究、使用其他的计价基础,如现行成本、重置成本等。

3. 会计核算方法体系

会计方法是实现会计目标的手段和方式。它是长期会计实践的经验总结,详细地回答了会计工作"怎么做"的问题。随着社会的发展和科技的进步,会计方法的具体运用在手工会计系统和电子数据处理系统下有着明显的不同。本书所讲的会计方法是在手工数据处理技术条件下采用的会计方法。一般而言,会计方法由会计核算、会计预测、会计控制、会计分析和会计检查组成,这几种方法各具有相对的独立性,应用的手段也不一样,并且都有各自的研究对象,形成了较为独立的学科。但它们之间又是相互配合、相互联系的,会计核算是会计的基本环节,会计预测、会计控制、会计分析和会计检查都必须建立在会计核算的基础上,都是利用会计核算所提供的信息进行的。

学习会计首先要从基础开始,在会计学原理中主要学习会计核算的方法,因此,本书只阐述会计核算的方法,其他方法将在其他相关课程中陆续学习。会计核算方法,就是指会计对所发生的经济业务连续、系统、完整地进行记录和计算并提供有用会计信息的方法。它是由设置会计科目和账户、复式记账、填制和审核会计凭证、登记账簿、成本计算、财产清查、编制会计报表这七种具体方法构成的。

3.1 设置会计科目和账户

设置会计科目是对会计对象的具体内容分门别类地进行核算的方法。所谓会计科目,就是对会计对象具体内容进行分类核算的项目,是企业根据自身生产经营活动的内容,对资产、负债、所有者权益、收入、费用、利润六大会计要素的进一步分类。设置会计科目是在设计会计制度时事先规定这些项目,然后根据它们在账簿中开设账户,分类记录各项交易或事项,为经济管理提供各类型的会计指标。

3.2 复式记账

复式记账是指对发生的每一项交易或事项都以相等的金额,在相互联系的两个或两个以上账户中进行记录的一种专门方法。采用复式记账,使每项交易或事项所涉及的账户发生对应关系,通过账户——对应的关系可以了解交易或事项的来龙去脉,还可以对账户记录的结果进行试算平衡,以检查交易或事项的记录是否正确。

3.3 填制和审核会计凭证

会计凭证是记录交易或事项、明确经济责任的书面证明,是登记账簿的重要依据。填制和审核会计凭证是为了审查交易或事项是否合理合法、保证账簿记录正确完整所采用的一种专门方法。对于已经发生或已经完成的交易或事项,都要由经办人员或有关单位填制会计凭证,并签名盖章。所有的会计凭证在记账前都要由会计部门或有关部门按照有关财经法规、制度、计划、预算等的规定进行严格认真的审核。只有通过审核确认无误的会计凭证,才能作为记账的依据。由此可见,填制和审核会计凭证可以为经济管理提供真实可靠的数据资料,也是实行会计监督的一个重要方面。

3.4 登记账簿

账簿是用来全面、连续、系统地记录各项交易或事项的簿籍,是保存会计数据资料的重要工具。登记账簿是对审核无误的记账凭证,在账簿中连续、完整地记录和循序汇集交易或事项的一种专门方法。设置账户是为了对会计对象的具体内容进行分类反映,以提供经营管理所需要的各种不同性质的核算指标,而登记账簿是对这些核算指标进行归纳、整理,采用一定的记账方法,把所发生的交易或事项按其发生的顺序,分门别类地在一定格式的簿籍中进行登记,以便为经济管理提供完整、系统的数据资料。

3.5 成本计算

成本计算是指归集一定计算对象上的全部费用,借以确定各对象的总成本和单位成本的一种专门方法。它通常是指对制造业产品进行的成本计算。例如,按制造业企业供应、生产和销售的过程分别归集生产经营所发生的费用,并分别与材料采购、产品生产和商品销售的品种、数量联系起来,计算它们的总成本和单位成本。通过成本计算,可以考核和监督企业经营过程中所发生的各项费用是否节约,以便采取措施来降低成本,提高经济效益。通过成本计算,对确定生产补偿尺度、正确计算和分配国民收入、确定价格政策等都具有重要作用。

3.6 财产清查

财产清查就是通过盘点实物、核对账目来查明各项财产物资和货币资金的实有数,并查明实有数与账存数是否相符的一种专门方法。在日常会计核算过程中,为了保证会计信息真实正确,必须定期或不定期地对各项财产物资、货币资金和往来款项进行清查、盘点和核对。在清查中,如果发现账实不符,应查明原因,调整账簿记录,使账存数额同实存数额保持一致,做到账实相符。通过财产清查,还可以查明各项财产物资的保管和使用情况,以便采取措施挖掘物资潜力和加速资金周转。总之,财产清查对于保证会计核算资料的正确和监督财产的安全与合理使用等都具有重要的作用。它是会计核算必不可少的方法之一。

3.7 编制会计报表

会计报表是根据账簿记录定期编制的、总括反映会计主体特定时点(月末、季度末、年末)和一定时期(月、季、年)财务状况、经营成果以及现金流量等的书面报告。编制会计报表是根据账簿记录,以货币为计量单位,以表格的形式将分散的会计资料进一步归纳整理,定期综合反映各单位财务状况、经营成果和现金流量等的一种专门方法。编制会计报表是一个会计循环的终点,是提供会计信息的主要方式,又是强化企业内部管理、分析考核计划或预算完成情况的重要手段。

上述会计核算的七种方法,并不是孤立存在的,而是相互联系、密切配合,构成了一个科学的、完整的方法体系。这种专门方法一环扣一环,任何一个环节没有做好,都会影响会计核算工作的质量,影响所提供的会计信息的质量。就一个企业而言,要进行会计核算,就需先根据其经济活动的特点和经营管理的要求设置账户;对于日常发生的经济业务,要填制和审核会计凭证,再按复式记账法,登记账簿;对于生产经营过程中发生的各种耗费,要进行成本计算;通过财产清查,保证账实相符;最后,对日常核算资料进行汇总,编制会计报表。经济业务发生后,应遵守的一条主线是填制和审核会计凭证、登记账簿和编制会计报表,简称为"证、账、表",填制和审核会计凭证是初始环节,登记账簿是中间环节,编制会计报表是最终环节。而"账证相符、账账相符、账实相符、账表相符"这条辅线则表明执行会计核算方法应达到的基本要求。具体如图1-6所示。

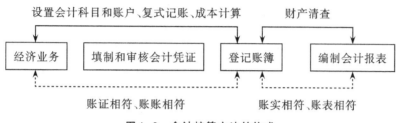

图1-6　会计核算方法的构成

4. 会计技术

会计技术,是指信息系统为了生成会计信息,在其基本程序和应用相应的方法时所采用的技术手段。从会计的发展历史来看,会计技术由落后到先进,大致出现了手工操作技术、机械化操作技术和电算化操作技术三种。

4.1 手工操作技术

很早以前,人们就开始采用手工操作技术进行会计数据处理。在会计发展史上,手工操作经历了漫长的岁月,它是人类进行会计信息处理的初级手段。直至今天,仍有很多单位采用手工操作进行账务处理。手工操作要求会计人员以眼睛、耳朵等感觉器官作为输入器,用纸和笔把经济业务发生的情况记录和存储下来;以算盘、计算器为计算工具,按照会计处理程序并在大脑的指挥下进行分类、计算、记录、分析、检查和编表等一系列数据处理工作。手工操作的速度因受到人们阅读速度、记录速度和运输速度的制约,一般比较慢,而且容易出现错误。如果企业内部控制制度不完备,执行不严格,就容易发生伪造、更改会计数据的现象。

4.2 机械化操作技术

机械化操作就是运用各种机械手段来进行会计数据处理。19世纪末20世纪初,科学管理理论的应用和发展使会计受到重视,出现了相应的改进,对会计数据处理提出了更高的要求。在国外,少数大型企业的会计人员借助穿孔机、卡片分类机、机械式计算机和机械制表机等机械设备代替手工操作进行会计数据处理。采用这种机械化操作技术增强了数据处理的功能,但仍然无法存储程序和大量数据。由于设备庞大、价格昂贵、操作复杂,机械化操作技术没有得到广泛运用。我国几乎没有企业运用机械化操作技术。

4.3　电算化操作技术

20世纪40年代以后,资本主义社会竞争日益激烈,单靠垄断已难以维持资本家的高额利润,企业不得不转向通过加强管理来增加产量、提高质量、降低成本、提高竞争能力的发展模式。因此,会计又成为加强内部管理的重要手段。会计因此产生了重大变革,对会计数据处理提出了更高的要求。电子计算机的产生为会计数据处理带来了根本性的变革。1954年10月,美国通用电气公司第一次利用电子计算机计算职工工资,从此沿用了近半个世纪的机械化会计处理逐渐消失。电子计算机技术日益普及,使信息处理技术水平迅速提高,会计信息处理技术随之步入了计算机处理阶段,电子计算机在会计数据的搜集、分类、计算、汇总、存储和传输等方面得到了广泛的应用。

电算化操作就是广泛应用现代电子计算机技术来加工处理会计数据的过程,是会计数据处理的高级形式。关于其原理及特点,将会在专门的课程中予以介绍。

 本章小结

会计是适应生产实践的客观需要产生、发展并不断完善起来的。核算和监督是会计的两个基本职能。会计的目标是受托责任观和决策有用观的有机结合,是向企业的利益相关者提供反映受托责任和对投资者决策有用的会计信息。会计的一般对象是社会扩大再生产过程中的资金运动,会计的具体对象表现为资金进入企业、资金的循环和周转及资金退出企业的运动。会计学科体系是由若干有联系的学科组成的体系,会计学科体系反映在会计教育中又具体表现为会计课程体系。会计假设是会计核算的前提条件,包括会计主体、持续经营、会计分期和货币计量。会计信息质量要求是对企业所提供的会计信息质量的基本要求,是使会计信息对其使用者决策有用所应具备的基本特征,主要包括:可靠性、相关性、可理解性、可比性、实质重于形式、重要性、谨慎性和及时性等。《企业会计准则——基本准则》规定,企业应当以权责发生制为基础进行会计确认、计量和报告。企业在将符合确认条件的会计要素登记入账并列报于会计报表及其附注时,应当按照规定的会计计量属性进行计量,确定其金额。会计计量属性主要包括历史成本、重置成本、可变现净值、现值和公允价值。会计的基本程序包括确认、计量、记录和报告四个环节。会计核算方法包括设置会计科目和账户、复式记账、填制和审核会计凭证、登记账簿、成本计算、财产清查、编制会计报表。会计技术经历了手工操作技术、机械化操作技术、电算化操作技术三个发展阶段。

本章重点提示

　　"会计"在会计学上的概念不是指人,它在本质上是一种经济管理工作,即会计是以货币为主要计量单位,反映和监督某个单位经济活动的一种经济管理工作。

　　会计的本质是一种经济管理工作,它是一个商业信息供应系统,是根据生产实践和经济管理的客观需要,在社会生产实践中逐渐产生和发展起来的。

会计的职能是指在经济管理工作中所具有的功能或所发挥的作用,会计的主要职能是会计核算和会计监管,会计的这两个职能是相辅相成、密不可分的。

会计假设是为了保证会计工作的正常进行和会计信息的质量,对会计核算的范围、内容、基本程序和方法所做的合理设定。

权责发生制下,凡是属于本期实现的收入和发生的费用,不论款项是否实际收到或实际付出,都应作为本期的收入和费用入账;凡是不属于本期的收入和费用,即使款项在本期收到或付出,也不作为本期的收入和费用处理。

 思考与分析

1. 会计的发展历程是怎样的? 会计的不同发展阶段有哪些显著标志?
2. 怎样理解经济环境对会计产生和发展的决定性作用?
3. 现代会计的含义是什么? 怎样理解会计目标?
4. 会计学科体系的内容是什么?
5. 如何理解会计计量属性?
6. 会计的职能是什么? 应如何理解?
7. 举例说明有哪些会计信息使用者,他们需要做出哪些经济决策。
8. 会计假设有哪些? 如何理解?
9. 如何理解权责发生制与收付实现制两种会计核算基础的不同含义?
10. 会计信息质量要求包括哪些内容?
11. 会计核算方法包括哪些内容?
12. 会计系统生成会计信息经历了哪些技术发展阶段?

1-4 客观题通关测试

1-5 文章阅读

会计被称作一种商业语言,意思是说,会计是沟通经济工作者之间的桥梁,管理者若不懂会计,经济管理工作就无从谈起。

第2章 会计要素与会计等式

 本章导航

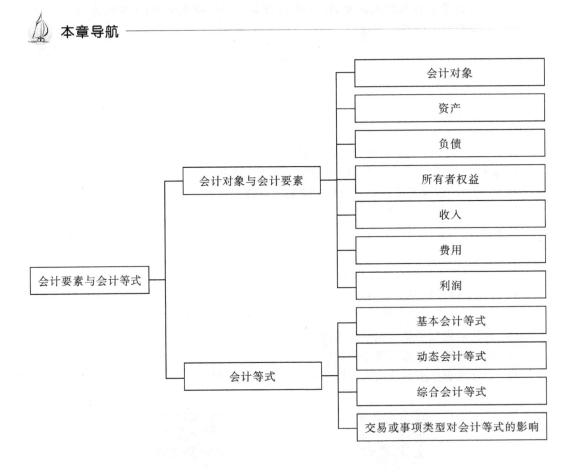

 知识目标

了解会计所要反映和监督的基本内容;掌握会计要素的概念、分类并全面理解六类会计要素的内容;掌握体现会计要素相互之间数量上的相等关系的会计等式,理解会计等式的基本原理。

技能目标

明确会计对象、会计要素和会计等式的基本内容,以及三者之间的密切联系。

 中英文关键词

会计对象:accounting object	会计目标:accounting objective
会计要素:accounting elements	会计等式:accounting equation
资产:assets	负债:liability
所有者权益:owners' equity	收入:revenue
费用:expense	利润(亏损):profit(loss)
记账方法:bookkeeping methods	单式记账法:single-entry bookkeeping
复式记账法:double-entry bookkeeping	会计平衡式:accounting equation
借贷记账法:debit-credit bookkeeping	记账符号:accounting symbol
借:debit	贷:credit
账户结构:account structure	会计分录:accounting entry
记账规则:recording rules	试算平衡:trial balancing

 引导案例

20××年10月31日,海河企业拥有库存现金78 000元,银行存款2 222 000元,应收账款700 000元,存货1 000 000元,厂房及机器设备1 300 000元。同时还有短期借款80 000元,应付账款820 000元,长期借款1 000 000元,所有者投入的资本金为3 400 000元。请问:

1. 你能辨别出上述项目中的资产、负债及所有者权益吗?它们之间有何关系?

2. 20××年11月1日,出于扩大生产经营的需要,海河企业从银行借入短期借款100 000元并存入银行存款账户,那么企业的资产、负债及所有者权益之间的关系发生变化了吗?

2-1 教学课件

2-2 教学视频

第1节　会计对象与会计要素

1. 会计对象

1.1　会计对象的概念

会计对象是会计工作的内容。对会计工作而言,它的对象是工作的内容。明确会计对象,也就是要明确会计工作的对象,以便明确会计核算和会计管理工作的内容,以及相应会计人员的职责范围,更好地把会计工作做好。会计对象的内容,主要是由客观事物的特殊性,即企业、事业等单位的工作分工所决定的。客观事物是一个庞大的系统,需要由各个方面的各种职能部门对其进行工作;每一个职能部门只能进行一方面的工作,各个职能部门共同实践,才能共同完成对客观事物的工作。

会计对象就是会计所要核算和监督的内容。在市场经济条件下,企业会计对象可概括为企业的资金运动,或者是能用货币表现的经济活动。一般把会计交易或事项发生以后所引起的资金价值形态的改变和数量上的增减变化,称为资金运动,即会计对象。从会计的角度看,企业开展经济活动的过程实际上也是其资金运动的过程。因为现代市场经济是经济资本化的经济,企业为了盈利而进行的商品生产和销售等经营活动过程及筹资、投资、利润分配等主要活动所形成的错综复杂的经济关系,均以资金为载体。资金运动贯穿于企业生产经营的全过程,成为各种经济关系的集中体现。企业、事业等单位的交易或事项不同,其会计对象的内容也不同。由于产品制造业企业的经济活动与资金运动最为综合复杂,因此,下面以产品制造业企业为例进行说明。

1.2　会计对象的具体内容

企业交易或事项的内容主要是生产经营活动。企业的资金随着生产经营活动的进行而不断发生变化,经过供应、生产、销售三个阶段,周而复始地循环与周转。在资金循环与周转过程中所发生的一切交易或事项就是会计对象的具体内容,即资金运动。

由于各个企业的交易或事项不同,因此资金运动的表现也有所区别。

任何事物的运动都有相对静止和显著变动两种形态,资金运动也不例外,也有静态和动态两个方面。

(1)资金运动的静态表现

资金运动的静态表现是指一个企业在一定时点上的资产总值和权益总值,其内容反映在资产负债表中。

资产是企业资金的占用,其分布和存在的形态主要是房屋及建筑物、机器及设备、材料物资、加工中的产品、库存商品、银行存款、现金以及结算过程中的应收、预付款项等债权。权益是对资产的要求权,是企业资金的来源,包括负债和所有者权益。其取得和形成的形态主要是投入资本、待分配利润、借款及结算过程中的应付、应交及预收款项等债务。

(2)资金运动的动态表现

资金运动的动态表现是指一个企业在一定期间的经营成果,它是资金在生产经营过程各个阶段不断转变形态的结果,表现为收入、费用和利润,其内容反映在利润表中。

制造业企业的交易或事项主要是制造产品、销售产品,在生产经营过程中,其资金运动从货币资金形态开始,依次经过供应、生产、销售阶段,不断改变其形态,最后又回到货币资金形态。企业取得资金后,在供应过程中,企业用货币购入各种原材料,从而资金由货币资金转化为储备资金;在生产过程中,企业利用劳动手段将原材料投入生产,引起了原材料的消耗、固定资产的折旧、工资的支付和生产费用的开支,使储备资金和一部分货币资金转化为生产资金,产品完工后生产资金就转化为成品资金;在销售过程中,产品销售出去取得销售收入,成品资金又转化为货币资金,同时支付销售费用。在这三个过程中,货币资金依次不断改变形态,称为资金循环,周而复始地不断演变,称为资金周转。企业对净收入进行分配时,一部分资金就退出了循环。

制造业企业将所生产的产成品出售后,获取了营业收入,需要抵偿其在生产经营过程中所发生的成本、费用。营业收入补偿成本、费用后的余额,即为利润总额。其中一部分利润,要以所得税的形式向国家交纳,形成国家的财政收入。纳税后的利润,称为税后利润,一部分按国家规定,必须留存于企业,称为法定盈余公积;另一部分以股利或利润的形式分配给企业的所有者。企业根据经营活动的需要,自行提留的一部分税后利润,称为任意盈余公积。法定盈余公积和任意盈余公积均供扩展企业的生产经营之用。税后利润中,除了分配给所有者之外,留存于企业的,合称为留存利润,即包括法定盈余公积、任意盈余公积和未分配利润。

在企业资金周转过程中,有些资金会离开周转过程,退出企业,如用于分配利润、归还借款、减少资本等。这些退出企业资金周转的部分,同时减少了企业的资产和资产的来源,即负债和所有者权益。资金投入、资金循环与周转及资金的退出,构成了企业资金运动的主要内容。它们与企业的经济活动相辅相成,具体如图2-1所示。

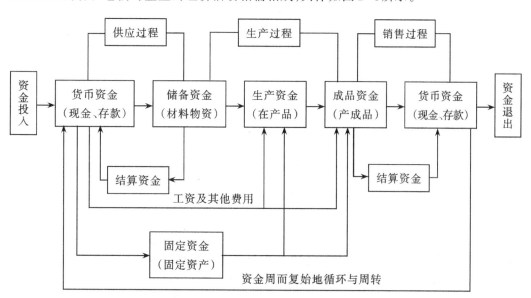

图2-1 制造业企业的资金循环与周转

不论是制造业企业、商品流通企业,还是行政、事业单位,都是社会再生产过程中的基本单位,会计反映和监督的对象都是资金及其运动过程,正因为如此,我们可以把会计对象概括为社会再生产过程中的资金运动。

2. 会计要素

2.1 会计要素的概念

如前所述,会计对象是社会再生产过程中的资金运动。在会计实践中,为了进一步分类核算,从而提供各种分门别类的会计信息,就必须对会计对象的具体内容进行适当的分类,会计要素这一概念应运而生。也就是说,企业交易或事项的具体内容不同,其会计对象的具体表现形式也不一样。为了便于确认、计量、记录和报告,以及适应不同会计主体要求,就需要对会计对象进行更加具体的分类。会计要素是对会计对象具体内容按经济特征所做的最基本分类,是会计对象的具体化,是反映会计主体财务状况和经营成果的基本单位。

2.2 会计要素的分类

会计核算的具体对象是企业的各项交易或事项,虽然这些交易或事项复杂、繁多,但从总体上可分为两个方面,即反映财务状况的和反映经营成果的。

(1)资产负债表要素。反映财务状况的交易或事项,可具体划分为资产、负债和所有者权益,任何一项涉及财务状况的交易或事项,都可归纳为这三类。即反映企业财务状况的会计要素,是企业在一定时点上(月末、季度末、半年末、年末)资金运动的静态表现,包括资产、负债、所有者权益三个要素。

(2)利润表要素。反映经营成果的交易或事项,可进一步划分为收入、费用和利润,所有涉及经营成果的交易或事项均可归纳为这三类。即反映企业经营成果的会计要素,是企业在一定期间(月度、季度、半年度、年度)资金运动的动态表现,包括收入、费用和利润三个要素。

我国的《企业会计准则——基本准则》严格定义了资产、负债、所有者权益、收入、费用和利润这六大会计要素。

3. 资产负债表要素

3.1 资产

3.1.1 资产的定义与特征

资产是指过去的交易或事项形成的并由企业拥有或控制的预期会给企业带来经济利益的资源。该资源在未来预计会给企业带来某种直接或间接的现金或现金等价物的流入。资产的确认需满足以下几个条件,或者说,资产应具有以下特征。

(1)资产是企业过去的交易或事项所形成的。过去的交易或事项包括购买、生产和建造等行为以及其他交易或事项。即只有企业在过去的交易或事项中形成的资产才能被确认为企业的现实资产,而企业预期在未来发生的交易或事项也会形成资产,但不能作为企业现实的资产予以确认。例如,企业现在只做出了购买生产或经营所需设备的计划,而实际购买行为尚未发生,预期可能增加的设备不符合资产的这一特征,也就不能被确认为企业的资产。

(2)资产必须为某一特定主体所拥有或控制。这是因为,会计并不是计量所有的资源,而仅计量在某一会计主体控制之下的资源。因此,会计上所计量的资产就应该或者说必须归属于某一特定的主体,即具有排他性。这里,拥有是指企业对某项资产拥有所有权,而控制则是指企业实质上已经掌握了某项资产的未来收益和风险,但是目前并不对其拥有所有权。前者泛指企业的各种财产、债权和其他权利,而后者则指企业只具有使用权而没有使用权的各项经济资源。一项财产要成为企业的资产被确认,对于企业来说,其所有权必须归企业所有,也就是企业对该项财产具有产权。对于一些特殊方式形成的资产,企业虽然对其不拥有所有权,但能够实际控制,如融资租入固定资产等。

(3)资产预期能给企业带来经济利益。资产单独或与企业的其他要素结合起来,能够在未来直接或间接地产生净现金流入量,这是资产的本质所在。按照这一特征,判断一个项目能否构成资产,一定要看它是否潜存着未来的经济利益。只有那些潜存着未来经济利益的项目才能被确认为资产。

3.1.2 资产的确认

资产作为一项经济资源,与其有关的经济利益必须很可能流入企业,而且资源的成本或者价值能够可靠地计量。符合上述资产定义的资源,在同时满足以下条件时,才能被确认为资产:

(1)与该资源有关的经济利益很可能流入企业。

(2)该资源的成本或者价值能够可靠地计量。

符合资产定义和资产确认条件的项目,应当列入资产负债表;符合资产定义,但不符合资产确认条件的项目,不应当列入资产负债表。

3.1.3 资产的内容

在企业中,资产的表现形式多种多样,在生产经营中的特点也各不相同,需要按照一定的标准对其进行分类,《企业会计制度》规定,在资产负债表上,资产应当按其流动性进行分类列示,包括流动资产和非流动资产。

(1)流动资产。流动资产是指在1年内或者超过1年的1个营业周期内变现或耗用的资产,主要包括货币资金(库存现金和银行存款等)、应收及预付款项、存货等。

①库存现金是指企业持有的现款,也称现金。库存现金主要用于支付日常发生的小额、零星的费用或支出。

②银行存款是指企业存入某一银行账户的款项。该银行称为该企业的开户银行。企业的银行存款主要来自投资者投入资本的款项、负债融入的款项、销售商品的货款等。

③应收及预付款项是指企业在日常生产经营过程中发生的各项债权,包括应收款项(应收票据、应收账款和其他应收款等)和预付账款等。

④存货是指企业在日常生产经营过程中持有以备出售,或者仍然处在生产过程中将要消耗,或者在生产或提供劳务的过程中将要耗用的各种材料或物料,包括库存商品、半成品、在产品以及各类材料等。

> **提示说明**　应收账款和预付账款属于企业的资产,是由这些款项的所有权决定的。在产生应收账款时,虽然企业暂未收到款项,但已经具有向购买方收款的权利,因而应确认为销售方的资产。预付账款之所以是企业的资产,是因为在收款方尚未提供产品或劳务之前,该款项的所有权仍属于预付款企业,因而仍应确认为预付款企业的资产。

(2)非流动资产。非流动资产是指不能在1年或者超过1年的一个营业周期内变现或者耗用的资产,主要包括长期股权投资、固定资产、无形资产和长期待摊费用等。

①长期股权投资是指持有时间超过1年(不含1年),不能变现或不准备随时变现的股票和其他投资。企业进行长期股权投资的目的是获得较为稳定的投资收益或者对被投资企业实施控制或影响。

②固定资产是指企业使用年限超过1年的房屋、建筑物、机器、机械、运输工具以及其他与生产、经营有关的设备、器具、工具等。

③无形资产是指企业拥有或者控制的没有实物形态的可辨认非货币资产。无形资产包括专利权、非专利技术、商标权、著作权、土地使用权等。

④长期待摊费用是指企业已经发生(一般是指已经实际支付了货币资金)但应由本期和以后各期负担的分摊期限在1年以上的各项支出,如以经营租赁方式租入的固定资产发生的改良支出等。这种先实际付款,之后再将应承担的费用计入各个受益期间的做法称为待摊。

> **提示说明**　长期待摊费用虽然属于企业已经先行支付了货币资金的支出,但该支出仍可在企业的经营活动中继续发挥效益,并为企业带来经济利益,符合资产的本质特征,因而应确认为企业的资产。另外应注意的是,长期待摊费用虽带有"费用"字样,但其本身并不属于费用,而是企业的资产,只有将此类支出在其受益期间摊销后才转化为费用。

资产要素的主要内容如图2-2所示。

3.2　负债

3.2.1　负债的定义与特征

负债是指过去的交易或事项形成的、预期会导致经济利益流出企业的现时义务。履行该义务将会导致经济利益流出企业。而在未来发生的交易或事项形成的义务是不属于现时义务的,则不应当将其确认为负债。负债具有以下特征。

(1)负债是企业过去的交易或事项形成的。企业过去的交易或事项一般是以前会计期间发生的,只有过去的交易或事项所形成的企业的现时义务,才能被确认为企业的负

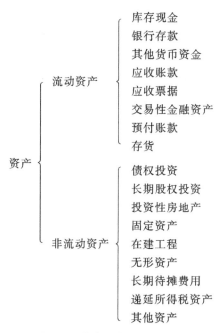

图2-2　资产要素的主要内容

债。企业为未来发生的交易或事项所编制的支付计划、签订的交易合同等,由于交易或事项并未实际发生,因此不能被确认为企业的负债。

(2)负债是企业承担的现时义务。负债是企业必须承担的现时义务,这是负债的一个基本特征。现时义务是指企业在现行条件下已承担的义务。未来发生的交易或事项形成的义务不属于现时义务,不应被确认为企业的负债。

(3)负债会导致经济利益流出企业。预期会导致经济利益流出企业是负债的本质特征。只有在履行义务时会导致经济利益流出企业,才符合负债的定义。在履行现时义务清偿负债时,可采用多种形式,如用现金或实物资产偿还、以提供劳务偿还等。不管偿还方式如何,最终都会导致经济利益流出企业。

3.2.2　负债的确认

符合上述负债定义的现时义务,在同时满足以下条件时,被确认为负债:

(1)与该义务有关的经济利益很可能流出企业。

(2)未来流出的经济利益的金额能够可靠地计量。

符合负债定义和负债确认条件的项目,应当列入资产负债表;符合负债的定义,但不符合负债确认条件的项目,不应当列入资产负债表。

3.2.3　负债的内容

负债按其流动性分为流动负债和非流动负债。

(1)流动负债。流动负债是指将在1年(含1年)或者超过1年的一个营业周期内偿还的债务,主要包括短期借款、应付及预收款项等。

①短期借款是指企业从银行或其他金融机构借入的偿还期在1年以内的各种借款。企业借入短期借款的主要目的是满足临时性支出的需要。

②应付票据是指企业因购买商品或接受劳务等开支并承诺的交由销售方持有的商业

汇票。

③应付款项是指企业在日常生产经营过程中发生的各项债务,包括应付票据、应付账款、应付职工薪酬、应交税费、应付股利、其他应付款等。

应付职工薪酬是指企业根据有关规定应付给本企业职工的薪酬。应交税费是指企业按税法规定应交纳的各种税费。应付股利是指股份企业应付给股东的现金股利(非股份企业为应付利润)。其他应付款是指企业除应付票据、应付账款、应付职工薪酬、应交税费和应付股利等以外的其他各项应付款项。

④预收款项(合同负债)是指企业由于向购买方销售商品、提供劳务等,根据有关协议预先向对方收取的款项。

> **提示说明**
>
> 预收账款(合同负债)之所以是企业的负债,是因为在预收款企业向对方提供产品或劳务之前,该款项的所有权仍属于预付款企业。尽管预收款企业已经实际收到款项,但在没有实际履行相关义务之前,预收款企业只能将其确认为一项债务。

(2)非流动负债。非流动负债是指企业将在超过1年或超过1年的一个营业周期偿还的债务,主要包括长期借款、应付债券、长期应付款、预计负债等。

①长期借款是指企业从银行或其他金融机构借入的期限在1年以上(不含1年)的各种借款。企业借入长期借款的主要目的是进行建设期比较长的过程项目建设。

②应付债券是指企业为筹集长期资金发行企业债券而发生的债券本金和利息,即对债券购买者产生的负债。企业发行债券后,除应按规定的债券利率向债券持有者支付利息外,还应在既定的债券发行期满后将债券本金归还给债券的持有者。企业在债券的发行期间所占用的资金应被视为对债券购买者的负债。

③长期应付款是指企业除长期借款和应付债券以外的其他长期应付款项,如企业融资租入固定资产时产生的长期应付款等。

④预计负债是指企业确认的对外提供担保、未决诉讼、产品质量保证等产生的负债。
负债要素的主要内容如图2-3所示。

3.3 所有者权益

3.3.1 所有者权益的定义与特征

所有者权益也称股东权益,是指企业资产扣除负债后由所有者享有的剩余权益。它在数值上等于企业全部资产减去全部负债后的余额。其实质是企业从投资者手中吸收的投入资本及其增值,同时也是企业进行交易或事项的"本钱"。

所有者即向企业投入资本的投资者。所有者权益是企业的投资者在向企业投资以后对企业资产的一种要求权,包括对企业经营成果的分享权以及对企业经营活动的管理权等。但所有者并不是对企业的全部资产都具有要求权。企业的资产一般是由所有者的投资和借入的负债两部分构成的。所有者只对其投资所形成的那部分资产具有要求权,对

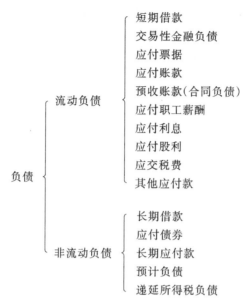

图 2-3　负债要素的主要内容

于负债所形成的那部分资产则不具有要求权。在企业的全部资产中,明确界定所有者权益部分的内容,既有利于清晰反映所有者投入资本的保值增值情况,又体现了保护债权人权益的理念。所有者享有的权益表现为剩余权益,是所有者权益的基本特征。

3.3.2　所有者权益的确认

所有者权益体现的是所有者对企业资产所享有的剩余权益。因此,所有者权益的确认主要依赖于其他会计要素,尤其是资产要素和负债要素的确认。所有者权益金额的确定也主要取决于资产和负债的计量。例如,企业在接受投资者投资,并且投入的资产符合企业资产确认条件时,也就相应地符合了所有者权益的确认条件;当该资产的价值能够可靠计量时,所有者权益的金额也就得以确定。

值得注意的是,所有者权益反映的是所有者对企业资产的索取权,而负债反映的是企业债权人对企业资产的索取权,两者有本质区别。因此,企业在会计确认、计量和报告中应当严格区分负债和所有者权益,以便如实反映企业的财务状况,尤其是企业的偿债能力和产权比率等。

3.3.3　所有者权益的内容

企业所有者权益包括实收资本(股本)、资本公积(含资本溢价或股本溢价等)、盈余公积和未分配利润,以及直接计入所有者权益的利得和损失。其中,实收资本和资本公积统称为投入资本,盈余公积和未分配利润统称为留存收益。

(1)实收资本(股本)是指所有者投入企业的资本中构成企业注册资本(或股本)部分的金额。

(2)资本公积是指所有者投入资本超过注册资本(或股本)部分的金额,即资本(或股本)溢价。这部分投入资本可按规定的程序转增资本金。

(3)盈余公积是指企业从实现的利润中提取的留存于企业的部分,包括法定盈余公积和任意盈余公积。盈余公积可按规定的程序转增资本金,或用于弥补亏损。

(4)未分配利润是指企业已经实现但尚未分配而留待以后年度分配的利润。

此外,所有者权益还包括那些按规定可直接计入所有者权益的利得和损失。

所有者权益要素的主要内容如图2-4所示。

- 所有者权益
  - 投入资本
    - 实收资本
    - 资本公积(资本/股本溢价)
  - 直接计入所有者权益的利得和损失
  - 其他综合收益
  - 留存收益
    - 盈余公积
    - 未分配利润

图2-4　所有者权益要素的主要内容

3.3.4　所有者权益与负债的区别

所有者权益与负债不同,区别在于:性质不同,企业的负债有约定的偿还期,需要按期偿还;而所有者权益一般不需要偿还,是企业可以长期使用的资金;享有的权利不同,对于企业的债权人来说,其权利仅限于按期收回本金和利息,而企业的所有者具有参与企业经营决策和利润分配的权利;企业清算时所处的求偿权顺序不同,企业负债的债权人拥有优先求偿权,企业所有者的求偿权排在债权人之后。

4. 利润表要素

4.1　收入

4.1.1　收入的定义与特征

收入是指企业在日常经营活动中形成的、会导致所有者权益增加的、与所有者投入资本无关的经济利益的总流入。收入的实质是企业交易或事项的产出过程,即企业生产经营活动的结果。收入只有在经济利益很可能流入从而导致企业资产增加或者负债减少,而且经济利益的流入额能够可靠计量时才能予以确认。收入具有以下几个特征:

(1)收入从企业的日常经营活动中产生,而不是从偶发的交易或事项中产生。

(2)收入可能表现为企业资产的增加,也可能表现为企业负债的减少,或者二者兼而有之。

(3)收入最终能导致企业所有者权益的增加。

(4)收入只包括本企业经济利益的流入,而不包括为第三方或客户代收的款项。

4.1.2　收入的确认

收入的确认是财务成果的最初形式,也是企业获取利润、实现盈利的前提条件。企业只有取得收入,并补偿在生产经营活动中已消耗的各种支出,才能形成利润。

企业应当在履行了合同中的履约义务,即在客户取得相关商品控制权时确认收入。取得相关商品控制权,是指能够主导该商品的使用并从中获得几乎全部的经济利益。当企业与客户之间的合同同时满足下列条件时,企业应当在客户取得相关商品控制权时确认收入:

（1）合同各方已批准该合同并承诺将履行各自义务；

（2）该合同明确了合同各方与所转让商品或提供劳务（以下简称"转让商品"）相关的权利和义务；

（3）该合同有明确的与所转让商品相关的支付条款；

（4）该合同具有商业实质，即履行该合同将改变企业未来现金流量的风险、时间分布或金额；

（5）企业因向客户转让商品而有权取得的对价很可能收回。

4.1.3 收入的内容

收入有狭义和广义之分。狭义的收入即收入的定义所界定的企业日常经营活动带来的经济利益的流入，主要包括主营业务收入（企业主要经营业务的收入，如销售产成品的收入）、其他业务收入（企业主营业务以外的经营业务所取得的收入，如材料销售、包装物出租等）和投资收益。其中，主营业务收入和其他业务收入统称为营业收入。广义的收入除以上内容，还包括企业日常经营活动之外所产生的非经常性的经济利益流入，即营业外收入，在会计上称为利得。

（1）主营业务收入是指企业从事销售产品等日常经营活动所获取的收入。主营业务收入在企业的收入中所占比重较大，是企业主要的经济利益的流入。

（2）其他业务收入是指企业主营业务以外的其他日常经营活动所获取的收入，如企业销售原来购入准备自用的材料、出租产品的包装物等所获取的收入。其他业务收入一般金额较小，在企业的收入中所占的比重较小。

（3）投资收益是指企业用资产对外投资等所带来的经济利益的流入，属于让渡资产使用权而给企业带来的经济利益的流入，如从被投资企业分得的股利或利润等。

（4）营业外收入通常是企业从偶发的交易或事项中获得的经济利益流入，与企业的日常经营活动无关，如企业在处置固定资产和无形资产中产生的净收益和罚款收入等。

按收入的来源渠道，收入要素的主要内容如图2-5所示。

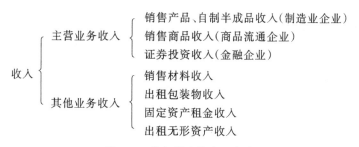

图2-5 收入要素的主要内容

4.2 费 用

4.2.1 费用的定义与特征

费用是指企业在日常经营活动中发生的、会导致所有者权益减少的、与向所有者分配利润无关的经济利益的总流出。费用具有如下特征：

（1）费用是企业在日常经营活动形成的。因日常经营活动而产生的费用通常包括主营业务成本、其他业务成本、投资损失和其他费用等。将费用明确界定为企业的日常经营活动而形成的,目的是将费用与企业在非日常经营活动中形成的损失区分开来。企业日常经营活动产生的经济利益的流出是费用的内涵。而偶发的一些事项所带来的经济利益的流出称为损失,也称为营业外支出,是企业经济利益流出的外延。

(2)费用会导致所有者权益减少。费用的本质特征是其会导致所有者权益减少,这也是由费用与利润及所有者权益的关系决定的。在企业实现的收入一定的情况下,费用发生得越多,企业实现的利润越少。而利润的所有权是归属于所有者的,企业实现利润的多少直接关系到所有者权益的大小。如果发生的费用大于所实现的收入,企业还会发生亏损,所有者权益也会因此减少。费用的这一特征也表明,只有那些最终会导致所有者权益减少的经济利益流出才能被确认为费用,不会导致所有者权益减少的经济利益流出不符合费用的定义,则不应被确认为费用。例如,企业偿还银行的存款,尽管也导致企业经济利益的流出,但该经济利益的流出只是导致企业负债的减少,而不会导致企业所有者权益的减少,因此不应将其确认为企业的费用。

(3)费用与向所有者分配利润无关。企业向所有者分配股利或利润,是企业将其实现的经营成果分配给投资者的一种分配活动,虽然在分配利润的某些情况下(如分配现金股利),会导致经济利益流出企业,但该经济利益的流出减少的是企业的未分配利润,而不是增加企业的费用,因而也应将其排除在费用之外。

4.2.2 费用的确认

将一项经济利益流出确认为企业的费用,除应符合费用的定义外,至少还应满足以下三个条件:

(1)与费用相关的经济利益很可能流出企业。

(2)该经济利益流出企业的结果会导致资产的减少或者负债的增加。

(3)经济利益流出的金额能够可靠地计量。

4.2.3 费用的内容

费用有广义和狭义之分。狭义的费用即费用的定义所界定的企业日常经营活动形成的经济利益的流出,主要包括企业的主营业务成本(如产品销售成本)、其他业务成本、税金及附加、投资损失、销售费用、管理费用、财务费用以及所得税费用等。其中主营业务成本和其他业务成本统称为营业成本。 广义的费用除以上内容外,还包括企业的日常经营活动之外产生的非经常性的经济利益流出,即营业外支出,在会计上称为损失,具体包括营业成本、期间费用和营业外支出。

(1)主营业务成本是指企业在主营业务活动中所产生的成本,属于与主营业务收入相配比的费用。例如,企业在销售产品确认主营业务收入的同时所确认的已销售产品的成本,即属于主营业务成本。在产品生产企业,该成本就是产品的生产成本,是根据产品在生产过程中发生的各种生产费用计算确定的,是产品生产成本的一种转化形式。主营业务成本在企业的全部费用中所占比重较大。

(2)税金及附加是指企业开展营业活动应当交纳并根据销售收入的一定比例计算确定的各种税费,包括消费税、城市维护建设税、房产税、车船税、城镇土地使用税、印花税和教育费附加等。

(3)其他业务成本是指企业在开展其他业务活动中所产生的成本,属于与其他业务收入相配比的费用。例如,企业在销售原来购入准备自用的材料、出租包装物确认其他业务收入的同时所确定的材料或包装物本身的成本,即其他业务成本,实质上是已销售材料、已出租包装物的买价或制作成本。其他业务成本一般在企业的费用中所占的比重较小。

(4)期间费用是指企业行政管理部门为组织和管理生产经营活动而发生的从当期收入中得到补偿的费用,包括销售费用、管理费用和财务费用。

销售费用是指企业在销售产品的过程中发生的各种费用,包括专设销售机构人员的工资及福利费、为推销产品发生的广告费和展销费等。

管理费用是指企业为组织和管理整个企业的生产经营活动所发生的各种费用,包括企业在筹建期间发生的开办费、董事会和行政管理部门在企业的经营管理中发生的或应由企业统一负担的公司经费(包括行政管理部门职工工资及福利费)、物料消耗、低值易耗品摊销、办公费和差旅费、工会经费、董事会费(包括董事会成员津贴、会议费和差旅费等)、聘请中介机构费、咨询费(含顾问费)、诉讼费、业务招待费、技术转让费、矿产资源补偿费、研发费用和排污费等。

财务费用是指企业为筹集和使用生产经营资金而发生的各种费用,包括利息支出(减利息收入)、汇兑损益以及相关的手续费等。

(5)投资损失是指企业对外投资时所产生的损失。在发生投资损失时,应冲减投资收益。

(6)所得税费用一般是指企业根据所适用的所得税税率计算确定的税金。交纳所得税会引起经济利益流出企业,也会导致企业所有者权益减少,因而所得税是企业的一种主要费用。

(7)营业外支出是指企业发生的与日常经营活动无关的一些偶发事项所产生的支出。如企业在财产清查中发现的固定资产盘亏、企业处理固定资产和无形资产发生的净损失和自然灾害等原因所造成的企业财产物资的非常损失等。

> **提示说明**
>
> 利得是指由企业非日常经营活动所形成的、会导致所有者权益增加的、与所有者投入资本无关的经济利益的流入;损失是指由企业非日常经营活动所发生的、会导致所有者权益减少的、与所有者分配利润无关的经济利益的流出。利得和损失包括直接计入所有者权益的利得和损失以及直接计入当期利润的利得和损失。

费用要素的主要内容如图 2-6 所示。

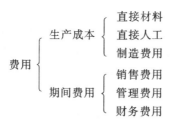

图 2-6　费用要素的主要内容

4.3 利润

4.3.1 利润的定义与特征

利润是指企业在一定会计期间的经营成果,包括全部收入减去全部费用后的净额、直接计入当期利润的利得和损失等。利润的实现,会相应地表现为资产的增加或负债的减少,其结果是所有者权益的增加。通常情况下,如果企业实现了利润,表明企业的所有者权益将增加,企业的经营业绩得到了提升;反之,如果企业发生了亏损(即利润为负数),则表明企业的所有者权益将减少,企业的经营业绩出现了下滑。利润是评价企业管理层业绩的一项重要指标,也是投资者等财务报告使用者进行经济决策时至关重要的参考信息。

企业一定会计期间经营成果的主要内容是该期间实现的收入与当期发生或应当负担的费用二者之间的差额,即营业利润,体现了利润的本质特征。如果在该期间产生了可直接计入当期利润的利得和损失,则应直接计入当期利润,其中利得可直接增加企业的收入减去费用后的净额,进而会增加企业的利润,而损失则应从收入减去费用后的净额中扣除,进而会减少企业的利润。

4.3.2 利润的确认

利润反映的是企业一定会计期间的收入减去费用后的净额加上当期利得、减去当期损失的最终结果。因此利润的确认主要依赖于收入和费用的确认以及利得和损失的确认。利润金额的确定也主要取决于收入、费用、利得和损失金额的确定。

4.3.3 利润的内容

利润包括收入减去费用后的净额、直接计入当期利润的利得和损失。即利润是广义的收入与广义的费用相抵减的差额;狭义的收入与费用相抵减的差额应只指营业利润。

收入减去费用后的净额是指企业在其日常经营活动的一定会计期间所实现的全部收入减去该期间所发生的全部相关费用后的差额。该净额反映了企业日常经营活动的业绩。

直接计入当期利润的利得和损失是指企业应当计入当期损益、最终会引起所有者权益发生增减变动的、与所有者投入资本或向所有者分配利润无关的利得(营业外收入)和损失(营业外支出)。利得与损失反映的是企业非日常经营活动的业绩,而非企业的经营业绩。因此,企业应严格区分收入、费用与利得、损失,以清晰地明确企业经营业绩的内容。当然,利得和损失对当期利润的影响作用完全不同。当利得大于损失时,当期利润增加;反之,当期利润减少。

利润总额包括营业利润、营业外收入和营业外支出。利润总额扣除所得税费用即为净利润。

(1)营业利润是指企业日常经营活动在一定会计期间的经营成果,即狭义收入与狭义费用配比的结果。具体是指营业收入减去营业成本、税金及附加、销售费用、管理费用、财务费用、资产减值损失,再加上(或减去)公允价值变动损益和投资净收益后的金额。

(2)利润总额是指企业全部经营活动在一定会计期间的经营成果,即广义收入与广义费用配比的结果。具体是指营业利润加上营业外收入减去营业外支出后的金额。营业外收入是指直接计入当期利润的"利得",主要有盘盈利得、捐赠利得、处置非流动资产利得、债务重组利得等。营业外支出是指直接计入当期利润的"损失",主要有盘亏损失、捐赠支出、处置非流动资产损失、债务重组损失等。

（3）净利润是指企业经营活动在一定会计期间获得的并归所有者所有的最终经营成果，具体是指利润总额减去所得税费用后的余额，即税后利润。

以上利润项目应当列入利润表。

利润要素的主要内容如图2-7所示。

图2-7 利润要素的主要内容

5. 会计对象具体内容之间的相互关系

会计对象的具体内容是由资产、负债、所有者权益、收入、费用和利润六大要素组成的。它们是资金运动的具体体现。资金运动同其他一切运动一样，总是具有两种形式，即相对静止状态和显著变化过程。

相对静止状态即静态——资金运动在某一瞬间相对静止的状态，表现出资金运动在某一时点上停留的状态，它是企业经营活动成果在资金方面的表现，因而反映了企业的财务状况，这种状况反映出资金的双重存在。一方面表现为特定的物质存在，即价值自然属性的体现；另一方面，又表现为相应的要求权，即为谁所有，是价值社会属性的体现。资产是用来描述价值的物质存在形式的，它是资金的实物存在形态；负债和所有者权益是用来描述所有权关系的，即企业的资产一部分归债权人所有，其余归投资人所有。也就是说，负债和所有者权益是反映资产价值的来源渠道。

资金运动的显著变化过程表现为资金的投入、退出以及资金在循环与周转过程中引起的资金的耗费与收回，收回的资金与耗费的资金相抵后，表现为企业经营活动的成果。收入、费用和利润是企业一定时期经营活动结果的体现，它们反映企业资金运动显著变化的情况即动态——资金运动在某一时期显著变化的过程，表现出资金在运动过程中变化的情况。

资金运动的静态是表明资金增减变动的结果，而资金运动的动态则是表明资金增减变动的原因。会计既从资金运动的静态——资金运动的横断面进行反映，又从资金运动的动态——资金运动的纵剖面来反映，就可以反映整个资金运动过程，也就可以把资金运动的来龙去脉淋漓尽致地反映出来。

会计要素既是会计在日常处理企业发生的交易或事项的过程中所不能缺少的内容，又是企业编制财务会计报告所不可缺少的内容。会计要素的划分在会计核算中具有十分重要的作用。

（1）会计要素为交易或事项的处理提供了基本依据

会计要素是对企业发生的交易或事项按其经济性质进行科学分类以后所形成的，为交易或事项的处理提供了基本的参照依据。各会计要素的定义及特征是进行交易或事项确认、计量和报告的标准,当交易或事项发生以后,会计上首先应将其具体内容与会计要素联系起来加以确认,对于符合会计要素要求的交易或事项,方可区分不同情况采用不同的计量单位和计量属性进行计量,然后根据确认和计量的结果采用一定的会计方法进行处理,并按要求进行会计记录,以便为会计报告的编制积累资料。如果经过确认,企业发生的某些事项与会计要素并无关联,则该事项就不属于会计所处理的内容。由此可见,会计处理是离不开会计要素的。

(2)会计要素为交易或事项的报告提供了基本框架

企业根据要求编制会计报告,对外提供相关的会计信息,实际上是提供企业在一定时点或一定会计期间的交易或事项的信息。会计要素对这些会计信息的形成具有至关重要的作用。为便于探讨六大会计要素对交易或事项报告的作用,可以将其分为两组:资产、负债和所有者权益为一组,收入、费用和利润为另一组,分别反映企业的财务状况和经营成果。在实务中,企业是通过编制资产负债表报告企业财务状况的,资产、负债和所有者权益要素的信息集中反映在该表上;企业的经营成果则是通过编制利润表报告的,该表集中反映了收入、费用和利润要素的信息。由此可见,会计要素为交易或事项信息的报告提供了基本框架,是进行会计报告所必不可少的内容。

财务报表是企业的财务状况、经营成果等信息的重要载体,从这些信息所承载载体的角度,六种会计要素又可分为资产负债表要素和利润表要素两类。会计要素是对会计对象的基本内容(资金运动)的分解,可以描述资金运动的不同表现形式。其中,资产、负债和所有者权益要素是资金运动过程中在某一个特定时点(一般指每个会计期间的最后一日)所表现的形式,而收入、费用和利润要素则是资金运动在某一会计期间(如一个月或一年等)所表现的形式,是在资金的运动过程中新产生的要素。因而,两组要素又可分为静态会计要素和动态会计要素两类。

第2节 会计等式

1. 会计等式的概念与种类

会计等式也称为会计平衡公式、会计恒等式、会计方程式,是运用数学方程的原理描述会计要素之间数额相等关系的表达式。

企业的会计要素是各自独立的,但相互之间又存在密切关系。这种关系不仅体现在交易或事项发生时会导致相关要素之间产生此增彼减、彼增此减或同增同减等变化,而且体现在它们各自在一定时点或一定期间总体金额上的相等关系。利用数学方程式将会计要素之间数额相等的关系表达出来,就会形成各种会计等式。

1.1 基本会计等式

任何一个会计主体为了进行生产经营活动,都需要拥有一定数量的经济资源,这些经济资源在会计上称为"资产"。资产最初进入企业时总有其提供者,他们对企业的资产具有索偿权,这种对企业资产的索偿权,在会计上称为"权益"。因此,一个会计主体的全部

资产应当等于各有关提供者对这些资产的权益总和,即用公式表示为

$$资产=权益$$

资产表明企业拥有什么经济资源和多少经济资源,而权益则表明是谁提供了这些经济资源,是谁对这些经济资源具有索偿权。

因此,资产和权益之间存在着相互关系,即资产不能离开权益而存在,权益不能离开资产。并且从数量上来看,一定数额的资产,就必然有一定数额的权益。即一个企业的资产总额与权益总额必定相等,从任何时点上看都是如此。企业要从事生产经营活动,一方面,必须拥有一定数量的资产。这些资产以各种不同的形态分布于企业生产经营活动的各个阶段,成为企业生产经营活动的基础。另一方面,这些资产要么来源于债权人,从而形成企业的负债;要么来源于投资者,从而形成企业的所有者权益。由于权益分为债权人权益和所有者权益,并且债权人权益又称为负债,所以权益分为负债和所有者权益。由此可见,资产与负债和所有者权益,实际上是同一价值运动的两个方面。因此,这两方面之间必然存在着恒等关系。也就是说,一定数额的资产必然对应着相同数额的负债和所有者权益,而一定数额的负债和所有者权益也必然对应着相同数额的资产。这一恒等关系用公式表示出来就是

$$资产=负债+所有者权益$$

这一等式是最基本的会计等式,它反映了会计基本要素之间的数量关系和内容。资产、负债和所有者权益这三大要素是企业某一时点财务状况的会计要素,为资产负债表要素,是静态的会计要素。因而,该基本等式也称为静态会计等式。它是设置会计科目和账户、复式记账、试算平衡和编制资产负债表的理论基础,在会计核算体系中有着举足轻重的地位。

会计等式是抽象地反映资金运动所引起的各会计要素之间数量变化的过程及结果的平衡关系,既包括资金运动的起点和终点的静态平衡,又包括资金运动过程中的动态平衡。动态平衡是指在一定时期内交易或事项的发生所引起的资金运动形成的各会计要素之间的平衡关系。

1.1.1　交易或事项的类型

企业在生产经营过程中,不断地发生各种交易或事项,这些交易或事项的发生会对有关的会计要素产生影响,但是,却不会破坏上述等式的恒等关系。因为一个企业的交易或事项虽然数量多,包罗万象,但归纳起来不外乎以下九种情况。

(1)交易或事项的发生,导致资产项目此增彼减,但增减金额相等,故基本会计等式保持平衡。

例如:东华企业用银行存款5 000元购买材料(假定不考虑税金)。

会计确认:企业用银行存款购买材料,只涉及会计等式的资产要素,具体的项目为“原材料”和“银行存款”。其中“原材料”项目增加,“银行存款”项目减少。

会计计量:按实际成本计量,“原材料”项目增加5 000元;“银行存款”项目减少5 000元,增减金额相等。

(2)交易或事项的发生,导致负债项目此增彼减,但增减金额相等,故基本会计等式保持平衡。

例如:东华企业开出一张面值为10 000元的商业汇票,抵偿前欠的材料款。

会计确认:企业开出商业汇票,抵偿前欠的材料款,只涉及会计等式的负债要素。前欠的材料款形成"应付账款",用商业汇票偿还时使得"应付账款"项目减少,但又形成一笔新的负债项目"应付票据",即具体的项目为"应付账款"和"应付票据"。其中"应付账款"项目减少,"应付票据"项目增加。

会计计量:按实际成本计量,"应付账款"项目减少10 000元;"应付票据"项目增加10 000元,增减金额相等。

(3)交易或事项的发生,导致所有者权益项目此增彼减,但增减金额相等,故基本会计等式保持平衡。

例如:东华企业用盈余公积60 000元转增实收资本。

会计确认:用盈余公积转增实收资本,只涉及会计等式的所有者权益要素,具体的项目为"盈余公积"和"实收资本"。其中"盈余公积"项目减少,"实收资本"项目增加。

会计计量:按实际成本计量,"盈余公积"项目减少60 000元,"实收资本"项目增加60 000元,增减金额相等。

(4)交易或事项的发生,导致负债项目增加,而所有者权益项目减少,但增减金额相等,故基本会计等式保持平衡。

例如:东华企业宣告分派现金股利30 000元。

会计确认:企业宣告分派股利,一方面使基本会计等式右边负债项目"应付股利"增加,另一方面使基本会计等式右边所有者权益"利润分配——未分配利润"项目减少。即负债项目增加,所有者权益项目减少。

会计计量:按实际成本计量,"应付股利"项目增加30 000元,"利润分配——未分配利润"项目减少30 000元,增减金额相等。

(5)交易或事项的发生,导致所有者权益项目增加,负债项目减少,但增减金额相等,故基本会计等式保持平衡。

例如:经协商,东华企业将应付材料款100 000元转为实收资本。

会计确认:将应付材料款转为实收资本,一方面使基本会计等式右边负债项目"应付账款"减少,另一方面使基本会计等式右边所有者权益项目"实收资本"增加。即负债项目减少,所有者权益项目增加。

会计计量:按实际成本计量,"实收资本"项目增加100 000元,"应付账款"项目减少100 000元,增减金额相等。

(6)交易或事项的发生,导致资产项目增加,同时负债项目亦增加相同金额,故基本会计等式保持平衡。

例如:东华企业购买原材料一批,价值20 000元,货款尚未支付(假定不考虑税金)。

会计确认:购买原材料,货款尚未支付,一方面使基本会计等式左边资产项目"原材料"增加,另一方面使基本会计等式右边负债项目"应付账款"增加。即资产项目增加,负债项目增加。

会计计量:按实际成本计量,"原材料"项目增加20 000元,"应付账款"项目增加20 000元,增加金额相等。

(7)交易或事项的发生,导致资产项目增加,而同时所有者权益项目亦增加相同金额,故基本会计等式保持平衡。

例如：某投资者以银行存款 400 000 元向东华企业进行投资。

会计确认：以银行存款进行投资，一方面使基本会计等式左边资产项目"银行存款"增加，另一方面使基本会计等式右边所有者权益项目"实收资本"增加。即资产项目增加，所有者权益项目增加。

会计计量：按实际成本计量，"银行存款"项目增加 400 000 元，"实收资本"项目增加 400 000 元，增加金额相等。

（8）交易或事项的发生，导致资产项目减少，同时负债项目亦减少相同金额，故基本会计等式保持平衡。

例如：东华企业用银行存款 70 000 元偿还企业所欠的短期借款。

会计确认：用银行存款偿还企业所欠的短期借款，一方面使基本会计等式左边资产项目"银行存款"减少，另一方面使基本会计等式右边负债项目"短期借款"减少。即资产项目减少，负债项目减少。

会计计量：按实际成本计量，"银行存款"项目减少 70 000 元，"短期借款"项目减少 70 000 元，减少金额相等。

（9）交易或事项的发生，导致资产项目减少，同时所有者权益项目亦减少相同金额，故基本会计等式保持平衡。

例如：东华企业依法减资 500 000 元，用银行存款支付给股东。

会计确认：企业依法用银行存款减资，一方面使基本会计等式左边资产项目"银行存款"减少，另一方面使基本会计等式右边所有者权益项目"实收资本"减少。即资产项目减少，所有者权益项目减少。

会计计量：按实际成本计量，"银行存款"项目减少 500 000 元，"实收资本"项目减少 500 000 元，减少金额相等。

下面举例说明资产、权益变动的交易或事项对基本会计等式的影响。

【例 2-1】　M 公司 20×9 年 1 月 1 日的资产、负债、所有者权益状况如表 2-1 所示。

表 2-1　M 公司 20×9 年 1 月 1 日的资产、负债、所有者权益状况

单位：元

资产	金额	负债及所有者权益	金额
现金	1 000	短期借款	14 000
银行存款	73 800	应付账款	42 000
应收账款	35 000	其他应付款	1 800
材料	42 000	实收资本	260 000
固定资产	200 000	资本公积	34 000
总计	351 800	总计	351 800

①公司以银行存款 2 000 元购买材料。

该业务使资产项目"材料"增加，"银行存款"减少，材料由原来的 42 000 元变为 44 000 元，银行存款由原来的 73 800 元变为 71 800 元，资产总额和权益总额均未发生变化，仍为 351 800 元。如表 2-2 所示。

表2-2　交易或事项对基本会计等式的影响(一)

单位:元

资产	金额	负债及所有者权益	金额
现金	1 000	短期借款	14 000
银行存款	71 800	应付账款	42 000
应收账款	35 000	其他应付款	1 800
材料	44 000	实收资本	260 000
固定资产	200 000	资本公积	34 000
总计	351 800	总计	351 800

②公司向银行借款40 000元,直接偿还前欠购货款。

该业务使权益项目"短期借款"增加,"应付账款"减少,短期借款由原来的14 000元变为54 000元,应付账款由原来的42 000元变为2 000元,资产总额和权益总额均未发生变化,仍为351 800元。如表2-3所示。

表2-3　交易或事项对基本会计等式的影响(二)

单位:元

资产	金额	负债及所有者权益	金额
现金	1 000	短期借款	54 000
银行存款	71 800	应付账款	2 000
应收账款	35 000	其他应付款	1 800
材料	44 000	实收资本	260 000
固定资产	200 000	资本公积	34 000
总计	351 800	总计	351 800

③公司向W厂购进甲材料16 000元,已入库,款未付。

该业务使资产项目"材料"增加,权益项目"应付账款"增加,材料由原来的44 000元变为60 000元,应付账款由原来的2 000元变为18 000元,资产和权益总额虽发生变化,但变化后的结果是两者相等,均为367 800元。如表2-4所示。

表2-4　交易或事项对基本会计等式的影响(三)

单位:元

资产	金额	负债及所有者权益	金额
现金	1 000	短期借款	54 000
银行存款	71 800	应付账款	18 000
应收账款	35 000	其他应付款	1 800
材料	60 000	实收资本	260 000
固定资产	200 000	资本公积	34 000
总计	367 800	总计	367 800

④公司用银行存款偿还银行借款 10 000 元。

该业务使资产项目"银行存款"减少，权益项目"短期借款"减少，银行存款由原来的 71 800 元变为 61 800 元，短期借款由原来的 54 000 元变为 44 000 元，资产和权益总额虽发生变化，但变化后的结果是两者相等，均为 357 800 元。如表 2-5 所示。

表2-5　交易或事项对基本会计等式的影响（四）

单位：元

资产	金额	负债及所有者权益	金额
现金	1 000	短期借款	44 000
银行存款	61 800	应付账款	18 000
应收账款	35 000	其他应付款	1 800
材料	60 000	实收资本	260 000
固定资产	200 000	资本公积	34 000
总计	357 800	总计	357 800

据上分析，如果把负债和所有者权益归为一类，即"权益"，则企业发生的交易或事项，引起基本会计等式三要素资产、负债和所有者权益增减变动的实际情况不外乎以下四种类型。

第一，交易或事项的发生，引起资产（或资金占用）项目之间等额此增彼减，双方保持平衡，如【例2-1】中的①，可将其概括为资金占用内部转化。

第二，交易或事项的发生，引起权益（或资金来源）项目之间等额此增彼减，双方保持平衡，如【例2-1】中的②，可将其概括为资金来源内部转化。

第三，交易或事项的发生，引起资产（或资金占用）与权益（或资金来源）项目同时等额增加，双方保持平衡，如【例2-1】中的③，可将其概括为资金进入企业。

第四，交易或事项的发生，引起资产（或资金占用）与权益（或资金来源）项目同时等额减少，双方保持平衡，如【例2-1】中的④，可将其概括为资金退出企业。

以上四种类型的交易或事项，均未破坏资产总额与负债及所有者权益总额的平衡。

1.1.2　各类交易或事项对基本会计等式的影响

通过以上分析，我们可以得出如下结论：

（1）一项交易或事项的发生，可能仅涉及资产与负债及所有者权益中的一方，也可能涉及双方，但无论如何，结果一定是基本会计等式的恒等关系保持不变。

（2）一项交易或事项的发生，如果仅涉及资产与负债及所有者权益中的一方，则既不会影响到双方的恒等关系，也不会使双方的总额发生变动。

（3）一项交易或事项的发生，如果涉及资产与负债及所有者权益中的双方，则虽然不会影响到双方的恒等关系，但会使双方的总额发生同增或同减变动。

上面的分析仅考虑了资产、负债和所有者权益三个会计要素，如果再将收入、费用和利润这三个会计要素考虑进去，那么情况会怎样呢？

1.2　动态会计等式

企业的目标是从生产经营活动中获取收入，实现盈利。企业在取得收入的同时，必然要发生相应的费用。将一定期间的收入与费用相比较,收入大于费用的差额为利润;反之,收入小于费用的差额则为亏损。因此,收入、费用和利润三个要素之间的关系可用公式表示为

$$收入-费用=利润$$

这一会计等式也称为第二会计等式、增量会计等式,反映了企业某一时期收入、费用和利润之间的关系,表明了企业在某一会计期间所取得的经营成果,是编制利润表的理论依据。根据我国《企业会计准则》的规定,利润要素的内容除收入减去费用后的净额外,还应包括直接计入当期利润的利得和损失。为简便起见,本书以"收入-费用=利润"作为动态会计等式,暂不考虑利得和损失因素。

收入、费用和利润三大会计要素的内容,反映的是企业一定期间的经营成果。它是编制利润表的基础。因此,也称这三大要素为利润表要素。

以上两个会计等式分别是由相互联系的三个会计要素组合而成的,可分别反映企业的财务状况和经营成果,也可以将更多的会计要素组合在一起,形成新的会计等式。

1.3 综合会计等式

企业的生产经营成果必然影响所有者权益,即企业获得的利润将使所有者权益增加,资产也会随之增加;企业发生的亏损将使所有者权益减少,资产也会随之减少。因此,企业生产经营活动产生收入、费用和利润后,基本会计等式就会演变为

$$资产=负债+所有者权益+利润$$
$$=负债+所有者权益+(收入-费用)$$

或

$$资产+费用=负债+所有者权益+收入$$

我们将这一等式称为综合会计等式,也称为扩展会计等式。该等式是由静态会计等式和动态会计等式综合而成的,是用于全面反映企业的财务状况和经营成果的等式。而企业在经营过程中发生的各种交易或事项又会从不同方面、以不同的形式使会计要素发生不同的变化。综合会计等式对交易或事项影响会计要素变化的情况进行研究,能够加深对会计要素的认识,加深对交易或事项影响会计要素变化规律的认识,加深对会计等式客观存在的平衡关系的认识。

> **提示说明**　　由于在综合会计等式中引入了"收入"和"费用"两个要素,因此必然会涉及"资产"要素的变动。根据收入的实现能够增加企业资产,费用的发生往往会减少企业资产的基本原理,当"收入"大于"费用"时,相应地,"资产"也会有一个净增量,这时的"资产"在数额上应当是已经增加的"资产"。

1.4 交易或事项类型影响会计等式的规律及结论

从上述交易或事项影响会计等式中会计要素的变动情况可以看出:当交易或事项发

生以后,总是会引起两个(或两个以上)项目发生增减变化。

(1)交易或事项的发生必然会引起会计等式双方发生增减变动。会计等式双方分别反映企业资金的具体存在形态及来源渠道,在以货币为统一单位加以计量时,双方的金额必然相等,这是一种客观存在。但从各类交易或事项的发生影响会计等式的四种类型来看,会计等式中要素的金额会发生同增、同减或有增有减的变化。正因为如此,在会计上才有可能利用专门的方法将各要素的变化情况加以反映,并且可以做到至少从两个方面对同一交易或事项影响会计要素的变动情况进行记录。

(2)交易或事项的发生不会破坏会计等式的平衡关系。企业发生的所有交易或事项,从影响会计等式的角度可以归纳为四种基本类型,对会计等式的影响具有两大规律:一是使会计等式双方的会计要素发生同增或同减的变化。在这种情况下,等式双方的总额会在原来平衡的基础上同时增加或同时减少一个相同的金额,等式双方的总额仍然保持平衡。二是只使会计等式某一方的会计要素发生有增有减的变化。在这种情况下,会计要素变化的某一方其增减金额相抵,原来的总额保持不变,而会计等式另一方的会计要素并没有因交易或事项的发生而受到影响,其总额并不会发生变化,因此等式双方的总额仍然保持平衡。即无论企业发生什么样的交易或事项,也无论这些交易或事项会引起会计等式中的会计要素发生怎样的变化,都不会破坏会计等式的平衡关系,会计等式双方的总额始终相等。

2. 会计等式的重要作用

会计等式的平衡原理是财务会计基本理论的重要组成内容,它深刻地揭示了会计要素之间的内在联系,清晰地描述了各会计要素之间存在的严密的平衡关系,为财务会计方法特别是会计记录和会计报告方法的建立提供了科学的理论依据,是进行会计确认、计量、记录和报告的基石。

企业财务会计是一个完整而缜密的系统。在这个系统中,无论是进行会计确认、会计计量、会计记录还是进行会计报告,都需要有专门的方法。进行会计确认和会计计量是会计记录和会计报告的基础环节,会计记录和会计报告是会计确认和会计计量的延续和深入。会计记录是采用专门的方法、利用一定的载体对已经确认和计量的交易或事项进行记录和反映的过程。会计报告是对会计记录的资料进行加工整理,编制出财务报告文件,将相关的会计信息传递给信息使用者的过程。在会计记录和会计报告环节所采用的方法的设计及应用都是以会计等式的平衡为理论依据的。因此,掌握会计等式的基本内容,认识会计等式中会计要素之间的规律性联系,对于理解会计记录和报告方法的科学性与严密性,进而熟练运用会计记录和报告方法具有重要意义。

 本章小结

会计对象就是会计所要反映和监督的内容,即会计所要反映和监督的客体。会计对象可概括为能够用货币表现的交易或事项,在社会主义制度下,就是社会再生产过程中的资金运动。资金是社会再生产过程中各项财产物资的货币表现以及货币本身。资金运动是指企业所拥有的资金不是闲置不动的,而是随着物资流的变化而不断地运动、变化的。会计反映和监督的具体对象是会计要素,会计要素是会计对象的具体化,是对会计核算对象的基本分类,是设定会计结构和内容的依据,也是进行会计确认和计量的依据。我国《企业会计准则——基本准则》规定的会计要素包括资产、负债、所有者权益、收入、费用和利润等六项。会计要素是反映会计主体财务状况和经营成果的基本单位。它们又可分为反映财务状况的会计要素(资产、负债、所有者权益)和反映经营成果的会计要素(收入、费用、利润)两大类。每个企业的资产总额与权益总额相等。资产与权益之间客观存在的数量上的平衡关系,即会计等式。会计等式是用来表明各会计要素之间基本关系的恒等式。

静态会计等式:资产＝负债＋所有者权益

动态会计等式:收入－费用＝利润

综合会计等式:资产＋费用＝负债＋所有者权益＋收入

综合会计等式表明,企业的收入能导致企业资产和所有者权益的增加,而费用的发生会导致资产和所有者权益的减少。

一个企业在经营过程中所发生的交易或事项是多种多样的,但从对企业会计要素的影响来看,可以概括为四大类型,并可具体分为九种情况。任何一项交易或事项的发生,无论引起各项会计要素发生什么样的增减变动,都不会破坏会计等式的平衡关系。把握资产权益的平衡关系这一理论依据,对于我们正确理解和运用复式记账法具有重要的意义。

本章重点提示

会计对象和会计要素是会计核算的核心,构成会计核算核心的会计六要素始终贯穿着会计工作。

会计六要素中,资产、负债、所有者权益三要素反映企业的财务状况,是编制资产负债表的依据;收入、费用、利润三要素反映企业的经营成果,是编制利润表的依据。

会计要素确认与计量应遵循的要求是:划分收益性支出与资本性支出、收入与费用配比。

会计等式在会计核算中有着重要意义,主要表现在三个方面:

(1)明确了企业的产权关系,有利于保护债权人和投资人的合法权益;

(2)全面反映了企业的资产负债状况,便于进行资产负债比例管理;

(3)它在会计实务中是设置会计科目和账户时进行分类、复式记账和构筑会计报表的依据。

"资产＝负债＋所有者权益"被称为会计等式的基本等式,"资产＝负债＋所有者权益＋净收益"被称为会计等式的扩展等式。

 案例与分析

案例 2-1

富晟公司7月31日的资产负债表显示资产总计362 000元,负债总计110 000元,该公司8月份发生如下业务:

（1）用银行存款购入全新机器一台，价值200 000元，应交增值税3 400元。

（2）投资者投入原材料，价值10 000元。

（3）以银行存款偿还所欠供应单位账款6 000元。

（4）收到购货单位所欠账款8 000元，收存银行。

（5）将一笔长期借款60 000元转为对企业的投资。

（6）按规定将20 000元资本公积转增资本金。

要求：根据富晟公司8月份发生的业务，分析说明其对会计要素的影响并计算富晟公司8月份的资产总额、负债总额和所有者权益总额。

案例 2-2

杨欣投资现金5 000元创办了一个企业，准备在某一会展期间设一摊位出售软饮料。他向管理部门支付了2 000元摊位费，花了1 000元对摊位进行了简单的布置，会展结束后无残值。他一共购入软饮料5 000元，由于现金不够，他实际支付了现金2 000元，其余3 000元，饮料公司允许他在会展结束后即刻还清。会展期间，杨欣出售饮料一共收到现金20 000元，收摊时，他付给两位帮工劳务费各1 000元，但还有成本为500元的饮料尚未售出，一周后退给饮料公司，同时支付了其余3 000元饮料款。

要求：根据以上信息，分析会展期间发生的经济活动对杨欣企业财务状况的影响（见表2-6）并列示会计等式。

表2-6 经济活动对企业财务状况的影响

业务	资产		负债	所有者权益	
	现金	库存商品	应付账款	实收资本	净利润
余额					

2-3 案例与分析提示　　2-4 客观题通关测试　　2-5 实务题通关测试　　2-6 文章阅读

经济越发展,会计越重要

第3章 账户与复式记账

 本章导航

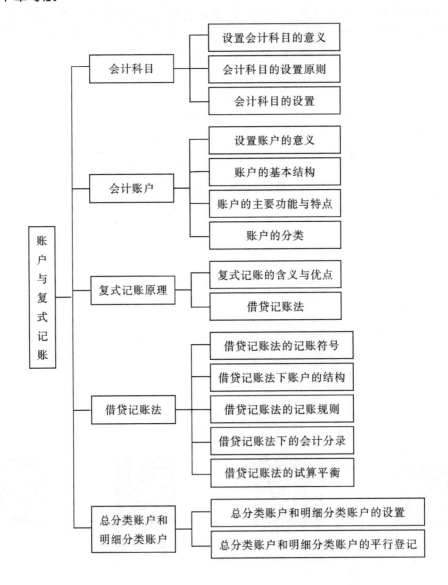

知识目标

了解设置会计科目的意义和设置原则,了解账户的意义、结构、功能及分类,熟悉总分类账和明细分类账之间的关系,熟练掌握借贷记账法的规则及其应用,掌握试算平衡方法。

 技能目标

能够根据业务需要设置会计科目,能利用借贷记账法对经济业务进行会计处理,能通过试算平衡验证会计记录的准确性。

 中英文关键词

会计科目:title of account 　　　　账户:account

会计科目表:chart of accounts 　　　T 形账户:T-account

复式记账:double-entry 　　　　　　试算平衡:trial balance

借方:debit(Dr) 　　　　　　　　　贷方:credit(Cr)

借贷记账法:debit-credit bookkeeping 　会计分录:accounting entry

期初余额:beginning balance 　　　　期末余额:closing balance

总分类账户:general account 　　　　明细分类账户:subsidiary account

 引导案例

试算平衡表不是万能的

刚刚从某财经大学会计系毕业的小明被聘任为银海企业的会计员。今天是他来上班的第一天,会计科里的同事们忙得不可开交,一问才知道,大家正在忙于月末结账。"我能做些什么?"他问会计科科长。科长看他那急于投入工作的表情,也想检验一下他的工作能力,就问他:"试算平衡表的编制方法你在学校学过了吧?"

"学过。"小明很自然地回答。

"那好吧,趁大家忙别的事情的时候,你先编一下这个月的试算平衡表。"科长帮他找到了本公司所有的总账账簿。不到一个小时,小明就把"总分类账户发生额及余额试算平衡表"完整地编制出来了。看到表格上那相互平衡的三组数字,小明兴冲冲地向科长交了差。

"呀,昨天车间领材料的单据还没记到账上去呢,这也是这个月的业务啊!"会计员小李看了小明编制的试算平衡表后说道。

还没等小明缓过神来,会计员小张又拿着一些会计凭证凑了过来,对科长说:"这笔账我核对过了,应当记入'原材料'和'生产成本'的是 10 000 元,而不是 9 000 元。已经入账的那部分数字还得改一下。"

问题:1.试算平衡表已经平衡了,怎么还有错账?

2.有哪些错误是不能通过试算平衡发现的?

3-1　教学课件　　　　　　3-2　教学视频

第1节　会计科目

1. 设置会计科目的意义

在企业的生产经营过程中,会经常发生各种各样的交易或事项,这些业务的发生必然会引起会计要素发生增减变化,而这些变化或是不同的会计要素发生变化,或是会计要素内部各项目发生变化。这些变化是如何进行的,就需要会计来记录并提供有关变化过程和结果的信息。但是,如果只将六大会计要素作为会计数据的归类标准,就过于笼统、概括,不能完整提供管理上所需的资料。因此,还必须在会计要素的基础上进一步分类,即设置会计科目。

会计科目,是指对会计要素的具体内容进行分类核算的项目。通过设置会计科目,可以对纷繁复杂、性质不同的交易或事项进行科学的分类,可以将复杂的经济信息变成有规律的、易于识别的经济信息,并为其转换为会计信息准备条件。在设置会计科目时,需要将会计对象中具体内容相同的归为一类,设立一个会计科目,凡是具备这类信息特征的交易或事项,都应该在该科目下进行核算。从信息分类的角度来看,设置会计科目是为性质相同的信息设定约定的代码。例如,根据资产这一会计要素的特征以及经济管理的要求,可以设置"固定资产""无形资产""库存现金""银行存款""原材料"等会计科目,这样就能够对资产这一会计要素的具体内容进行核算。设置会计科目时,要为每一具体的类别规定一个科目名称,并且限定该科目名称下包括的内容。例如,企业的货币资金是一种资产,但是根据不同的保管及收付方式,可以将其划分成存放在银行账户里的款项和存放于企业库房的现金,相应地也就可以设置两个会计科目,即"银行存款""库存现金",分别反映企业存放在银行的款项与持有的现金的收入、付出与结存情况。可见,会计科目就是对会计要素的具体内容分类的结果,每一个会计科目都要有明确的含义及核算范围。设置会计科目,对会计要素的具体内容进行了科学的分类,可以为会计信息的使用者提供科学、详细的分类指标体系。会计科目的设置是会计核算工作中的重要环节,它是后续开设账户、设计报表结构的重要依据。

2. 会计科目的设置原则

会计科目作为分类信息的项目或标志,必须根据一定的原则来设置。分类是管理的一种手段,分类的正确与否决定着会计信息的科学性、系统性,从而决定管理的有效性。

设置会计科目时,一般应该遵循以下原则。

2.1 会计科目必须结合会计对象的特点

每一个企业都处于特定的行业,从事着特定的经营活动,行业内的不同企业和不同行业间的企业所发生的交易和事项有许多相同之处,如都需要向职工支付工资、向国家交纳税金,但也存在着很多自身的特点,如工业企业需要将初级材料加工成可供居民和企业使用的生活用品和工业用品,而商贸企业则在将工业企业生产的产品向社会流通的过程中起到中介作用,而并不参与产品的制造。因此,不同企业的会计核算对象具有不同的特点,而会计科目的设置就应该反映这些特点。例如,为了反映工业企业产品的生产过程,就要设置"生产成本""制造费用"等会计科目,而商贸企业则无须设置。

2.2 会计科目必须符合经济管理的要求

会计科目要符合经济管理的要求是指:

(1)符合国家宏观经济管理的要求,根据国家宏观经济管理要求来划分交易或事项的类别,设定分类的标识。

(2)符合企业自身经济管理的要求,为企业的经营预测、决策及管理提供会计信息,设定分类的项目。

(3)符合包括投资者在内的有关各方面对了解企业生产经营情况的要求。例如,为了反映企业实有资本的情况,可以设置"实收资本"科目来反映企业实际收入资本的金额;为了反映企业的债务情况,可以设置"短期借款"和"长期借款"科目来反映企业的债务结构及债务金额。

2.3 会计科目要具备统一性与灵活性

由于企业的交易或事项千差万别,在分类核算会计要素的增减变动时,需要将统一性与灵活性相结合。所谓统一性,是指在设置会计科目时,要根据《企业会计准则》及其应用指南的要求对一些主要会计科目进行统一规定,包括计算标准与口径、核算内容等的统一。所谓灵活性,是指在能够提供统一核算指标的前提下,各个单位根据自己的具体情况与特点设置或者增减会计科目。依据统一性与灵活性相结合的原则设置会计科目,目的是保证会计信息的有用性。

2.4 会计科目的名称要简单明确,字义相符,通俗易懂

会计科目作为分类核算的标识,其名称必须简单明确,字义相符,这样才能避免误解和混乱。简单明确是指根据企业交易或事项的特点,尽可能简单明确地规定科目名称;字义相符是指按照中文习惯,能够根据名称理解其含义,不致产生误解;通俗易懂是指要尽量避免使用晦涩难懂的文字,以便于大多数人正确理解。此外,还要尽量采用在经济生活中惯用的名称,以避免不必要的误解。

2.5 会计科目要保持相对稳定性

为了在不同时期分析、比较会计核算指标和在一定范围内汇总核算指标,应保持会计

科目相对稳定,不能经常变动会计科目的名称、内容,要使会计信息保持可比性(除非法律法规做出规定或者变更能提高会计信息质量)。

3. 会计科目的设置

设置会计科目是进行交易或事项处理的前提,是企业组织财务会计工作的重要内容之一。一般而言,企业会计部门应结合自身交易或事项的特点,在此基础上设置会计科目,以便为会计账户的设置提供依据。在我国,为了使不同企业提供的会计信息口径统一、相互可比,财政部颁发了《企业会计准则——应用指南》,对各类企业的会计科目做出了统一的规范要求,为企业设置会计科目提供了依据。一般企业应设置的主要会计科目如表3-1所示。

表3-1 一般企业应设置的会计科目

编号	名称	编号	名称
一、资产类		1504	其他权益工具投资
1001	库存现金	1511	长期股权投资
1002	银行存款	1512	长期股权投资减值准备
1012	其他货币资金	1521	投资性房地产
1101	交易性金融资产	1531	长期应收款
1121	应收票据	1532	未实现融资收益
1122	应收账款	1601	固定资产
1123	预付账款	1602	累计折旧
1131	应收股利	1603	固定资产减值准备
1132	应收利息	1604	在建工程
1221	其他应收款	1605	工程物资
1231	坏账准备	1606	固定资产清理
1401	材料采购	1701	无形资产
1402	在途物资	1702	累计摊销
1403	原材料	1703	无形资产减值准备
1404	材料成本差异	1711	商誉
1405	库存商品	1801	长期待摊费用
1406	发出商品	1811	递延所得税资产
1408	委托加工物资	1901	待处理财产损溢
1411	周转材料	1481	持有待售资产
1471	存货跌价准备	1482	持有待售资产减值准备
1501	债权投资	二、负债类	
1502	债权投资减值准备	2001	短期借款
1503	其他债权投资	2101	交易性金融负债

续表

编号	名称	编号	名称
2201	应付票据	4401	其他权益工具
2202	应付账款	四、成本类	
2203	预收账款	5001	生产成本
2211	应付职工薪酬	5101	制造费用
2221	应交税费	5201	劳务成本
2231	应付利息	5301	研发支出
2232	应付股利	五、损益类	
2241	其他应付款	6001	主营业务收入
2401	递延收益	6051	其他业务收入
2501	长期借款	6101	公允价值变动损益
2502	应付债券	6111	投资收益
2701	长期应付款	6115	资产处置损益
2702	未确认融资费用	6117	其他收益
2711	专项应付款	6301	营业外收入
2801	预计负债	6401	主营业务成本
2901	递延所得税负债	6402	其他业务成本
2245	持有待售负债	6403	税金及附加
三、所有者权益类		6601	销售费用
4001	实收资本	6602	管理费用
4002	资本公积	6603	财务费用
4101	盈余公积	6701	资产减值损失
4103	本年利润	6702	信用减值损失
4104	利润分配	6711	营业外支出
4201	库存股	6801	所得税费用
4301	其他综合收益	6901	以前年度损益调整

第2节　会计账户

1. 设置账户的意义

　　账户是根据规定的会计科目设置的,是用来记录各会计科目所反映的交易或事项的载体。设置会计科目,只解决了分类核算的项目或标准问题。要把发生的业务连续、系统地记录下来以取得有用的会计信息,还必须根据规定的会计科目设置一系列反映不同交易或事项的账户,用来对各项交易或事项进行分类记录。

会计科目与账户都被用来分门别类地反映会计对象的具体内容,即都要对交易或事项进行分类,都说明一定的交易或事项的内容。但会计科目只是账户的名称,它只能表明反映的是哪项交易或事项;而账户除名称外,还具有一定的结构和格式,可以记录交易或事项的增减变化及结果。

2. 账户的基本结构

作为会计核算对象的会计要素,会随着交易或事项的发生在数量上发生增减变化,并相应产生变化结果。因此,用来分类记录交易或事项的账户必须确定结构:增加的数量记在哪里,减少的数量记在哪里,增减变动后的结果记在哪里。

从企业角度来讲,各交易或事项的发生,引起会计要素的变动不外乎增加或减少两种情况。因此,账户的基本结构通常就划分为左、右两方,一方用来记录增加,另一方用来记录减少,每一方也可根据实际需要再分成若干栏次,用来进一步分类登记交易或事项的增减变动(见表3-2)。

表3-2　会计账户

日期	凭证号数	摘要	增加(或减少)	减少(或增加)	余额

账户的格式设计一般包括以下内容:

(1)账户的名称,即会计科目。通过会计科目可以了解该账户记录的是哪一类交易或事项。

(2)日期,即登记账户的时间。将账户的日期与实际发生的交易或事项的日期进行核对,可以判断会计处理是否及时。

(3)凭证号数,即账户记录的来源和依据。通过凭证号数可以查找相应的会计凭证。

(4)摘要,即简要说明的交易或事项的内容。将摘要与账户中的相关内容进行核对,可以分析会计处理的正确性。

(5)增加、减少的金额以及余额。这是账户中的主要内容,是将实际发生的交易或事项转换为会计语言的标志。通过金额可以再现过去的交易或事项。

账户的增加、减少、余额栏中记录的主要内容包括:期初余额、本期增加额、本期减少额及期末余额。

本期增加发生额和减少发生额是指在一定会计期间内(月、季或年),在账户增加和减少栏分别登记的增加额合计数和减少额合计数,又可以将其称为本期增加发生额和本期减少发生额。本期增加发生额和本期减少发生额相抵后的差额,就是本期的期末余额。将本期的期末余额转入下一期,就是下一期的期初余额。上述四项金额的关系可以用如下公式表示:

本期期末余额＝本期期初余额＋本期增加发生额－本期减少发生额

为了教学方便,在教科书中经常简化格式用T形账户来说明账户的结构。这时,账户就省略了有关栏次,如图3-1与图3-2所示。

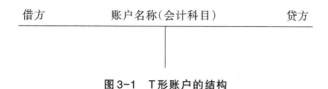

借方	账户名称(会计科目)	贷方

图 3-1　T 形账户的结构

借方	库存现金		贷方
期初余额	×××		
增加额	×××	减少额	×××
本期增加发生额	×××	本期减少发生额	×××
期末余额	×××		

图 3-2　T 形账户的结构(举例)

3. 账户的主要功能与特点

账户的主要功能是提供一系列有用的数据,这些数据主要是以价值形式体现出来的(在会计实务中,有些账户还可以提供实物数量方面的信息),包括期初余额、本期增加发生额、本期减少发生额和期末余额。账户的特点可以归纳为:

(1)账户左右两方分别记录增加额和减少额。也就是说,如果规定在左方记录增加额,就应该在右方记录减少额;反之,如果规定在右方记录增加额,就应该在左方记录减少额。在具体账户的左、右两方中究竟哪一方记录增加额,哪一方记录减少额,取决于各账户所记录的经济内容和所采用的记账方法。

(2)账户金额之间的"平衡"关系。任何账户都满足"本期期末余额＝本期期初余额＋本期增加发生额－本期减少发生额",本期期末余额即下期期初余额。

(3)对于绝大多数账户而言,期末账户若有余额,则余额一般和增加额记录在同一方,但这一规则也有例外,如"财务费用"账户、"公允价值变动损益"账户。

4. 账户的分类

每一个账户只能记录企业交易或事项的某一个方面,不可能对企业的全部交易或事项加以记录。而企业全部的交易或事项是需要一个相互联系的账户体系加以反映的。账户的分类就是研究这个账户体系中各账户之间存在的共性,寻求其规律,探明每一账户在账户体系中的地位和作用,以便加深对账户的认识,更好地运用账户反映企业的交易或事项。科学地进行账户的分类有助于科学地管理。按不同的标准对账户进行分类,可以从不同的角度认识账户,并把全部账户划分为各种类别。由于账户是根据会计科目设置的,因此,账户的分类同样适用于会计科目的分类。

4.1　按会计要素分类

账户按会计要素分类,一般分为资产类、负债类、所有者权益类、收入类和成本费用类五大类。

(1)反映资产的账户(见图3-3)。根据资产的流动性和经营管理核算的需要,资产类账户又可分为反映流动资产、非流动资产的账户。具体而言,按照各项资产的流动性和在生产经营过程中所起的作用,可将资产类账户分为反映货币资金的账户,如"库存现金""银行存款"等;反映结算债权的账户,如"应收账款""其他应收款"等;反映存货的账户,如"原材料""库存商品"等;反映非流动资产的账户,如"固定资产""无形资产"等。

借方	账户名称(资产类)		贷方
期初余额:	×××		
本期增加发生额:	×××	本期减少发生额:	×××
	×××		×××
	×××		×××
发生额合计:	×××	发生额合计:	×××
期末余额:	×××		

图3-3　资产类账户

(2)反映负债的账户(见图3-4)。按照形成负债的原因或者债权人的不同,负债类账户有"应付账款""短期借款""应交税费""应付股利"等。

借方	账户名称(负债类)		贷方
		期初余额:	×××
本期减少发生额:	×××	本期增加发生额:	×××
	×××		×××
	×××		×××
发生额合计:	×××	发生额合计:	×××
		期末余额:	×××

图3-4　负债类账户

(3)反映所有者权益的账户(见图3-5)。此类账户主要分为反映投资者投入资本的账户、反映从利润中提取资金的账户和反映未分配利润的账户等。反映投入资本的账户有"实收资本"等,反映从利润中提取资金的账户有"盈余公积"等,反映未分配利润的账户有"利润分配""本年利润"等。

借方	账户名称(所有者权益类)		贷方
		期初余额:	×××
本期减少发生额:	×××	本期增加发生额:	×××
	×××		×××
	×××		×××
发生额合计:	×××	发生额合计:	×××
		期末余额:	×××

图3-5　所有者权益类账户

(4)反映收入的账户(见图3-6)。按照收入与企业的生产经营活动是否有关,收入类账户分为营业性收入账户和非营业性收入账户。反映营业性收入的账户有"主营业务收入"等,反映非营业性收入的账户有"营业外收入"等。

借方		收入类账户		贷方
本期减少发生额:	×××	本期增加发生额:		×××
	×××			×××
	×××			×××
发生额合计:	×××	发生额合计:		×××

图3-6 收入类账户

(5)反映成本费用的账户(见图3-7)。此类账户按照成本费用发生后经济利益是否立刻流出企业,分为费用类账户和成本类账户,费用类账户包括"管理费用""销售费用""财务费用"等,成本类账户包括"生产成本""制造费用"等。

借方		费用类账户		贷方
本期增加发生额:	×××	本期减少发生额:		×××
	×××			×××
	×××			×××
发生额合计:	×××	发生额合计:		×××

借方		成本类账户		贷方
期初余额:	×××			
本期增加发生额:	×××	本期减少发生额:		×××
	×××			×××
	×××			×××
发生额合计:	×××	发生额合计:		×××
期末余额:	×××			

图3-7 成本费用类账户

账户按会计要素分类,主要在于理解和掌握如何设置账户以及提供核算指标的规律性,以便正确地运用账户,为经济管理提供一套完整的会计核算指标体系。

4.2 按提供指标的详细程度分类

在企业经营管理中做出正确的分析和判断,一方面需要掌握企业有关方面的总括资料,如通过"原材料"账户核算,提供有关材料增减变动及结存情况的总括资料;通过"应收账款"账户核算,提供企业全部应收款项的形成、收回及结果的总括资料。另一方面,会计核算也需要反映各种详细、具体的资料及指标。如当企业存有多种不同的原材料时,就可通过对"原材料"账户进一步细分,来获得每一种具体材料的增减变动及结存情况;同样,通过对"应收账款"账户的细分,可获得某一特定债务单位或个人的应收账款的信息。上述各类账户也可以分类形成多个不同层次的账户,以满足各个企业特定的管理需要。

4.2.1 总分类科目与明细分类科目

总分类科目亦称为一级科目,它是对会计要素的具体内容进行总括分类的账户名称,是进行总分类核算的依据,其所提供的是总括指标。明细分类科目是对总分类科目所含内容再做详细分类的会计科目。它所提供的是更加详细、具体的指标。例如,在"应付账款"总分类科目下再按具体单位分设明细科目,具体反映应付哪个单位的货款。当总分类科目下设置的明细科目太多时,可在总分类科目与明细科目之间增设二级科目(也称子目)。二级科目所提供指标的详细程度介于总分类科目和明细分类科目之间。例如,在"原材料"总分类科目下,可按材料的类别设置二级科目"原料及主要材料""辅助材料""燃料"等。

如上所述,会计科目按提供指标的详细程度,可以分为一级科目(总分类科目)、二级科目(子目)、三级科目(明细科目,也称细目)。当然,也可以在三级科目下面继续分类。下级科目是上级科目的细分,上级科目是下级科目的汇总,所有科目都由总分类科目统辖。

4.2.2 总分类核算与明细分类核算

在实际工作中,为满足会计信息使用者的不同要求,各会计主体应分别按总分类科目设置总分类账户,按明细分类科目设置明细分类账户。总分类账户是按照会计科目分别设置的,提供某一具体内容的总括核算指标,且一般只用货币计量,如"固定资产""原材料""库存现金"等账户。为了保证会计核算指标、口径规范一致并具有可比性,保证会计核算资料能在一个部门、一个行业、一个地区乃至全国范围内综合汇总、分析,便于企业填制会计凭证、汇总资料和编制会计报告,总分类账户的名称、核算内容及使用方法通常是统一规定的。每一个企业都要根据本企业业务的特点和统一制定的账户名称设置若干个总分类账户。

明细分类账户是对企业某一交易或事项进行明细核算的账户,它能够提供某一具体交易或事项的明细核算指标,因而除用货币量度外,有的还用实物量度(如吨、千克、件、台等)。在实际工作中,除少数总分类账户,如"累计折旧""本年利润"不必设置明细账户外,大多数总分类账户都需要设置明细分类账户,如在"原材料"总分类账户下,按照材料的类别、品种或规格设置明细分类账户;在"应收账款"总分类账户下,按照购买单位的名称设置明细分类账户。明细分类账户是根据某个总分类账户核算的内容,按照更加详细分类的内容设置的,提供某一具体交易或事项的明细核算指标。在设置明细分类账户时,应根据各个总分类账户核算的经济内容,按不同的标准设置。

通过总分类账户对交易或事项进行的核算,称为总分类核算;通过有关明细分类账户进行的核算,称为明细分类核算。

第3节 复式记账原理

1. 复式记账的含义与优点

3-3 教学视频

复式记账是相对于单式记账而言,并由单式记账发展而来的。所谓复式记账,就是对于发生的每一笔交易或事项,都以相等的金额在两个或两个以上相互联系的账户中进行登记,以反映会计要素的增减变化的记账方法。

单式记账只在一个账户中记录交易或事项,一般只记录现金的收付和往来账项。例如,用现金支付费用100元,单式记账只登记现金减少100元,至于费用的发生则不予反映;又如,购买材料而货款未付,单式记账只登记债务的增加,不登记材料的增加。单式记账有时也记实物账,但仍是各记各的,账户之间的记录没有直接联系,账户记录也没有相互平衡的概念。由此可见,单式记账是一种比较简单的、不完整的记账方法。

同样是用现金支付费用100元,采用复式记账则一方面在现金账户登记减少100元,另一方面又在费用账户登记增加100元。对于购买材料货款未付的业务,则在登记应付账款增加的同时登记材料的增加。同单式记账相比,复式记账有两个主要的优点:

(1)因为复式记账对发生的交易或事项,都要按规定的会计科目同时在两个或两个以上相互联系的账户中进行分类记录,因此能完整地反映企业资金的来龙去脉。

(2)采用复式记账,可以使资产总额和权益总额始终保持平衡,因此采用这种方法可以对记录的结果进行试算平衡,从而检查记录的正确性。

复式记账法具有单式记账法无可比拟的优势,因而它也是世界各国公认的一种科学的记账方法。目前,我国的企业和行政、事业单位采用的记账方法都是复式记账法。

2. 借贷记账法

借贷记账法大约起源于13、14世纪的资本主义萌芽时期的意大利。当时,它主要是借贷资本家(即经营银钱业)运用的。当时借贷资本家的业务是吸收存款,放出款项。因此,在吸收存款时,称为"贷",记入贷主名下,表示欠人债务;放出款项时,称为"借",记入借主名下,表示别人欠债。所以,当时的借、贷二字分别表示债权、债务的变化。

以后,随着商品经济的发展和经济活动的复杂化,仅仅记录存、放款业务,已经不能满足经济活动的需要,借贷资本家不仅要记录存、放款业务,而且还要记录其所经营的商品、经营损益和经营资本等的变化。这些非银钱业务,也需要借、贷二字来记录,以保持账簿记录的统一。这样,借、贷二字逐渐失去其原来的含义,而转化为纯粹的记账符号,用来记录会计要素增减变动情况,成为会计中的专门术语和国际商业语言。

复式记账法从其发展历史看,曾经有"借贷记账法""增减记账法""收付记账法"等,上述三种也是我国曾经常用的复式记账法。1992年财政部发布的《企业会计准则》统一了企业会计记账方法,规定所有企业单位一律采用借贷记账法,从1998年1月1日起行政、事业单位也采用了借贷记账法。一方面,借贷记账法经过多年的实践已被全世界的会计工作者普遍接受,是一种比较成熟、完善的记账方法;另一方面,从会计实务角度看,统一记账方法对加强企业、单位之间横向经济联系和密切国际交往等都带来极大的方便,并且对规范会计核算工作和更好地发挥会计的作用具有重要意义。我国统一记账方法,也符合国际会计惯例。

第4节　借贷记账法

借贷记账法是以"借"和"贷"作为记账符号的一种复式记账方法。到15世纪,借贷记账法已逐渐完备,被用来反映资本的存在形态和所有者权益的增减变化。与此同时,西方国家的会计学者提出了借贷记账法的理论依据,即"资产＝负债＋所有者权益"的公式(亦称会计方程式),并根据这个理论确立了借贷的记账规则,从而使借贷记账法日臻完善,为世界各国所普遍采用。

1. 借贷记账法的记账符号

记账符号是会计核算中采用的一种抽象标记,表示交易或事项的增减变动和记账方向。如前所述,借贷记账法以"借"和"贷"作为记账符号,"借"表示记入账户的借方,"贷"表示记入账户的贷方。

在借贷记账法下,"借""贷"两个符号对不同会计要素规定了不同的含义,对资产、费用类账户来说"借"表示增加,对负债、所有者权益、收入类账户来说则表示减少;"贷"对资产、费用类账户来说表示减少,对负债、所有者权益、收入类账户来说则表示增加。

2. 借贷记账法下账户的结构

在借贷记账法下,任何账户的基本结构都分为借方和贷方两个部分,通常规定左方为"借方",右方为"贷方"。所有账户的借方和贷方都要按相反的方向记录,即如果借方登记增加额,则贷方登记减少额;如果借方登记减少额,则贷方登记增加额。至于哪一方登记增加,哪一方登记减少,则取决于账户所反映的经济内容和账户的性质。

另外,在一定时期内,企业还要将账户所登记的数额进行汇总,结出本期发生额和余额。在借贷记账法下,账户的本期发生额包括借方发生额和贷方发生额,是指在一定时期内记入某个账户借方和贷方的数额合计。本期发生额反映各个账户在一定时期内增减变动的情况(即动态)。

从账户的结构来讲,可以根据每个账户的期初余额、本期借方发生额和本期贷方发生额计算出账户的期末余额。期末余额主要反映各个账户在一定时期内增减变动的结果。

为了保证记账的科学性和简明性,按惯例,借贷记账法下账户的结构应符合如下规定。

(1)资产类账户的结构

资产类账户的借方记录资产的增加,贷方记录资产的减少,余额一般在借方,表示期末资产的结余数。期末余额计算公式为

资产类账户期末借方余额＝期初借方余额＋本期借方发生额－本期贷方发生额

(2)负债及所有者权益类账户的结构

负债及所有者权益类账户贷方记录负债及所有者权益的增加,借方记录负债及所有者权益的减少,余额一般在贷方。期末余额计算公式为:

负债及所有者权益类账户期末贷方余额＝期初贷方余额＋本期贷方发生额－本期借方发生额

(3)收入类账户的结构

企业通过销售活动在售出产品的同时会获取收入,收入在扣除相应的成本费用之后就形成了企业的利润,在成本费用一定的情况下,收入越多,最终形成的利润也越多。企业形成的利润可以分配给投资者,或者留在企业里投入生产运营。根据收入与利润之间

的关系,可推理出收入类账户的结构应与所有者权益类账户的结构基本相同,即贷方登记增加数,借方登记减少(转销)数,同时贷方登记的收入增加额一般要通过借方转出,所以这类账户通常没有期末余额。

(4)成本费用类账户的结构

企业在生产经营中所发生的各种耗费,大多由资产转化而来,所以成本费用在抵消收入之前,可将其视为一种特殊资产,因此成本费用类账户的结构与资产类账户的结构基本相同,账户的借方登记费用的增加额,贷方登记费用的减少(转销)额。对于费用类账户而言,由于借方登记的费用增加额一般都要通过贷方转出,所以该类账户通常没有期末余额;成本类账户的余额一般在借方。

根据上述内容,可将借贷记账法下各类账户的结构归纳为表3-3。

表3-3　借贷记账法下各类账户的结构

账户类别	借方	贷方	余额方向
资产类	增加	减少	借方
负债类	减少	增加	贷方
所有者权益类	减少	增加	贷方
收入类	减少(转销)	增加	无余额
费用类	增加	减少(转销)	无余额
成本类	增加	减少(转销)	借方

由此可见,借贷记账法下各类账户的期末余额(若有)一般都在记录增加额的一方,即资产类和成本类账户的期末余额在借方,负债及所有者权益类账户的期末余额在贷方。基于此,我们可以得出一个结论:根据账户余额所在的方向,也可判断账户的性质,即账户若是借方余额,则为资产(包括有余额的成本)类账户;账户若是贷方余额,则为负债或所有者权益类账户。借贷记账法的这一特点,也决定了它可以设置双重性质账户。

所谓双重性质账户,是指既可以用来核算资产、费用,又可以用来核算负债、所有者权益和收入的账户,如"财务费用""待处理财产损溢""投资收益"等。由于任何一个双重性质账户都是把原来的两个有关账户合并在一起,并具有合并前两个账户的功能,所以设置双重性质账户,有利于简化会计核算手续。

3. 借贷记账法的记账规则

按照复式记账的原理,任何交易或事项都要以相等的金额在两个或两个以上相互联系的账户中进行记录。那么,在借贷记账法下,如何记录交易或事项呢?现以某企业20××年10月份的交易或事项为例,说明借贷记账法的具体运用。

【例3-1】　用银行存款10 000元购买材料(不考虑税费,下同)。

该业务涉及"银行存款"和"原材料"两个资产类账户,"原材料"账户增加10 000元,"银行存款"账户减少10 000元。根据资产类账户的增加记入借方,减少记入贷方,该业务应记入"原材料"账户的借方10 000元和"银行存款"账户的贷方10 000元。该业务登账结果如图3-8所示。

借方	银行存款	贷方		借方	原材料	贷方
期初余额	610 000			期初余额	5 600	
		（1）10 000				（1）10 000

图 3-8　登账结果（一）

【例 3-2】　以银行借款 20 000 元和自有存款 10 000 元偿还前欠 AB 公司的货款 30 000 元。

该业务涉及"短期借款"和"应付账款"两个负债类账户，"短期借款"账户增加 20 000 元，"应付账款"账户减少 30 000 元。根据负债类账户的增加记入贷方，减少记入借方，应记入"应付账款"账户的借方 30 000 元和"短期借款"账户的贷方 20 000 元。该业务还涉及资产类账户"银行存款"，应记入"银行存款"账户的贷方 10 000 元。该业务登账结果如图 3-9 所示。

借方	短期借款	贷方		借方	应付账款	贷方
	期初余额	40 000			期初余额	50 000
	（2）20 000			（2）30 000		

借方	银行存款	贷方
期初余额	610 000	
		（2）10 000

图 3-9　登账结果（二）

【例 3-3】　向 AB 公司购买材料 3 000 元，料入库，款暂欠。

该业务涉及资产类账户"原材料"和负债类账户"应付账款"，"原材料"账户增加 3 000 元，"应付账款"账户也增加 3 000 元。根据资产类账户的增加记入借方，负债类账户的增加记入贷方，该业务应记入"原材料"账户的借方 3 000 元和"应付账款"账户的贷方 3 000 元。该笔业务登账结果如图 3-10 所示。

借方	原材料	贷方		借方	应付账款	贷方
期初余额	5 600				期初余额	2 600
（3）	3 000				（3）	3 000

图 3-10　登账结果（三）

【例 3-4】　用银行存款 40 600 元偿还银行短期借款 40 000 元和利息 600 元。

该业务涉及资产类账户"银行存款"和负债类账户"短期借款""应付利息"，"银行存款"账户减少 40 600 元，"短期借款"账户减少 40 000 元，"应付利息"账户减少 600 元。根据资产类账户减少记入贷方，负债类账户减少记入借方，该业务应记入"银行存款"账户的贷方 40 600 元，记入"短期借款"账户的借方 40 000 元和"应付利息"账户的借方 600 元。该业务登账结果如图 3-11 所示。

借方	银行存款		贷方		借方	短期借款		贷方
期初余额	610 000						期初余额	40 000
		（4）	40 600		（4）	40 000		

借方	应付利息		贷方
		期初余额	600
（4）	600		

图 3-11　登账结果（四）

从以上所举的几个例子可以看出：采用借贷记账法，每一交易或事项发生，运用借贷记账法进行账务处理，不论是涉及一个账户还是涉及多个账户，都必须同时记入一个账户的借方和另一个账户的贷方（一借一贷），或者同时记入一个账户的借方和几个账户的贷方（一借多贷），或者同时记入几个账户的借方和一个账户的贷方（多贷一借），而且记入账户借方的金额和记入账户贷方的金额必须相等。因此，我们可以总结出借贷记账法的记账规则：有借必有贷，借贷必相等。

4. 借贷记账法下的会计分录

所谓会计分录（简称分录），就是标明某项交易或事项应借应贷账户名称及其金额的一种记录，包括账户名称、记账方向及记账金额三要素。会计分录是会计语言的表达方式。

编制会计分录是通过编制记账凭证完成的，意味着对交易或事项做会计确认，为交易或事项的数据记入账户提供依据，所以为了确保账户记录的真实性，必须严格把好编制会计分录这一关。

【例3-1】至【例3-4】四笔交易或事项应编制的会计分录如下：

(1) 借：原材料　　　　　　　　　　　　10 000
　　　贷：银行存款　　　　　　　　　　　　　10 000
(2) 借：应付账款　　　　　　　　　　　　30 000
　　　贷：短期借款　　　　　　　　　　　　　20 000
　　　　　银行存款　　　　　　　　　　　　　10 000
(3) 借：原材料　　　　　　　　　　　　　3 000
　　　贷：应付账款　　　　　　　　　　　　　3 000
(4) 借：短期借款　　　　　　　　　　　　40 000
　　　　应付利息　　　　　　　　　　　　　600
　　　贷：银行存款　　　　　　　　　　　　　40 600

上述第（1）笔和第（3）笔会计分录是一借一贷的会计分录，称为简单分录。第（2）笔和第（4）笔分别是一借多贷和多借一贷的会计分录，称为复合分录。复合分录也可以分解成为几个简单分录。

分录（2）写成简单分录为：

　　借：应付账款　　　　　　　　　　　　20 000
　　　贷：短期借款　　　　　　　　　　　　　20 000

```
          借:应付账款              10 000
            贷:银行存款                    10 000
```

分录(4)写成简单分录为:

```
          借:短期借款              40 000
            贷:银行存款                    40 000
          借:应付利息                 600
            贷:银行存款                       600
```

初学会计者可以通过编写简单分录以记录交易或事项,熟练以后,在企业实务中,通过编制复合分录处理会计业务的居多。会计分录的编写可以通过以下步骤来实现:

(1)分析发生的交易或事项所涉及的会计要素及其性质。

(2)分析业务的内容,确定所涉及会计要素数量变化的方向及金额。

(3)确定业务应记入的相应账户及其方向。

(4)确定应记入账户的金额。

会计分录在书写时还应注意的要点包括:

(1)上借下贷。

(2)上下错开一或两个字。

5. 借贷记账法的试算平衡

所谓试算平衡,就是根据"资金来龙＝资金去脉"和"资产＝权益"的平衡关系,利用记账规则在账户中记录交易或事项所必然出现的平衡关系,通过计算判断平衡关系是否成立来检查账户记录是否正确、完整的一种验证方法。包括以下内容:

(1)发生额的平衡。每一笔交易或事项按照借贷记账法的记账规则记账时,借贷双方的金额是相等的。当一定会计期间的全部业务记入相关账户后,所有账户的借方发生额合计数和贷方发生额合计数也必然相等。因此有公式:

全部账户借方发生额合计数＝全部账户贷方发生额合计数

(2)余额的平衡。资产类账户都表现为借方余额,所有的借方余额合计数即为资产总额;权益类账户都表现为贷方余额,所有的贷方余额合计数即为权益总额。当"资产＝权益"时,就有余额的试算平衡公式:

全部账户借方余额合计数＝全部账户贷方余额合计数

在每一会计期间结束时,在已结出各个账户本期发生额和期末余额的基础上,就可以通过编制本期发生额及余额试算平衡表(见表3-4)来完成试算平衡工作。

表3-4 本期发生额及余额试算平衡表

会计科目	期初余额		本期发生额		期末余额	
	借方	贷方	借方	贷方	借方	贷方
现金	×××		×××	×××	×××	
银行存款	×××		×××	×××	×××	
应收账款	×××		×××	×××	×××	

续表

会计科目	期初余额		本期发生额		期末余额	
	借方	贷方	借方	贷方	借方	贷方
固定资产	×××		×××	×××	×××	
……						
短期借款		×××	×××	×××		×××
应付账款		×××	×××	×××		×××
其他应付款		×××	×××	×××		×××
……						
实收资本		×××	×××	×××		×××
资本公积		×××	×××	×××		×××
……						
合计	(1)	(2)	(3)	(4)	(5)	(6)

若账户记录无差错,则必有借方期初余额合计数(1)与贷方期初余额合计数(2)相等,借方本期发生额合计数(3)与贷方本期发生额合计数(4)相等,借方本期期末余额合计数(5)与贷方本期期末余额合计数(6)相等,此时,即为通过试算平衡。

第5节 总分类账户和明细分类账户

1. 总分类账户和明细分类账户的设置

在会计核算工作中,为了适应经济管理上的需要,对于一切交易或事项都要在有关账户中进行登记,既要提供总括的核算资料,又要提供详细的核算资料。各会计主体日常使用的账户,按其提供资料的详细程度不同,可以分为总分类账户和明细分类账户两种。

总分类账户(亦称一级账户),是按照总分类科目设置,仅以货币计量单位进行登记,用来提供总括核算资料的账户。前面例子中的账户,都是总分类账户。通过总分类账户提供的各种总括核算资料,可以概括地了解一个会计主体各项资产、负债及所有者权益等会计要素增减变动的情况和结果。但是,总分类账户并不能提供关于账户内部各项不同业务变动过程和结果的资料,以及各项业务对总分类账户的影响的详细资料,也就难以满足经济管理上的具体需要。因此,各会计主体在设置总分类账户的同时,还应根据实际需要,在某些总分类账户的统驭下,分别设置若干明细分类账户。

明细分类账户,是按照明细分类科目设置,用来提供详细核算资料的账户。例如:"原材料""库存商品"科目,一般可按每一种实物的品名、规格来设置明细分类科目;各种结算账户,一般可按单位或个人设置明细分类科目。

除了总分类账户和明细分类账户以外,各会计主体还可以根据实际需要增设二级账户。二级账户是介于总分类账户和明细分类账户之间的账户。它提供的资料比总分类账户更详细、具体,但比明细分类账户概括、综合。例如:当企业的材料类别、品种较多时,为便于控制,可在"原材料"总分类账户下,按材料的类别设置"原材料及主要材料""燃料""辅助材料"等二级账户,在二级账户下再按材料的品种设置"圆钢""碳钢""角钢"等明细分类账户。

设置二级账户后,总分类账户可以把它作为中间环节来控制明细分类账户,这对于加强经营管理有一定的作用,但企业明细账户设置过多,又会加大企业核算工作量。因此,二级账户一般不宜多设,必要时也可不设。在不设置二级账户的情况下,所需数据可根据有关明细分类账户的记录汇总求得。究竟哪些总分类账户应设置明细分类账户,哪些不设明细分类账户,主要取决于企业的经营管理要求,同时,也是考虑简化核算手续的需要。

2. 总分类账户和明细分类账户的平行登记

按提供指标详细程度对账户进行分类,有利于把握不同层次账户提供指标的规律性,以便于准确地运用各级账户,提供全方位的核算指标,满足经营管理的不同需要。在会计核算中,总分类账户和明细分类账户记录的是同一交易或事项的内容,它们之间的关系是整体和局部的关系。总分类账户提供综合、概括的资料,一律用货币计量单位进行核算;明细分类账户提供详细、具体的资料,除采用货币计量单位外,还采用实物计量单位进行核算。总分类账户对其明细分类账户起着控制和统驭的作用;明细分类账户从属于总分类账户,对总分类账户起着详细说明和补充的作用。总分类账户和明细分类账户之间的上述关系,决定了在处理交易或事项时必须采取平行登记法。

(1)同依据(内容)登记。对发生的每一项交易或事项,应根据同一记账凭证,一方面记入有关的总分类账户,另一方面记入同期总分类账户的有关明细分类账户。

(2)同方向登记。每一笔交易或事项在记入总分类账户及其明细分类账户时,方向必须保持一致。

(3)同金额登记。记入总分类账户的金额,应与记入它的明细分类账户的金额之和相等。

采用平行登记法处理交易或事项,必然使总分类账户与其明细分类账户之间形成数量上的相等关系,其公式如下:

总分类账户本期发生额=该总分类账户的明细分类账户本期发生额之和

总分类账户期末余额=该总分类账户的明细分类账户期末余额之和

利用上述数量上的相等关系,可以检查总分类账户和明细分类账户记录的完整性和正确性。

【例3-5】 银海企业20××年8月初"原材料"总分类账户余额为56 000元,其明细分类账户子、丑材料月初余额分别为30 000元和26 000元。

①8月5日,购入子材料2 000千克,单价为11元;购入丑材料1 000千克,单价为25元。货款与增值税税额均以银行存款支付,材料如数运到并验收入库。

②8月8日,产品生产领用子材料3 800千克,单位成本为10.40元;领用丑材料1 600千克,单位成本为25.50元。

根据上述资料,对"原材料"总分类账户及"子材料""丑材料"明细分类账户进行平行登记,其账户记录如表3-5、表3-6、表3-7所示。

表3-5　总分类账户

会计科目:原材料 单位:元

20××年		摘要	借方	贷方	借或贷	余额
月	日					
8	1	月初余额			借	56 000
	5	购进	47 000		借	103 000
	8	生产领用		80 320	借	22 680
	31	本月合计	47 000	80 320	借	22 680

表3-6　"原材料"明细分类账户(一)

名称:子材料

编号:101

储存地点:1号库

20××年		摘要	收入			发出			结存		
月	日		数量/千克	单价/元	金额/元	数量/千克	单价/元	金额/元	数量/千克	单价/元	金额/元
8	1	月初余额							3 000	10	30 000
	5	购进	2 000	11.00	22 000				5 000	10.40	52 000
	8	生产领用				3 800	10.40	39 520	1 200	10.40	12 480
	31	本月合计	2 000	11.00	22 000	3 800	10.40	39 520	1 200	10.40	12 480

表3-7　"原材料"明细分类账户(二)

名称:丑材料

编号:102

储存地点:2号库

20××年		摘要	收入			发出			结存		
月	日		数量/千克	单价/元	金额/元	数量/千克	单价/元	金额/元	数量/千克	单价/元	金额/元
8	1	月初余额							1 000	26.00	26 000
	5	购进	1 000	25.00	25 000				2 000	25.50	51 000
	8	生产领用				1 600	25.50	40 800	400	25.50	10 200
	31	本月合计	1 000	25.00	25 000	1 600	25.50	40 800	400	25.50	10 200

　　由"原材料"账户与"子材料""丑材料"明细分类账户平行登记的结果,我们发现有如下关系式(见表3-8)。

表3-8　总分类账户和明细分类账户平衡关系试算结果

单位:元

	"原材料"总分类账户	=	"子材料"明细分类账户	+	"丑材料"明细分类账户
期初余额	56 000		30 000		26 000
本期购进	47 000		22 000		25 000
本期发出	80 320		39 520		40 800
期末结存	22 680		12 480		10 200

通过上述平衡关系的试算,可以检查总分类账户和明细分类账户平行登记的正确性和完整性。

 本章小结

本章重点介绍了账户设置和复式记账两种会计核算方法。会计账户与会计科目联系密切。会计科目是对会计要素进行分类而形成的具体项目。设置会计科目并在此基础上设置会计账户是会计核算的一种专门方法。设置会计科目应遵循相关原则。按会计科目提供会计指标信息的详细程度,可将会计科目分为总分类科目(也称一级会计科目或总账科目)和明细分类科目。会计账户是根据会计科目设置的,具有一定的格式。会计账户的基本结构是可分为左右两方的T形账户结构。利用账户可以获取一系列指标信息,其基本的计算公式为"期末余额＝期初余额＋本期增加发生额－本期减少发生额"。对会计要素的增减变化需要采用一定的记账方法在有关的账户中进行登记。复式记账是对任何一项交易或事项都必须用相等的金额在两个或两个以上相互联系的账户中进行登记,借以反映会计对象具体内容增减变化的记账方法。借贷记账法是以"借"和"贷"作为记账符号,记录交易或事项的发生和完成情况的一种复式记账方法。会计分录分为简单会计分录和复合会计分录,复合会计分录可以分解为简单会计分录。试算平衡是指根据会计等式的平衡原理,按照记账规则的要求,通过汇总、计算和比较,检查账户记录的正确性、完整性而采用的一种技术方法。借贷记账法的试算平衡有发生额平衡和余额平衡两种。在会计核算过程中,对于发生的交易或事项要按照复式记账的要求登记在两个或两个以上总分类账户中,总分类账户下设有明细分类账户的,还要记入各总分类账户下属的明细分类账户中,这种做法叫作总分类账和明细分类账的平行登记。

本章重点提示

会计科目分为资产类、负债类、共同类、所有者权益类、成本类和损益类等六大类。

平衡式"资产＝负债＋所有者权益"是复式记账法的记账原理。

在现代会计中,"借"和"贷"已失去了它本来的含义,只是一种单纯的记账符号。具体地说,"借"表示资产的增加,费用的增加,负债的减少,所有者权益的减少,收入、利润的减少。"贷"表示资产的减少,费用的减少,负债的增加,所有者权益的增加,收入、利润的增加。

借贷记账法的记账规则是"有借必有贷,借贷必相等"。

会计分录简称分录,它是指按照复式记账的要求,对每项经济业务列示出应借、应贷的账户名称及其余额的一种记录。

 案例与分析

案例 3-1

因为欣欣公司原来的会计、出纳工作调动,故新聘请王会计和才刚毕业的小李出纳。王会计临时帮忙将欣欣公司当月的账目结清。王会计将编制好的凭证逐一登记入账后,进行试算平衡,并按规定填报了有关报表资料。

过了几天,小李出纳从银行取回了银行对账单,在对账时发现,银行存款的余额比企业的账面余额多了9 000元。经过逐笔核对银行存款收支业务后他发现,当月一笔销售业务通过银行转账收款10 000元,但公司原来的会计将这笔业务误记为1 000元;昨天销售的那批产品的单据还没记到账上去,其也是这个月的业务;有一笔账应当记入"应交税费"和"银行存款"账户的金额是10 000元,而不是9 000元,已经入账的那部分数字还得更改一下……"试算平衡表不是已经平衡了吗?怎么还有错账呢?"小李出纳不解地问。

要求:结合以上案例,运用学习过的试算平衡表的有关知识谈谈你的感受。出纳员感到奇怪,王会计在结账时明明已经进行了试算平衡,为什么他没有发现这个问题?

案例 3-2

欣欣会计服务公司20××年10月编制的结账前试算平衡表如表3-9所示。因记账、过账等错误,所以该表未能平衡。

表3-9 结账前试算平衡表

单位:元

账户名称	借方	贷方
库存现金	800	
银行存款	28 000	
应收账款	38 000	
原材料	12 000	
固定资产	36 000	
应付账款		26 660
实收资本		90 000

续表

账户名称	借方	贷方
主营业务收入		47 000
销售费用	43 400	
合计	158 200	163 660

欣欣会计服务公司会计主管在核对分类账、日记账及记账凭证后发现下列错误：

(1)收到款项5 600元的业务,贷记为6 500元。

(2)赊购家具3 400元,误记为

借:销售费用   3 400

贷:应付账款   3 400

(3)支付邮寄费300元,过账时记为

借:销售费用   300

借:库存现金   300

(4)支付欠款2 600元,过账时贷记应付账款2 060元。

(5)工资费用中有6 000元未过账。

(6)提供咨询服务取得收入8 900元,过账时贷记主营业务收入900元。

(7)核对"主营业务收入"账户,发现多记3 400元。

(8)本月剩余材料8 500元,其余为本月耗用。

要求:分析本案例业务情况,更正试算平衡表。

3-4 案例与分析提示

3-5 客观题通关测试

3-6 实务题通关测试

3-7 文章阅读

什么是不简单? 能够把简单的事千百遍都做对,就是不简单。什么是不容易? 把大家公认的非常容易的事情认真地做好,就是不容易。

第4章　一般企业主要经营业务核算

本章导航

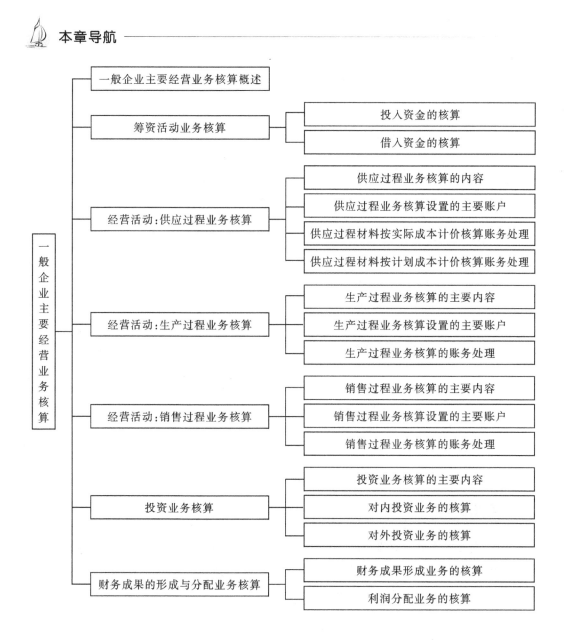

知识目标

了解一般企业主要经营过程及其主要经济业务。

根据不同的经济业务正确设置账户。

正确计算采购成本、生产成本与产品销售成本。

正确计算营业利润、利润总额与净利润。

 技能目标

熟练运用借贷记账法对一般企业供应过程、生产过程、销售过程、财务成果核算业务进行正确的账务处理。

 中英文关键词

短期借款:short-term borrowing	长期借款:long-term borrowing
固定资产:fixed asset	生产成本:production cost
所得税:income tax	材料采购:material purchase
原材料:raw material	在途物资:material in transit
制造费用:manufacturing expenses	应付账款:accounts payable
应付票据:notes payable	应交税费:tax payable
销售成本:cost of selling goods	应付职工薪酬:accrued payroll
管理费用:administrative expenses	销售费用:selling expenses
资产处置损益:profit and loss on asset disposal	
信用减值损失:credit impairment losses	
财务费用:financial expenses	营业收入:operating receipt
销售收入:sales	实收资本:paid-in capital
本年利润:profit for current year	应付股利:dividends payable
投资收益(损失): income(loss) from investment	
留存收益:retained earning	利润分配:profit appropriation
利润:profit	净利润:net profit
损失:loss	利得:gain

 引导案例

当今,企业经营成功的原因之一,在于善于从会计出身的拔尖人才中挑选总裁。你想成为这样的拔尖人才吗?万丈高楼平地起,做任何事情都得从小到大,逐渐积累知识和经验,而后才有可能成功。会计工作也是如此。

东升企业的相关资料如下:

1. 东升企业负责总账工作的会计小王发现:这个月公司有一大笔资金到账,既有投资者投入的,又有本公司从银行借入的,并且借款期限有长有短。小王知道这是企业筹集资金的两个主要渠道,对企业产生的影响是不一样的。问题是:按照企业会计制度有关规定该如何进行核算呢?

2. 小刘本月接手了材料会计工作,进行东升企业存货业务的核算。办完会计交接工作后,小刘发现存货业务非常复杂,既有进货业务,又有发货业务。问题是:根据单位核算材料要求,小刘该如何去做呢?

3. 小侯在东升企业负责产品成本核算工作。东升企业生产甲、乙两种产品,其生产经营过程不断发生各种人力、物力和财力的耗费。月末,财务科科长要求小侯尽快把10月份生产车间生产的甲、乙两种产品的成本计算出来,问题是:根据车间发生的料、工、费业务,小侯该如何计算甲、乙产品的生产成本呢?

4. 小侯在核算东升企业产品成本时发现,企业除了发生计入产品生产成本的费用外,还会发生一些与生产产品无关的经济利益流出,即企业的期间费用。作为成本会计,小侯不仅要计算成本,还要核算期间费用。问题是:东升企业要怎样核算期间费用呢?

5. 企业在生产经营过程中发生的各种耗费会使经济利益流出企业,同时,也会有经济利益不断流入企业,例如,销售商品时收回的货款和增值税、接受捐赠的货币资金、发工资时从职工工资中代扣的水电费等。问题是:如何判断哪些才是企业实现的收入呢?

6. 年底是企业计算企业盈亏、考核赔赚的时候。问题是:企业利润有哪些呢?计算出企业的利润后,哪些损益类账户该轧平呢?

4-1 教学课件

4-2 教学视频

第1节 一般企业主要经营业务核算概述

1. 一般企业的概念与组织性质

一般企业是指以从事产品生产和销售,或只从事商品销售以及提供劳务为主要经营活动内容的企业,包括组织产品生产和销售的工业企业(也称制造业企业)、组织商品流通的商业企业,以及以提供劳务为主要经营活动内容的劳务性企业。

一般企业是以营利为主要经营目的的经济组织。企业通过对生产经营活动、商品流通活动和劳务提供活动的有效组织和管理,力争创造更多的盈利,一方面可以提升企业的经营业绩,壮大企业的发展实力,为企业的可持续发展提供强有力的支持;另一方面也可以影响和带动所在地区经济的发展和更多地交纳税费,使企业承担所应担负的社会责任,为促进社会的和谐发展做出应有的贡献。

制造业企业是以产品的加工制造和销售为主要生产经营活动的营利性经济组织。其生产经营活动过程包括产品加工制造前的准备过程(供应过程)、产品的加工制造过程(生产过程)、产品的出售和款项结算过程(销售过程)以及处于供、产、销过程两头的投资过程(包括资金的筹集)与财务成果的计算和分配过程。从事生产经营活动的过程也就是企业发生各种业务的过程,构成了制造业企业会计核算的主要内容。

2. 制造业企业主要业务的内容

制造业企业是适应社会主义市场的要求自主经营、自负盈亏、独立核算的商品生产和经营单位。其会计对象就是社会再生产过程中主要以货币表现的业务,也就是社会再生产过程中的资金运动。而不论是业务,还是资金运动,都是随着企业的资金筹集过程、供应过程、生产过程、销售过程、利润形成和分配过程完成的。其中,资金筹集过程就是资金的投入,利润分配过程标志着一部分资金退出。制造业企业的资金运动过程可分为资金投入、资金循环与周转和资金退出三个基本环节。制造业企业的资金运动过程见图4-1,制造业企业主要经营循环见图4-2。

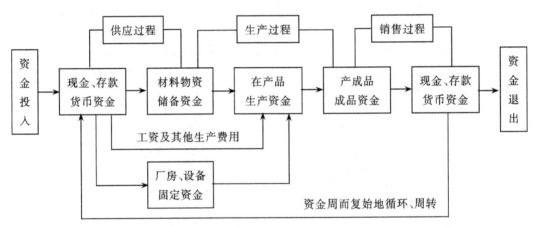

图4-1　制造业企业的资金运动过程

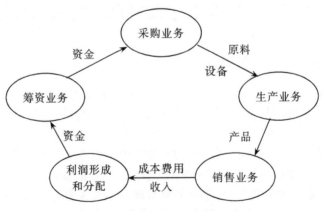

图4-2　制造业企业主要经营循环

制造业企业的业务主要包括经营活动、筹资活动、投资活动三大活动。其经营活动过程是以产品生产为主要业务的生产资料购置、产品生产和产品销售过程的统一。其基本任务是生产产品,满足社会各方的需要,通过开展生产经营活动取得利润,为社会创造更多的财富。

2.1 筹资活动

筹资活动是指导致企业资本及债务规模和构成发生变化的活动,是企业获取经营资金、保证企业经营活动正常进行必不可少的一种活动,也是开展投资活动、经营活动的前提。

现代企业中,企业获取经营资金的渠道主要有两条:一是吸引投资者向企业投入资本,二是通过借款或发行企业债券等举债方式吸引社会投资。筹资过程主要核算和监督企业资金的形成及其增减变动情况。

2.2 投资活动

投资活动是指企业长期资产的购建和不包括在现金等价物范围内的投资及其处置活动。不同企业所处行业的特点不同,对投资活动的认定也存在差异。就制造业企业而言,长期资产是指固定资产、无形资产、在建工程和其他资产等持有期限在一年或一个营业周期以上的资产。制造业企业将筹集到的资金投入一定的用途中,建造厂房、购买机器设备,为生产经营活动准备必要的条件。投资过程主要核算和监督货币资金转化为长期资金的过程,计算、确定各种固定资产的成本。

2.3 经营活动

经营活动是指企业筹资活动和投资活动以外的活动,也是企业的主要业务活动。各类企业所处行业的特点不同,对经营活动的认定也存在一定差异。对于制造业企业而言,经营活动主要包括销售商品、提供劳务、购买商品、接收劳务和支付税费等交易和事项。在资金投入和生产条件具备后,制造业企业生产经营需要经历供应、生产、销售三个过程。供应过程主要核算和监督货币资金转化为储备资金的过程,计算、确定各种材料的采购成本;生产过程主要核算和监督储备资金转化为生产资金、货币资金转化为生产资金以及固定资产以折旧的形式转化为生产资金、生产资金转化为成品资金的过程,计算、确定产品的生产成本;销售过程主要核算和监督成品资金转化为货币资金的过程,计算、确定产品的销售成本。

企业通过对产品生产和销售活动的组织,力争创造更多的经济效益,为社会的生产和人们的生活提供丰富的生产资料和生活资料。在制造业企业进行产品生产和销售的过程中,还需要进行必要的材料物资准备。在产品销售以后,须与客户结算货款。这些构成了制造业企业经营活动的基本内容。

2.4 经营成果的形成和分配

制造业企业生产经营的目的是获得利润。企业通过对筹资活动、投资活动和经营活动的组织,取得一定的经营成果。按照会计分期的要求,企业应定期计算、确定其经营成果。在这一过程中,还应按照规定计算和交纳所得税等。在经营成果确定之后,应按照法律和公司章程等规定对经营成果进行分配。因此这一过程主要核算和监督一定时期企业利润的形成和分配情况。

第2节　筹资活动业务核算

1. 筹资活动业务的主要内容

筹资活动是指导致企业资本及债务规模和构成发生变化的活动。这一活动既是企业生产经营活动的前提,又是企业再生产顺利进行的保证。制造业企业为了开展正常的生产经营活动,必须拥有一定数量的资金。而对于任何一个企业而言,形成其资产的资金来源主要有两条渠道:一是投资者的投资及其增值,形成投资者的权益,该部分业务可以称为所有者权益资金筹集业务;二是向债权人借入的资金,形成债权人的权益,该部分业务可以称为负债资金筹集业务。即制造业企业筹资的来源渠道主要有两条:一是接受投资人投入的资本,二是从企业债权人处借入资金。

我国法律规定,设立企业法人必须要有投资者的投入资本。投资者的投入资本即注册资本。投资者将资金投入企业进而对企业资产所形成的要求权为企业的所有者权益。在会计上一般表现为实收资本或股本,是所有者权益的主体。企业接受的投资者的投入,既可以按投资主体的不同分为国家资本金、法人资本金、个人资本金和外商资本金,分别是指由国家、法人单位、个人和国外(境外)的投资者向企业的投资;又可以按接受投入资本所表现的资产的形式不同分为货币资金投资、实物资产投资(如以设备、材料投资)和无形资产投资(如以知识产权、专利权和土地使用权投资)等。

同时,为了满足企业生产经营的资金需要,企业还可以向银行或其他金融机构取得各种借款,或经批准后向社会发行企业债券借入资金等。债权人将资金借给企业进而对企业资产所形成的要求权为企业的负债。在会计上表现为短期借款、长期借款、应付债券等。借入的资本到期必须偿还,并支付利息。

2. 筹资活动业务核算的主要内容

2.1　权益资金筹集业务的核算

在企业生产经营期内,投资者除依法转让外,不得以任何方式抽回资本金。因此企业的投资者实际投入企业用于经营活动的各种财产物资是权益资金筹集业务核算的主要内容。

2.1.1　主要账户的设置

为了核算企业实际收到的投入资本的增减变动情况及结果,应设置的主要账户是"实收资本"(在股份有限公司设"股本")、"资本公积"账户;同时为了反映企业实际收到的投入资本所形成资产的增减变动情况、结果,还应设置"银行存款""库存现金""固定资产""无形资产"等账户。

(1)"实收资本"(或股本)账户

该账户是所有者权益类账户,用来核算按照企业章程的规定,企业接受投资者投入的资本金——实收资本(股份公司为股本),即企业的注册资金。该账户的贷方登记按投资者在股本(注册资本)中所占份额确定的投入资本和由资本公积转增的资本金,借方登记企业按法定规定程序批准后减少注册的资本金和归还投资者的投资等。期末贷方余额反映企业股本(实收资本)的总额。企业收到的所有者投资超过在股本(或注册资本)中所占份额的部分,作为股本(或实收资本)溢价,在"资本公积"账户核算。该账户应按投资者设置明细账,进行明细核算。该账户的结构如图4-3所示。

借方	实收资本	贷方
经批准减少注册的资本金或者归还投资者的金额	企业实际收到的投资者投入的资本和由资本公积转增的资本金	
	余额:期末投资者投入企业的资本总额	

图4-3 "实收资本"账户的结构

(2)"资本公积"账户

该账户是所有者权益类账户,用来核算企业收到的投资者出资额超出其在注册资本或股本中所占份额的部分以及法定财产重估增值等内容。该账户的贷方登记企业各种资本公积增加的数额,如股本(或资本)溢价等;借方登记资本公积的使用数,如转增资本等。期末贷方余额表示企业资本公积金的实际结存数额。该账户应当按"资本溢价(股本溢价)""其他资本公积"进行明细核算。该账户的结构如图4-4所示。

借方	资本公积	贷方
资本公积的减少数	资本公积的增加数	
	余额:期末资本公积的实际结存数额	

图4-4 "资本公积"账户的结构

提示说明

实收资本和资本公积的确认基础:根据我国《公司法》的规定,国有独资公司是国家授权投资的机构或国家授权的部门单独投资设立的有限责任公司,所有者投入的资本,全部作为实收资本入账。国有独资公司不发行股票,不会产生股票溢价收入,也不会在追加投资时形成资本公积。有限责任公司是指由两个以上股东共同出资,每个股东以其认缴的出资额对公司承担有限责任,公司以其全部资产对其债务承担责任的公司。初建公司时,每个投资人投入的资本均全部列为实收资本,当有新投资人加入时,会产生投资者认缴的出资额大于其在实收资本中所占份额的情况,该差额即为资本溢价。股份有限公司是全部资本由等额股份构成并通过发行股票筹集资本的公司,在溢价发行股票时会产生股本溢价。

(3)"银行存款"账户

该账户是资产类账户,用来核算企业存入银行或其他金融机构的各种存款。该账户的借方登记投资人货币资金投资的款项或者企业存放在银行或其他金融机构的各种款项,贷方登记提取或支出的存款。期末借方余额表示企业存在银行或其他金融机构的款项。该账户的结构如图4-5所示。

借方	银行存款	贷方
银行存款的增加数	银行存款的减少数	
余额:期末企业存在银行或其他金融机构的各种款项		

图4-5 "银行存款"账户的结构

(4)"库存现金"账户

该账户属于资产类账户,核算存放于企业财会部门、由出纳人员经管的货币。该账户的借方反映库存现金的增加数,贷方反映库存现金的减少数,期末余额为借方余额,反映期末企业持有的库存现金。有外币现金的企业,应当分别对人民币和各种外币设置"库存现金日记账"进行明细分类核算。该账户的结构如图4-6所示。

借方	库存现金	贷方
库存现金的增加数	库存现金的减少数	
余额:期末持有的库存现金		

图4-6 "库存现金"账户的结构

(5)"固定资产"账户

该账户是资产类账户,用来核算企业持有的固定资产原价。该账户的借方登记不需要经过建造、安装即可使用的固定资产增加的账面原值,贷方登记因出售、报废、毁损而减少的固定资产的账面原值。期末借方余额表示企业结存的固定资产的账面原值。该账户可按固定资产的类别和项目设置明细账。该账户的结构如图4-7所示。

借方	固定资产	贷方
固定资产原价的增加数	固定资产原价的减少数	
余额:期末固定资产的账面原值		

图4-7 "固定资产"账户的结构

(6)"无形资产"账户

该账户是资产类账户,用来核算企业持有的无形资产成本,包括专利权、非专利技术、商标权、著作权、土地使用权等。该账户的借方登记无形资产的增加数,贷方登记无形资产的减少数。期末借方余额表示企业无形资产的成本。该账户可按无形资产的类别设置明细账。该账户的结构如图4-8所示。

借方	无形资产	贷方
取得无形资产的成本	无形资产成本的减少数	
余额:期末无形资产的成本		

图4-8　"无形资产"账户的结构

 提示说明

对某一类业务账务处理上的账户设置应从整体上把握,设置的主要账户应是掌握的重点,也应注意掌握与这些账户对应的其他账户。只有从账户之间相互联系的角度去认识每一个账户,才有利于建立起账户体系的完整概念,也才有利于对账户核算内容、结构的理解、记忆及熟练应用。

2.1.2　主要业务核算会计记录举例

 提示说明

以下业务应填制的记账凭证,以会计分录代替。记账凭证的具体格式和填制方法参见会计凭证章节。本部分案例为东华企业2019年10月或年末部分业务。

【例4-1】10月10日东华企业获得银海公司的投资1 000 000元,存入开户银行。

【分析】企业收到其他公司投入的资本,即法人资本金增加,应记入"实收资本"账户的贷方,同时存入银行的款项增加,应记入"银行存款"账户的借方。其会计分录如下:

借:银行存款　　　　　　　　　　　1 000 000
　　贷:实收资本——银海公司　　　　　　　　　1 000 000

【例4-2】10月12日东华企业根据合同规定在合作期间归还投资者投资100 000元,用银行存款向微企拓洋公司支付。

【分析】企业注册资本的减少应记入"实收资本"账户的借方,同时银行存款支付后减少应记入"银行存款"账户的贷方。其会计分录如下:

借:实收资本——拓洋公司　　　　　　100 000
　　贷:银行存款　　　　　　　　　　　　　　100 000

【例4-3】10月15日根据董事会"盈余公积转增资本金"的批准文件,将东华企业的盈余公积200 000元转增为实收资本。其中东方公司占50%,计100 000元;方圆公司占30%,计60 000元;缘锐公司占20%,计40 000元。

【分析】企业盈余公积转增为实收资本,盈余公积的减少应记入"盈余公积"账户的借方,同时实收资本的增加应记入"实收资本"账户的贷方。其账务处理如下:

```
借:盈余公积                          200 000
    贷:实收资本——东方公司                    100 000
            方圆公司                          60 000
            缘锐公司                          40 000
```

【例4-4】10月17日为扩大经营规模,东华企业收到鑫金公司追加的固定资产、专利技术和材料投资共计1 000 000元,均为双方协商作价,其中:全新固定资产650 000元,专利权100 000元,材料250 000元。收到的增值税专用发票上注明:A型机床价款546 000元,税额104 000元;专利技术一项,价款94 000元,税额6 000元;甲材料数量1 000千克,单价250元,价款210 000元,税额40 000元。同时,填制固定资产交接验收单确定A型机床的原始成本为546 000元。

【分析】企业收到追加投资,即法人资本金增加,应记入"实收资本"账户的贷方,全新的固定资产增加应记入"固定资产"账户的借方,专利权的增加应记入"无形资产"账户的借方,材料的增加应记入"原材料"账户的借方。其账务处理如下:

```
借:固定资产——生产用固定资产            546 000
    无形资产                          94 000
    原材料                            210 000
    应交税费——应交增值税(进项税额)  150 000
    贷:实收资本——鑫金公司                    1 000 000
```

> **提示说明**
>
> "应交税费——应交增值税(进项税额)"账户的用途和结构参见本章第3节有关内容。

企业接受的捐赠财物,应直接计入营业外收入。例如:东华企业接受信业公司捐赠的生产用设备一台,市场评估价值18万元(暂不考虑税费)。其账务处理如下:

```
借:固定资产——生产用固定资产            180 000
    贷:营业外收入——信业公司捐赠                180 000
```

【例4-5】10月18日东华企业收到彩虎公司已通过银行收讫的货币资金形式的新增投资款1 000 000元,根据投资协议,该投资在企业注册资本中所占份额(2%)为850 000元,另150 000元作为资本公积(资本溢价)。东华企业收到彩虎公司开来的转账支票1 000 000元并存入银行。其他手续已办妥。

【分析】该业务的发生,一方面使企业的银行存款增加1 000 000元,另一方面使企业的注册资本也相应增加850 000元,超过注册资本的150 000元作为企业的资本公积。因而,这项业务的发生涉及"银行存款""实收资本""资本公积"三个账户。银行存款增加时资产增加,应当记入"银行存款"账户的借方;企业的注册资本和资本公积的增加是所有者权益的增加,应当记入"实收资本"和"资本公积"账户的贷方。其账务处理如下:

借:银行存款　　　　　　　　　　　　　1 000 000
　　贷:实收资本——彩虹公司　　　　　　　　　850 000
　　　　资本公积——资本溢价　　　　　　　　　150 000

2.2　借入资金的核算

企业筹资除了靠投资者投入的资金以外,还可以通过借款、发行债券等方式筹集资金。

银行借款按借款的偿还期长短分为短期借款和长期借款两种。其中,短期借款主要用于企业在生产经营过程中现金不足时的临时周转;长期借款主要用于企业为扩大经营规模等而进行的工程项目建设等。

企业发行债券是其筹集经营资金的做法之一。企业发行债券一般应有发行期限,在债券发行期间,应按规定的利率向债券持有人支付利息;发行期满后,应按债券面值将本金归还给债券购买者。

借入的资金形成了企业的负债。借入的资金到期要归还本金和利息。

2.2.1　主要账户的设置

(1)"短期借款"账户

该账户是负债类账户,用来核算企业向银行或其他金融机构等借入的期限在1年以下(含1年)的各种借款及其变动情况。该账户的贷方登记借入的各种短期借款的实际金额,借方登记偿还的实际金额。期末贷方余额表示尚未偿还的借款金额。该账户可按借款种类和债权人设置明细账。该账户的结构如图4-9所示。

借方	短期借款	贷方
偿还的各种短期借款的本金数额	企业取得的各种短期借款的本金数额	
	余额:期末尚未偿还的短期借款本金	

图4-9　"短期借款"账户的结构

(2)"长期借款"账户

该账户是负债类账户,用来核算企业向银行或其他金融机构等借入的期限在1年以上(不含1年)的各种借款及其变动情况。该账户的贷方登记借入的各种长期借款数(包括本金和利息),借方登记偿还的实际金额。如果利息是分次支付的,则计提的利息不记入该账户,而记入"应付利息"账户。期末该账户贷方余额表示尚未偿还的借款本息。该账户可按贷款单位和贷款种类,分"本金""利息调整"等进行明细核算。该账户的结构如图4-10所示。

借方	长期借款	贷方
长期借款本金和利息的减少数	长期借款本金和利息的增加数	
	余额:期末尚未偿还的长期借款本息	

图4-10　"长期借款"账户的结构

（3）"应付利息"账户

该账户是负债类账户,用来核算企业为借入资金而发生的利息的支付、偿还及余额情况。该账户的贷方登记应付而未付利息的增加数,借方登记应付而未付利息的减少数。期末贷方余额表示企业尚未归还的应付而未付利息的累计数。该账户可按债权人和借款种类等进行明细核算。该账户的结构如图4-11所示。

借方	应付利息	贷方
归还的企业借款利息	企业借款利息	
	余额:期末尚未偿还利息	

图4-11　"应付利息"账户的结构

（4）"应付债券"账户

该账户是负债类账户,用来核算企业为筹集长期经营资金而发行的债券本金和利息。该账户的结构如图4-12所示。

借方	应付债券	贷方
企业到期归还的债券本息等	企业发行债券的本金及应付利息	
	余额:期末尚未偿还利息	

图4-12　"应付债券"账户的结构

（5）"财务费用"账户

该账户是损益类账户,用来核算企业为筹集生产经营所需资金等而发生的筹资费用,包括利息支出(减利息收入)、汇兑损益以及相关的手续费、企业发生的现金折扣或收到的现金折扣等。财务费用的核算内容见图4-13。

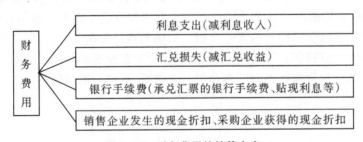

图4-13　财务费用的核算内容

该账户的借方登记企业发生的财务费用,贷方登记企业发生的应冲减财务费用的利息收入、汇兑收益以及期末结转到"本年利润"账户的财务费用,结转后无余额。该账户可按费用项目进行明细核算。该账户的结构如图4-14所示。

借方	财务费用	贷方
发生的各种财务费用	利息收入	
利息支出	汇兑收益	
汇兑损失	期末转入"本年利润"账户	
金融机构手续费	的财务费用	
现金折扣		

图4-14 "财务费用"账户的结构

提示说明

　　本书仅以流动负债中的短期借款和非流动负债中的长期借款阐述借入资金业务的核算。

2.2.2　主要业务核算会计记录举例

【例4-6】10月12日,由于生产经营的需要,东华企业临时向银行借入200 000元,存入银行,借款期限为9个月。

【分析】企业向银行临时借入资金,引起资产类项目的银行存款增加,应记入"银行存款"账户的借方,同时引起负债类项目的短期借款增加,应记入"短期借款"账户的贷方。其会计分录为:

　　　　借:银行存款　　　　　　　　　　　　200 000
　　　　　　贷:短期借款　　　　　　　　　　　　　　200 000

【例4-7】10月12日,东华企业因购置生产流水线向银行借入1 000 000元,借款期限为2年。

【分析】这项经济业务的发生,一方面使得企业的银行存款增加,另一方面使得企业的长期借款增加,因此,该经济业务涉及"银行存款"和"长期借款"两个账户。银行存款的增加是资产的增加,应记入"银行存款"账户的借方,长期借款的增加是负债的增加,应记入"长期借款"账户的贷方。编制的会计分录如下:

　　　　借:银行存款　　　　　　　　　　　　1 000 000
　　　　　　贷:长期借款　　　　　　　　　　　　　　1 000 000

【例4-8】10月12日,东华企业从银行取得生产经营用借款400 000元,期限为3个月,所得借款已存入开户银行;若取得的该项借款年利率为7.2%,根据与银行签署的借款协议,该项借款的利息分月计提,本息于到期后一次归还。经计算,10月份应负担的利息为2 400元。

【分析】该业务的发生一方面使企业的银行存款增加400 000元,短期借款增加400 000

元;另一方面,按照权责发生制核算基础,企业的借款利息属于企业的筹资费用,应由本月负担的,则形成了企业的一项费用(财务费用)。企业借入短期借款的利息按月预提,到期支付,形成了企业本月的一项负债(应付利息)。因而,该业务的发生涉及"财务费用""应付利息"账户。财务费用的增加是费用的增加,应当借记"财务费用";企业应付未付利息的增加是负债的增加,应当贷记"应付利息"。其账务处理如下:

```
借:银行存款                          400 000
    贷:短期借款                          400 000
借:财务费用                            2 400
    贷:应付利息                            2 400
```

11月、12月计提利息的会计处理同上。

提示说明

　　短期借款利息的计算。短期借款利息=借款本金×利率×时间。按照权责发生制核算基础的要求,企业应于每月月末确认当月应负担的利息费用,因而这里的"时间"是一个月。利率往往都是年利率,所以应将其转化为月利率,方可计算出一个月的利息额,年利率除以12即为月利率。如果在月内的某一天取得的借款,则该日作为计息的起点时间,对于借款当月和还款月则应按实际经历天数计算(不是整月),此时应将月利率转化为日利率。在将月利率转化为日利率时,为简化起见,一个月一般按30天计算,一年按360天计算。

【例4-9】承【例4-8】,东华企业于本年12月31日偿还到期的短期借款本金400 000元和利息7 200元。

【分析】该业务的发生,一方面使企业的短期借款相应减少400 000元,应付未付的利息减少7 200元。因而,这项业务的发生涉及"银行存款""短期借款""应付利息"三个账户。"银行存款"减少,应贷记;企业短期借款和应付利息的减少是负债的减少,应借记。其账务处理如下:

```
借:短期借款                          400 000
    应付利息                            7 200
    贷:银行存款                          407 200
```

提示说明

　　企业从银行借入的短期借款所应支付的利息,一般按季结算、分月计提,并计入财务费用。

【例4-10】10月20日开户银行将三季度东华企业季度性银行存款利息1 700元结算存入东华企业存款户。

【分析】该业务的发生,一方面使企业的资产类项目银行存款增加1 700元,收入类项目利息收入增加1 700元。因而,这项业务的发生涉及"银行存款""财务费用"账户。"银行存款"增加,应借记;冲减企业财务费用,应贷记。编制会计分录如下:

借:银行存款   1 700
  贷:财务费用   1 700

提示说明　　企业的存款利息收入,按现行规定不征收增值税;银行收取的利息(吸收公众存款等业务)不开具增值税专用发票,也不抵扣进项税额。

【例4-11】①东华企业为购建一条新的生产线(工期2年),于2018年1月2日向中国建设银行取得期限为3年的借款500 000元(2020年年末一次还本付息),存入银行。企业当即将该借款投入生产线的购建工程中。

【分析】这项经济业务的发生,一方面使得企业的银行存款增加500 000元,另一方面使得企业的长期借款增加500 000元,因此,该经济业务涉及"银行存款"和"长期借款"两个账户。银行存款的增加是资产的增加,应记入"银行存款"账户的借方;长期借款的增加是负债的增加,应记入"长期借款"账户的贷方。这项经济业务账务处理如下:

借:银行存款   500 000
  贷:长期借款   500 000

②假设上述借款年利率为8%,合同规定到期一次还本付息,单利计息。计算确定2018年应由该工程负担的借款利息。

【分析】在固定资产建造工程交付使用之前,用于工程的借款利息属于一项资本性支出,应计入固定资产建造工程成本。单利计息的情况下,其利息的计算方法与短期借款利息的计算方法相同,即2018年的利息为40 000元(40 000＝500 000×8%)。

这项经济业务的发生,一方面使得公司的在建工程成本增加40 000元,另一方面使得公司的长期借款应付利息增加40 000元,因此,该经济业务涉及"在建工程"和"长期借款"两个账户。在建工程成本的增加是资产的增加,应记入"在建工程"账户的借方;借款利息的增加是负债的增加,应记入"长期借款"账户的贷方。这项经济业务账务处理如下:

借:在建工程   40 000
  贷:长期借款   40 000

③假如东华企业在2020年年末全部偿还上述借款的本金和利息。

【分析】该笔长期借款在存续期间的利息共计120 000元(注意:由于工程已经在2019年年末完工,所以2020年的利息不能计入工程成本,而应计入当年财务费用,2019年利息费用的处理略),借款本金500 000元,合计620 000元,在2020年年末一次付清。这项经济业务账务处理如下:

2020年应付利息金额为40 000元。

借:财务费用   40 000
  贷:长期借款   400 000

2020年年末全部偿还长期借款本息计620 000元(其中本金为500 000元,利息为120 000元)。该项经济业务涉及"银行存款"和"长期借款"两个账户。银行存款的减少是资产的减少,应记入"银行存款"账户的贷;长期借款的减少是负债的减少,应记入"长期借款"账户的借方。账务处理如下:

借:长期借款		620 000
贷:银行存款		620 000

提示说明

【例4-11】是以长期借款单利计息的方式来说明问题的。在实际工作中,长期借款也可以采用复利计息的方法。在长期借款复利计息的情况下,尽管长期借款的本金、利率和偿还期限可能都相同,但在不同的偿付条件下(到期一次还本付息、分期偿还本息和分期付息到期还本三种方式),企业实际真正使用长期借款的时间长短是不同的,所支付的利息费用也就不同(有时可能差别很大),因此,长期借款到底采用哪种还本付息方式以及能否按时还清借款本息,就成为企业财务决策所要解决的一个重要问题(具体内容将在以后的有关专业课程中介绍)。

【例4-12】①东华企业经批准于2019年1月2日按面值发行3年期、到期一次还本付息、年利率为8%(不计复利)、票面总额为600 000元的债券。

【分析】该事项使银行存款增加,记入"银行存款"账户的借方,同时应付债券增加,记入"应付债券"账户的贷方。账务处理如下:

借:银行存款		600 000
贷:应付债券——面值		600 000

②月末计提本月债券利息4 000元。

【分析】该事项使利息费用增加,记入"财务费用"账户的借方,同时应付债券利息增加,记入"应付债券"账户的贷方。该业务应编制会计分录如下:

借:财务费用		4 000
贷:应付债券——利息		4 000

4-3 客观题通关测试

4-4 实务题通关测试

第3节　经营活动:供应过程业务核算

经营活动是企业最重要,也是内容最复杂的活动。经营活动,是指企业将筹资活动筹集到的资金以及购建的固定资产和无形资产用于其基本业务活动的组织与管理,并最终创造经济效益的活动。制造业企业的主要生产经营过程以生产过程为中心,实现供应过程、生产过程和销售过程三者的统一。为了保证生产过程的进行,应采购原材料,并将其投入生产过程中,即供应过程;生产过程中,利用劳动资料对劳动对象进行加工,生产出产品;生产完成后,将产品销售出去,实现收入以补偿生产耗费。企业生产经营过程的正常运行需要有现金、银行存款、原材料、固定资产等,这些资产的来源主要是债权人提供和投资者投资。企业利用投资通过购建形成某些资产,如原材料等,并将其投入生产,生产出来的产品又通过销售转化为货币,形成销售收入。收入抵补各项费用后形成经营成果。经营成果如果表现为利润,应进行分配;如果表现为亏损,应进行弥补。即企业的主要经营活动过程为:资金筹集过程——供应过程——生产过程——销售过程——利润形成和分配过程。同时,在购销过程中又可能形成各种债权、债务结算关系。这些构成了工业企业的主要业务。按各类业务的特点,主要业务可分为购进业务、生产业务、销售业务、经营成果形成及分配业务、其他业务等。本教材将经营活动主要业务的核算分三节内容进行阐述。本节主要阐述供应过程业务的核算。

1. 供应过程业务核算的主要内容

制造业企业要进行正常的生产经营活动,就必须采购一定种类和数量的材料。材料供应过程又称为采购过程,是指从供应单位订货开始,经过运输、装卸等步骤直到材料验收入库的全过程,其实质是通过材料采购形成企业存货。这一过程也是制造业企业生产经营过程的第一个阶段。在采购时,企业要支付采购材料的货款和运输费、装卸费、保险费等各项采购费用,并与供应单位等发生货款的结算关系。材料运到企业后经验收入库并结转材料的采购成本,就成为企业可供生产的原材料。因此供应过程核算的主要内容为:材料采购成本的计算、采购费用的支付、材料采购货款的结算以及材料验收入库等。

2. 供应过程业务核算的具体内容

供应过程(即生产准备阶段)是为产品生产做必要准备的过程,主要进行材料物资等劳动对象的准备,即用筹集到的资金购买原料和主要材料,与材料物资的供应方进行货款结算,支付材料物资的价款和交纳税费。

2.1　材料采购成本的构成

按照《企业会计准则第1号——存货》的规定,存货应当按照成本进行初始计量,存货的成本包括采购成本、加工成本和其他成本。其中存货的采购成本是指在采购材料过程中发生的支出,包括买价款、相关税费、运输费、保险费、装卸费以及入库前的整理挑选费用等其他归属于存货采购成本的费用。其实际采购成本主要包括以下几项内容:购买价款、运杂费、合理损耗、整理挑选费用、各种进口税金和其他费用。其中,运杂费、合理损耗、整理挑选费用、各种进口税金和其他费用统称为"采购费用"。

> **提示说明** 存货,是企业在生产经营活动中持有以备出售的产成品或商品、处在生产过程中的在产品、在生产过程或提供劳务过程中耗用的材料和物料等。

采购费用可分为直接采购费用和共同采购费用两种。直接采购费用是指发生时能直接确认应由某种材料负担的费用,该种费用发生后直接记入各种材料的采购成本。共同采购费用是指应由多种材料共同负担的采购费用,该种费用发生后应按一定标准分配记入各种材料的采购成本,分配标准主要有采购数量、价格等。

共同采购费用的分配方法和步骤如下。

第一步:计算分配率。

$$分配率 = \frac{待分配的共同采购费用}{分配标准(数量或价格)之和}$$

第二步:计算某材料应负担的共同采购费用。

某材料应负担的共同采购费用=该材料分配标准(数量或价格)×分配率

材料的采购成本是指企业购入材料的购买价与采购费用之和。所以

某种材料的采购总成本=该种材料的买价+该种材料的采购费用

某种材料的采购单位成本=该种材料的采购总成本/该种材料的采购数量

> **提示说明** 实际工作中某些本应计入材料采购成本的采购费用,如采购人员的差旅费、市内采购材料的零星运杂费、专设采购机构的经费等,不计入材料采购成本,而是列作期间费用。

2.2 材料采购货款的结算方式

当企业购买的材料经过验收合格后,应及时向供应商支付货款。支付的款项包括材料的买价、增值税进项税额以及供应商为企业代垫的运费等。实务中,材料采购货款的结算方式主要有:

(1)现金结算方式。直接用货币资金(包括库存现金和银行存款等)支付货款。

(2)预付款结算方式。企业在从供应商处取得材料之前,预先将部分或全部货款付给供应商,当供应商实际供应材料时,购买企业可一次或分次抵扣先前已经预付的款项,待材料采购业务结束后再结清货款。

(3)赊购方式。企业从供应商处取得材料时并不马上支付货款,而是与供应商达成协议,将支付货款的时间推迟到以后会计期间。

(4)商业汇票结算方式。企业在购入材料后开出商业汇票(应付票据),承诺在未来的某个会计期间向供应商支付货款。

> **提示说明**
>
> 　　增值税是以法定增值额为征税对象而征收的一种流转税。按照《中华人民共和国增值税暂行条例》的规定,增值税的纳税人分为一般纳税人和小规模纳税人。一般纳税人依据销售商品或劳务的销售额,按规定的税率计算出销售税额,然后扣除取得商品或劳务时所支付的增值税税额来计算应交纳的增值税,即当期应交增值税税额＝当期增值税销项税额－当期准予抵扣的增值税进项税额。自 2019 年 4 月 1 日起,一般纳税人适用的增值税税率有:13%、9%、6% 和 0 等。小规模纳税人采取简易计税办法,按当期销售额的 3%(征收率)计算应交纳的增值税。

2.3　材料采购收发的计价方式

按照我国会计规范的规定,企业的材料可以按照实际成本计价组织收发核算,也可以按照计划成本计价组织收发核算。企业可根据具体情况自行决定。

经营规模较小、材料种类不多且材料收发业务的发生不太频繁的企业,可以按照实际成本计价组织材料的收发核算。材料按照实际成本计价进行日常的收发核算,其特点是材料的收发凭证、材料明细分类账和总分类账全部按实际成本计价。

企业材料种类比较多、收发比较频繁的企业(一般为大中型企业),可以按照计划成本计价组织材料的收发核算。材料按照计划成本计价核算,是指材料的收发凭证按计划成本计价,材料总分类账及明细账均按计划成本登记,通过增设"材料成本差异"账户来核算材料实际成本与计划成本之间的差异额,进而确定发出材料的实际成本。

实务中,发出材料成本的计算是一个比较复杂的问题,主要是由于企业发出的某一种材料不一定是同一个批次购入的,购入的时间和地点可能也会有所不同,因而,即使是同一种购入材料,其单位购买成本也往往是不一样的。我国现行《企业会计准则》规定了发出存货(包括发出材料和库存商品等)的计价方法。这些计价方法包括先进先出法、加权平均法(具体又有月末一次加权平均法和移动加权平均法两种)和个别计价法三种。企业应当根据各种材料的实物流转方式、企业管理的要求、材料的性质等实际情况,合理地确定发出材料成本的计算方法,以及当期发出材料的实际成本。

综上所述,材料的买价、增值税和各项采购费用的发生和结算,材料采购成本的计算,以及材料的验收入库等构成了供应过程材料采购业务核算的主要内容。

3. 供应过程业务核算主要账户的设置

为了反映和监督材料采购及相关业务,一般应设置的主要账户有"在途物资""原材料""材料采购""材料成本差异""应交税费""应付账款""应付票据"和"预付账款"等。

（1）"在途物资"账户

该账户是资产类账户,也是材料采购成本的计算账户,用以核算企业已经付款或已开出商业承兑汇票,但尚未到达或尚未验收入库的原材料的采购成本。该账户的借方登记购入材料的实际成本(包括买价和采购费用),贷方登记已经验收入库材料的实际成本。该账户期末为借方余额,反映期末尚未运达企业,或虽已运达企业但尚未办理验收入库手续的在途材料的实际成本。该账户可按供应单位和物资品种进行明细核算。该账户的结构如图4-15所示。

借方	在途物资	贷方
购入原材料等在途物资的实际成本	入库的原材料等在途物资的实际成本	
余额:在途物资的实际成本		

图4-15 "在途物资"账户的结构

> **提示说明**
> 如果购买后原材料就验收入库,那么核算的时候直接通过"原材料"账户核算,"在途物资"账户核算的是实际成本法下未入库的原材料的成本。

（2）"原材料"账户

该账户是资产类账户,用来核算企业库存材料实际成本(或计划成本)的增减变动情况。该账户的借方登记购入材料的实际成本(或计划成本),贷方登记发出材料的实际成本(或计划成本)。该账户期末为借方余额,反映企业期末各种库存材料的实际成本(或计划成本)。该账户应按材料的种类、名称和规格型号设置明细分类账,进行明细分类核算。该账户的结构如图4-16所示。

借方	原材料	贷方
入库材料的实际成本(或计划成本)	发出材料的实际成本(或计划成本)	
余额:期末库存材料的实际成本(或计划成本)		

图4-16 "原材料"账户的结构

（3）"材料采购"账户(计划成本法)

该账户的性质是资产类,用来核算计划成本法下企业购入材料的实际成本和结转入库材料的计划成本,并据以计算、确认购入材料成本差异额。其借方登记购入材料的实际成本和结转入库材料实际成本小于计划成本的节约差异额,贷方登记入库材料的计划成本和结转入库材料的实际成本大于计划成本的超支差异额。期末余额在借方,表示在途材料的实际成本。该账户应按照材料的种类设置明细账户,进行明细分类核算。"材料采购"账户的结构如图4-17所示。

借方	材料采购	贷方
购入材料的实际成本 结转入库材料的节约差异额	结转入库材料的计划成本 结转入库材料的超支差异额	
余额:在途材料的实际成本		

图4-17 "材料采购"账户的结构

(4)"材料成本差异"账户(计划成本法)

该账户的性质是资产类(比较特殊),用来核算企业库存材料实际成本与计划成本之间的超支或节约差异额的增减变动及其结余情况。其借方登记结转入库材料的超支差异额和结转发出材料应负担的节约差异额(实际成本小于计划成本的差异额),贷方登记结转入库材料的节约差异额和结转发出材料应负担的超支差异额(实际成本大于计划成本的差异额)。期末余额如果在借方,表示库存材料的超支差异额;如果在贷方,则表示库存材料的节约差异额。"材料成本差异"账户的结构如图4-18所示。

借方	材料成本差异	贷方
结转入库材料的超支差异额 结转发出材料应负担的节约差异额	结转入库材料的节约差异额 结转发出材料应负担的超支差异额	
期末余额:库存材料的超支差异额	期末余额:库存材料的节约差异额	

图4-18 "材料成本差异"账户的结构

(5)"应交税费"账户

该账户是负债类账户,用来核算企业按照税法规定应交纳的各种税费(印花税以外)。该账户的贷方登记按规定计算出来的各种应交纳的税费,借方登记已经交纳的各种税费(含进项税额)。期末为贷方余额时,反映企业尚未交纳的税费;如果为借方余额,则反映企业多交纳或尚未抵扣的进项税额等。该账户的结构如图4-19所示。

借方	应交税费	贷方
实际交纳的各种税费	应该交纳的各种税费	
余额:期末多交纳或尚未抵扣的进项税额	余额:期末尚未交纳的税费	

图4-19 "应交税费"账户的结构

①"应交税费——应交增值税"账户。对于增值税一般纳税人,在销售产品、提供劳务或服务时向对方收取的应纳增值税,称为"销项税额";在购买生产设备、材料等用品、接受应税劳务或服务和耗费自来水、电力时,依据增值税专用发票支付的增值税,

称为"进项税额",按照税法规定可以从销项税额中予以抵扣。会计核算中对与增值税有关的业务,应按照增值税的具体项目单独核算,需要在"应交增值税"二级明细账户内,设置"进项税额""已交税额""转出未交增值税""销项税额""进项税额转出"等专栏,进行三级明细分类核算。该账户的贷方登记企业计算出来的应交税费数,借方登记企业实际交纳的税费数(含已经先行支付的进项税额)。该账户期末余额方向具有不确定性,贷方余额反映企业未交税费数;借方余额反映企业多交税费数(或已交纳的进项税额)。期末一般应为贷方余额,反映企业尚未交纳的税费。在企业只发生了进项税额而暂时没有贷方销项税额发生额的情况下,该账户会产生借方余额。该账户的结构如图4-20所示。

借方	应交税费——应交增值税	贷方
进项税额		销项税额
已交税费		进项税额转出
期末转出未交的增值税		期末转出多交的增值税
余额:多交税费		余额:未交税费

图4-20 "应交税费——应交增值税"账户的结构

②"应交税费——应交增值税"账户。该账户属于"应交增值税"明细分类账户的借方专栏,专门用来核算企业(一般纳税人)外购物品(包括材料、设备、电力、自来水等)和接受应税劳务或服务时支付的、符合税法规定可以从销项税额中予以抵扣的增值税税额。企业外购物品(包括材料、设备、电力、自来水等)和接受应税劳务或服务时,依据增值税专用发票而应向供应单位连同买价一起支付的增值税税额记入该账户的借方;购货退回等应冲销的进项税额用"红字"记入该账户的借方。

> **提示说明**
>
> 增值税是价外税,具有明显的税负转嫁特征,随着商品流转层层转嫁,最终由消费者承担,进项税额是代下一个环节垫付的税额。

(6)"应付账款"账户

该账户是负债类账户,用来核算企业因采用赊购方式购买材料和设备等而产生的应付给供应商的款项及其偿还情况。该账户的贷方登记应偿还但暂未支付的应付账款,借方登记已经偿还的应付账款。期末为贷方余额,反映企业期末尚未偿还的应付款项;期末余额如为借方余额,则表示企业预付的款项。该账户应按供应单位设置明细账,进行明细分类核算。该账户的结构如图4-21所示。

借方	应付账款	贷方
偿还供应单位的应付账款	尚未支付给供应单位的应付账款	
余额:预付的款项	余额:期末尚未偿还的应付账款	

图4-21 "应付账款"账户的结构

（7）"应付票据"账户

该账户是负债类账户,用来核算企业因购买材料、商品和接受劳务、服务供应等而开出并承兑的商业汇票(包括银行承兑汇票和商业承兑汇票)。该账户的贷方登记企业已经开出、承兑的商业汇票的票面额,借方登记汇票到期实际支付的全部款项。期末为贷方余额,反映企业尚未到期的应付票据面额。该账户应按照债权人和票据种类设置明细账,进行明细分类核算。该账户的结构如图4-22所示。

借方	应付票据	贷方
到期应付票据的减少	应付票据的增加	
	余额:期末尚未到期的应付票据面额	

图4-22 "应付票据"账户的结构

提示说明

商业汇票按照承兑人不同,可分为商业承兑汇票和银行承兑汇票。

（8）"预付账款"账户

该账户是资产类账户,反映企业采用预付款结算方式时按照购销合同规定预先付给供应商的款项及其结算情况。该账户的借方登记预先支付给供应商的货款和补付的货款等,贷方登记收到的购入材料抵扣预付货款和供应商退回的多预付货款。该账户期末一般为借方余额,反映企业期末预付账款的结余额;如为贷方余额,则反映企业期末尚未补付的款项(即供应商实际供货超过企业原预付款的差额)。该账户应按供应单位设置明细账,进行明细分类核算。该账户的结构如图4-23所示。

借方	预付账款	贷方
企业预付给供应商的款项	冲销的预付账款	
企业补付给供应商的款项	收到供应商退回的企业多付款项	
余额:企业已经预付的款项	余额:企业尚未补付给供应商的款项	

图4-23 "预付账款"账户的结构

"预付账款"账户的设置与使用

(1)设置"预付账款"账户应注意三点:①核算内容必须符合预付账款性质;②本单位能够履行合同;③预付账款业务较多。

(2)如有确凿证据表明企业的预付账款不符合规定,或本单位因破产、撤销等已不能如期履行合同,应将原记入"预付账款"账户的金额转入"其他应收款"账户。

(3)如果企业预付账款业务不多,可不设置本账户,而将预付的款项直接记入"应付账款"账户的借方。

4. 供应过程主要业务核算会计记录举例

4.1 供应过程材料按实际成本计价核算会计记录举例

【例4-13】10月2日,东华企业购入B材料一批,增值税专用发票上注明的价款为50 000元,增值税税额为6 500元,款项已用转账支票付讫,材料已验收入库。甲公司为增值税一般纳税人,按照实际成本进行材料日常核算。

【分析】本例属于发票账单与材料同时到达的采购业务,企业材料已验收入库,因此,应通过"原材料"科目核算,对于增值税专用发票上注明的可抵扣的进项税额,应借记"应交税费——应交增值税(进项税额)"科目。这项经济业务账务处理如下:

借:原材料——B材料　　　　　　　　　　　50 000
　　应交税费——应交增值税(进项税额)　　　6 500
　　贷:银行存款　　　　　　　　　　　　　　　56 500

增值税进项税额是企业购进材料时应支付给供货方的增值税税额。

$$增值税进项税额 = 买价 \times 增值税税率$$

一般情况下买价为不含税价,若为含税价则应换算为不含税价。

$$不含税价 = \frac{含税价}{1 + 增值税税率}$$

因为增值税是价外税,所以企业购进材料而收到的增值税专用发票上注明的增值税税额,不应计入采购成本中,而应记入"应交税费——应交增值税(进项税额)"账户中单独反映。

【例4-14】10月3日,东华企业向星河公司购入A材料一批,对方开具的增值税专用发票载明:数量7 000千克,单价20元,价款140 000元,增值税税额18 200元,价税共计158 200

元,货款暂欠,材料尚未运达企业。

【分析】该事项发生后,对东华企业而言,一方面资产类项目A材料增加140 000元,但材料尚未到达,按规定记入"在途物资"账户借方,增值税税额18 200元(按一般纳税人含税价计算所得)是购买A材料时发生的进项税额,记入"应交税费——应交增值税(进项税额)"账户借方;另一方面引起应付未付的款项增加158 200元,应记入"应付账款"账户贷方。账务处理如下:

借:在途物资——A材料 140 000
  应交税费——应交增值税(进项税额) 18 200
 贷:应付账款——星河公司 158 200

【例4-15】10月4日,东华企业购货所欠的新源公司应付账款30 000元到期,向银行借入9个月期借款30 000元,直接用于归还前欠货款。

【分析】该事项发生后,一方面引起资产类项目银行存款增加30 000元,按规定记入"银行存款"账户借方,另一方面引起短期借款增加30 000元,应记入"短期借款"账户贷方;由于短期借款直接用于归还前欠货款,因而一方面引起资产类项目银行存款减少30 000元,按规定记入"银行存款"账户贷方,另一方面引起企业对供货单位债务的减少,应记入"应付账款"账户借方。账务处理如下:

借:银行存款 30 000
 贷:短期借款 30 000
借:应付账款——新源公司 30 000
 贷:银行存款 30 000

【例4-16】10月6日,本月3日所购的A材料到达并入库。

【分析】该事项发生后,表明A材料采购过程完成,材料采购成本已经计算确定,结转其实际采购成本,应将A材料从"在途物资"账户贷方转入"原材料"账户借方。账务处理如下:

借:原材料——A材料 140 000
 贷:在途物资——A材料 140 000

【例4-17】10月6日,东华企业从南湘公司购入B材料一批,南湘公司开具的增值税专用发票载明:数量3 000千克,单价30元,价款90 000元,增值税税额11 700元,价税共计101 700元。以银行存款支付50 000元,余款尚未支付,材料尚未到达企业。

【分析】该事项发生后,一方面企业的资产类项目B材料增加90 000元,但材料尚未到达,按规定记入"在途物资"账户借方,增值税税额11 700元(按一般纳税人含税价计算所得)是购买B材料时发生的进项税额,记入"应交税费——应交增值税(进项款项)"账户借方;另一方面企业的银行存款减少了50 000元,应记入"银行存款"账户贷方。同时引起应付未付的款项增加51 700元,应记入"应付账款"账户贷方。账务处理如下:

借:在途物资——B材料 90 000
  应交税费——应交增值税(进项税额) 11 700
 贷:银行存款 50 000
  应付账款——南湘公司 51 700

【例4-18】10月8日,本月6日购入的B材料达到并入库。

【分析】该事项发生后,表明B材料采购过程完成,材料采购成本已经计算确定,结转

其实际采购成本,应将B材料从"在途物资"账户贷方转入"原材料"账户借方。账务处理如下:

借:原材料——B材料   90 000

 贷:在途物资——B材料   90 000

【例4-19】10月9日,东华企业向南湘公司购进A材料4 000千克,单价为25元;B材料1 000千克,单价为40元;C材料1 000千克,单价为100元;上述材料的增值税税额共计31 200元。对方代垫运杂费12 000元,材料均已验收入库,并按材料的重量分摊运杂费。东华企业开出本单位承兑的商业汇票一张抵付。

【分析】该笔业务中对方代垫的运杂费为12 000元,应由A、B、C三种材料共同负担,需要按一定的标准在它们之间进行分配。一般以重量为标准进行分配。

按重量分摊共同运杂费如下所示:

$$运杂费分配率=\frac{12\,000}{4\,000+1\,000+1\,000}=2$$

A材料应分摊的运杂费=2×4 000=8 000(元)

B材料应分摊的运杂费=2×1 000=2 000(元)

C材料应分摊的运杂费=2×1 000=2 000(元)

采购费用经过分配后,A、B、C三种材料各自负担的采购费用均构成各自的材料成本,记入"原材料"账户借方;同时增值税税额31 200元是购买三种材料时发生的进项税额,应记入"应交税费——应交增值税(进项税额)"账户借方。另外,由于企业开出商业汇票,因此应付票据的金额增加了283 200元,应记入"应付票据"账户贷方。账务处理如下:

借:原材料——A材料   108 000

   ——B材料   42 000

   ——C材料   102 000

 应交税费——应交增值税(进项税额) 31 200

 贷:应付票据——南湘公司   283 200

【例4-20】10月10日,东华企业以银行存款100 000元预付光华公司材料款项。

【分析】该笔业务发生后,企业银行存款减少了100 000元,应记入"银行存款"账户贷方。同时,企业对供货单位——光华公司的一项债权增加,预付账款增加了100 000元,应记入"预付账款"账户借方。账务处理如下:

借:预付账款——光华公司   100 000

 贷:银行存款   100 000

【例4-21】10月12日,光华公司按合同发来B材料2 000千克,单价为40元,增值税税额为10 400元,并退回余款,东华企业收到并转入存款户。B材料已验收入库。

【分析】该笔业务发生后,B材料的购买价80 000元,应记入"原材料"账户借方;增值税税额10 400元是购买B材料时发生的进项税额,记入"应交税费——应交增值税(进项款项)"账户借方;由于材料的买价及进项税额少于预付款,因此对方单位退回余款被存入银行,使企业银行存款增加了9 600元,应记入"银行存款"账户借方。同时企业以预付款抵付以上全部款项,引起预付账款减少了100 000元,应记入"预付账款"账户贷方。账务处理如下:

借：原材料——B 材料　　　　　　　　　　　　80 000

　　应交税费——应交增值税（进项税额）　　　10 400

　　银行存款　　　　　　　　　　　　　　　　9 600

　　贷：预付账款——光华公司　　　　　　　　　　　　100 000

　　会计实务中为简化记账手续，该笔业务的余款不再转入"应付账款"账户，均通过"预付账款"账户核算。

　　【例 4-22】10 月 13 日，东华企业以银行存款支付所欠星河公司购材料款 58 500 元。

　　【分析】该笔业务发生后，一方面企业的银行存款减少 58 500 元，应记入"银行存款"账户贷方；另一方面企业对供货单位的应付未付款项减少，应记入"应付账款"账户借方。账务处理如下：

借：应付账款——星河公司　　　　　　　　　　58 500

　　贷：银行存款　　　　　　　　　　　　　　　　　58 500

　　【例 4-23】10 月 20 日，应付华翔公司的票据到期，收到银行转来华翔公司托收票据款的托收凭证（付款通知），托收金额为 400 000 元，经审核无误后，通过银行付讫。

　　【分析】该笔业务发生后，一方面企业负债应付票据减少 400 000 元，记入"应付票据"账户借方；另一方面企业银行存款减少 400 000 元，记入"银行存款"账户贷方。账务处理如下：

借：应付票据　　　　　　　　　　　　　　　　400 000

　　贷：银行存款　　　　　　　　　　　　　　　　　400 000

　　【例 4-24】东华企业从乙公司采购 B 材料一批，10 月 26 日收到并验收入库，但至月底仍未收到发票、账单等结算单据，根据收料单所列合同价格 72 000 元暂估入账。

　　【分析】该笔业务属于企业材料已到而单据尚未收到的情况，处理方法为：材料的价格按照合同价格或同类材料的价格暂估入账，下月初用红字做同样的分录，予以冲销，待收到有关单据后，再按正常购入材料处理。即月末估计入账时，借记"原材料"账户，贷记"应付账款"账户。账务处理如下：

借：原材料——B 材料　　　　　　　　　　　　72 000

　　贷：应付账款——乙公司　　　　　　　　　　　　72 000

　　下月月初用红字冲销原暂估价。

借：原材料——B 材料　　　　　　　　　　　　72 000

　　贷：应付账款——乙公司　　　　　　　　　　　　72 000

（注：加框文字表示红字。）

　　【例 4-25】11 月 3 日，收到【例 4-24】发票、账单等结算单据，实际价款为 75 000 元，增值税为 9 750 元，运杂费 1 200 元，价款由银行付出。

　　【分析】该笔业务原材料 B 成本应为 76 200 元（76 200＝75 000＋1 200），记入"原材料"账户借方，交纳增值税记入"应交税费——应交增值税（进项税额）"账户借方，银行存款减少，记入"银行存款"账户贷方。编制会计分录如下：

借：原材料——B 材料　　　　　　　　　　　　76 200

　　应交税费——应交增值税（进项税额）　　　9 750

　　贷：银行存款　　　　　　　　　　　　　　　　85 950

【例4-26】东华企业签发并承兑一张商业汇票以购入B材料,该批材料的含税总价款为40 454元,增值税税率为13%。

【分析】这笔业务中出现的是含税总价款40 454元,应将其分解为不含税价款和增值税税额两部分:

$$不含税价款=含税价款÷(1+税率)=40\ 454÷(1+13\%)=35\ 800(元)$$
$$增值税税额=40\ 454-35\ 800=4\ 654(元)$$

这笔经济业务的发生,一方面使得企业的材料采购支出增加35 800元,增值税进项税额增加4 654元,另一方面使得公司的应付票据增加40 454元,因此,该笔经济业务涉及"在途物资""应交税费——应交增值税(进项税额)""应付票据"三个账户。材料采购支出的增加是资产的增加,应记入"在途物资"账户借方,增值税进项税额的增加是负债的减少,应记入"应交税费——应交增值税(进项税额)"账户借方,应付票据的增加是负债的增加,应记入"应付票据"账户贷方。这笔经济业务账务处理如下:

借:在途物资——B材料 35 800

应交税费——应交增值税(进项税额) 4 654

贷:应付票据 40 454

简要供应过程总分类核算如图4-24所示。

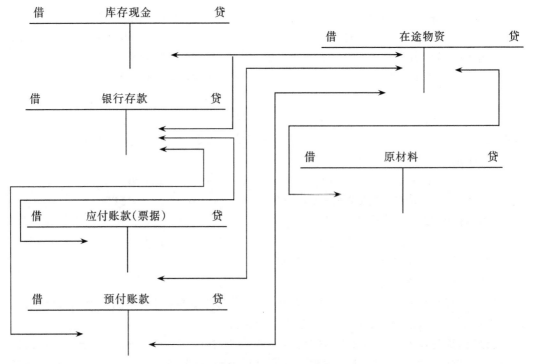

图4-24　简要供应过程总分类核算示意

4.2 供应过程材料按计划成本计价的核算

4.2.1 材料计划成本法

前面我们已经对材料按实际成本计价核算的内容做了比较全面的介绍。材料按照实际成本进行计价核算，能够比较全面、完整地反映材料资金的实际占用情况，可以准确地计算出生产过程所生产产品成本中的材料费用额。但是，在企业材料的种类比较多，收发次数又比较频繁的情况下，其核算的工作量就比较大，而且也不便于考核材料采购业务成果，分析材料采购计划的完成情况。所以在我国一些大中型制造业企业里，材料就可以按照计划成本计价组织收发核算。材料按计划成本进行计价核算，就是材料的收发凭证按计划成本计价，材料总账及明细账均按计划成本(可理解为在制订材料采购计划时确定的成本，与实际采购成本之间往往有差异)登记，通过增设"材料成本差异"账户来核算材料实际成本与计划成本之间的差异额，并在会计期末对计划成本进行调整，以确定库存材料的实际成本和发出材料应负担的成本的差异额，进而确定发出材料的实际成本。

具体地说，材料按计划成本组织收发核算的基本程序如下：

首先，企业应结合各种材料的特点、实际采购成本等资料确定材料的计划单位成本，计划单位成本一经确定，在年度内一般不进行调整。

其次，平时购入或以其他方式取得材料，按其计划成本和计划成本与实际成本之间的差异额分别在有关账户中进行分类登记。

最后，平时发出的材料按计划成本核算，月末再将本月发出材料应负担的成本的差异额进行分摊，随同本月发出材料的计划成本记入有关账户，其目的就在于将不同用途消耗的材料的计划成本调整为实际成本。发出材料应负担的成本的差异额必须按月分摊，不得在季末或年末一次分摊。另外，企业会计制度规定，对于发出材料应负担的成本差异，除委托外部加工物资而发出的材料可按上月(即月初)差异率计算外，都应使用当月的差异率，除非当月差异率与上月差异率相差不大。计算方法一经确定，不得随意变更。

4.2.2 按计划成本计价核算会计记录举例

【例4-27】东华企业用银行存款购入甲材料3 000千克，发票注明其价款为120 000元，增值税税额为15 600元。同时支付3 000元该批甲材料的运杂费。

【分析】这项业务的发生，一方面使得东华企业的材料采购支出增加123 000元，其中买价120 000元，采购费用3 000元，增值税进项税额增加15 600元，另一方面使得公司的银行存款减少138 600元，因此该项业务涉及"材料采购""应交税费"和"银行存款"三个账户。材料采购支出的增加是资产的增加，应记入"材料采购"账户借方，增值税进项税额的增加是负债的减少，应记入"应交税费——应交增值税(进项税额)"账户借方，银行存款的减少是资产的减少，应记入"银行存款"账户贷方。账务处理如下：

借：材料采购——甲材料　　　　　　　　　123 000
　　应交税费——应交增值税(进项税额)　　　15 600
　　　贷：银行存款　　　　　　　　　　　　　　　　138 600

【例4-28】①承前例【例4-27】，上述甲材料验收入库，其计划成本为120 000元，结转该批甲材料的计划成本和差异额。

【分析】由于该批甲材料的实际成本为123 000元，计划成本为120 000元，因而可以确定甲材料成本的超支差异额为3 000元(3 000＝123 000－120 000)。结转验收入库材料的计划成本时,使得公司的材料采购支出(计划成本)减少120 000元,库存材料计划成本增加120 000元;结转入库材料成本超支差异额,使得库存材料成本超支差异额增加3 000元,材料采购支出减少3 000元,因此该项业务涉及"原材料""材料采购"和"材料成本差异"三个账户。库存材料成本的增加是资产的增加,应记入"原材料"账户借方,材料采购成本的结转是资产的减少,应记入"材料采购"账户贷方。该项业务应编制如下两笔会计分录,账务处理如下:

```
借:原材料——甲材料              120 000
    贷:材料采购——甲材料              120 000
借:材料成本差异                    3 000
    贷:材料采购——甲材料                3 000
```

②假如本例中甲材料的计划成本为126 000元,则可以确定甲材料成本的节约差异额为3 000元(－3 000＝123 000－126 000),其会计分录如下:

```
借:原材料——甲材料              126 000
    贷:材料采购——甲材料              126 000
借:材料采购——甲材料            3 000
    贷:材料成本差异                      3 000
```

或者将上述两笔分录合并为:

```
借:原材料——甲材料              126 000
    贷:材料采购——甲材料              123 000
        材料成本差异                    3 000
```

【例4-29】东华企业10月生产产品领用甲材料的计划成本总额为150 000元(领用材料的会计分录略)。月末计算确定发出甲材料应负担的差异额,并予以结转。假设期初库存甲材料计划成本为300 000元,成本差异额为超支5 400元。

【分析】为了计算产品的实际生产成本,在会计期末需要将计划成本调整为实际成本,其方法是运用差异率对计划成本进行调整,以求得实际成本。材料成本差异率的计算方法有以下两种:

$$月初材料成本差异率＝\frac{月初库存材料成本差异额}{月初库存材料的计划成本}×100\%$$

$$本月材料成本差异率＝\frac{月初库存材料差异额＋本月购入材料差异额}{月初库存材料计划成本＋本月入库材料计划成本}×100\%$$

发出材料应负担的差异额＝成本差异率×发出材料的计划成本

根据本例资料,采用本月材料成本差异率,计算如下:

$$本月材料成本差异率＝\frac{5\,400＋3\,000}{300\,000＋120\,000}×100\%＝\frac{8\,400}{420\,000}×100\%＝2\%$$

发出材料应负担的差异额＝150 000×2%＝3 000(元)

结转发出材料应负担的差异额时,一方面应记入"生产成本"账户借方(超支用蓝字,节约用红字),另一方面应记入"材料成本差异"账户贷方(超支用蓝字,节约用红字)。账务处理如下:

借：生产成本   3 000
 贷：材料成本差异   3 000
材料按计划成本计价的核算过程如图4-25所示。

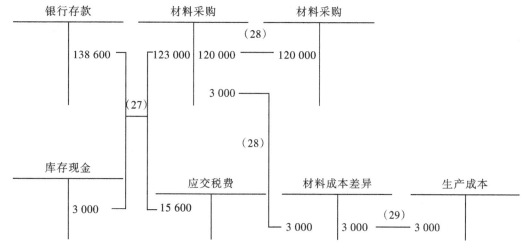

图4-25 材料按计划成本计价的核算过程示意

4-5 客观题通关测试

4-6 实务题通关测试

第4节　经营活动：生产过程业务核算

1. 生产过程业务的主要内容

产品生产是制造业企业生产经营活动的中心环节，是制造业企业生产经营活动的第二个阶段。这一阶段是人们借助于劳动资料，作用于劳动对象，创造出新产品的过程。可见，生产过程既是企业新产品的生产过程，也是活劳动和物化劳动的消耗过程。企业为生产产品所发生的各项耗费，最终都要归集分配到具体的产品成本计算对象上去。所以，产品生产过程核算的内容，概括而言，就是生产费用的归集与分配和产品生产成本的计算。

1.1　费用及其分类

费用，是指企业在生产经营过程中所发生的经济利益的流出，其实质是资产的耗费或债务的形成。

119

费用就其经济内容来讲,是指企业在生产经营活动中发生了哪些耗费,或耗费的是什么,其包括材料费、燃料费、外购动力费、利息支出、费用性税金、其他支出(如邮电费、差旅费、租赁费等),在会计上被称为要素费用。在制造业企业,这些要素费用发生的地点不同,有些发生在车间,有些发生在管理部门,还有些发生在销售机构;用途或发生的目的不同,有些为产品生产而发生,有些为产品销售而发生,还有一些为管理和组织生产经营活动而发生。企业在一定时期的生产经营活动中发生的各项耗费统称为费用。费用按是否构成产品的生产成本(或按经济用途)划分,可分为生产费用和期间费用,具体包括:有关劳动对象消耗的费用,如原材料等的耗费;有关劳动资料消耗的费用,如房屋、机器设备等的耗费;有关人力资源的耗费等,如支付给职工的工资及提取的职工福利费等;其他有关耗费,如办公费、水电费、差旅费、租金支出、书报费等。基于会计信息质量要求的"谨慎性",按照费用是否与产品的制造过程及产量具有直接关系,可划分为生产费用和期间费用两大类。

1.1.1 生产费用

生产费用是指制造业企业在产品生产过程中发生的、用货币表现的生产耗费。

制造业企业在生产过程中发生的生产费用,最终都要归集、分配到各种产品成本中去。所以,生产费用按照一定的成本计算对象进行归集和分配,以确定各成本计算对象的总成本和单位成本的方法,即产品成本计算。生产费用主要由三部分构成:直接材料、直接人工和制造费用。

> **提示说明**
>
> 生产费用与会计要素中的费用有本质区别。生产费用的经济内容主要包括:材料费用、燃料费用、外购动力费用、工资费用、折旧费、利息支出、费用性税金、其他支出等。生产费用只表明企业在产品生产过程中对资产的消耗,在产品生产完工以后,这些耗费构成产成品成本,形成企业新的资产,而不是转化为能够导致经济利益流出企业的费用。只有当这些产品销售以后,才会转化为销售期间的费用,形成与企业实现的产品销售收入存在密切配比关系的费用。

1.1.2 期间费用

期间费用是指与产品生产无直接关系,属于某一期间耗费的费用,即企业在日常活动中发生的不能计入有关成本,而直接计入所发生会计期间费用的各种耗费,包括管理费用、财务费用、销售费用。

(1)管理费用,是指企业为组织和管理整个企业的生产经营活动而发生的费用,包括企业在筹建期间发生的开办费、董事会和行政管理部门在企业的经营管理中发生的或应由企业统一负担的公司经费(包括行政管理人员工资和福利费、物料消耗、办公费和差旅费等)、工会经费、董事会费(包括董事会成员津贴、会议费和差旅费等)、聘请中介机构费、咨询费(含顾问费)、诉讼费、业务招待费、房产税、车船税、城镇土地使用税、印花税、技术转让费、矿产资源补偿费、研究费用和排污费等。这些费用发生后,按月汇集,月末直接转入当期损益。

（2）财务费用，是指企业为筹集生产经营所需资金等而发生的费用，包括借款利息支出（减利息收入）、汇兑损益以及相关手续费等。这些费用发生后，按月汇集，月末直接转入当期损益。

（3）销售费用，是指企业在销售商品、提供劳务等日常活动中发生的各项费用，包括企业专设销售机构人员的工资及福利费、为推销产品发生的广告费和展销费等。

1.2 成本计算对象、成本项目与生产成本

1.2.1 成本计算对象

成本计算对象是指生产费用归集和分配的对象。通俗地说，产品生产发生的生产费用由谁来负担，这里的"谁"即为成本计算对象。成本计算对象的确定比较复杂，取决于企业生产组织和成本管理的要求。本教材成本计算对象主要是指某一产品。

1.2.2 成本项目

成本项目是指将计入成本计算对象的生产费用按其经济用途分类产生的项目。生产费用按计入成本计算对象的方法不同，可分为直接计入费用和间接计入费用。直接计入费用，是指可以分清哪种产品所耗用，可以直接计入某种产品成本的费用；间接计入费用，是指不能分清哪种产品所耗用，不能直接计入某种产品成本，而必须按照一定标准分配计入有关的各种产品成本的费用。成本项目可具体反映计入产品成本的生产费用的各种用途，反映产品成本的经济构成，说明成本升降的原因。制造业企业应设置以下几个成本项目：

（1）直接材料，是指企业在产品生产过程中消耗的并构成产品实体的原料、主要材料以及有助于产品形成的辅助材料、设备配件和外购的半成品等。

（2）直接人工，是指企业支付给直接参加产品生产工人的工资、津贴、奖金以及福利费等。

（3）制造费用，或称间接生产费用，是指与产品密切相关，但在发生后不便于直接计入产品成本，须在会计期末采用分配的方法计入产品生产成本的费用，即除直接材料、直接人工之外的其他费用，如企业的产品生产部门管理人员的工资及福利费、固定资产的折旧费和修理费、物料消耗、办公费、保险费和劳动保护费等。

1.2.3 生产成本

生产成本，亦称制造成本，一般是指已经计入一定产品成本的那部分生产费用。即将生产费用按照一定的产品成本计算对象进行归集、分配，便形成该产品的生产成本。由此可见，生产费用的发生是产品生产成本产生的基础和前提，生产成本是生产费用计入一定产品之后的结果，简言之，生产成本就是对象化的生产费用。

综上所述，在会计核算过程中，必须按照划分收益性支出和资本性支出、历史成本和权责发生制核算基础的要求对各项费用的发生额及其应归属的期间加以确认和计量，并按照各项费用的构成内容和经济用途正确地进行反映。因此，在产品生产过程中按成本计算对象归集和分配发生的各项生产费用，并由此计算完工产品总成本和单位成本，就构成了产品生产业务核算的主要内容。

2. 生产过程业务核算的具体内容

2.1 材料费用的归集与分配

产品制造企业通过供应过程采购的各种材料,经过验收入库之后,就形成了生产产品的物资储备,生产产品及其他方面领用时,就形成了材料费用。材料费用是产品生产部门、管理部门、专设销售机构消耗的原料及主要材料、燃料、辅助材料等。在确定材料费用时,应在根据领料凭证区分车间、部门和不同用途后,按照确定的结果将发出材料的成本分别记入"生产成本""制造费用""管理费用"等账户和产品生产成本明细账。

当材料存货按实际成本计价核算时,因各批次购入材料的实际单位成本不同,需要采用一定的存货计价方法来计算确定发出材料的实际成本。《企业会计准则第1号——存货》第十四条规定,企业应当采用先进先出法、加权平均法或者个别计价法确定发出存货的实际成本。加权平均法包括月末一次加权平均法和移动加权平均法。对于直接用于某种产品生产的材料费,应直接计入产品生产成本明细账中的直接材料费项目;对于由几种产品共同耗用,应由这些产品共同负担的材料费,应选择适当的标准在各种产品之间进行分配之后,计入各有关成本计算对象;对于为创造生产条件等而间接消耗的各种材料费,应先在"制造费用"账户中进行归集,然后再同其他间接费用一起分配计入有关产品成本中。总而言之,材料是产品实体的一个重要组成部分,对材料费的归集与分配的核算是生产过程核算非常重要的一部分内容。

下面分别介绍供应过程中材料发出核算的几种方法。

资料:某企业20××年10月某材料的收发存情况如表4-1所示。

表4-1 某企业20××年10月某材料的收发存情况(1)

摘要	收入			发出			结存		
	数量/件	单价/元	金额/元	数量/件	单价/元	金额/元	数量/件	单价/元	金额/元
10月2日结存							300	20.00	6 000
10月5日购入	200	20.20	4 040				500		
10月15日领用				400			100		
10月18日购入	300	20.30	6 090				400		
10月20日领用				200			200		
10月31日购入	200	20.50	4 100				400		
合计	700		14 230	600			400		

(1)一次加权平均法

一次加权平均法,又称全月一次加权平均法,就是以材料期初结存数量和本月收入的数量为权数,计算平均单位成本的一种方法。相关计算公式为

$$材料平均单价=\frac{期初结存材料成本+本期收入材料成本}{期初结存材料数量+本期收入材料数量}$$

发出材料的实际成本＝材料平均单价×发出材料的数量

以表4-1中的资料为例,采用一次加权平均法时:

加权平均单价＝(6 000＋14 230)÷(300＋700)＝20.23(元)

本期发出材料的实际成本＝600×20.23＝12 138(元)

期末结存材料的实际成本＝400×20.23＝8 092(元)

采用加权平均法,对发出材料的单价只在月末计算一次,可以大大简化平时的核算工作,但平时账面不能反映材料的发出金额和结存金额,不利于材料的日常管理。而且由于发出材料的凭证计价和明细金额登记工作集中在月末进行,影响材料核算工作的均衡性和及时性。

(2)移动平均加权法

移动平均加权法是本批收入材料数量与本批前结存材料数量之和作为权数去除本批收入材料金额与本批前结存材料金额之和,求出以数量为权数的材料平均单价,作为发出材料的单价,从而计算发出材料的成本。相关计算公式为

$$材料移动平均单价＝\frac{本批前结存材料金额＋本批收入材料金额}{本批前结存材料数量＋本批收入材料数量}$$

发出材料的实际成本＝材料移动平均单价×发出材料数量

以表4-1中的资料为例,采用移动加权平均法计算每批购进材料的平均单价、本期发出材料的实际成本和期末结存材料的实际成本,如表4-2所示。

第一批购入材料的平均单价＝(6 000＋4 040)÷(300＋200)＝20.08(元)

第二批购入材料的平均单价＝(2 008＋6 090)÷(100＋300)＝20.245(元)

第三批购入材料的平均单价＝(4 049＋4 100)÷(200＋200)＝20.37(元)

发出材料的实际成本＝20.08×400＋20.245×200＝8 032＋4 049＝12 081(元)

期末结存材料的实际成本＝400×20.37＝8 148(元)

表4-2　某企业20××年10月某材料的收发存情况(2)

摘要	收入			支出			结存		
	数量/件	单价/元	金额/元	数量/件	单价/元	金额/元	数量/件	单价/元	金额/元
10月2日结存							300	20.00	6 000
10月5日购入	200	20.20	4 040				500	20.08	10 040
10月15日领用				400	20.08	8 032	100	20.08	2 008
10月18日购入	300	20.30	6 090				400	20.245	8 098
10月20日领用				200	20.245	4 049	200	20.245	4 049
10月31日购入	200	20.50	4 100				400	20.37	8 148
合计	700		14 230	600		12 081	400		8 148

采用这种方法,在发出材料时就可以对发出的每批材料计价,并在明细账上登记发出材料的数量和金额,能够均衡核算工作。但在材料收入较多的情况下,每进一批材料就要计算一次平均单价,核算工作量较大。

（3）先进先出法

先进先出法是以先入库的材料先发出这种实物流转假设为前提,对发出材料进行计价的一种方法。采用这种方法,在发出材料时,应按仓库收入材料的顺序来计算发出材料的成本。以表4-1中的资料为例,采用先进先出法时的相关数据如表4-3所示。

表4-3　某企业20××年10月某材料的收发存情况（3）

摘要	收入			发出			结存		
	数量/件	单价/元	金额/元	数量/件	单价/元	金额/元	数量/件	单价/元	金额/元
10月2日结存							300	20.00	6 000
10月5日购入	200	20.20	4 040				300	20.00	6 000
							200	20.20	4 040
10月15日领用				300	20.00	6 000	100	20.20	4 040
				100	20.20	2 020			
10月18日购入	300	20.30	6 090				100	20.20	2 020
							300	20.30	6 090
10月20日领用				100	20.20	2 020	200	20.30	4 060
				100	20.30	2 030			
10月31日购入	200	20.50	4 100				200	20.30	4 060
							200	20.50	4 100
合计	700		14 230	600		12 070	200	20.30	4 060
							200	20.50	4 100

发出材料的实际成本＝6 000＋2 020＋2 020＋2 030＝12 070(元)

期末结存材料的实际成本＝200×20.30＋200×20.50＝8 160(元),是按最近入库的材料成本计价的,比较接近现行的市价,能较真实地反映企业期末拥有存货的实际价值。缺点是核算工作量较大,材料收发频繁的企业更是如此。而且当物价持续上涨时,发出材料的价值偏低,会高估当期的利润;反之在物价持续下跌时,会低估当期的利润。

（4）个别计价法

个别计价法,也称分批计价法,是指对发出的每一特定材料的个别单价加以认定的一种计价方法。采用这种方法,要按照所发材料逐一辨认其购进的批次,分别按其购进时所确定的单位成本计算发出材料和期末结存材料的实际成本。它的使用条件是:材料项目必须是可以辨认的;必须有详细的记录,以便了解每一批购进材料的具体情况。

个别计价法的优点是计算发出材料和结存材料的实际成本比较合理、准确,缺点是工作量大,很难区别每批存货的个别单位成本,特别是在一次发出几批不同单价的材料时,核算工作更加复杂。

上述发出材料实际成本计价的四种方法,各有优缺点,按照实际成本计价进行材料日常核算的企业可以根据实际情况选择采用。但计价方法一经确定,不能随意变更,以保证各期核算资料的可比性。

2.2　人工费用的归集与分配

2.2.1　职工薪酬的界定及构成

职工为企业劳动,理应从企业获得一定的报酬。职工薪酬是指企业为获得职工提供的服务或解除劳动关系而给予的各种形式的报酬或补偿。企业提供给职工配偶、子女、受赡养人、已故员工遗属及其受益人等的福利,也属于职工薪酬。企业为获得职工提供的服务给予或付出的各种形式的对价,都构成职工薪酬,作为一种耗费构成人工成本,与这些服务产生的经济利益相匹配。与此同时,企业与职工之间因职工提供服务形成的关系,大多数构成企业的现实义务,将导致企业未来经济利益的流出,从而形成企业的一项负债。

这里所称的"职工"具体包括以下三类人员:

(1)与企业订立劳动合同的所有人员,含全职、兼职和临时职工。

(2)未与企业订立劳动合同,但由企业正式任命的人员,如董事会成员、监事会成员等。

(3)在企业的计划和控制下,虽未与企业订立劳动合同或未由企业正式任命,但为企业提供与职工所提供的服务类似的人员,也属于职工,包括通过企业与有关劳务中介公司签订用工合同而向企业提供服务的人员。

职工薪酬主要包括以下几项内容:

(1)短期薪酬,是指企业预期在职工提供相关服务的年度报告期结束后12个月内将全部予以支付的职工薪酬,因解除与职工的劳动关系而给予的补偿除外。短期薪酬具体包括:

职工工资、奖金、津贴和补贴,是指按照国家统计局的规定构成工资总额的计时工资、计件工资、支付给职工的超额劳动报酬和增收节支的劳动报酬,为了补偿职工特殊或额外的劳动消耗和因其他特殊原因支付给职工的津贴,以及为了保证职工工资水平不受物价影响支付给职工的物价补贴,等等。企业按照短期奖金计划向职工发放的奖金属于短期薪酬,按照中长期奖金计划向职工发放的奖金属于其他长期职工福利。

职工福利费,是指企业向职工提供的生活困难补助、丧葬补助费、抚恤费、职工异地安家费、防暑降温费等职工福利支出。

医疗保险费、工伤保险费和生育保险费等社会保险费,是指企业按照国家规定的基准和比例计算,向社会保险经办机构交纳的医疗保险费、工伤保险费和生育保险费等。

住房公积金,是指企业按照国家规定的基准和比例计算,向住房公积金管理机构缴存的住房公积金。

工会经费和职工教育经费,是指企业为了改善职工文化生活、便于职工学习先进技术和提高文化水平与业务素质,用于开展工会活动和职工教育及职业技能培训等的相关支出。

短期带薪缺勤,是指职工虽然缺勤但企业仍向其支付报酬的安排,包括年休假、病假、婚假、产假、丧假、探亲假等。

短期利润分享计划,是指因职工提供服务而与职工达成的基于利润或其他经营成果提供薪酬的协议。

其他短期薪酬,是指除上述薪酬以外的其他为获得职工提供的服务而给予的短期薪酬。

(2)离职后福利,是指企业为获得职工提供的服务而在职工退休或与企业解除劳动关系后提供的各种形式的报酬和福利,短期薪酬和辞退福利除外。

（3）辞退福利，是指企业在职工劳动合同到期之前解除与职工的劳动关系，或者为鼓励职工自愿接受裁减而给予职工的补偿。

（4）其他长期职工福利，是指除短期薪酬、离职后福利、辞退福利之外所有的职工薪酬，包括长期带薪缺勤、长期利润分享计划等。

总而言之，职工薪酬的具体范围包括职工在职和离职后企业提供给职工的所有货币性和非货币性薪酬，能够量化给职工本人和提供给职工集体的福利，提供给职工本人、配偶、子女或其他赡养人的福利，以商业保险形式提供给职工的保险待遇，等等。

2.2.2 人工费用归集与分配的方法

对职工薪酬进行核算时，应根据工资结算汇总表或按月编制的职工薪酬分配表的内容进行相关的账务处理：由生产产品、提供劳务负担的职工薪酬，计入产品成本或劳务成本；由在建工程、无形资产负担的职工薪酬，计入固定资产或无形资产成本；除直接生产人员、直接提供劳务人员、建造固定资产人员、开发无形资产人员以外的职工，包括公司总部管理人员、董事会成员、监事会成员等人员相关的职工薪酬，因难以确定直接对应的受益对象，所以均应在发生时确认为当期损益。

对于职工福利费，根据国家规定，企业可以按照职工工资总额的一定比例在成本费用中列支职工福利费。

2.3 制造费用的归集与分配

2.3.1 制造费用的构成

制造费用是指企业各个生产单位（车间、分厂）为组织和管理生产活动以及为生产活动服务而发生的费用，即除直接材料、直接人工之外的其他间接费用。主要包括：

（1）间接材料费，是指企业生产单位在生产过程中耗用的，但不能或无法归入某一特定产品的材料费用，如机器的润滑油、修理备件等。

（2）间接人工费用，是指企业生产单位中不直接参与产品生产或其他不能纳入直接人工的那些人工成本，如修理工人工资、管理人员工资等。

（3）折旧费，折旧费是指固定资产在使用中由于损耗而转移到成本费用中的那部分价值。

（4）低值易耗品摊销，是指不作为固定资产核算的各种物品，包括一般工具、管理用具、劳动保护用品等的摊销。

（5）其他支出，是指上述各项支出以外的支出，如水电费、差旅费、运输费、办公费、设计制图费、劳动保护费等。

制造费用是产品生产成本的构成项目。在生产多种产品的企业里，制造费用在发生时一般无法直接判定其应归属的成本核算对象，因而不能直接计入所生产的产品成本中，必须将上述各种费用按照发生的不同空间范围在"制造费用"账户中予以归集、汇总，然后选用一定的标准（如生产工人工资、生产工时等），在各种产品之间进行合理的分配，以便准确地确定各种产品应负担的制造费用额。相关计算公式如下：

$$制造费用分配率 = \frac{本月应分配的制造费用总额}{分配标准（生产工人工资或生产工时等）之和}$$

某种产品应分配的制造费用 = 该产品生产工人工资（或生产工时等）× 制造费用分配率

应注意的是,当企业只生产一种产品时,制造费用在月末汇总后直接转入该种产品的成本中去,不存在分配问题。

2.3.2 固定资产折旧的性质及计算

由于固定资产在较长的使用期限内保持原有的实物形态,而其价值则随着固定资产的损耗而逐渐减少,但其实物未被报废清理之前,总有一部分价值相对固定在实物形态上。所以,固定资产入账并投入使用后,根据其预计的寿命周期,将其全部价值在一定时期内进行分摊,即是折旧。折旧的目的不仅是使企业在将来有能力重置固定资产,更主要的是实现期间收入与费用的正确配比。

通常根据期初固定资产的原价和规定的折旧率按月计算、提取固定资产折旧。固定资产原值减去累计折旧的差额称为固定资产净值。折旧是一种价值分摊,每期分摊的金额的计算就是折旧的核心。影响折旧的因素主要有三个:

(1)折旧基础,固定资产应分摊的金额等于固定资产原始成本减去预计的净残值。

(2)折旧年限,固定资产预计使用寿命应基于固定资产的物理寿命和经济寿命加以综合考虑后确定。

(3)折旧方法,即每期分摊金额的计算方法。当折旧基础和折旧年限确定后,每期折旧额还取决于特定的折旧方法。《企业会计准则第4号——固定资产》规定,企业选用的固定资产折旧方法包括年限平均法、工作量法、双倍余额递减法和年数总和法。其中年限平均法假设固定资产是被均衡使用的,每期所分摊的折旧额相等,在坐标中呈现为一条直线,所以,又称其为直线法,它是各种折旧方法的基础。

2.4 完工产品成本的计算与生产费用的分配

企业生产的产品经过各道工序的加工、生产之后,就成为企业的产成品。所谓产成品是指已经完成全部生产过程并已验收入库,符合标准规格和技术条件,可以按照合同规定的条件送交订货单位,或可以作为商品对外销售的产品。在将制造费用进行分配并将其计入各成本计算对象,即记入生产成本明细账后,"生产成本"账户借方就归集了各产品所发生的直接材料、直接人工和制造费用等的全部内容。在此基础上就可以进行产品成本的计算。

2.4.1 产品成本计算的程序

(1)确定成本计算期,即每隔多长时间计算一次产品成本。理论上成本计算期应当同产品生产周期保持一致。实务中,成本计算期有会计期间和产品的生产周期两种选择。

(2)设置并登记生产成本明细账,按照成本项目归集产品生产费用。产品生产成本的计算,就是按照所生产产品的品种、类别等(即成本计算对象)归集和分配产品生产成本,以便计算各种产品的总成本和单位成本。生产成本明细账应按成本计算对象分别设置,账内按照成本项目设置专栏,归集在一定时期内所发生的、应计入产品成本的生产费用。生产成本明细账根据各种费用凭证进行登记,各生产成本明细账中所归集的费用总额(包括期初在产品成本),就是该成本计算对象的生产费用总额。

(3)确定完工产品成本的计算方法。产品在生产周期中有全部完工、全部未完工和部分完工的情况。企业对完工产品成本的计算方法有品种法、分步法、分批法。

2.4.2　生产费用的分配

在以产品品种为成本计算对象的企业或车间,如果只生产一种产品,计算产品成本时,所发生的生产费用全部直接计入费用,不存在在各成本计算对象之间分配费用的问题;如果生产的产品不止一种,就应按照产品品种计算各种产品成本费用。制造费用或几种产品共同耗用的某种原材料费用、生产工人的计时工资等,则应采取适当的分配方法在各成本计算对象之间进行分配。

如果月末某种产品全部完工,该种产品生产成本所归集的费用总额,就是该种完工产品的总成本,用完工产品总成本除以该种产品的完工总产量即可计算出该种产品的单位成本。如果月末某种产品全部未完工,该种产品生产成本所归集的费用总额就是该种在产品的总成本。如果月末某种产品一部分完工、一部分未完工,这时归集在产品成本中的费用总额还要采取适当的分配方法在完工产品和在产品之间进行分配,以计算出完工产品的总成本和单位成本。相关计算公式为:

完工产品的总成本＝期初在产品成本＋本期发生的生产费用－期末在产品成本

本月发生的生产费用＝直接材料费用＋直接人工费用＋分配的制造费用

$$完工产品的单位成本＝\frac{完工产品总成本}{完工产品数量}$$

根据生产业务核算内容的分析,生产过程中各项费用的归集、分配与结转如图4-26所示。

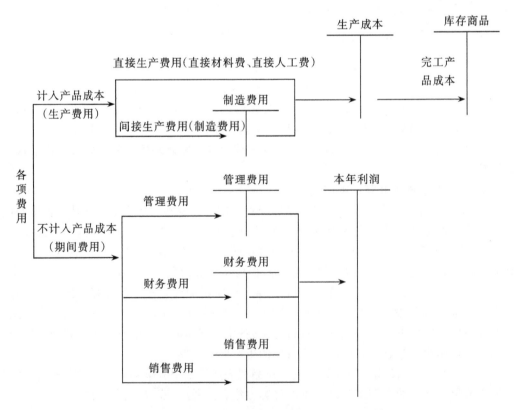

图4-26　生产过程中各项费用的归集、分配与结转

3. 生产过程业务核算主要账户的设置

制造业企业为了进行生产费用的归集、分配和产品生产成本的计算,应设置的主要账户除"生产成本""制造费用"两个专门的账户外,还需设置"应付职工薪酬""管理费用""累计折旧""累计推销""长期待摊费用""库存商品""销售费用"等账户。另外,"财务费用"账户在第2节已经讲过,在此不再赘述。

(1)"生产成本"账户

该账户是资产类账户,也是产品生产成本的计算账户,用以核算企业在产品生产过程中发生的各种费用以及完工产品成本的结转情况。该账户借方登记由于进行产品生产而发生的直接材料、直接人工和制造费用,贷方登记结转的完工产品的实际成本。该账户期末为借方余额,反映企业期末尚未完工产品(在产品)的实际成本。该账户应按产品品种或产品类别设置明细账户。该账户的结构如图4-27所示。

借方	生产成本	贷方
发生的生产费用 　直接材料 　直接人工 　制造费用	期末结转的完工产品的实际成本	
余额:月末尚未完工产品的实际成本		

图4-27 "生产成本"账户的结构

(2)"制造费用"账户

该账户是资产类账户,也是产品生产成本的计算账户,用以核算企业在产品生产过程中发生的为归集和分配企业生产车间范围内组织和管理产品的生产活动所发生的各项间接生产费用,包括车间范围内发生的管理人员的薪酬、折旧费、修理费、办公费、水电费、机物料消耗等。该账户借方登记日常发生的各种制造费用,贷方登记按照一定的方法分配计入产品生产成本的制造费用。一般情况下,一定会计期间内该账户贷方的分配数与借方的实际发生数相等,期末一般没有余额。账户应按不同车间设置明细账户,按照费用项目设置专栏进行明细分类核算。该账户的结构如图4-28所示。

借方	制造费用	贷方
车间为生产产品和提供劳务而发生的制造费用	期末结转到"生产成本"账户的制造费用	

图4-28 "制造费用"账户的结构

(3)"应付职工薪酬"账户

该账户是负债类账户,用来核算企业应付职工(包括生产职工、生产单位管理人员和企业管理人员等)的各种薪酬总额与实际发放情况,并反映和监督职工薪酬结算情况。该账户的贷方登记本月计算的应付职工薪酬总额,包括各种工资、奖金、津贴和福利费等,同时应付的职工薪酬应被作为一项费用按其经济用途分配记入有关的成本、费用账户;借方登记本月实际支付的职工薪酬数。月末如为贷方余额,表示本月应付职工薪酬大于实付职工薪酬的数额,即应付未付的职工薪酬。该账户可以按照"工资""职工福利""社会保险费""住房公积金"等进行明细分类核算。该账户的结构如图4-29所示。

借方	应付职工薪酬	贷方
实际支付给职工的各种薪酬的数额	应付给职工的各种薪酬总额	
	余额:应付未付的职工薪酬	

图4-29 "应付职工薪酬"账户的结构

(4)"管理费用"账户

该账户是损益类账户,用来核算企业行政管理部门为组织和管理生产经营活动而发生的各项费用。该账户的借方登记企业本期发生的各种管理费用,贷方登记企业期末结转到"本年利润"账户的管理费用,结转后该账户没有余额。该账户可按管理费用的项目设置明细账,进行明细分类核算。

"管理费用"账户的核算内容如图4-30所示,"管理费用"账户的结构如图4-31所示。

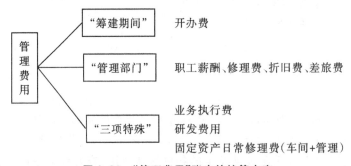

图4-30 "管理费用"账户的核算内容

借方	管理费用	贷方
本期发生的各项管理费用	期末转入"本年利润"账户的管理费用	

图4-31 "管理费用"账户的结构

(5)"累计折旧"账户

该账户是资产调整账户,用来核算企业固定资产在使用过程中已提折旧的累计情况。该账户的贷方登记按月提取的折旧额,即折旧的增加额,借方登记因减少固定资产而减少的折旧,即折旧的减少额。期末余额在贷方,表示企业期末已提折旧的累计额。该账户的结构如图4-32所示。

借方	累计折旧	贷方
折旧的减少额	折旧的增加额	
	余额:现有固定资产期末已提折旧的累计额	

图4-32 "累计折旧"账户的结构

提示说明

对"累计折旧"账户的特别理解。"累计折旧"账户是专门用来核算固定资产因使用所应提取的折旧额,即固定资产因使用所应转移到产品成本和期间费用中去的那部分价值。该账户是"固定资产"账户的抵减账户。将"累计折旧"账户贷方余额从"固定资产"账户借方余额中减去,即可求得该项固定资产的净值。

(6)"累计摊销"账户

该账户是资产类账户,核算企业对使用寿命有限的无形资产计提的累计摊销。该账户贷方登记企业按月计提的无形资产摊销额,借方登记处置无形资产时结转的累计摊销额。该账户期末为贷方余额,反映企业无形资产的累计摊销额。该账户的结构如图4-33所示。

借方	累计摊销	贷方
累计摊销的减少额	无形资产已计提的累计摊销额	
	余额:企业无形资产的累计摊销额	

图4-33 "累计摊销"账户的结构

提示说明

"累计摊销"账户也是一个结构特殊的资产类账户,结构与"累计折旧"账户相同,反映的内容实质上是无形资产价值的减少。该账户余额与"无形资产"账户余额比较后,可确定企业无形资产的净值。

(7)"长期待摊费用"账户

该账户属于资产类账户,用来核算企业预先付款、应由本期和以后各期分别负担的摊销期超过1年的各种费用。其借方登记预先支付的各种款项,如预付的房租、开办费、设备大修理费等;贷方登记应摊销计入本期成本或损益的各种费用。期末余额在借方,表示已支出但未摊销的费用。该账户应按照费用的种类设置明细账户,进行明细分类核算。

该账户的结构如图4-34所示。

借方	长期待摊费用	贷方
预先支付的款项	应摊销计入本期成本或损益的费用	
余额:已支出但未摊销的费用		

图4-34 "长期待摊费用"账户的结构

(8)"库存商品"账户

该账户是资产类账户,用来核算企业库存各种商品成本的增减变动及结存情况。在制造业企业,该账户借方登记已验收入库的完工产品的实际成本,贷方登记发出商品(如销售或本企业有关部门领用)的实际成本。该账户期末为借方余额,反映企业期末结存的各种商品的实际成本。该账户可按商品的种类、品种和规格等设置明细账,进行明细分类核算。该账户的结构如图4-35所示。

借方	库存商品	贷方
验收入库的完工产品的实际成本	发出商品的实际成本	
余额:期末库存商品的实际成本		

图4-35 "库存商品"账户的结构

4. 生产过程业务核算会计记录举例

【例4-30】10月2日,东华企业各部门从仓库领用A、B、C原材料各一批,"领料单"明细账记录期初结存数量与金额、本期收入数量合计与金额合计按照月末一次加权平均法计算,原材料总价值为222 300元,用以生产甲产品、乙产品和其他一般耗用,领料汇总表如表4-4所示。

表4-4 领料汇总表

用途	A材料		B材料		C材料		金额合计/元
	数量/千克	金额/元	数量/千克	金额/元	数量/千克	金额/元	
制造甲产品耗用	200	14 040	400	37 440	200	23 400	74 880
制造乙产品耗用	100	7 020	400	37 440	600	70 200	114 660
小计	300	21 060	800	74 880	800	93 600	189 540
制造部门一般耗用	200	14 040					14 040
管理部门领用			200	18 720			18 720
合计	500	35 100	1 000	93 600	800	93 600	222 300

注:"领料单"标明所领材料的名称、数量及用途

【分析】该笔业务发生后,原材料减少222 300元,记入"原材料"账户贷方。本月领用的材料按用途和领用部门进行归集与分配,其中直接用于甲产品生产的74 880元和乙产品生产的114 660元属直接材料,记入"生产成本"及其明细账户借方;制造部门一般耗用的14 040元,记入"制造费用"账户借方;管理部门领用的18 720元,记入"管理费用"账户借方。账务处理如下:

```
借:生产成本——甲产品            74 880
        ——乙产品            114 660
   制造费用                  14 040
   管理费用                  18 720
   贷:原材料——A材料                  35 100
        ——B材料                  93 600
        ——C材料                  93 600
```

【例4-31】10月6日,东华企业行政管理人员李政出差,借支差旅费12 000元,以现金支付。

【分析】该笔业务发生后,一方面引起库存现金减少12 000元,记入"库存现金"账户贷方;另一方面行政管理人员出差所借支差旅费应记入"其他应收款"账户借方。编制会计分录如下:

```
借:其他应收款——李政            12 000
   贷:库存现金                  12 000
```

【例4-32】10月7日,东华企业以银行存款支付本季度财产保险费27 000元。

【分析】按照权责发生制原则,企业应按支出的义务是否属于本期来确认费用的入账时间。用银行存款支付本季度的财产保险费,款项虽然在本期支付,但其付款的义务显然不是全部在本月发生,而是在本季度三个月发生,所以该笔业务付款时,应将其作为一种预付费用处理。因此,该笔发生后,一方面预付费用增加,其属于资产增加,应记入"预付账款"账户借方;另一方面用银行存款支付款项,意味着银行存款的减少,应记入"银行存款"账户贷方。账务处理如下:

```
借:预付账款——保险费            27 000
   贷:银行存款                  27 000
```

【例4-33】10月12日,李政出差回到公司经审核同意后报销有关发票,包括车船票、机票、住宿费发票等,实报差旅费9 000元,交回现金3 000元。

【分析】该笔业务发生后,一方面引起管理费用增加9 000元,记入"管理费用"账户借方,同时交回的现金3 000元记入"库存现金"账户借方;另一方面引起其他应收款减少,应记入"其他应收款"账户贷方。编制会计分录如下:

```
借:管理费用                  9 000
   库存现金                  3 000
   贷:其他应收款——李政            12 000
```

【例4-34】10月15日,东华企业以银行存款购买行政管理部门办公用品12 000元,购买车间办公用品11 000元。

【分析】该笔业务发生后,一方面引起银行存款减少23 000元,记入"银行存款"账户贷方,另一方面车间负担的办公用品属于间接生产费用,记入"制造费用"账户借方,管理部门负担的办公用品作为期间费用,记入"管理费用"账户借方。编制会计分录如下:

借:制造费用　　　　　　　　　　　　11 000
　　管理费用　　　　　　　　　　　　12 000
　　贷:库存现金　　　　　　　　　　　　　　23 000

【例4-35】根据考勤记录,结算10月应付职工薪酬1 272 000元,其中制造甲产品的工人工资350 000元,制造乙产品的工人工资420 000元,制造部门管理人员工资240 000元,行政管理人员工资180 000元,销售人员工资82 000元。工资及福利费分配表如表4-5所示。

表4-5　工资及福利费分配表

单位:元

应借科目		应付工资		
总账科目	明细科目	生产工人	管理人员	小计
生产成本	甲产品	350 000		350 000
	乙产品	420 000		420 000
	小计	770 000		770 000
制造费用			240 000	240 000
管理费用			180 000	180 000
销售费用			82 000	82 000
合计		770 000	502 000	1 272 000

【分析】该笔业务发生后,本月应付工资增加1 272 000元,记入"应付职工薪酬——工资"账户贷方。工资费用增加1 272 000元,应按用途和部门归集、分配并记入有关的成本、费用账户。其中生产工人工资记入"生产成本"账户借方,制造部门管理人员工资记入"制造费用"账户借方,行政管理人员工资记入"管理费用"账户借方。编制会计分录如下:

借:生产成本——甲产品　　　　　　　350 000
　　　　　　　——乙产品　　　　　　　420 000
　　制造费用　　　　　　　　　　　　240 000
　　管理费用　　　　　　　　　　　　180 000
　　销售费用　　　　　　　　　　　　 82 000
　　贷:应付职工薪酬——工资　　　　　　1 272 000

【例4-36】根据国家规定的计提标准计算东华企业10月应向社会保险经办机构交纳职工养老保险费254 400元、职工医疗保险费90 857元,其中生产工人社会保险费为209 000元(甲产品生产工人社会保险费为95 000元,乙产品生产工人社会保险费为114 000元),车间管理人员社会保险费65 143元,企业行政管理人员社会保险费48 856元,专设销售机构的人员社会保险费22 258元。

【分析】该笔业务发生后,一方面,企业应付而未付职工薪酬(社会保险费)使企业负债项目——应付职工薪酬(社会保险费)增加345 257元,其中养老保险费254 400元、医疗保险费90 857元,应记入"应付职工薪酬——社会保险费"账户贷方。另一方面,企业的有关费用项目增加了345 257元,其中:用于产品生产所应支付的职工薪酬使企业费用项目——甲产品生产成本增加95 000元,乙产品生产成本增加114 000元,记入"生产成本"账户借方;用于车间管理所应支付的职工薪酬使企业费用项目——制造费用增加65 143元,记入"制造费用"账户借方;用于企业行政管理所应支付的职工薪酬使费用项目——管理费用增加48 856元,记入"管理费用"账户借方;用于专设的销售机构所应支付的职工薪酬使企业费用项目——销售费用增加22 258元,记入"销售费用"账户借方。编制会计分录如下:

借:生产成本——甲产品　　　　　　　　95 000
　　　　　　——乙产品　　　　　　　　114 000
　　制造费用——社会保险费　　　　　　65 143
　　管理费用——社会保险费　　　　　　48 856
　　销售费用——社会保险费　　　　　　22 258
　　贷:应付职工薪酬——社会保险费(养老保险费) 254 400
　　　　　　　　　　——社会保险费(医疗保险费)　90 857

【例4-37】东华企业根据"工资结算汇总表"结算本月应付职工工资总额1 060 000元,代扣公司代垫职工家属医药费等40 000元,实发1 020 000元。

①开出现金支票一张,从银行提取现金1 020 000元,以备发放本月工资。

【分析】该笔业务发生后,一方面银行存款减少1 020 000元,记入"银行存款"账户贷方;另一方面库存现金增加,记入"库存现金"账户借方。编制会计分录如下:

借:库存现金　　　　　　　　　　　　　1 020 000
　　贷:银行存款　　　　　　　　　　　　　　1 020 000

提示
说明
　　企业工资虽然由银行代发,但为了加强库存现金管理力度,还是要通过"库存现金"账户进行核算。

②用现金1 020 000元发放职工工资。

【分析】该笔业务发生后,一方面应付工资减少1 020 000元,记入"应付职工薪酬——工资"账户借方;另一方面库存现金减少,记入"库存现金"账户贷方。编制会计分录如下:

借:应付职工薪酬——工资　　　　　　　1 020 000
　　贷:库存现金　　　　　　　　　　　　　　1 020 000

③发放工资时扣去代垫医药费等40 000元。

【分析】该笔业务发生后,一方面使企业的资产项目——其他应收款减少40 000元,记入"其他应收款"账户贷方;另一方面使企业欠职工的薪酬性债务项目——应付职工薪酬减少40 000元,记入"应付职工薪酬"账户借方。编制会计分录如下:

借:应付职工薪酬——工资　　　　　　　40 000
　　贷:其他应收款　　　　　　　　　　　　　40 000

【例4-38】本月以现金支付车间生产甲产品工人的困难补助费14 000元及行政人员

住院补助费1 980元。

【分析】该笔业务发生后,应分两笔分录来确认完成。首先应计提职工福利费,而后使用计提的职工福利费。计提时,生产成本增加,管理费用增加,同时应付职工薪酬——福利费增加,分别记入"生产成本"账户、"管理费用"账户借方和"应付职工薪酬——福利费"账户贷方。同时,应付福利费使用了15 980元,记入"应付职工薪酬——福利费"账户借方,库存现金减少15 980元,记入"库存现金"账户贷方。编制会计分录如下:

```
借:生产成本——甲产品              14 000
   管理费用                      1 980
     贷:应付职工薪酬——福利费            15 980
借:应付职工薪酬——福利费          15 980
     贷:库存现金                    15 980
```

> **提示说明**　现行企业财务制度注重职工福利费使用的实际情况,一般而言,工资记入什么账户,按照工资总额计提的福利也记入什么账户。

【例4-39】本月,通过开户银行为在册员工发放交通补贴和通信补贴共151 200元,其中为生产甲产品的工人发放49 000元,为生产乙产品的工人发放58 800元,为车间管理人员发放29 400元,为行政管理人员发放14 000元。

【分析】该笔业务发生后,首先,应按应发金额一方面记入"应付职工薪酬——工资"账户贷方。另一方面成本、费用增加151 200元,其中,为生产工人发放的107 800元属直接人工费,直接记入"生产成本"及其明细账借方;为车间管理人员发放的29 400元,应记入"制造费用"账户借方;为行政管理人员发放的14 000元,应记入"管理费用"账户借方。编制会计分录如下:

```
借:生产成本——甲产品              49 000
       ——乙产品              58 800
   制造费用                     29 400
   管理费用                     14 000
     贷:应付职工薪酬——工资            151 200
```

发放时,编制会议分录如下:

```
借:应付职工薪酬——工资          151 200
     贷:银行存款                   151 200
```

注意:上述两个分录不能合并成一个分录,因为《中华人民共和国企业所得税法》要求提供职工工资数额,作为福利费、职工教育经费等的扣除依据,如果合并成一个分录,那么,账面上"应付职工薪酬——工资"就会少计15 120元,这样交纳所得税前扣除福利费等的计算基数就少了,相应地会增加企业税负。

【例4-40】东华企业收到自来水公司开来的增值税专用发票,注明:价款41 000元,税额3 690元。根据耗用量分配水费:生产车间负担29 000元,行政管理部门负担12 000元。

款项已通过银行存款支付。

【分析】该笔业务发生后,一方面使企业的费用项目增加 41 000 元,其中:生产车间用水使费用项目——制造费用增加 29 000 元,记入"制造费用"账户借方;企业行政管理部门用水使费用项目——管理费用增加 12 000 元,记入"管理费用"账户借方。另一方面使企业具有垫付性质并可以抵扣的增值税进项税额增加了 3 690 元,应记入"应交税费——应交增值税(进项税额)"账户借方。另外,企业的资产项目——银行存款减少 44 690 元,记入"银行存款"账户贷方。该公司进行账务处理时,应编制的会计分录如下:

```
借:制造费用——水费                    29 000
   管理费用——水费                    12 000
   应交税费——应交增值税(进项税额)      3 690
      贷:银行存款                               44 690
```

【例 4-41】月末,以银行存款支付应由本期财务费用负担的短期借款利息 1 300 元。

【分析】该笔业务发生后,一方面引起银行存款减少 1 300 元,应记入"银行存款"账户贷方;另一方面引起短期借款利息增加,其属于间接费用中的财务费用,应记入"财务费用"账户借方。编制会计分录如下:

```
借:财务费用                    1 300
      贷:银行存款                        1 300
```

【例 4-42】月末,摊销应由本月负担的无形资产损耗费用 8 000 元。

【分析】该笔业务发生后,一方面引起企业无形资产的减少,记入"累计摊销"账户贷方;另一方面引起管理费用的增加,记入"管理费用"账户借方。编制会计分录为:

```
借:管理费用                    8 000
      贷:累计摊销                        8 000
```

【例 4-43】月末,按照规定的固定资产折旧率,计提本月固定资产折旧 10 200 元,其中:制造部门固定资产折旧 6 800 元,行政管理部门固定资产折旧 3 400 元。

【分析】该笔业务发生后,一方面引起固定资产折旧额增加 10 200 元,应记入"累计折旧"账户贷方。另一方面引起折旧费用增加,应按用途分别记入有关的成本、费用账户。其中制造部门用固定资产计提的折旧额 6 800 元,由于无法分清具体与生产哪种产品相关,应作为间接生产费用先记入"制造费用"账户借方;行政管理部门用固定资产计提的折旧费 3 400 元,属于管理费用,应记入"管理费用"账户借方。编制会计分录如下:

```
借:制造费用                    6 800
   管理费用                    3 400
      贷:累计折旧                        10 200
```

【例 4-44】月末,摊销应由本月负担的本月月初已付款的本季度车间用设备财产保险费,见【例 4-32】业务。

【分析】10 月 7 日,以银行存款支付了本季度财产保险费 27 000 元。这笔业务实际上是一笔权责发生制核算基础应用的业务。本月应承担的财产保险费为 9 000 元,应将其作为本期的费用入账。所以,该笔业务一方面使得车间保险费(制造费用)增加 9 000 元,应记入"制造费用"账户借方;另一方面,使得月初已预付的费用减少 9 000 元,应记入"预付账款"账户贷方。编制会计分录如下:

   借：制造费用   9 000

    贷：预付账款   9 000

【例4-45】月末，摊销应由本月负担的年初已付款的报刊费800元。

【分析】这笔业务是一笔权责发生制核算基础应用的业务。报刊费前期已支付，而责任却在本期产生，应视之为费用，记入"管理费用"账户借方；同时，前期预付的费用相应减少，应记入"预付账款"账户贷方。编制会计分录如下：

   借：管理费用   800

    贷：预付账款   800

【例4-46】月末，东华企业以银行存款100 200元预付今、明两年的车间用房租金，同时摊销应由本月负担的已付款的车间用房的房租4 175元。

【分析】按照权责发生制的要求，企业应按支出的义务是否属于本期来确认费用的入账时间。也就是说，凡是本期发生的费用，不论款项是否在本期支付，都应作为本期的费用入账；凡不属本期的费用，即使款项在本期支付，也不应作为本期的费用处理。①公司用银行存款预付两年的房租，应在今、明两年产生付款责任，所以本期付款时，应将其作为一种等待摊销的费用处理。因此，这笔经济业务的发生，一方面使得企业待摊销的费用增加，属于资产增加，应记入"长期待摊费用"账户借方；另一方面用银行存款支付款项，意味着银行存款这项资产的减少，应记入"银行存款"账户贷方。②本例中房租的款项虽然在本月已经支付，但其责任是在含本月在内的24个月中产生的，因而由本月负担的部分应作为本期的费用入账。摊销车间房租时，一方面使得企业的制造费用增加4 175元，另一方面使得企业的前期付款等待摊销的费用减少4 175元，因此，该笔经济业务涉及"制造费用"和"长期待摊费用"两个账户。制造费用的增加是费用的增加，应记入"制造费用"账户借方，长期待摊费用的减少是资产的减少，应记入"长期待摊费用"账户贷方。应编制的会计分录如下：

   借：长期待摊费用   100 200

    贷：银行存款   100 200

   借：制造费用   4 175

    贷：长期待摊费用   4 175

【例4-47】月末，东华企业结转本月制造费用。根据甲产品、乙产品的生产工人工资比例分配制造费用，甲、乙产品的生产工人工资分别为35 000元和420 000元，综合【例4-30】至【例4-46】。

> 提示说明
>
>   常用的制造费用分配标准有生产工人工资、生产工人工时、机器设备运转台时（工时）等。在月末应采用比例分配法将本月"制造费用"账户归集的制造费用总额（借方发生额合计）在各产品之间进行分配。相关计算公式为
>
>   制造费用分配率＝制造费用总额÷∑制造费用分配标准
>
> 某产品应负担的制造费用＝该产品的制造费用分配标准×制造费用分配率

【分析】本月制造费用为408 558元(408 588＝14 040＋11 000＋240 000＋65 143＋29 400＋29 000＋6 800＋9 000＋4 175),应结转到甲、乙两种产品的生产成本中去,需要按一定的标准在它们之间进行分配。现以生产工人工资为标准进行分配:

$$制造费用分配率＝\frac{408\ 558}{350\ 000＋420\ 000}≈0.5306(元/生产工时)$$

$$甲产品应分摊的制造费用＝0.5306×350\ 000≈185\ 708(元)$$

$$乙产品应分摊的制造费用＝0.5306×420\ 000≈222\ 850(元)$$

制造费用经过结转后,一方面引起甲、乙产品生产成本增加,应记入"生产成本"总账及其明细账借方;另一方面引起制造费用减少,应记入"制造费用"账户贷方。编制会计分录如下:

借:生产成本——甲产品	185 708
——乙产品	222 850
贷:制造费用	408 558

提示说明　制造费用分配率为近似值时,各种产品应负担的制造费用总额会产生误差,这时,最后一种产品应负担的制造费用具体金额应采用倒挤法计算求得。

【例4-48】月末,本月甲产品150台全部制造完工,并已验收入库,按其实际生产成本768 588元结转。另外本月乙产品560件也全部制造完工,并已验收入库,按其实际生产成本930 310元结转。

【分析】结转完工产品的成本,一方面引起库存的产成品增加,其中甲产品150台,实际成本768 588元,乙产品560件,实际成本930 310元,应记入"库存商品"账户借方;另一方面完工产品成本从生产成本中转出后,引起生产成本减少,记入"生产成本"账户贷方。编制会计分录如下:

借:库存商品——甲产品	768 588
——乙产品	930 310
贷:生产成本——甲产品	768 588
——乙产品	930 310

简要生产过程总分类核算如图4-36所示。

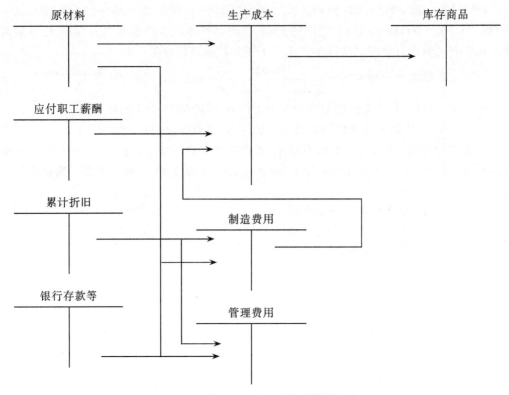

图4-36　简要生产过程总分类核算示意

4-7　客观题通关测试

4-8　实务题通关测试

第5节　经营活动:销售过程业务核算

1. 销售过程业务的主要内容

销售过程是从企业生产过程制造完成产成品并验收入库开始到销售给购买方为止的过程,是企业生产经营过程的第三个阶段,也是企业生产经营过程的最后一个阶段,是企业通过对外提供劳务和服务、出售有形和无形资产,补偿生产耗费并实现利润的一个关键环节。首先,企业销售产成品、自制半成品等,统称为产品销售;其次,除产品销售以外的材料销售、包装物销售、废旧物资出售、技术转让、固定资产出租、包装物出租、提供运输等,统称为其他销售。

销售过程,是产品价值的实现过程。企业将生产出来的符合标准的产品,按照合同规定的条件发送给订货单位、提供劳务或服务后,首先按照销售价格办理货款(包括价款和增值税销项税额)结算手续,以确认销售收入的实现和计算应交纳的相关税额。其次,计算并结转销售成本。销售收入的取得是以付出产品和提供劳务或服务为代价的,这一代价就是销售成本。再次,在销售过程中,还会发生为销售而支付的包装费、运输费、装卸费、广告费、展览费、专设销售机构的经费等费用,这一费用被称为销售费用。最后,应按照国家的有关税法规定,计算并交纳销售税费。

由此可见,制造业企业销售过程业务的主要内容为:确认销售收入事项,计算并结转销售成本,发生并支付销售费用和计算并交纳销售税费。

1.1 商品销售收入的确认与计量

销售过程的核算首先需要解决的就是销售收入的确认与计量的问题。收入的确认实际上就是解决收入在什么时间入账的问题,而收入的计量就是收入以多少金额入账的问题。企业生产经营活动所获得的收入应当按照权责发生制的要求,根据收入实现原则加以确认与计量。由于商品销售收入是企业收入的重要组成部分,是企业经营业绩的重要表现形式,对商品销售收入到底应该如何确认和计量,直接关系到企业经营成果和财务状况能否得到准确报告。

按照《企业会计准则第14号——收入》(财会〔2017〕22号)的要求,企业应当在履行了合同中的履约义务,即在客户取得相关商品的控制权时确认收入。这里的合同是指双方或多方之间订立的有法律约束力的关于权利、义务的协议。合同有书面形式、口头形式以及其他形式。这里的客户是指与企业订立合同以向该企业购买日常活动产出的商品或服务并支付对价的一方。取得相关商品控制权是指能够主导该商品的使用并从中获得几乎全部的经济利益,也包括有能力阻止其他方主导该商品的使用并从中获得经济利益。

1.2 商品销售收入确认与计量的五个步骤

企业在确认和计量收入时需要遵循一定的判断依据与流程。根据《企业会计准则第14号——收入》第九条的要求,合同开始日,企业应当对合同进行评估,识别该合同所包含的各单项履约义务,并确定各单项履约义务是在某一时段内履行还是在某一时点履行,然后,在履行了各单项履约义务时分别确认收入。

商品销售收入确认与计量的五个步骤如下。

第一步,识别与客户订立的合同。企业与客户之间的合同同时满足下列条件的,企业应当在客户取得商品控制权时确认收入:

(1)合同各方已批准该合同并承诺将履行各自义务;

(2)该合同明确了合同各方与所转让商品或提供劳务相关的权利和义务;

(3)该合同有明确的与所转让商品相关的支付条款;

(4)该合同具有商业实质,即履行该合同将改变企业未来现金流量的风险、时间分布或金额;

(5)企业因向客户转让商品而有权取得的对价很可能收回。

对于不符合上述规定的合同,企业只有在不再负有向客户转让商品的剩余义务,且已向客户收取的对价无须退回时,才能将已收取的对价确认为收入,否则,应当将已收取的对价作为负债进行会计处理。

第二步,识别合同中的单项履约义务。履约义务,是指合同中企业向客户转让可明确区分商品的承诺。以下承诺可作为单项履约义务:

(1)企业向客户转让可明确区分商品(或者商品或服务的组合)的承诺。企业向客户承诺的商品同时满足下列条件的,应当作为可明确区分商品:一是客户能够从该商品本身或者从该商品与其他易于获得的资源一起使用中受益;二是企业向客户转让该商品的承诺与合同中的其他承诺可单独区分。

(2)企业向客户转让一系列实质相同且转让模式相同的、可明确区分商品的承诺。企业应当将实质相同且转让模式相同的一系列商品作为单项履约义务。

第三步,确定交易价格。交易价格是指企业因向客户转让商品而预期有权收取的对价金额。企业代第三方收取的款项(如增值税)、企业预期将退还给客户的款项等不计入交易价格,而是作为负债进行处理。企业应当根据合同条款并结合以往的习惯做法确定交易价格。在确定交易价格时,企业应当考虑可变对价、合同中存在的重大融资成分、非现金对价、应付客户对价等因素的影响。

第四步,将交易价格分摊至各单项履约义务。当合同中包含两项或多项履约义务时,为了使企业分摊至每一单项履约义务的交易价格能够反映其因向客户转让已承诺的相关商品而预期有权收取的对价金额,企业应当在合同开始日按照各单项履约义务所承诺商品的单独售价的相对比例,将交易价格分摊至各单项履约义务。企业不得因合同开始日之后单独售价的变动而重新分摊交易价格。单独售价是指企业向客户单独销售商品的价格。

第五步,履行每一单项履约义务时确认收入。企业应当在履行了合同中的履约义务,即在客户取得相关商品控制权时确认收入。企业应当根据实际情况,首先判断履约义务是否满足在某一时段内履行的条件,如不满足,则该履约义务属于在某一时点履行的履约义务。

对于在某一时段内履行的履约义务,企业应当在该段时间内按照履约进度确认收入。企业在确定履约进度时应当考虑商品的性质,采用产出法或投入法确定恰当的履约进度。产出法是根据已转移给客户的商品对于客户的价值确定履约进度。投入法是根据企业为履行履约义务的投入确定履约进度。当履约进度不能合理确定时,企业已经发生的成本预计能够得到补偿的,应当按照已经发生的成本金额确认收入,直到履约进度能够合理确定为止。

对于在某一时点履行的履约义务,企业应当综合分析控制权转移的迹象,判断其转移时点:

(1)企业就该商品享有现时收款权利;

(2)企业已将该商品的法定所有权转移给客户;

(3)企业已将该商品实物转移给客户;

(4)企业已将该商品所有权上的主要风险和报酬转移给客户;

(5)客户已接受该商品;

(6)其他表明客户已取得商品控制权的迹象。

收入确认与计量的流程如图4-37所示。

图 4-37 收入确认与计量的流程示意

2. 销售过程业务核算的内容

2.1 账户设置及其对应关系

(1)"主营业务收入"账户

该账户是收入(损益)类账户,用来核算企业因销售商品、提供劳务等主营业务所产生的收入。该账户贷方登记企业实现的主营业务收入,借方登记发生的销售退回和在会计期末结转入"本年利润"账户的收入。该账户期末应为贷方余额,反映企业已实现的收入。会计期末将余额结转入"本年利润"账户后,该账户应无余额。"主营业务收入"应按照主营业务的种类或产品名称设置明细账,进行明细分类核算。该账户的结构如图 4-38 所示。

借方	主营业务收入	贷方
发生的销售退回 期末转入"本年利润"账户 的收入		企业实现的各项主营业务 收入

图 4-38 "主营业务收入"账户的结构

(2)"主营业务成本"账户

该账户是费用(损益)类账户,用来核算企业与主营业务收入配比应结转的实际成本。对销售产品而言,所结转的就是商品的销售成本。该账户借方登记在确认产品销售成本后结转的销售成本(如从"库存商品"账户转入的本期已销售商品的生产成本),贷方登记退货商品的成本以及在会计期末结转入"本年利润"账户的商品销售成本。期末结转后该账户应无余额。"主营业务成本"应按照主营业务的种类设置明细账,进行明细分类核算。该账户的结构如图 4-39 所示。

借方	主营业务成本	贷方
已售商品、提供劳务等应结 转的主营业务成本		销售退回的商品成本 期末转入"本年利润"账户 的销售产品成本

图 4-39 "主营业务成本"账户的结构

（3）"税金及附加"账户

该账户是费用(损益)类账户,用来核算企业经营活动应负担的税金和附加,包括消费税、城市维护建设税、教育费附加、房产税、城镇土地使用税、车船税、印花税等。该账户借方登记按照规定计算确定的与本期经营活动相关的税金及附加;贷方登记在会计期末结转入"本年利润"账户的各种税金及附加。期末结转后,该账户应无余额。该账户的结构如图4-40所示。

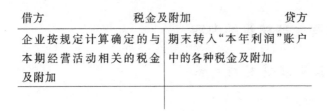

借方	税金及附加	贷方
企业按规定计算确定的与本期经营活动相关的税金及附加	期末转入"本年利润"账户中的各种税金及附加	

图4-40 "税金及附加"账户的结构

（4）"销售费用"账户

该账户是费用(损益)类账户,用来核算企业与一定会计期间收入进行配比的各种销售费用的发生和结转情况。"销售费用"账户核算的内容如图4-41所示。

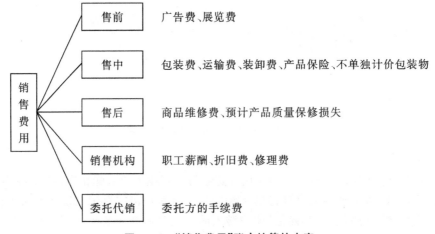

图4-41 "销售费用"账户核算的内容

该账户借方登记各种销售费用的发生数,贷方登记在会计期末结转入"本年利润"账户的销售费用。期末结转后,该账户应无余额。"销售费用"账户可按费用项目设置明细账,进行明细分类核算。该账户的结构如图4-42所示。

借方	销售费用	贷方
企业发生的各种销售费用	期末转入"本年利润"账户的销售费用	

图4-42 "销售费用"账户的结构

(5)"其他业务收入"账户

该账户是收入(损益)类账户,用来核算企业确认的主营业务活动以外的其他经营活动实现的收入。该账户贷方登记企业实现的各项其他业务收入,借方登记会计期末结转入"本年利润"账户的已经实现的其他业务收入。期末结转后,该账户应无余额。该账户的结构如图4-43所示。

借方	其他业务收入	贷方
期末转入"本年利润"账户的已经实现的其他业务收入	企业实现的各项其他业务收入	

图4-43 "其他业务收入"账户的结构

(6)"其他业务成本"账户

该账户是费用(损益)类账户,用来核算企业确认的与其他业务收入配比应结转的实际成本。该账户借方登记企业为获得各项其他业务收入而产生的相关成本(如"原材料""累计折旧""累计摊销"账户转入的其他业务成本);贷方登记会计期末结转入"本年利润"账户的其他业务成本。期末结转后,该账户应无余额。该账户的结构如图4-44所示。

借方	其他业务成本	贷方
企业发生的其他业务成本	期末转入"本年利润"账户的其他业务成本	

图4-44 "其他业务成本"账户的结构

(7)"应收账款"账户

该账户是资产类账户,用来核算企业因销售商品、提供劳务而应向客户收取的款项。该账户借方登记各种应收款项,贷方登记实际收回的应收款项及确认的坏账损失额。该账户期末为借方余额,反映企业应收但尚未收回的款项。若为贷方余额,则是预收的款项大于应收账款的差额。应该注意的是,其他业务产生的应收款项应在"其他应收款"账户记录,不能记入"应收账款"账户。"其他应收款"账户的结构与"应收账款"账户的结构相同。"应收账款"账户应按不同的购货单位或接受劳务单位设置明细账,进行明细分类核算。该账户的结构如图4-45所示。

借方	应收账款	贷方
企业发生的应收账款的增加额	收回的应收账款及确认的坏账损失额	
余额:尚未收回的应收账款	余额:预收的账款大于应收账款的差额	

图4-45 "应收账款"账户的结构

（8）"应收票据"账户

该账户是资产类账户，用来核算企业因销售商品、提供劳务而收到的商业汇票。该账户借方登记企业应收票据本息，贷方登记票据到期时收回的票据本息。该账户期末为借方余额，反映尚未到期暂未收回的应收票据金额。该账户的结构如图4-46所示。

借方	应收票据	贷方
应收票据本息	票据到期时收回的票据本息	
余额：尚未到期暂未收回的应收票据金额		

图4-46　"应收票据"账户的结构

（9）"预收账款"账户

该账户是负债类账户，用来核算企业按照合同的规定向购货方预收的款项及其结算情况。该账户贷方登记预收客户的款项和收到的客户补付的款项，借方登记向客户发出商品抵扣的预收款。该账户期末一般为贷方余额，反映预收客户的款项余额。若为借方余额，则是应由客户补付给本企业的款项。"预收账款"账户应按购货单位设置明细账，进行明细分类核算。该账户的结构如图4-47所示。

借方	预收账款	贷方
冲销的预收账款数额 企业退还给客户多付的款项	企业预收客户的款项 收到的客户补付的款项	
余额：应由客户补付给本企业的款项	余额：企业预收客户的款项余额	

图4-47　"预收账款"账户的结构

（10）"应交税费——应交增值税（销项税额）"账户

该账户是负债类账户。该三级明细分类账户是专门用来核算企业一般纳税人因销售业务的发生应向购买方收取的增值税销项税额。企业因销售业务的发生应向对方预收取的增值税税额记入该账户贷方；因销售退回应冲销的销项税额，用"红字"记入该账户借方。

（11）"应交税费——应交增值税（已交税金）"账户

该账户属于"应交增值税"的明细分类账户借方专栏，专门核算一般纳税人按照税法规定在月中预交的增值税。企业在月中实际预交增值税时，借记"应交税费——应交增值税（已交税金）"账户，贷记"银行存款"账户。该账户的结构如图4-48所示。

借方	应交税费——应交增值税（已交税金）	贷方
月中实际预交增值税	转予"银行存款"	

图4-48　"应交税费——应交增值税（已交税金）"账户的结构

（12）"应交税费——应交增值税（转出未交增值税）"账户

该账户是负债类账户，属于"应交增值税"的明细分类账户借方专栏，专门核算一般纳税人本月应纳增值税税额大于本月已预交增值税税额（已交税金）而应转入下月上交的增值税税额。企业在月末计算出本月应交未交的增值税税额时，借记"应交税费——应交增值税（转出未交增值税）"账户，贷记"应交税费——未交增值税"账户。该账户的结构如图4-49所示。

借方 应交税费——应交增值税（转出未交增值税） 贷方	
应纳增值税税额大于本月已预交增值税税额	转予"应交税费——未交增值税"
应交增值税（转出未交增值税）	

图4-49 "应交税费——应交增值税（转出未交增值税）"账户的结构

（13）"应交税费——未交增值税"账户

该账户是负债类账户，核算一般纳税人应交而未交的增值税税额。贷方登记本月应纳增值税大于本月已预交增值税税额（已交税金）而转入下月上交的增值税（转出未交增值税）；借方登记实际交纳的上月未交增值税。期末贷方余额，反映企业应交而未交的增值税。该账户的结构如图4-50所示。

借方 应交税费——未交增值税 贷方	
实际交纳的上月未交增值税	应纳增值税税额大于本月已预交增值税税额
	应交增值税（转出未交增值税）
	余额：企业应交而未交的增值税

图4-50 "应交税费——未交增值税"账户的结构

此外，在营业收入与营业成本交易和事项的处理过程中，还会用到前面已讲述的"库存商品"等账户。

2.2 销售过程业务核算会计记录举例

【例4-49】10月6日，东华企业向丰泰公司销售甲产品1 200台，单价为1 900元，增值税为296 400元，货已发出。现已收到丰泰公司的货款2 576 400元并存入银行。

【分析】按照权责发生制会计核算基础的要求，对应收账款月末未收到的款项应进行调整，现假定企业在交易时直接进行账务处理。该业务发生后，一方面实现收入2 280 000元，引起主营业务收入增加，应记入"主营业务收入"账户贷方，销项税额为296 400元，应记入"应交税费——应交增值税（销项税额）"账户贷方；另一方面价款和税款2 576 400元已收到，引起银行存款增加，应记入"银行存款"账户借方。编制会计分录如下：

```
借:银行存款                                      2 576 400
    贷:主营业务收入                                         2 280 000
       应交税费——应交增值税(销项税额)                    296 400
```

【例4-50】10月10日,东华企业向达宁公司销售甲产品500台,单价为1 900元,增值税为123 500元,货已发出。达宁公司的购货款尚未收到。

【分析】该业务发生后,一方面实现收入950 000元,引起主营业务收入增加,应记入"主营业务收入"账户贷方,销项税额为123 500元,应记入"应交税费——应交增值税(销项税额)"账户贷方;另一方面价款和税款1 073 500元尚未收到,引起应收账款增加,应记入"应收账款"账户借方。编制会计分录如下:

```
借:应收账款——达宁公司                          1 073 500
    贷:主营业务收入                                          950 000
       应交税费——应交增值税(销项税额)                    123 500
```

【例4-51】10月15日,东华企业以银行存款支付文化创意广告公司销售产品的广告费300 000元,增值税税率为6%,税额为18 000元。

【分析】该业务发生后,一方面银行存款减少318 000元,应记入"银行存款"账户贷方;另一方面广告费用作为期间费用增加,应记入"销售费用"账户借方,同时具有垫付性质并可以抵扣的项目——应交增值税(进项税额)增加18 000元。编制会计分录如下:

```
借:销售费用                                      300 000
    应交税费——应交增值税(进项税额)              18 000
    贷:银行存款                                              318 000
```

【例4-52】10月16日,东华企业对外销售A材料2 000千克,取得收入180 000元,增值税为23 400元,款项存入银行。

【分析】该业务发生后,一方面企业实现收入180 000元,引起其他业务收入增加,应记入"其他业务收入"账户贷方,销项税额为23 400元,应记入"应交税费——应交增值税(销项税额)"账户贷方;另一方面价款和税款203 400元已收到,引起银行存款增加,应记入"银行存款"账户借方。编制会计分录如下:

```
借:银行存款                                      203 400
    贷:其他业务收入                                          180 000
       应交税费——应交增值税(销项税额)                     23 400
```

【例4-53】10月18日,东华企业按照合同规定预收光大公司订购乙产品的货款1 500 000元,存入银行。

【分析】该业务发生后,一方面企业的银行存款增加1 500 000元,另一方面企业的预收账款增加1 500 000元,因此该业务涉及"银行存款"和"预收账款"两个账户。银行存款的增加是资产的增加,应记入"银行存款"账户借方,预收账款的增加是负债的增加,应记入"预收账款"账户贷方。编制会计分录如下:

```
借:银行存款                                      1 500 000
    贷:预收账款                                            1 500 000
```

【例4-54】10月23日,用银行存款支付鸿翔印刷公司产品宣传及使用说明书印刷费用,增值税专用发票注明:价款50 000元,税额3 000元。经审核无误后开出转账支票支付。

【分析】该业务发生后,一方面使企业的费用项目——销售费用增加 50 000 元,具有垫付性质并可以抵扣的项目——应交增值税(进项税额)增加 3 000 元;另一方面使企业的银行存款减少 53 000 元,记入"银行存款"账户贷方。编制会计分录如下:

  借:销售费用——印刷费   50 000
    应交税费——应交增值税(进项税额) 3 000
    贷:银行存款   53 000

【例 4-55】10 月 24 日,东华企业出租包装物一批,收到租用方支付的租金 20 000 元,增值税税额为 1 800 元,款项已存入银行。

【分析】该业务发生后,一方面企业其他业务收入增加 20 000 元,应交增值税增加 1800 元,另一方面企业的银行存款增加 20 000 元,因此该业务涉及"其他业务收入""应交税费——应交增值税"和"银行存款"三个账户。银行存款的增加是资产的增加,应记入"银行存款"账户借方,其他业务收入的增加是收入的增加,应记入"其他业务收入"账户贷方,增值税销项税额的增加是负债的增加,应记入"应交税费——应交增值税(销项税额)"账户贷方。编制会计分录如下:

  借:银行存款   21 800
    贷:其他业务收入   20 000
      应交税费——应交增值税(销项税额) 1 800

【例 4-56】10 月 24 日,东华企业以银行存款支付星翔物流公司产品运输费用。增值税发票上注明:运费 63 000 元,税额 5 670 元。经审核无误后以转账支票支付。

【分析】该业务发生后,使企业的费用项目——销售费用增加,同时具有垫付性质并可以抵扣的项目——应交增值税(进项税额)增加,以银行存款付款。编制会计分录如下:

  借:销售费用——运输费   63 000
    应交税费——应交增值税(进项税额) 5 670
    贷:银行存款   68 670

【例 4-57】10 月 25 日,东华企业向华龙公司销售乙产品 300 台,单价为 5 000 元,增值税为 195 000 元,货已发出。现已收到华龙公司开出的用于购货的银行承兑汇票一张。

【分析】该业务发生后,一方面企业实现收入 1 500 000 元,引起主营业务收入增加,应记入"主营业务收入"账户贷方,销项税额为 195 000 元,应记入"应交税费——应交增值税(销项税额)"账户贷方;另一方面价款和税款 1 695 000 元尚未收到,引起应收票据增加,应记入"应收票据"账户借方。编制会计分录如下:

  借:应收票据——华龙公司   1 695 000
    贷:主营业务收入   1 500 000
      应交税费——应交增值税(销项税额) 195 000

【例 4-58】10 月 26 日,东华企业向光大公司销售乙产品 300 台,单价为 5 000 元,增值税为 195 000 元,货已发出。原预收款 1 500 000 元,差额部分光大公司当即转入企业银行账户。

【分析】企业原预收光大公司的货款 1 500 000 元,而现在发货的价税款为 1 695 000 元(1 695 000 = 1 500 000 + 195 000),差额为 195 000 元(195 000 = 1 695 000 - 1 500 000)。

该业务发生后,一方面企业的预收账款减少1 500 000元,银行存款增加195 000元,另一方面企业商品销售收入增加1 500 000元,增值税销项税额增加195 000元,因此该业务涉及"预收账款""银行存款""主营业务收入"和"应交税费——应交增值税(销项税额)"四个账户。预收账款的减少是负债的减少,应记入"预收账款"账户借方,银行存款的增加是资产的增加,应记入"银行存款"账户借方,商品销售收入的增加是收入的增加,应记入"主营业务收入"账户贷方,增值税销项税额的增加是负债的增加,应记入"应交税费——应交增值税(销项税额)"账户贷方。编制会计分录如下:

```
借:预收账款——光大公司        1 500 000
  银行存款                   195 000
  贷:主营业务收入                      1 500 000
    应交税费——应交增值税(销项税额)    195 000
```

> **提示说明**
> 会计实务中为简化记账手续,预收账款账户余额195 000元不通过"应付(收)账款"账户核算,东华企业"预收账款"账户余额为借方余额,表示债权。

【例4-59】东华企业应收鸿发公司4月29日签发、期限为6个月、金额为870 000元的商业承兑汇票到期。10月29日,收到鸿发公司转来的收账通知,金额为870 000元。

【分析】该业务发生后,一方面使企业的资产项目银行存款增加870 000元,另一方面使企业的资产项目应收票据减少870 000元。编制会计分录如下:

```
借:银行存款                  870 000
  贷:应收票据——鸿发公司              870 000
```

【例4-60】东华企业将一项专有技术权转让给宏华机械公司,获得收入120 000元。

【分析】该业务发生后,一方面使企业的其他销售项目其他业务收入增加120 000元,另一方面使银行存款增加120 000元。该业务不涉及增值税。编制会计分录如下:

```
借:银行存款                  120 000
  贷:其他业务收入——无形资产转让        120 000
```

【例4-61】月末,计算应结转甲产品1 700台的销售成本1 560 000元,计算应结转乙产品600台的销售成本1 236 000元。

【分析】该业务发生后,一方面主营业务成本增加2 796 000元,按规定应记入"主营业务成本"账户借方;另一方面库存商品减少2 796 000元,应记入"库存商品"账户贷方。编制会计分录如下:

```
借:主营业务成本——甲产品       1 560 000
          ——乙产品       1 236 000
  贷:库存商品——甲产品                1 560 000
          ——乙产品                1 236 000
```

【例4-62】月末,计算应结转的已出售A材料的实际成本140 400元。

【分析】该业务发生后,一方面其他业务成本增加 140 400 元,按规定应记入"其他业务成本"账户借方;另一方面原材料减少 140 400 元,应记入"原材料"账户贷方。编制会计分录如下:

   借:其他业务成本——A 材料   140 400

    贷:原材料——A 材料   140 400

【例 4-63】月末,确认并结转 10 月 24 日东华企业出租包装物本月应摊销的成本 12 000 元。

【分析】企业出租包装物的成本属于其他业务成本。这项业务的发生,一方面使企业其他业务成本增加 12 000 元,另一方面使企业的库存包装物成本减少 12 000 元,因此该业务涉及"其他业务成本"和"周转材料"两个账户。包装物成本的摊销是费用支出的增加,应记入"其他业务成本"账户借方,库存包装物成本的减少是资产的减少,应记入"周转材料"账户贷方。编制会计分录如下:

   借:其他业务成本——包装   12 000

    贷:周转材料   12 000

> **提示说明**
>
>   周转材料包括包装物(用来包装商品的包装箱和包装袋等)和低值易耗品(劳动工具和劳保用品),可通过"周转材料"账户进行核算。

【例 4-64】月末,确认并结转无形资产 H 专利技术转让本月应摊销的金额 7 000 元。

【分析】该业务发生后,一方面转让无形资产的应摊销的金额与无形资产转让费的收入相匹配,这使得其他业务成本增加 7 000 元,按规定应记入"其他业务成本"账户借方;另一方面摊销无形资产使企业的资产项目无形资产价值减少,贷记其备抵账户"累计摊销"账户。编制会计分录如下:

   借:其他业务成本——H 专利技术   7 000

    贷:累计摊销——H 专利技术   7 000

【例 4-65】东华企业以银行存款支付印花税 450 元。

【分析】印花税是对经营活动中书立、领受凭证行为征收的一种税。由于印花税的计算和完税在同一时点,故不需要通过"应交税费"账户核算。这项经济业务的发生,一方面使得企业应负担的税金增加 450 元,另一方面使得企业的银行存款减少 450 元。税金的增加是费用的增加,应记入"税金及附加"账户借方,银行存款的减少是资产的减少,应记入"银行存款"账户贷方。这项经济业务应编制的会计分录如下:

   借:税金及附加   450

    贷:银行存款   450

【例 4-66】月末,东华企业经计算,本月应交纳消费税 24 000 元,城市维护建设税 12 000元,教育费附加 5 000 元,车船税 1 200 元,房产税 2 000 元。

【分析】这项经济业务一方面使得公司的税金及附加增加 44 200 元(44 200＝24 000＋12 000＋5 000＋1 200＋2 000),另一方面使得公司的应交税费增加 44 200 元,因此,该经济业务涉及"税金及附加""应交税费"两个账户。税金及附加的增加是费用支出的增加，应记入"税金及附加"账户借方，应交税费的增加是负债的增加，应记入"应交税费"账户贷方。这项经济业务应编制的会计分录如下：

借：税金及附加   44 200
 贷：应交税费——应交消费税   24 000
     ——应交城市维护建设税 12 000
     ——应交教育费附加 5 000
     ——应交车船税   1 200
     ——应交房产税   2 000

简要销售过程总分类核算如图4-51所示。

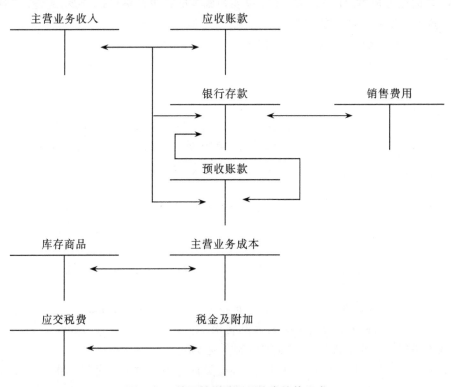

图4-51 简要销售过程总分类核算示意

4-9 实务题通关测试

第6节　投资业务核算

我国《企业会计准则》规定,投资活动是指企业长期资产的购建和不包括在现金等价物范围内的投资与处置活动。

企业的长期资产是指可以长期(指持有期限在1年或1个营业周期以上)持续使用的资产,如固定资产、在建工程、无形资产以及其他资产。固定资产是指企业利用自有资金或其他方式取得的房屋、设备等资产。在建工程是指企业兴工动料所进行的项目建设工程。在建工程可以是处于建造过程中的房屋和建筑物等建筑工程,也可以是处于安装过程中的设备安装工程。一般来说,在建工程完工以后,能够转化为企业的固定资产,为企业的经营活动提供劳动资料。而企业的无形资产包括企业用现金购买的专利权、非专利技术、商标权、著作权、土地使用权等,或组织力量进行的无形资产的研究与开发。其他资产是指固定资产、无形资产和在建工程以外的长期资产,如长期待摊费用。"长期待摊费用"账户用于核算企业已经支出,但摊销期限在1年以上(不含1年)的各项费用,包括固定资产修理支出、租入固定资产的改良支出以及摊销期限在1年以上的其他待摊费用。

企业的投资主要是为了增加财富,或为了谋求其他利益,可分为短期投资和长期投资。由上所述,企业的投资可以分为两类:一是对内投资,如购置固定资产、无形资产等;二是对外投资,如权益性投资、债权性投资等。

1．对内投资业务的核算

对内投资是指企业持有期限在1年或1个营业周期以上的固定资产、无形资产、在建工程和其他资产等长期资产的购建,根据投资形态可以具体划分为两类:实物资产投资,包括固定资产和在建工程等投资;非实物资产投资,包括无形资产和其他资产等投资。

1.1　主要账户的设置

对内投资活动应设置"在建工程""固定资产""无形资产""应交税费——应交增值税""应交税费——应交增值税(进项税额)""应交税费——应交增值税(销项税额)"等账户。"固定资产""无形资产""应交税费——应交增值税"等账户在本节前已设置叙述。

(1)"在建工程"账户

该账户是资产(成本)类账户,用来核算企业进行设备安装工程(包括已投入安装的需要安装设备的购买价值)、建造固定资产的建筑工程等发生的实际支出。该账户借方登记进行设备安装或建筑工程的施工所发生的实际支出,贷方登记安装或建筑工程完成后结转入"固定资产"账户的工程实际成本。该账户期末为借方余额,反映企业期末尚未完工的在建工程所发生的各项实际支出。该账户可按"建筑工程""安装工程"以及单项工程等进行明细核算。该账户的结构如图4-52所示。

借方	在建工程	贷方
各项在建工程的实际支出	完工工程转出的成本	
余额:尚未达到预定可使用 状态的在建工程的成本		

图4-52 "在建工程"账户的结构

（2）"固定资产清理"账户

该账户是资产类账户,用来核算企业因出售、报废和毁损等转入清理的固定资产价值以及在清理过程中所发生的清理费用和清理收入等。企业因出售、报废和毁损等处置固定资产时,按该固定资产的账面净额记入该账户借方,按其账面余额记入"固定资产"账户贷方;收回出售固定资产的价款、残料价值和变现收入时,应冲减清理支出,按实际收回价款和收回材料的价值记入"银行存款""原材料"等账户借方,同时记入"固定资产清理"账户贷方。清理过程中产生的损益,记入"营业外支出"账户借方或"营业外收入"账户贷方。期末结转后该账户无余额。该账户可按被清理的固定资产项目或名称设置明细账,进行明细分类核算。该账户的结构如图4-53所示。

借方	固定资产清理	贷方
固定资产转入清理的净值、 清理过程中发生的费用及 清理完毕后净收益转入"营 业外收入"账户的数额	收回出售固定资产的价款、 残料价值和变价收入及清 理完毕后净损失转入"营业 外支出"账户的数额	
余额:清理后的净损失(结 转后无余额)	余额:清理后的净收益(结 转后无余额)	

图4-53 "固定资产清理"账户的结构

（3）"营业外收入"账户

该账户是收入(损益)类账户,核算企业在非日常活动中形成的利得,包括处置非流动资产利得、非货币性资产交换利得、罚没利得、政府补助利得、确实无法支付而按规定程序经批准后转作营业外收入的应付款项等。该账户的贷方反映企业发生的各项营业外收入,借方反映期末转入"本年利润"账户的金额,结转后该账户无余额。该账户应当按照营业外收入项目设置明细账,进行明细分类核算。该账户的结构如图4-54所示。

借方	营业外收入	贷方
期末转入"本年利润"账户 的金额	企业发生的各项营业外收入	

图4-54 "营业外收入"账户的结构

（4）"资产处置损益"账户

该账户是损益类账户。资产处置损益是指企业出售划分为持有待售的非流动资产

（金融工具、长期股权投资和投资性房地产除外）或处置组（子公司和业务除外）时确认的处置利得或损失，以及处置未划分为持有待售的固定资产、在建工程、生产性生物资产及无形资产而产生的处置利得或损失。该账户的贷方登记取得的资产处置收益和期末转入"本年利润"账户的资产处置净损失，借方登记发生的资产处置损失和期末转入"本年利润"账户的资产处置净收益，期末结转后该账户无余额。该账户可按资产处置项目设置明细账，进行明细分类核算。该账户的结构如图4-55所示。

借方	资产处置损益	贷方
发生的资产处置损失	取得的资产处置收益	
期末转入"本年利润"账户	期末转入"本年利润"账户	
的资产处置净收益	的资产处置净损失	

图4-55　"资产处置损益"账户的结构

> **提示说明**
>
> 如果资产处置后还有使用价值，则记入"资产处置损益"科目，反之，则记入"营业外支出"科目。例如，固定资产毁损、报废后，不再有使用价值，则记入"营业外支出"科目。若用固定资产抵债、投资、捐赠等，这些经营行为是为了换取对价，具有一定的商业价值，则应记入"资产处置损益"科目。

1.2　主要业务核算会计记录举例

【例4-67】10月，东华企业用银行存款80 000元向鑫盛机械厂购入不需要安装生产用机器设备一台，销售方开具的增值税专用发票上注明的增值税税额为12 800元。以上款项已全部用银行存款支付（假定运输费用涉及的增值税暂不予以考虑，下同）。

【分析】这项业务的发生，一方面使企业的固定资产增加80 000元，增值税进项税额增加12 800元；另一方面使企业的银行存款减少92 800元。因而，这项业务的发生涉及"固定资产""应交税费""银行存款"三个账户。固定资产的增加是资产的增加，应借记"固定资产"账户；增值税进项税额的增加会导致应交税费减少，应借记"应交税费"账户；企业银行存款的减少是资产的减少，应贷记"银行存款"账户。该项业务编制的会计分录如下：

借：固定资产——生产用设备　　　　　　　　80 000
　　应交税费——应交增值税（进项税额）　　12 800
　　贷：银行存款　　　　　　　　　　　　　　　　92 800

【例4-68】本月，东华企业购入一项非专利技术，取得的增值税专用发票上注明的价款为300 000元，增值税税额为18 000元，以银行存款支付。

【分析】这项业务的发生，一方面使企业的无形资产增加300 000元，增值税进项税额增加18 000元，记入"无形资产""应交税费"账户借方；另一方面使企业的银行存款减少

318 000元。编制会计分录如下：

借：无形资产——非专利技术　　　　　　300 000
　　应交税费——应交增值税（进项税额）　18 000
　　贷：银行存款　　　　　　　　　　　　　318 000

【例4-69】①东华企业向平祥机械厂购入需要安装的H电器设备一台，买价为500 000元，增值税税额为65 000元，包装费及运杂费等为9 000元，全部价款以银行存款支付。

【分析】企业购入需要安装的固定资产，以实际支付的买价、包装费、运输费、安装成本等作为入账价值，并应先通过"在建工程"账户汇集购入和安装过程中所发生的实际支出，安装完毕交付使用时，再结转工程成本，转入"固定资产"账户。因此，该笔业务发生后，一方面引起资产类项目在建工程增加，应借记"在建工程"账户，增值税进项税额增加65 000元，应借记"应交税费"账户；另一方面引起资产类项目银行存款减少，应贷记"银行存款"账户。编制会计分录如下：

借：在建工程——H电器　　　　　　　　509 000
　　应交税费——应交增值税（进项税额）　65 000
　　贷：银行存款　　　　　　　　　　　　　574 000

②东华企业购入的H电器，安装过程中，耗用原材料3 000元，发生人工费7 000元。

【分析】该笔业务发生后，一方面引起资产类项目在建工程增加10 000元，应记入"在建工程"账户借方；另一方面耗用的原材料减少，应记入"原材料"账户贷方，人工费"应付职工薪酬"为负债的增加，应记入"应付职工薪酬"账户贷方。该业务应编制的会计分录如下：

借：在建工程——H电器　　　　　　　　10 000
　　贷：原材料　　　　　　　　　　　　　　3 000
　　　　应付职工薪酬　　　　　　　　　　　7 000

③东华企业购入的H电器设备安装完毕，达到预定可使用状态，经验收合格后交付使用。

【分析】设备安装完毕，达到预定可使用状态，经验收合格后交付使用，意味着该设备由正在建造的工程变成了可以投入使用的固定资产，此时，应将在建工程的全部支出519 000元（519 000＝509 000＋10 000），转入固定资产的入账价值。这项业务的发生，一方面使企业的固定资产增加519 000元，另一方面使企业的在建工程减少519 000元。因而，这项业务的发生涉及"固定资产"和"在建工程"两个账户。固定资产增加应借记"固定资产"账户；企业在建工程的减少是资产的减少，应贷记"在建工程"账户。编制会计分录如下：

借：固定资产——H电器　　　　　　　　519 000
　　贷：在建工程——H电器　　　　　　　　519 000

【例4-70】①本月，东华企业出售A型机电设备。"固定资产"账户中记录的该设备原始价值为100 000元，"累计折旧"账户中记录的该设备已提折旧额为86 200元，实际出售价格为23 400元，增值税税额为3 042元，款项均通过银行转账。

【分析】出售企业设备应转入固定资产清理，表明固定资产处于处置的状态中，应注销固定资产的账面原值和已计提折旧。固定资产注销（减少）应记入"固定资产"账户贷方，已提折旧注销（减少）应记入"累计折旧"账户借方，其差额应记入"固定资产清理"账户借

方。编制会计分录如下:

    借:固定资产清理——A型机电设备   13 800

      累计折旧   86 200

      贷:固定资产   100 000

  ②东华企业进行A型机电设备的清理,发生清理费用1 700元,以银行存款支付。

  【分析】该项业务使固定资产清理费用增加了1 700元,应记入"固定资产清理"账户借方;银行存款减少1 700元,应记入"银行存款"账户贷方。编制会计分录如下:

    借:固定资产清理   1 700

      贷:银行存款   1 700

  ③东华企业收到出售A型机电设备的价款23 400元,增值税为3 042元,存入银行。

  【分析】固定资产清理中的收入应冲减固定资产清理的成本,该业务涉及"银行存款""固定资产清理""应交税费"账户,应借记"银行存款"账户,贷记"固定资产清理"账户及具有预收性质的负债项目应交增值税(销项税额)。编制会计分录如下:

    借:银行存款   26 442

      贷:固定资产清理   23 400

        应交税费——应交增值税(销项税额) 3 042

  ④东华企业出售A型机电设备清理完毕,结算该项设备的处置损益。

  【分析】固定资产出售、抵债、投资等处置业务,清理完毕,涉及结转固定资产清理净收益或净损失的业务。固定资产清理所发生的净收益或净损失,属于利得或损失,借记或贷记"固定资产清理"账户,贷记或借记"资产处置损益"账户;属于报废、自然灾害造成的毁损等损失,借记"营业外支出"账户,贷记"固定资产清理"账户。本例中,出售A型机电设备清理完毕时,"固定资产清理"账户为贷方余额7 900元(7 900=23 400-13 800-1 700),属于生产经营期间正常的处置净收益,结转至"资产处置损益"账户贷方,借记"固定资产清理"账户,最终,"固定资产清理"账户余额为0。编制会计分录如下:

    借:固定资产清理   7 900

      贷:资产处置损益   7 900

  【例4-71】①本月,东华企业的B型机电设备使用寿命期满,转入报废清理。"固定资产"账户中记录的该设备原始价值为100 000元,"累计折旧"账户中记录的该设备已提折旧额为96 000元。

  【分析】企业设备的报废等应转入固定资产报废清理,表明固定资产处于处置的状态中,应注销固定资产的账面原值和已提折旧。固定资产注销(减少)应记入"固定资产"账户贷方,已提折旧注销(减少)应记入"累计折旧"账户借方,其差额应记入"固定资产清理"账户借方。编制会计分录如下:

    借:固定资产清理——B型机电设备   4 000

      累计折旧   96 000

      贷:固定资产   100 000

  ②东华企业进行B型机电设备的报废清理,发生清理费用1 700元,以银行存款支付。

  【分析】该项业务使固定资产清理费用增加了1 700元,应记入"固定资产清理"账户借方;银行存款减少1 700元,应记入"银行存款"账户贷方。编制会计分录如下:

借：固定资产清理   1 700

 贷：银行存款   1 700

③东华企业对 B 型机电设备在清理过程中收回的废旧残料进行变价处理，取得收入 10 000 元，增值税为 1 300 元，存入银行。

【分析】固定资产清理中废料的残值收入应冲减固定资产清理的成本，该业务涉及"银行存款""固定资产清理""应交税费"账户，应借记"银行存款"账户，贷记"固定资产清理"账户及具有预收性质的负债项目应交增值税（销项税额）。编制会计分录如下：

借：银行存款   11 300

 贷：固定资产清理   10 000

  应交税费——应交增值税（销项税额） 1 300

④东华企业 B 型机电设备清理完毕，结算该项设备的处置损益。

【分析】固定资产清理中发生的属于自然灾害造成的毁损等损失，借记"营业外支出"账户，贷记"固定资产清理"账户。本例中，报废 A 型机电设备清理完毕时，"固定资产清理"账户为贷方余额 4 300 元（4 300＝10 000－4 000－1 700），属于生产经营期间正常的处置净收益，结转至"营业外收入"账户贷方，借记"固定资产清理"账户，最终，"固定资产清理"账户余额为 0。编制会计分录如下：

借：固定资产清理   4 300

 贷：营业外收入——非流动资产处置利得   4 300

> **提示说明**
>
> 固定资产清理完成后，对清理净损益，应区分不同情况进行账务处理：属于生产经营期间正常的处置净损失，借记"资产处置损益"科目，贷记"固定资产清理"科目。属于自然灾害等非正常原因造成的损失，借记"营业外支出——非常损失"科目，贷记"固定资产清理"科目。如为贷方余额，借记"固定资产清理"科目，贷记"资产处置损益"或"营业外收入——非流动资产处置利得"科目。

2. 对外投资业务的核算

对外投资是指企业为了取得被投资方资产或者对被投资方实施影响或控制等而对企业外部进行的权益性投资以及企业因购买国库券、公司债券等而取得的债权性投资。

> **提示说明**
>
> 与权益性投资对应的是债权性投资，其通常是指 3 个月内到期的短期债券投资。这种投资具有期限短、流动性强、易于转换为已知金额的现金、价值变动风险小的特点，它往往被排除在投资活动之外，通常将其视为现金等价物。

对外投资具有期限长、流动性弱、变现的金额通常不确定、价值变动风险大等特点。主要包括：交易性投资，是指企业为了在近期内出售而持有的金融资产；持有至到期投资，是指到期日固定、回收金额固定或可确定，且企业有明确意图和能力持有至到期的非衍生金融资产；可供出售金融资产，是指初始确认时即被指定为可供出售非衍生金融资产等；长期股权投资，是指企业准备长期持有的权益性投资。

投资活动的业务纷繁复杂，本节仅对交易性金融资产投资或事项的账务处理予以介绍。

> **提示说明**　投资活动与投资是两个不同的概念。购建固定资产等长期资产是投资活动，但它却不是一项投资；购买自购买日起 3 个月内到期的债券属于投资，但它却不是投资活动。

2.1　交易性金融资产

交易性金融资产，是指企业以交易为目的而持有的、以公允价值计量且其变动计入当期损益的债券投资、股票投资和基金投资。其特点为：企业短期持有交易性金融资产，在初次确认时就确定其持有目的是获利，且持有时间不超过 1 年（包括 1 年）；企业持有交易性金融资产以赚取差价为目的；必须具有活跃的市场报价，公允价值能够通过活跃市场获取，这是随时变现的前提。

（1）交易性金融资产的取得与持有

取得交易性金融资产时，应将该金融资产取得时的公允价值作为其初始确认金额；如果支付的价款中包含了已宣告但尚未发放的现金股利或已到付息期但尚未领取的债券利息，应当单独确认为应收项目，不计入初始确认金额；所发生的相关交易费用，应当在发生时计入投资收益。

交易性金融资产持有期间，收到买价中包含的股利或利息，应作为应收项目处理；确认应享有的股利或利息，应作为投资收益处理。

> **提示说明**　交易费用，是指可直接归属于购买、发行或处置金融工具新增的外部费用，包括支付给代理机构、咨询公司、券商等的手续费和佣金及其他必要支出。

在资产负债表日，交易性金融资产应当按照公允价值计量，交易性金融资产公允价值变动应当作为公允价值变动损益，构成当期利润。交易性金融资产的公允价值大于其账面余额的差额，作为增加交易性金融资产（公允价值变动）和增加收益（公允价值变动损益）处理；交易性金融资产的公允价值小于其账面余额的差额，作为减少交易性金融资产（公允价值变动）和增加损失（公允价值变动损益）处理。

（2）交易性金融资产的出售

出售交易性金融资产时，应当将取得的价款与其账面余额（初始入账金额±累计的公允价值变动金额)之间的差额确认为投资收益或损失,并冲销交易性金融资产(成本、公允价值变动);同时,将原计入该金融资产的公允价值变动转出,由公允价值变动损益转为投资收益。

(3)投资收益的概念

投资收益,是指企业确认的由于对外投资而取得的收益(或发生的损失),包括企业购买股票的股利收入和购买债券的利息收入等。企业对外投资从被投资方分得的股利(或利润)、从债券发行方获得的利息,以及处置对外投资收回金额大于实际投资金额的差额,即为企业的投资收益;购买交易性金融资产时支付的交易费用,以及处置对外投资收回金额小于实际金额的差额,即为企业的投资损失。投资收益还包括交易性金融资产在持有期间由于其公允价值变动而产生的损益。

> **提示说明**
>
> 企业购买股票和债券是间接获取收益的一种方式。这里间接的含义是指资金的使用(生产经营活动过程)不是由投资企业自身完成的,而是由被投资方完成的,通过被投资方取得盈利后分配给投资方使其实现盈利。

2.2 主要账户的设置

对外投资活动主要设置"交易性金融资产""投资收益""公允价值变动损益""应收股利""应收利息""长期股权投资"等账户。

(1)"交易性金融资产"账户

该账户是资产类账户,用来核算企业为交易目的所持有的债券投资、股票投资、基金投资等交易性金融资产的公允价值。企业持有的直接指定为以公允价值计量且其变动计入当期损益的金融资产,也在该账户核算。该账户借方登记交易性金融资产取得时的公允价值(成本),以及持有期间期末(资产负债表日)市价的增值部分(公允价值变动),发生的交易费用借记"投资收益"账户;贷方登记处置交易性金融资产时的公允价值,以及持有期间期末(资产负债表日)市价的减值部分(公允价值变动);期末借方余额表示企业持有的交易性金融资产的公允价值。该账户可按交易性金融资产的类别和品种,分"成本""公允价值变动"等进行明细核算。"交易性金融资产——成本"账户、"交易性金融资产——公允价值变动"账户的结构如图4-56、图4-57所示。

借方	交易性金融资产——成本	贷方
取得交易性金融资产的公允价值		处置交易性金融资产时的公允价值
期末余额:企业持有的交易性金融资产的公允价值		

图4-56 "交易性金融资产——成本"账户的结构

借方	交易性金融资产——公允价值变动	贷方
资产负债表日交易性金融资产公允价值高于其账面余额的差额		资产负债表日交易性金融资产公允价值低于其账面余额的差额
余额:持有的交易性金融资产的公允价值变动净增加额		余额:持有的交易性金融资产的公允价值变动的净减少额

图 4-57　"交易性金融资产——公允价值变动"账户的结构

（2）"投资收益"账户

该账户属于收入（损益）类账户,用来核算企业对外投资所取得的收益或发生的损失。该账户贷方登记取得的投资收益、投资净损失的结转;借方登记发生的投资损失和投资净收益的结转。期末余额转入"本年利润"账户后,该账户无余额。该账户可按投资项目进行明细核算。该账户的结构如图 4-58 所示。

借方	投资收益	贷方
企业发生的投资损失 期末转入"本年利润"的投资净收益		企业取得的投资收益 期末转入"本年利润"的投资净损失

图 4-58　"投资收益"账户的结构

> **提示说明**
>
> "投资收益"账户是一个双重性质账户,其双重性是由该账户所核算的内容具有双重性决定的,即该账户既核算投资收益,也核算投资损失。当该账户期末有余额时,其余额方向具有不确定性,这正是双重性质账户的显著特征。

（3）"公允价值变动损益"账户

该账户是损益类账户,用来核算企业交易性金融资产等的投资因公允价值变动形成的应计入当期损益的利得或损失。该账户的借方登记资产负债表日持有的交易性金融资产等的公允价值低于其账面余额的差额;贷方登记资产负债表日持有的交易性金融资产等的公允价值高于其账面余额的差额;期末应将该账户余额转入"本年利润"账户,结转后该账户无余额。出售交易性金融资产时,应按实收金额借记"银行存款"等账户,按该金融资产的账面余额贷记"交易性金融资产"账户,按其差额借记或贷记"投资收益"账户;同时,将原计入该金融资产的公允价值变动转出,借记或贷记该账户,贷记或借记"投资收益"账户。该账户的结构如图 4-59 所示。

借方	公允价值变动损益	贷方
公允价值低于账面余额的差额； 处置交易性金融资产时，转销公允价值变动贷方金额	公允价值高于账面余额的差额； 处置交易性金融资产时，转销公允价值变动借方金额	

图4-59 "公允价值变动损益"账户的结构

（4）"应收股利"账户

该账户属于资产类账户，用来核算企业应从被投资方分享的现金股利。该账户借方登记被投资单位宣告发放的归本企业享有的现金股利，贷方登记企业实际收到的现金股利。该账户期末为借方余额，反映企业尚未收回的现金股利。该账户的结构如图4-60所示。

借方	应收股利	贷方
被投资单位宣告发放的归本企业享有的现金股利	企业实际收到的现金股利	
余额：企业尚未收回的现金股利		

图4-60 "应收股利"账户的结构

（5）"应收利息"账户

该账户属于资产类账户，用来核算企业应从债券发行方收取的债券利息。该账户借方登记按债券利率计算确定的本企业应获取的债券利息，贷方登记企业实际收到的债券利息。该账户期末为借方余额，反映企业尚未收回的债券利息。该账户的结构如图4-61所示。

借方	应收利息	贷方
按债券利率计算确定的本企业应获取的债券利息	企业实际收到的债券利息	
余额：企业尚未收回的债券利息		

图4-61 "应收利息"账户的结构

2.3 主要业务核算会计记录举例

【例4-72】3月2日，东华企业为赚取差价，从上海证券交易所购入A上市公司股票50 000股，该笔股票投资在购买日的公允价值为500 000元，另支付相关交易费用1 250元，取得的增值税专用发票上注明的增值税税额为750元，东华企业将其划分为交易性金融资产进行管理和核算。

【分析】企业取得交易性金融资产，应当按照该金融资产取得时的公允价值，借记"交易性金融资产——成本"科目，按照发生的交易费用，借记"投资收益"科目，发生交易费用取得增值税专用发票的,按其注明的增值税进项税额,借记"应交税费——应交增值税(进项税额)"科目,按照实际支付的金额,贷记"其他货币资金"等科目。东华企业应编制如下会计分录:

①3月2日,购买A上市公司股票时;

借:交易性金融资产——成本——A上市公司股票 500 000
    贷:其他货币资金——存出投资款   500 000

②支付相关交易费用时:

借:投资收益——A上市公司股票   1 250
    应交税费——应交增值税(进项税额)   750
    贷:其他货币资金——存出投资款   2 000

【例4-73】3月10日,东华企业从上海证券交易所购入B上市公司已宣告但尚未分配现金股利的股票10 000股,作为交易性投资,每股成交价为10.2元,其中0.2元为已宣告但尚未分配的现金股利,价款计102 000元。股权登记日为3月15日。另支付相关交易费用255元,取得的增值税专用发票上注明的增值税税额为153元。月末,东华企业收到B公司发放的现金股利2 000元。

【分析】取得该交易性金融资产100 000元,应记入"交易性金融资产——成本"账户借方,已宣告但尚未分配的现金股利2 000元,作为应收款项,记入"应收股利"账户借方,发生的交易费用255元作为当期损益,记入"投资收益"账户借方,增值税进项税额153元,记入"应交税费——应交增值税(进项税额)"账户借方;收到现金股利,应记入"应收股利"贷方;同时使企业的其他货币资金增加,记入"其他货币资金"账户借方。该业务应编制如下会计分录:

借:交易性金融资产——成本——B上市公司股票 100 000
    投资收益——B上市公司股票   255
    应收股利   2 000
    应收税费——应交增值税(进项税额)   153
    贷:其他货币资金——存出投资款   102 408
借:其他货币资金——存出投资款   2 000
    贷:应收股利   2 000

> **提示说明**
>
> 企业购买的划分为以公允价值计量且其变动计入当期损益的金融资产,应当将取得时的公允价值作为初始确认金额,相关的交易费用在发生时计入当期损益。取得以公允价值计量且其变动计入当期损益的金融资产所支付的价款,包含已宣告发放的现金股利或债券利息的,都应作为应收款项,单独列示。

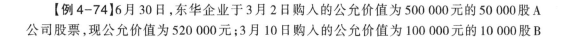

【例4-74】6月30日,东华企业于3月2日购入的公允价值为500 000元的50 000股A公司股票,现公允价值为520 000元;3月10日购入的公允价值为100 000元的10 000股B

公司股票,现公允价值为 90 000 元。

【分析】资产负债表日,交易性金融资产的公允价值高于其账面余额的差额,记入"交易性金融资产——公允价值变动"账户借方,同时记入"公允价值变动损益"账户贷方。公允价值低于其账面余额的差额,作相反的会计分录。东华企业所购 A 公司股票的公允价值高于其账面余额的差额 20 000 元(20 000 = 520 000 - 500 000),应记入"交易性金融资产——公允价值变动"账户借方,同时记入"公允价值变动损益"账户贷方;所购 B 公司股票的公允价值低于其账面余额的差额 10 000 元(10 000 = 100 000 - 90 000),应记入"交易性金融资产——公允价值变动"账户贷方,同时记入"公允价值变动损益"账户借方。会计分录如下:

借:交易性金融资产——公允价值变动——A 公司股票 20 000
　　贷:公允价值变动损益——A 公司股票　　　　　　　　20 000
借:公允价值变动损益——B 公司股票　　　　　　　10 000
　　贷:交易性金融资产——公允价值变动——B 公司股票　10 000

【例 4-75】10 月 10 日,东华企业出售 A 公司全部股票 50 000 股,实收金额为 526 800 元(不考虑相关税费和其他因素)。

【分析】企业处置交易性金融资产时,将处置时的该交易性金融资产的公允价值与初始入账金额之间的差额确认为投资收益,同时调整公允价值变动损益。出售交易性金融资产时,应按实际收到的金额,借记"其他货币资金"账户,按该金融资产的账面余额,贷记"交易性金融资产"账户,按其差额,贷记或借记"投资收益"账户。同时,将原计入该项交易性金融资产的公允价值变动转出,借记或贷记"公允价值变动损益"账户,贷记或借记"投资收益"账户。A 公司股票的处置会计分录如下:

借:其他货币资金——存出投资款　　　　　　　526 800
　　贷:交易性金融资产——成本　　　　　　　　　500 000
　　　　　　　　　　　　——公允价值变动　　　　20 000
　　　　投资收益　　　　　　　　　　　　　　　 6 800
借:公允价值变动损益　　　　　　　　　　　　20 000
　　贷:投资收益　　　　　　　　　　　　　　　　20 000

第 7 节　财务成果的形成与分配业务核算

1. 财务成果形成的主要内容

我国《企业会计准则——基本准则》第三十七条指出,利润是指企业在一定会计期间的经营成果。利润包括收入减去费用后的净额、直接计入当期利润的利得和损失等。财务成果是企业在一定会计期间进行经营、投资活动等的最终成果,是一定会计期间收入减去费用后的净额加上当期利得减去当期损失的最终结果。如果当期实现的收益大于相关的费用、成本,则为实现利润,反之则为发生亏损。企业当期产生的利得(营业外收入)、发生的损失(营业外支出)和资产处置净损益也应直接计入所发生会计期间的利润。按照利润的品质、作用和计算过程,利润有营业利润、利润总额和净利润之分。

1.1 营业利润

营业利润,是指企业通过组织日常经营活动获得的利润,即企业在某一会计期间的营业收入和为实现这些营业收入所发生的费用、成本比较的结果。营业利润是企业最基本经营活动的成果,也是企业一定时期获得利润中最主要、最稳定的来源,反映了企业盈余的品质。其包含的项目和计算公式为

营业利润＝营业收入－营业成本－税金及附加－期间费用－资产减值损失(信用减值损失)

　　±公允价值变动净损益±投资净损益±资产处置净损益

其中

营业收入＝主营业务收入＋其他业务收入

营业成本＝主营业务成本＋其他业务成本

期间费用＝销售费用＋管理费用＋财务费用

　　"营业收入"项目的金额应为"主营业务收入"与"其他业务收入"两项金额之和;"营业成本"项目的金额为"主营业务成本"与"其他业务成本"两项金额之和。此外,如果企业有资产减值损失,也应作为减项列于营业利润的计算公式。"公允价值变动净损益""投资收益""资产处置净损益"项如果为净收益,应作为加项;如果为净损失,则应作为减项。

　　企业为了合理有效地使用资金以获得更多的经济利益,除了进行正常的生产经营活动外,还可以将资金投放于债券、股票或其他财产等,形成企业的对外投资。投资净收益是企业对外投资所取得的收益减去发生的投资损失后的净额。投资收益的实现或投资损失的发生都会影响企业当期的经营成果。投资收益包括股票投资分得的股利、债券投资取得的利息、其他投资分得的利润以及转让投资的收回款项大于投出款项的差额;投资损失主要包括因被投资企业发生亏损而应由投资企业承担的份额、转让投资的收回款项小于投出款项的差额等。

1.2 利润总额

利润总额,是指一定会计期间全部期间全部经营活动(包括日常经营活动和非日常经营活动)获得的利润,也称"会计利润""税前利润"。其包含的项目和计算公式如下:

利润(或亏损)总额＝营业利润＋营业外收入－营业外支出

1.3 净利润

净利润,是指在企业利润总额的基础上减去按照国家税法规定应纳所得税形成的所得税费用后的利润,也称为"税后利润"。企业在一定会计时期的净利润,是以营业利润和利润总额为基础计算出来的。净利润的计算是一个循序渐进的过程,其计算公式如下:

$$净利润＝利润总额－所得税费用$$

式中,所得税费用是企业按照国家税法的有关规定,根据对利润总额进行调整而得到的"应纳税所得额"和适用税率计算的应纳所得税。

应纳所得税虽然不是企业生产经营资金的耗费,但它是企业为取得净利润这一最终目标而必须付出的代价,它是一种特殊的费用——所得税费用,其计算公式为

$$应纳所得税费用额＝应纳税所得额×适用税率$$

$$应纳税所得额＝利润总额±所得税前利润中予以调整的项目$$

式中,"应纳税所得额"是计算企业应交纳所得税费用额的基数,这个数据一般是在企业按照会计方法计算出来的"利润总额"的基础上,按照税法的有关规定进行一定的调整而得到的。当前期累计应交所得税与当前期应交所得税的计算公式为

$$当前期累计应交所得税＝当前期应纳税所得额×适用税率$$

$$当前期应交所得税＝当前期累计应交所得税－上期累计已交所得税$$

2. 财务成果的形成与分配

在会计期末,企业将当期实现的收入和发生的相关费用在有关账户之间进行结转,确定当期经营成果。在实务中,这个过程是通过将有关收入类账户和费用类账户(以上两类账户统称为损益类账户)的发生额,以及"营业外收入"和"营业外支出"账户的发生额向"本年利润"账户进行结转并经过有关数据的对比完成的。

2.1 营业利润构成项目中的期间费用和资产减值损失

(1)期间费用

期间费用,是指不能直接归属于某个特定的产品成本,而应直接计入当期损益的各种费用。它是企业在经营过程中随着时间的推移而不断发生的与产品生产活动的管理和销售有一定关系,但与产品的制造过程没有直接关系的各种费用。一般来说,我们能够很容易地确定期间费用应归属的会计期间,但难以确定其归属的产品。也就是说,难以确定其直接的负担者,所以期间费用不计入产品制造成本,而是从当期损益中扣除。制造业企业的期间费用按照经济用途可分为销售费用、管理费用和财务费用。这些费用的发生对企业取得收入有很大的作用,但很难与各类收入直接配比,所以将其视为与某一期间的营业收入相关的期间费用,按其实际发生金额予以确认。

(2)资产减值损失

资产减值损失,是指企业在资产负债表日,经过对资产的测试,判断资产可收回金额低于账面价值而计提资产减值准备所确认的相应损失。按现行企业会计准则,资产减值损失主要有应收款项减值损失、存货跌价损失、固定资产减值损失等。本教材主要阐述应收款项减值损失的核算,并采用"余额百分比法"计提坏账准备。

2.2 营业外收支业务

企业的营业外收支,是指与企业正常的生产经营业务没有直接关系的各项收入和支出,包括营业外收入和营业外支出。

(1)营业外收入

营业外收入,是指与企业正常的生产经营活动没有直接关系的各项收入,包括处置固定资产净收益、出售无形资产净收益、罚款收入、捐赠利得等。营业外收入不是由企业经营资金耗费所产生的,不需要企业付出代价,实际上是一种纯收入,因而无法与有关费用支出相配比。

(2)营业外支出

营业外支出,是指与企业正常的生产经营活动没有直接关系的各项支出,包括固定资产盘亏支出、处置固定资产净损失、处置无形资产净损失、罚款支出、捐赠支出等。

需要特别指出的是,营业外支出并非是取得营业外收入而发生的,两者之间不存在配比关系,不能以营业外支出直接冲减营业外收入;同样,也不能以营业外收入直接抵冲营业外支出。发生营业外收入(支出)时,应按其净额核算,并直接增加(冲销)企业的利润总额。

2.3 财务成果的确定方法

根据有关收入类账户和费用类账户发生额结转时间的不同,其结转入"本年利润"账户的方法(即企业计算确定本期利润总额、净利润和本年累计利润总额、累计净利润的具体方法)可分为以下两种:"账结法"和"表结法"。

所谓"账结法"是指在每月月末将各损益类账户发生额反方向转入"本年利润"账户借方或贷方,通过"本年利润"账户借方发生额(费用总额)与贷方发生额(收入总额)的比较,来计算本月利润(或亏损)的一种利润计算方法。

在"账结法"下,企业各月末应该将本月收入从各有关收入类账户借方转入"本年利润"账户贷方;将本月费用从各有关费用类账户贷方转入"本年利润"账户借方;各损益类账户在月末结账后应无余额。"本年利润"账户的余额即为截至本月末本年累计已实现的利润(或发生的亏损);在年度内该账户的余额一直保留不予结转(即"本年利润"账户的余额为累计数);年末再将"本年利润"账户贷方(或借方)余额,反方向转入"利润分配——未分配利润"明细账的贷方(或借方),结转后应无余额。"本年利润"账户集中反映了全年累计净利润的实现或亏损的发生情况。

所谓"表结法",就是企业在年中每个月的月末不进行结转,而是在年末一次性进行结转。每月实现的利润是通过编制利润表计算的。采用这种方法进行利润计算时,收入类账户和费用类账户各月的发生额无须向"本年利润"账户结转,只需将它们的发生额抄入利润表有关项目的"本期余额"栏即可。在这种情况下,收入类账户和费用类账户在每年1—11月各月末应有余额,年终结转后这两类账户应无余额。

2.4 财务成果分配业务

财务成果分配是指企业在实现利润的情况下按照《中华人民共和国公司法》及公司章

程的有关规定和程序在有关方面进行净利润的分配。在不需要用当年利润弥补亏损的情况下,净利润一般按照以下顺序进行分配。

(1)提取法定盈余公积

法定盈余公积,是企业根据《中华人民共和国公司法》的规定,按本年税后利润的10%提取的公共积累。法定盈余公积的目的主要是培根固基,抵消物价变动的影响以及弥补亏损或转增资本等。

> 当企业法定盈余公积金达到企业注册资本的50%时,可不再提取。转增资本后的企业盈余公积的数额不得少于其注册资本的25%。

(2)提取任意盈余公积

任意盈余公积是指企业按照公司董事会、股东大会或者类似权力机构的决议,按照所批准的比例从净利润中提取的公共积累。提取任意盈余公积,减少了当期可以分派股利的利润额,其目的在于保持财力以应付特殊情况。如果企业估计将来有足够的现金流入,也可以不提任意盈余公积。

(3)向投资者分配利润或股利(俗称"分红")

企业当年提取了盈余公积后的净利润,加上年初未分配利润,为当年可供分配的利润,可按照投资比例在各投资者之间进行分配。

经过上述环节的分配后,剩余的为未分配利润,可以留待以后年度进行分配。

未分配利润,是指可供投资者分配的利润在扣除实际向投资者分配的利润后的部分。未分配利润是企业留待以后年度进行分配的利润,它是企业所有者权益的一个重要部分。相对于所有者权益的其他部分来讲,企业对未分配利润的安排有较大的自主权。

3. 财务成果形成与分配主要业务的核算

3.1 利润形成业务的核算

3.1.1 主要账户的设置

除前面介绍过的损益类账户"主营业务收入""主营业务成本""税金及附加""其他业务收入""其他业务成本""销售费用""管理费用""财务费用""营业外收入"和"投资收益"外,还应设置的账户有"营业外支出""坏账准备""信用减值损失""资产减值损失""本年利润"和"所得税费用"等账户。

(1)"营业外支出"账户

该账户是费用支出(损益)类账户,核算企业在非日常经营活动中发生的各项损失,包括处置非流动资产损失、非货币资产交换损失、债务重组损失、罚款支出、非常损失等。该账户的借方反映企业发生的各项营业外支出,贷方反映期末转入"本年利润"账户的营业外支出,结转后该账户无余额。该账户应当按照营业外支出的项目设置明细账,进行明细分类核算。该账户的结构如图4-62所示。

借方	营业外支出	贷方
企业发生的各项营业外支出	期末转入"本年利润"账户的营业外支出	

图 4-62　"营业外支出"账户的结构

（2）"坏账准备"账户

该账户是资产类账户，是资产类账户的抵减账户，核算应收款项应计提和转销的坏账准备。该账户的贷方登记资产负债表日应计提的坏账准备金额，借方登记实际发生坏账损失时应冲销的坏账准备金额。该账户期末如为贷方余额，表示已计提但尚未转销的坏账准备；该账户期末如为借方余额，表示实际发生的坏账损失大于已计提的坏账准备的部分；在年末应有贷方余额。该账户可按"应收账款"和"其他应收款"设置明细账户，进行明细分类核算。该账户的结构如图 4-63 所示。

借方	坏账准备	贷方
实际发生坏账损失时应冲销的坏账准备金额	资产负债表日应计提的坏账准备金额	
余额：实际发生的坏账损失大于已计提的坏账准备的部分	余额：已计提但尚未转销的坏账准备	

图 4-63　"坏账准备"账户的结构

（3）"信用减值损失"账户

该账户是损益类账户，核算期末计提确认的应收款项减值准备所形成的损失。该账户的借方登记因计提应收款项减值准备而确认的减值损失，贷方登记期末转入"本年利润"账户的减值损失（转出数），期末结转后无余额。该账户的结构如图 4-64 所示。

借方	信用减值损失	贷方
计提应收款项减值准备而确认的减值损失	期末转入"本年利润"账户的减值损失（转出数）	

图 4-64　"信用减值损失"账户的结构

> **提示说明**
>
> 信用减值损失，是指企业按照《企业会计准则第 22 号——金融工具确认和计量》（2017 年修订）的要求计提的各项金融工具减值准备所形成的预期信用损失，企业应当在资产负债表日计算金融工具预期信用损失。该项目的金额取自"信用减值损失"账户的发生额。

（4）"资产减值损失"账户

该账户是损益类账户,核算期末计提确认的各项资产减值准备所形成的损失。该账户的借方登记因计提存货、固定资产、无形资产等资产减值准备而确认的资产减值损失,贷方登记期末转入"本年利润"账户的资产减值损失(转出数),期末结转后无余额。该账户可按资产减值损失的项目进行明细核算。该账户的结构如图4-65所示。

借方	资产减值损失	贷方
因计提各项资产减值准备而确认的资产减值损失	期末转入"本年利润"账户的资产减值损失(转出数)	

图4-65 "资产减值损失"账户的结构

（5）"本年利润"账户

该账户是利润(所有者权益)类账户,用来核算企业实现的净利润(或发生的净亏损)。该账户的贷方登记期末从有关收入类账户结转来的发生额;借方登记期末从有关费用类账户结转来的发生额,以及在年度终了时结转入"利润分配——未分配利润"账户的净利润。年终结转后,该账户应无余额。该账户的结构如图4-66所示。

借方	本年利润	贷方
期末转入的各项费用:	期末转入的各项收入:	
主营业务成本	主营业务收入	
其他业务成本	其他业务收入	
税金及附加	营业外收入	
销售费用	投资收益(投资净收益)	
管理费用	资产处置收益	
财务费用	公允价值变动收益	
资产减值损失		
信用减值损失		
公允价值变动损失		
营业外支出		
资产处置损失		
投资收益(投资净损失)		
所得税费用		
年末结转本年实现的净利润	年末结转本年发生的净亏损	

图4-66 "本年利润"账户的结构

(6)"所得税费用"账户

该账户是费用(损益)类账户,用来核算企业按税法规定应纳税税额所形成的所得税费用。该账户借方登记企业期末(年末)应从会计利润中抵扣的所得税费用,贷方登记期末(年末)转入"本年利润"账户的所得税费用。期末结转后,该账户应无余额。该账户的结构如图4-67所示。

借方	所得税费用	贷方
按税法规定计算出的本期应交所得税费用		期末转入"本年利润"账户的所得税费用额

图4-67 "所得税费用"账户的结构

利润形成总分类核算的账户设置及有关账户之间的对应关系如图4-68所示。

3.1.2 利润形成业务核算会计记录举例

【例4-76】10月12日,东华企业收到银海公司未履行合同的违约金罚款28 000元,存入银行。

【分析】该笔业务发生后,一方面企业银行存款增加28 000元,另一方面企业的营业外收入增加28 000元,因此该业务涉及"银行存款"和"营业外收入"两个账户。银行存款的增加是资产的增加,应记入"银行存款"账户借方,营业外收入的增加是收益的增加,应记入"营业外收入"账户贷方。编制会计分录如下:

```
借:银行存款                          28 000
    贷:营业外收入                            28 000
```

【例4-77】10月23日,应付链宇公司的货款2 600元,因链宇公司倒闭已无法支付。经东华企业董事会讨论决定,按照有关规定作为营业外收入处理。

【分析】该笔业务发生后,一方面因不符合负债定义使得企业非日常经营活动项目——营业外收入增加,按规定记入"营业外收入"账户贷方;另一方面使得企业负债项目——应付账款减少,应记入"应付账款"账户借方。编制会计分录如下:

```
借:应付账款——链宇公司               2 600
    贷:营业外收入                            2 600
```

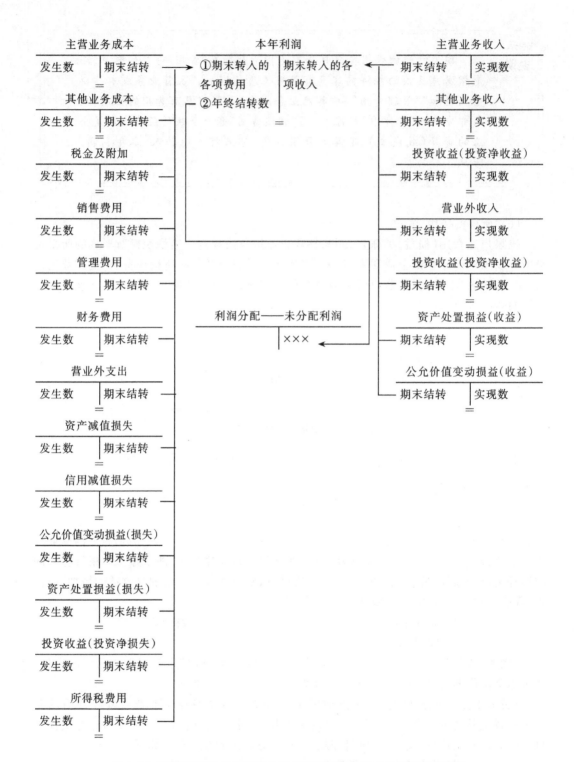

图 4-68　利润形成总分类核算的账户设置及有关账户之间的对应关系

【例4-78】10月24日,东华企业以20 000元支付一项公益性捐赠。

【分析】企业的公益性捐赠属于营业外支出。这笔业务的发生,一方面使公司的银行存款减少20 000元,另一方面使公司的营业外支出增加20 000元,因此该业务涉及"营业外支出"和"银行存款"两个账户。营业外支出的增加是费用支出的增加,应记入"营业外支出"账户借方,银行存款的减少是资产的减少,应记入"银行存款"账户贷方。编制会计分录如下:

```
借:营业外支出                          20 000
    贷:银行存款                          20 000
```

【例4-79】10月24日,东华企业以银行存款支付税款滞纳金8 000元。

【分析】该笔罚款业务,一方面属于营业外支出,记入"营业外支出"账户借方;另一方面需支用银行存款,记入"银行存款"账户贷方。编制会计分录如下:

```
借:营业外支出                          8 000
    贷:银行存款                          8 000
```

【例4-80】10月25日,东华企业出售专有技术一项,取得收入50 000元并存入银行,该专有技术账面价值为44 500元,申报应交各种税金3 000元。

【分析】公司取得专有技术出售收入,使银行存款增加,应记入"银行存款"账户借方;无形资产减少44 500元,应记入"无形资产"账户贷方;申报应交各种税金3 000元,应记入"应交税费"账户贷方;同时,实现的无形资产转让净收益,记入"资产处置损益"账户贷方。该业务应编制会计分录如下:

```
借:银行存款                            50 000
    贷:无形资产                          44 500
      应交税费                          3 000
      资产处置损益                       2 500
```

【例4-81】10月26日,经确定,应收双量公司货款45 000元已无法收回。经东华企业董事会讨论决定,按照有关规定作为坏账注销处理。

【分析】该业务使企业计提的应收款项的抵减项目——坏账准备减少45 000元,同时也使企业的应收账款注销45 000元。编制会计分录如下:

```
借:坏账准备——应收账款                  45 000
    贷:应收账款——双量公司                45 000
```

【例4-82】10月27日,收到上一年度已作为坏账注销的湘城公司的货款12 000元,确认并转销应收账款,恢复坏账准备账户。

【分析】该业务使企业银行存款增加12 000元,同时也使企业计提的应收款项的抵减项目——坏账准备得以恢复(增加)12 000元。编制会计分录如下:

```
借:应收账款——湘城公司                  12 000
    贷:坏账准备——应收账款                12 000
借:银行存款                            12 000
    贷:应收账款——湘城公司                12 000
```

【例4-83】东华企业根据企业会计准则确定本期应计提坏账准备的金额为13 100元。

【分析】该笔业务为企业信用减值损失的计提,一方面企业计提的坏账准备是金融工具的种类所涉及的信用减值损失,应借记"信用减值损失"账户;另一方面企业计提的应收款项的抵减项目——坏账准备增加13 100元。编制会计分录如下:

借:信用减值损失——计提的坏账准备　　　　　13 100
　　贷:坏账准备——应收账款　　　　　　　　　　　13 100

提示说明　　　确认信用减值损失,计提坏账准备在年度资产负债表日进行,【例4-83】仅为说明这一业务。

【例4-84】月末,东华企业按荣盛公司规定的债券计息日及票面利率计算本期应收利息3 500元。

【分析】该笔业务发生后,一方面引起资产类项目应收利息增加,应记入"应收利息"账户借方;另一方面引起损益类项目投资收益的增加,产生了收益,贷记"投资收益"。其会计分录如下:

借:应收利息——荣盛公司　　　　　　　　　　3 500
　　贷:投资收益　　　　　　　　　　　　　　　　　3 500

【例4-85】月末,东华企业有关损益类账户结账前余额如表4-6所示(有关数据来源于本章东华企业案例),计算并结转本月净利润额,将本月各损益账户余额转入"本年利润"账户。

表4-6　损益类账户结账前余额

单位:元

收入类账户	结账前余额	费用类账户	结账前余额
主营业务收入	6 230 000	主营业务成本	2 796 000
其他业务收入	320 000	其他业务成本	159 400
营业外收入	34 900	税金及附加	44 650
投资收益	28 795	销售费用	517 258
公允价值变动损益	-10 000	管理费用	308 756
资产处置损益	10 400	财务费用	46 000
		营业外支出	28 000
		信用减值损失	13 100

【分析】会计期末,企业未结转各损益类账户之前,本期实现的各项收入以及与之相配比的成本费用是分散反映在不同的损益类账户上的,为了遵循配比的要求,使本期的收支相抵减,以便确定本期经营成果,就需要编制结账分录,结清各损益类账户。这一事项的发生,一方面使得公司的有关损益类账户所记录的各种收入减少,使得公司的利润额增加,因此该事项涉及"主营业务收入""其他业务收入""营业外收入""投资收益""公允价值变动损益"和"本年利润"五个账户。各项收入的结转是收入的减少,应记入"主营业务收

入""其他业务收入""营业外收入""投资收益""公允价值变动损益"账户借方,利润的增加是所有者权益的增加,应记入"本年利润"账户贷方。另一方面,需要将记录在有关损益类账户中的各项费用予以转销,结转费用会使得公司的利润减少,因此该事项涉及"本年利润""主营业务成本""其他业务成本""税金及附加""销售费用""管理费用""财务费用""营业外支出"和"信用减值损失"账户。各项支出的结转是费用支出的减少,应记入"主营业务成本""其他业务成本""税金及附加""销售费用""管理费用""财务费用""营业外支出"和"信用减值损失"账户贷方,利润的减少是所有者权益的减少,应记入"本年利润"账户借方。编制会计分录如下:

借:主营业务收入　　　　　　　　　　6 230 000
　　其他业务收入　　　　　　　　　　　320 000
　　营业外收入　　　　　　　　　　　　 34 900
　　投资收益　　　　　　　　　　　　　 28 795
　　公允价值变动损益　　　　　　　　　−10 000
　　贷:本年利润　　　　　　　　　　　6 603 695
借:本年利润　　　　　　　　　　　　3 913 164
　　贷:主营业务成本　　　　　　　　　2 796 000
　　　　其他业务成本　　　　　　　　　 159 400
　　　　税金及附加　　　　　　　　　　　44 650
　　　　销售费用　　　　　　　　　　　 517 258
　　　　管理费用　　　　　　　　　　　 308 756
　　　　财务费用　　　　　　　　　　　　46 000
　　　　营业外支出　　　　　　　　　　　28 000
　　　　信用减值损失　　　　　　　　　　13 100

【例4-86】本月末,按税前利润2 690 531元计算应交所得税费用为672 632.75元。

【分析】所得税计算出来以后,一般在当期并不实际交纳,所以在形成所得税费用的同时也产生了企业的一项负债。这笔业务的发生,一方面使得企业的所得税费用增加了672 632.75元,另一方面使得公司的应交税费增加672 632.75元,因此该笔业务涉及"所得税费用"和"应交税费——应交所得税"两个账户。所得税费用的增加是费用的增加,应记入"所得税费用"账户借方,应交税费的增加是负债的增加,应记入"应交税费——应交所得税"账户贷方。编制会计分录如下:

借:所得税费用　　　　　　　　　　　672 632.75
　　贷:应交税费——应交所得税　　　　　　　672 632.75

【例4-87】本月末,结转本期所得税费用672 632.75元到"本年利润"账户。

【分析】该笔业务发生后,一方面本年利润减少,按规定记入"本年利润"账户借方;另一方面所得税费用减少,应记入"所得税费用"账户贷方。编制会计分录如下:

借:本年利润　　　　　　　　　　　　672 632.75
　　贷:所得税费用　　　　　　　　　　　　672 632.75

3.2 利润分配业务的核算

3.2.1 主要账户的设置

为了反映和监督企业净利润的分配,包括法定盈余公积金、法定公益金的提取情况以及向投资者分配利润等情况,应设置"利润分配""盈余公积""应付股利"等账户。

(1)"利润分配"账户

该账户是利润(所有者权益)类账户,核算企业利润的分配(或亏损的弥补)和历年分配(或弥补)后的积存余额。该账户借方登记按规定实际分配的利润数,或年终从"本年利润"账户贷方转来的当年亏损总额;贷方登记盈余公积补亏数、年终从"本年利润"账户借方转来的当年实现的净利润总额;年终贷方余额表示历年积存的未分配利润,如为借方余额,则表示历年积存的未弥补亏损。该账户应当分别按"提取法定盈余公积""应付现金股利或利润"和"未分配利润"等进行明细核算。

①"利润分配——提取法定盈余公积"账户。该明细分类账户用以核算企业法定盈余公积金的提取和年末结转情况。借方登记年度当中按规定提取的法定盈余公积数额;贷方登记年终结转入"利润分配——未分配利润"明细分类账户的已提取的法定盈余公积数额。该明细分类账户平时应为借方余额,反映企业已经提取的法定盈余公积数额。年终结转后,该账户应无余额。

②"利润分配——应付利润"账户。该明细分类账户用以核算企业应付投资者利润的分配和年末结转情况。借方登记按规定在年度当中已分配给投资者的利润数额;贷方登记年终结转入"利润分配——未分配利润"明细分类账户的已经分配给投资者的利润数额。该明细分类账户平时应为借方余额,反映企业已经分配给投资者的利润数额。年终结转后,该账户应无余额。

③"利润分配——未分配利润"账户。该明细分类账户用以核算企业未分配利润情况。"利润分配——未分配利润"账户只在企业进行年终决算时登记。贷方登记年终从"本年利润"账户结转的本年实现的净利润数,借方登记年终从"利润分配——提取法定盈余公积"和"利润分配——应付利润"等明细分类账户结转过来的数额。年终结转后,该账户应为贷方余额,反映企业历年积存的未分配利润。

在企业进行年终决算时,"利润分配"账户的有关明细账户的发生额要相互结转,即一项业务要在"利润分配"这个总分类账户的借贷双方同时进行登记。"利润分配"账户的结构如图4-69所示。

借方	利润分配	贷方
提取的盈余公积金、应付现金股利和利润 年终从"本年利润"账户贷方转来的全年亏损金额	盈余公积补亏数 年终从"本年利润"账户借方转来的全年实现的净利润总额	
余额:历年积存的未弥补亏损	余额:历年积存的未分配利润	

图4-69 "利润分配"账户的结构

（2）"盈余公积"账户

该账户是所有者权益类账户，核算企业从净利润中提取的盈余公积。该账户贷方登记提取的盈余公积数；借方登记盈余公积的支出数，包括弥补亏损、转增资本、分配股利等；期末贷方余额，反映企业提取的盈余公积余额。该账户的结构如图4-70所示。

借方	盈余公积	贷方
企业使用的盈余公积金	企业从利润中提取的盈余公积数	
	余额：企业提取的盈余公积余额	

图4-70　"盈余公积"账户的结构

（3）"应付股利"账户

该账户是负债类账户，核算应分配给投资者的现金股利或利润。该账户的贷方登记企业应付给投资者的现金股利或利润，借方登记实际支付的现金股利或利润；期末贷方余额，表示企业应付未付的现金股利或利润。该账户的结构如图4-71所示。

借方	应付股利	贷方
实际支付的现金股利或利润	应支付的现金股利或利润	
	余额：企业尚未支付的现金股利或利润	

图4-71　"应付股利"账户的结构

3.2.2　利润分配业务核算会计记录举例

【例4-88】年末，东华企业将税后净利润16 915 000元转入"利润分配"账户后，"本年利润"账户无余额。

【分析】该笔业务发生后，一方面使企业用来计算本年实现的净利润的"本年利润"账户登记完毕，应予以反方向结平，借记"本年利润"账户；另一方面使企业用来计算未分配利润的"利润分配——未分配利润"账户增加，应予以贷记。编制会计分录如下：

　　　　借：本年利润　　　　　　　　　　　　16 915 000

　　　　　　贷：利润分配——未分配利润　　　　　　　16 915 000

【例4-89】年末，东华企业按税后利润16 915 000元的10%提取法定盈余公积。

【分析】该笔业务发生后，一方面使企业留存收益项目——提取法定盈余公积增加；另一方面使企业用来计算未分配利润的"利润分配——提取盈余公积"账户减少，应予以借记。编制会计分录如下：

　　　　借：利润分配——提取盈余公积　　　　　1 691 500

　　　　　　贷：盈余公积——法定盈余公积　　　　　　1 691 500

【例4-90】年末，东华企业根据协议规定，用税后利润向投资者分配利润970 000元，以银行存款支付。

【分析】该笔业务发生后，一方面使企业抵减本年利润的利润分配项目——应付股利

增加;另一方面使企业用来计算未分配利润的"利润分配——应付现金股利"账户减少,应予以借记。编制会计分录如下:

借:利润分配——应付现金股利　　　　970 000
　　贷:应付股利　　　　　　　　　　　　　970 000
借:应付股利　　　　　　　　　　　970 000
　　贷:银行存款　　　　　　　　　　　　　970 000

【例4-91】年末,东华企业将上述利润分配的明细分类账户提取法定盈余公积1 691 500元和应付股利970 000元转入"利润分配——未分配利润"明细分类账户,以确定企业未分配利润的实际数额,留待以后年度进行分配。结转全年已分配利润2 661 500元。

【分析】该笔业务发生后,一方面使企业用来反映已分配利润的"提取法定盈余公积""应付股利"等明细账户登记完毕,应予以反方向结平,即贷记;另一方面将已分配的利润结转至用来计算未分配利润的"利润分配——未分配利润"账户,以抵减本年已实现的利润,予以借记。编制会计分录如下:

借:利润分配——未分配利润　　　　2 661 500
　　贷:利润分配——提取盈余公积　　　　1 691 500
　　　　利润分配——应付现金股利　　　　　970 000

"利润分配——未分配利润"账户运用方法及其与"本年利润"账户、"利润分配"的其他明细账户的关系如图4-72所示。

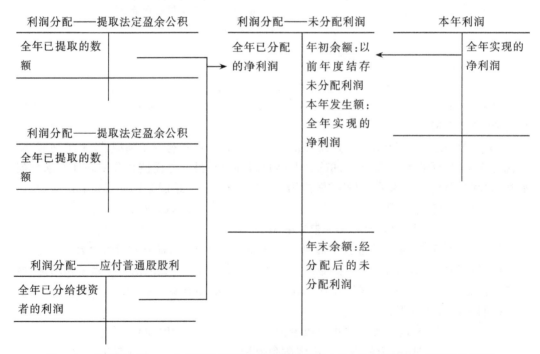

图4-72　"利润分配——未分配利润"账户运用方法及其与"本年利润"账户、"利润分配"的
其他明细账户的关系

4-10 客观题通关测试

4-11 实务题通关测试

 本章小结 ―――――――――――――――――――――――――――

　　一般企业的主要活动包括筹资活动、投资活动、经营活动和经营成果的形成与分配。所以一般企业的主要业务包括资金筹集业务、投资业务、生产准备业务、产品生产业务、产品销售业务、经营成果形成与分配业务。资金筹集业务核算主要包括接受投资者的投资和向债权人借入各种款项的核算;投资业务核算主要包括企业固定资产等投资活动的核算和短期投资;生产准备业务的核算主要包括材料采购业务的核算和材料采购成本的计算;产品生产业务中费用的发生、归集和分配,以及产品成本的计算,构成了产品生产业务核算的主要内容;产品销售过程中企业确认销售收入的实现,办理结算,收回销货款,计算并结转销售成本,计算销售税金,支付销售费用,确定销售业务成果,就构成了产品销售业务核算的内容;经营成果形成与分配业务核算的主要内容是确定企业实现的利润及对利润的分配。为了进行上述业务的核算,需要设置"在途物资""生产成本""主营业务收入""本年利润"和"利润分配"等许多账户。

> **本章重点提示**
>
> 　　制造业企业的经营活动经历了供应、生产和销售三个完整的阶段,资金形态依次为货币资金、储备资金、生产资金、成品资金等形态。这些资金形态不断转化,形成企业经营资金的循环与周转。
>
> 　　制造业企业的经济业务主要有:资金筹集业务、供应过程业务、生产过程业务、销售过程业务、财务成果形成与分配业务等。
>
> 　　企业的材料可以按实际成本计价核算,也可以按计划成本计价核算。材料按实际成本计价进行核算应设置的账户有"物资采购""原材料"等;材料按计划成本计价进行核算应设置的账户有"材料采购""原材料""材料成本差异"等。
>
> 　　生产费用按其计入产品成本的方式不同,分为直接费用和间接费用。间接费用也称为制造费用。产品生产过程业务核算的核心内容是设置"生产成本"和"制造费用"账户,用以归集生产费用,计算产品生产成本。
>
> 　　销售过程业务的核算内容包括主营业务和其他业务两部分。
>
> 　　财务成果是企业各项收入与各项支出相配比的结果。
>
> 　　制造业企业的利润包括营业利润和营业外收支等内容。

> 企业净利润由利润总额减去所得税费用而得。利润按有关法律、法规规定的顺序分配。

 案例与分析

魏然原在某机关单位任职,月薪5 000元。20××年年初他辞去工作,投资150 000元(该150 000元为他从银行借入的款项,年利率为5%)开办了一家公司,从事租赁服务业务。该公司开业一年以来,有关收支项目的发生情况如下:

(1)租赁收入300 000元;

(2)出租场地的租金收入75 000元;

(3)兼营其他业务收入30 000元;

(4)发生的各项费用130 000元;

(5)支付的各种税金7 000元;

(6)支付的雇员工资72 500元;

(7)购置设备支出80 000元,其中本年应负担该批设备的磨损成本20 000元;

(8)魏然的个人支出30 000元。

要求:确定该公司的经营成果并运用掌握的会计知识评价魏然的辞职是否合算。

| 4-12 案例与分析提示 | 4-13 客观题通关测试 | 4-14 实务题通关测试 | 4-15 文章阅读 |

诚信为本,操守为重,遵循准则,不做假账。

第5章 会计账户分类

 本章导航

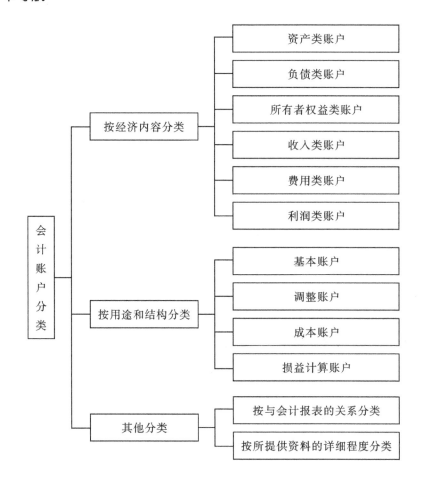

 知识目标

了解账户分类的意义与作用。

掌握账户按经济内容和用途、结构分类的标准。

了解账户的其他分类标准。

技能目标

掌握账户分类的主要标志,掌握账户按经济内容和用途、结构分类的小类名称。

掌握各类账户在提供会计核算指标上的规律,进一步提高运用账户处理各种经济业务的能力。

 中英文关键词

盘存账户:inventory account　　　　结算账户:settlement account

资本账户:capital account　　　　　调整账户:adjustment account

附加账户:adjunct account　　　　　备抵账户:provision account

成本计算账户:costing account　　　损益计算账户:gain and loss account

集合分配账户:clearing account　　　总分类账户:general ledger accounts

明细分类账户:subsidiary ledger　　　虚账户:nominal account

实账户:real account

 引导案例

小明是会计学专业的一名学生,他的朋友小刚投资成立了一家 AB 电脑公司,购买办公用电脑两台,原始价值是 10 000 元,预计可以用 5 年,5 年后预计残值为 500 元。那么,AB 电脑公司该如何反映这 5 年中预计发生的电脑价值的减少呢?运用什么账户来反映各期期末这两台电脑价值的变动情况和账面净值呢?应该如何在报表里列示呢?

老师授课时说:账户最能体现会计学专业的特征,账户分类是很重要的。小明请教了老师,老师解释道:账户能够提供企业最关键的经济活动信息。账户本身就是对企业经济活动内容进行分类的一种延伸。账户不仅将零星、分散的原始信息按一定的规律予以系统化,而且为企业财务报表的编制提供了基本信息来源。

老师进一步解释道:其实会计和其他管理类课程一样,需要运用分类的艺术,我们把单位的资金运动作为会计对象,会计对象往下分就是会计要素,会计有六大要素,会计要素再往下分就是会计账户,会计账户有不同的分类办法。其实会计学专业课程的学习也是这样的,第一章是概论部分,讲述的是课程导入和课程的宏观内容,然后按照一定的标准对整体进行分类,一一道来。

5-1　教学课件

5-2　教学视频

　　企业的经济业务是复杂的,具有多样性,不同的经济业务包含不同的经济内容。每一个账户只能反映企业活动某一个方面的内容。为了全面核算企业生产经营过程,需要设置一套完整的账户体系,通过运用这些相互联系的账户,来全面核算企业的生产经营过程,并且取得企业经营管理所必需的各项资料、数据和指标。

　　现代管理理论认为,分类是一种基本的管理。科学地进行账户的分类有助于科学地进行管理。账户体系中的每个账户都有其具体内容,它们相互联系又相互区别。账户分类就是研究账户体系中各账户之间存在的共性,寻求其规律,探明每个账户在账户体系中的地位和作用,以便加深对账户的认识,进一步了解各账户的具体内容,明确掌握账户之间的联系和区别以及账户的使用方法,更好地运用账户对企业的经济业务进行反映,以满足提供各项指标、促进管理的需要。

　　账户的分类标准主要有:按经济内容分类、按用途和结构分类、按与会计报表的关系分类等。

第1节　账户按经济内容分类

　　账户按经济内容分类是账户最基本的分类方法。所谓账户的经济内容,就是账户所核算与监督的会计对象的具体内容。由于账户反映的经济内容是六大会计要素,为了在会计上对各种会计要素的增减变动及结果进行核算,就需要按照会计要素的组成内容,分别为每一类会计要素设置若干个账户。因此,账户按经济内容就可相应分为六大类,分别是资产类账户、负债类账户、所有者权益类账户、收入类账户、费用类账户和利润类账户。从满足企业经营管理和会计信息使用者需要的角度考虑,账户按经济内容又可以分为资产类账户、负债类账户、共同类账户、所有者权益类账户、成本类账户和损益类账户等六类。由于在一般的工商企业中,共同类账户基本用不到,因此,大多数时候,我们将账户按照经济内容分类分为资产类账户、负债类账户、所有者权益类账户、成本类账户和损益类账户等五类,这样分类便于从账户中取得需要的核算指标,明确每个账户的核算内容。制造企业由于其生产经营活动的复杂性,产品的成本核算至关重要,成本类账户则专门用于生产费用的归集和产品成本的确定。

　　账户按经济内容分类,一方面便于区分不同类别账户所反映和监督的不同内容,了解每个账户的经济性质,以满足经营和管理的需要。另一方面还能为财务报表的编制提供资料,这是因为按账户的经济内容分类,实质上是按会计对象的具体内容进行分类。企业的会计对象就是资金运动,资金运动可分为静态和动态两种运动形式。资产、负债、所有者权益构成资金静态运动,而收入、费用和利润则构成资金动态运动,于是按经济内容分类建立的账户体系,应包括反映资金运动的静态账户和反映资金运动的动态账户两类。反映资金运动的静态账户应由反映资产、负债和所有者权益的账户所组成;反映资金运动的动态账户应由反映收入、费用和利润的账户所组成。

1. 资产类账户

　　资产类账户是用来反映资产增加、减少和期末余额的账户。按照资产的流动性,资产类账户分为流动资产账户和非流动资产账户。流动资产账户包括"库存现金""银行存款""应收账款""其他应收款""原材料""库存商品"等账户;非流动资产账户包括"长期股权投资""固定资产""累计折旧""在建工程""无形资产""长期待摊费用"等账户。

2. 负债类账户

负债类账户是用来反映负债增加、减少和期末余额的账户。按照偿还期限不同,可以将负债类账户分成两大类,分别是流动负债账户和非流动负债账户。流动负债账户包括"短期借款""应付账款""其他应付款""应付职工薪酬""应交税费""应付利息""应付股利"等账户;非流动负债账户包括"长期借款""应付债券""长期应付款"等账户。

3. 所有者权益类账户

所有者权益类账户是核算企业所有者权益增减变动及结余额的账户。按照所有者权益的来源和构成,又可分为核算所有者原始投资的账户、核算经营积累的账户及核算所有者权益其他来源的账户三类。核算所有者原始投资的账户有"实收资本(或股本)"账户;核算经营积累的账户有"盈余公积"等账户;核算所有者权益其他来源的账户有"资本公积""其他综合收益"等账户。

4. 收入类账户

收入类账户是核算企业在生产经营过程中所取得的各种经济利益的账户。这里的收入是指广义的收入。按照收入的不同性质和内容,收入类账户可以分为核算营业收入的账户和核算非营业收入的账户两类。核算营业收入的账户有"主营业务收入""其他业务收入"等账户;核算非营业收入的账户有"营业外收入"账户。

5. 费用类账户

费用类账户是核算企业在生产经营过程中发生的各种费用支出的账户。这里的费用是指广义的费用。按照费用的不同性质和内容,费用账户可以分为核算经营费用的账户和核算非经营费用的账户。核算经营费用的账户按照与生产产品的关联性,又可分为日常经营费用类账户和成本类账户。日常经营费用类账户有"主营业务成本""税金及附加""其他业务成本""销售费用""管理费用""财务费用""资产减值损失"等账户;成本类账户主要包括"生产成本""制造费用"等账户。成本类账户是用来反映与生产产品相关的直接材料、直接人工和制造费用的账户,其中,"生产成本"账户用来反映全部生产费用,期末余额在借方,表示在产品的成本,所以,它同时又是一个资产类账户。"制造费用"账户专门用来归集和分配为生产产品而发生的间接费用,期末该账户余额要全部转到"生产成本"账户,结转后该账户无余额。核算非经营费用的账户有"营业外支出""所得税费用"等账户。

6. 利润类账户

利润类账户是核算利润的形成和分配情况的账户,可分为核算利润形成情况的账户和核算利润分配情况的账户两类。核算利润形成情况的账户有"本年利润"账户;核算利润分配情况的账户有"利润分配"等账户。

一般企业主要账户按经济内容分类如图5-1所示。

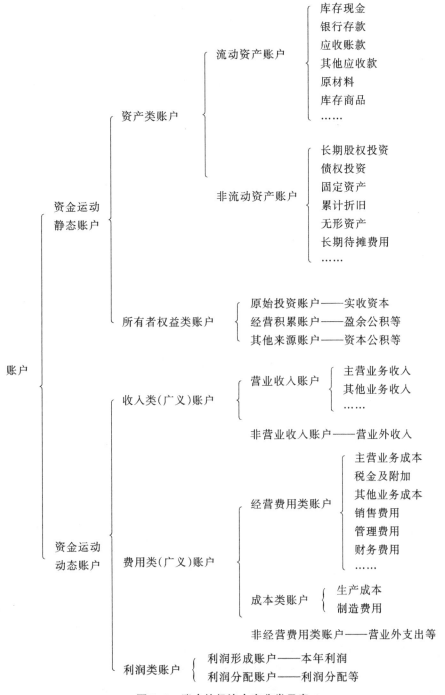

图5-1　账户按经济内容分类示意

第2节 账户按用途和结构分类

账户按用途和结构分类,是在账户按经济内容分类的基础上,对用途和结构基本相同的账户进行的适当归类。所谓账户的用途,是指设置和运用账户的目的,通过账户的记录能够提供什么核算资料。例如,设置"固定资产""原材料""库存商品"等账户的目的就是反映相应的实物资产,利用这些账户能够提供相应实物资产的增减变动及余额等方面的资料。所谓账户的结构,是指在账户中如何提供核算资料,借方登记什么,贷方登记什么,怎样进行登记,其余额反映什么内容。

按账户的用途和结构分类,可以使我们明确各个账户不同的使用方法和各个账户的具体作用,以便正确地使用不同的账户,为企业的经营管理提供准确有用的资料,为会计信息的使用者提供预测、决策的依据。具体来说,主要有如下几方面作用:

(1)有利于了解各类账户的基本用途和结构。在一般情况下,反映经济内容相同的账户,其用途和结构也是相同的。但反映经济内容相同的账户,也可能具有不同的用途和结构。例如,"固定资产"和"累计折旧"账户,在按账户反映的经济内容分类方法下同属于资产类账户,但这两个账户却有着截然不同的结构。而"累计折旧"和"利润分配"账户,一个是核算资产要素的资产类账户,一个是核算利润要素的利润类账户,虽然它们反映的经济内容不同,但却有着相同的用途和不同的结构。因此,账户按经济内容分类并不能代替账户按用途和结构进行分类,账户按用途和结构进行分类是对账户按经济内容分类的必要补充。

(2)有利于掌握账户提供核算指标的规律性。反映经济内容相同的账户,之所以可能具有与其他同类账户不同的结构,在很大程度上是由于这些账户在会计核算中具有比较特殊的用途。如"累计折旧"账户与"固定资产"账户反映的经济内容相同,但账户的结构不同,就是由于在会计核算中要求"固定资产"账户必须保持固定资产原始价值,这样就需要设置一个专门的账户"累计折旧"以反映固定资产的减少。这样设置账户还有一个作用,那就是通过"固定资产"和"累计折旧"账户余额的比较,可以获得会计核算上所需要的"固定资产净值"这个重要指标。为了进行这两个账户余额上的比较,"累计折旧"账户就设计成了与"固定资产"账户完全不同的结构。可见,账户在提供信息指标上是有一定的规律可遵循的。按账户用途和结构进行分类,有利于掌握账户在提供核算指标方面的规律性。

账户按用途和结构分类,可以分为基本账户、调整账户、成本账户和损益计算账户四大类。基本账户具体又可分为盘存账户、投资权益账户、结算账户和跨期摊配账户;调整账户根据调整方式不同,又可分为抵减账户和抵减附加账户;成本账户具体又可分为集合分配账户、成本计算账户和对比账户;损益计算账户具体又可分为收入计算账户、费用计算账户和财务成果计算账户。以下简要说明各类账户的用途、结构和特点。

1. 盘存账户

盘存账户是用来核算、监督各项财产物资和货币资金(包括库存有价证券)的增减变动及实有数的账户。它是任何单位都必须设置的基本账户。在这类账户中,借方登记各项财产物资和货币资金的增加数,贷方登记其减少数;余额总是在借方,表示期末各项财产物资和货币资金的实有数。这类账户一般都可以通过盘点方式进行清查,核对账实是否相符。盘存类账户的结构如图5-2所示。

属于盘存类账户的有"库存现金""银行存款""原材料""库存商品""固定资产"等账户。盘存账户的特点是:可以通过实地盘点和对账的财产清查方法,核对货币资金和实物资产的实际结存数与账面结存数是否相符,并检查经营管理上存在的问题。除"库存现金"和"银行存款"账户外,其他盘存账户普遍运用数量金额式等明细分类账,可以提供实物和价值两种指标。

借方	盘存账户	贷方
期初余额:财产物资、货币资金的期初实有余额		
本期发生额:财产物资、货币资金的本期增加额	本期发生额:财产物资、货币资金的本期减少额	
期末余额:财产物资、货币资金的期末结存额		

图5-2　盘存账户的结构

2. 投资权益账户

投资权益账户是用来核算投资者投资的增减变动及实有额的账户。它是任何企业都必须设置的基本账户。在这类账户中,贷方登记投资者投资的增加数或其他所有者权益的增加额,借方登记投资者投资的减少数或其他所有者权益的抵减数。若其余额在贷方,表示投资者权益的实有数额;若没有余额或其余额在借方,在有限责任公司的企业组织形式下,表示投资者的权益已降至零。投资权益账户的结构如图5-3所示。

借方	投资权益账户	贷方
	期初余额:期初所有者权益余额	
本期发生额:本期所有者权益的抵减数	本期发生额:本期所有者权益的增加数	
	期末余额:期末所有者权益余额	

图5-3　投资权益账户的结构

属于这一类账户的有"实收资本""资本公积""盈余公积"等账户。

资本公积产生的主要原因在于资本溢价等,属于资本的非经营性积累;盈余公积是留存收益形成的公积金,是企业经营活动中产生的资本增值。这两部分由于所有权属于企业的投资者,本质上是投资者对企业的一种权益性投入。因此,将"资本公积""盈余公积"

账户归入投资权益账户。

投资权益账户的特点是:有的账户(如"实收资本")应按照企业的投资者分别设置明细分类账户,以便反映各投资者对企业实际拥有的所有者权益数额;投资权益账户只提供价值指标。

3. 结算账户

结算账户是用来核算和监督企业与其他单位或个人之间债权、债务往来结算业务的账户。由于结算业务性质的不同,结算账户具有不同的用途和结构,结算账户按用途和结构分类,具体又可分为债权结算账户、债务结算账户和债权债务结算账户三类。

3.1 债权结算账户

债权结算账户也称资产结算账户,是用来核算和监督企业债权的增减变动和实有数额的账户。在这类账户中,借方登记债权的增加数,贷方登记其减少数;余额在借方,表示债权的实有数。债权结算账户的结构如图5-4所示。

借方　　　　　　债权结算账户　　　　　　贷方	
期初余额:债务的期初实有数	
本期发生额:债权的本期增加数	本期发生额:债权的本期减少数
期末余额:债权的期末实有数	

图5-4　债权结算账户的结构

属于这一类的账户有"应收账款""其他应收款""应收票据""预付账款"等账户。

3.2 债务结算账户

债务结算账户也称负债结算账户,是用来核算和监督本企业债务的增减变动和实有数额的账户。在这类账户中,贷方登记债务的增加数,借方登记其减少数;余额在贷方,表示债务的实有数。债务结算账户的结构如图5-5所示。

借方　　　　　　债务结算账户　　　　　　贷方	
	期初余额:债务的期初实有数
本期发生额:债务的本期减少数	本期发生额:债务的本期增加数
	期末余额:债务的期末实有数

图5-5　债务结算账户的结构

属于债务结算类账户的有"应付账款""其他应付款""应付职工薪酬""应交税费""应付股利""短期借款""长期借款""应付债券""长期应付款"等账户。

3.3 债权债务结算账户

债权债务结算账户也称资产负债结算账户,是用来核算和监督本企业与其他单位或个人以及企业内部各单位相互往来结算业务的账户。这种相互之间的往来结算业务经常发生变动,企业有时处于债权人的地位,有时则处于债务人的地位。为了能在同一个账户中反映本企业与其他单位的债权、债务的增减变化,借以减少会计科目的使用,简化核算手续,在借贷记账法下,可设置同时具有债权债务双重性质的结算账户,在这类账户中,借方登记债权的增加数或债务的减少数,贷方登记债务的增加数或债权的减少数;若期末余额在借方,表示企业债权减掉债务后的净债权,若期末余额在贷方,则表示企业债务减掉债权后的净债务。债权债务结算账户的结构如图5-6所示。

借方	债权债务结算账户	贷方
期初余额:债权大于债务的期初差额	期初余额:债务大于债权的期初差额	
本期发生额:本期债权的增加数或债务的减少数	本期发生额:本期债务的增加数或债权的减少数	
期末余额:净债权	期末余额:净债务	

图5-6 债权债务结算账户的结构

这类账户的各明细账,有时是借方余额,表示尚未收回的净债权;有时是贷方余额,表示尚未偿还的净债务。所有明细账借方余额之和与贷方余额之和的差额,应同有关总账的余额相等。由于在总分类账户中,债权和债务能自动抵减,所以总分类账户的余额不能明显反映企业与其他单位债权、债务的实际结余情况。这样,资产负债表中的有关项目,就必须根据总分类账户的明细账余额分析计算填列,将属于债权部分的余额以"应收账款"或"预付账款"等项目列在资产负债表中的资产方,将属于债务部分的余额以"应付账款"或"预收账款"等项目列在资产负债表中的负债和所有者权益方,以便如实反映债权、债务的实际状况。

如果企业不单独设置"预收账款"账户,而用"应收账款"账户同时核算企业应收账款和预收账款的增减变动情况和结果,这时的"应收账款"账户就是一个债权债务结算账户。同理,如果企业不单独设置"预付账款"账户,而用"应付账款"账户同时核算企业应付账款和预付账款的增减变动情况和结果,则此时的"应付账款"账户就是一个债权债务结算账户。在借贷记账法下,可以将"其他应收款"账户和"其他应付款"账户合并,设置一个"其他往来"账户,用来核算其他应收款和其他应付款的增减变动情况和结果,此时,"其他往来"账户也是一个债权债务结算账户。

债权债务结算账户的特点是:按照结算业务的对方单位或个人设置明细分类账户,以便及时进行结算和核对账目;结算账户只提供价值指标;结算账户要根据期末余额的方向来判断其性质,当余额在借方时,是债权结算账户,当余额在贷方时,是债务结算账户。

4. 跨期摊配账户

跨期摊配账户是用来核算和监督应由若干个会计期间共同负担的费用,并将这些费用摊配于各个相应的会计期间的账户。企业在生产经营过程中所发生的费用,有些是应由几个会计期间共同负担的,按权责发生制要求,必须严格划分费用的归属期,把应由若干个会计期间共同负担的费用,合理地分摊到各个会计期间。为此,需要设置跨期摊配账户来实现权责发生制的要求,"长期待摊费用"账户是典型的跨期摊配账户。跨期摊配账户的借方用来登记跨期费用的实际支出数,贷方用来登记由各个会计期间负担的费用摊配数。跨期摊配账户的结构如图5-7所示。

跨期摊配账户的特点是:只提供价值指标。

借方	跨期摊配账户	贷方
期初余额:已经支出但尚未摊销的费用		
本期发生额:本期增加的摊销费用金额	本期发生额:本期分摊的待摊费用金额	
期末发生额:已经支出但尚待摊销的费用		

图5-7 跨期摊配账户的结构

5. 抵减账户

抵减账户亦称备抵账户,是用抵减相关被调整账户金额的方法反映被调整账户实际余额的账户。其调整可用下列公式表示:

被调整账户余额－备抵账户余额＝被调整账户的实际余额

由于备抵账户对被调整账户的调整,实际上是对被调整账户余额的抵减,因此,被调整账户余额的方向与备抵账户的余额方向必定相反。如果被调整账户的余额方向在借方(或贷方),则备抵账户的余额方向一定在贷方(或借方)。

"累计折旧""固定资产减值准备""坏账准备""存货跌价准备"等账户是较典型的抵减账户。"累计折旧""固定资产减值准备"账户是用来调整"固定资产"账户的。将"固定资产"账户的账面余额(原始价值)与"累计折旧""固定资产减值准备"账户的账面余额相抵减,可以取得有关固定资产耗损和减值方面的数据,其差额就是固定资产现有的实际价值(实际净值)。通过这三个账户余额的对比分析,可以了解固定资产的新旧程度、资金占用状况、减值情况和生产能力。"坏账准备"账户是用来抵减"应收账款"等账户的,将"应收账款"等账户的账面余额与"坏账准备"账户的账面余额相抵减,可以取得可收回相关债权方面的数据,其差额就是可收回的相关债权额。"存货跌价准备"账户是用来抵减存货项目的,将存货项目的账面余额与"存货跌价准备"账户的账面余额相抵减,可以取得有关存货的实际价值方面的数据,其差额就是存货的实际价值。现以"固定资产""累计折旧"和"固定资产减值准备"三个账户为例说明被调整账户与备抵账户之间的关系,如图5-8所示。

"长期股权投资减值准备""累计摊销""无形资产减值准备"等账户也属于抵减账户。

6. 抵减附加账户

抵减附加账户亦称备抵附加账户,是既用来抵减,又用来增加被调整账户的余额,以求得被调整账户实际余额的账户。抵减附加账户既可以作为抵减账户,又可以作为附加

固定资产

期初余额	700 000	
期末余额	700 000	

累计折旧

	期初余额	50 000
	本期发生额	2 000
	期末余额	52 000

固定资产减值准备

	本期发生额	20 000
	期末余额	20 000

固定资产期末余额	700 000
减:累计折旧期末余额	52 000
固定资产账面价值	648 000
减:固定资产减值准备	20 000
固定资产实际净值	628 000

图 5-8　抵减账户与被调整账户之间的关系

账户来发挥作用,兼有两种账户的功能(所谓附加账户,是用来增加被调整账户的余额,以求得被调整账户实际余额的账户。在实际工作中,很少设置单纯的附加账户)。这类账户在某一时刻执行的是哪种功能,取决于该账户的余额与被调整账户的余额在方向上是否一致,当其余额与被调整账户余额在不同方向时,它所起的是抵减作用;当其余额与被调整账户余额在相同方向时,它所起的是附加作用。

　　"材料成本差异"账户就是"原材料"账户的抵减附加账户。当"材料成本差异"账户是借方余额时,表示实际成本大于计划成本的超支数。用"原材料"账户的借方余额加上"材料成本差异"账户的借方余额,就是原材料的实际成本。当"材料成本差异"账户是贷方余额时,表示实际成本小于计划成本的节约数,用"原材料"账户的借方余额减去"材料成本差异"账户的贷方余额,就是原材料的实际成本。"材料成本差异"账户与被调整的"原材料"账户之间的关系如图5-9所示。

材料成本差异——A

本期发生额	6 000	本期发生额　　4 000
期末余额	2 000	

原材料

本期发生额	本期发生额
A　60 000	A　40 000
B　70 000	B　10 000
期末余额　80 000	

材料成本差异——B

	本期发生额	7 000
		-1 000
	期末余额	6 000

原材料借方余额(计划成本)	80 000
加:材料成本差异账户借方余额(超支差)	2 000
减:材料成本差异账户贷方余额(超支差)	6 000
原材料实际成本	76 000

图 5-9　"材料成本差异"账户与被调整的"原材料"账户之间的关系

7. 集合分配账户

集合分配账户是用来汇集和分配经营过程中某一阶段所发生的某种间接费用,借以核算、监督有关间接费用计划执行情况以及间接费用分配情况的账户。设置这类账户,一方面可以将某一经营过程中实际发生的间接费用和计划指标进行比较,考核间接费用的超支和节约情况,另一方面也便于将这些费用摊配出去。集合分配账户的借方登记费用的发生额,贷方登记费用的分配额。在一般情况下,登记在这类账户中的费用,期末应全部分配出去,通常没有余额。集合分配账户的结构如图5-10所示。

借方	集合分配账户	贷方
本期发生额:汇集经营过程中间接费用的本期发生额	本期发生额:本期分配到有关成本计算对象上的间接费用	

图5-10　集合分配账户的结构

属于这类的账户有"制造费用"账户。

集合分配账户的特点是:具有明显的过渡性质,平时用它来归集那些不能直接计入某个成本计算对象的间接费用,期末将费用全部分配出去,由有关成本计算对象负担;这类账户期末费用分配后一般应无余额。

8. 成本计算账户

成本计算账户是用来核算和监督经营过程中应计入特定成本计算对象的经营费用,并确定各成本计算对象实际成本的账户。设置和运用成本计算账户,对于正确计算材料采购、产品生产和产品销售的实际成本,考核有关成本计划的执行和完成情况具有重要的作用。成本计算账户的借方汇集应计入特定成本计算对象的全部费用(其中一部分是在费用发生时直接计入的,另一部分是先计入集合分配账户,在会计期末通过一定的分配方法转到成本计算账户),贷方反映转出的某一成本计算对象的实际成本。期末余额一般在借方,表示尚未完成的某一阶段成本计算对象的实际成本。如"生产成本"账户,借方余额表示尚未完成生产过程的在产品的实际成本。成本计算账户的结构如图5-11所示。

借方	成本计算账户	贷方
期初余额:尚未完成的成本计算对象的实际成本		
本期发生额:经营过程中发生的应由成本计算对象承担的费用	本期发生额:转出的成本计算对象的实际成本	
期末余额:尚未完成的成本计算对象的实际成本		

图5-11　成本计算账户的结构

属于成本计算账户的有"材料采购""在途物资""生产成本"等账户。

成本计算账户的特点是:除了设置总分类账户外,还应按照各个成本计算对象和成本项目设置专栏,分别设置明细分类账户,进行明细分类核算;既提供实物指标,又提供价值指标。

9. 对比账户

对比账户是用来核算经营过程中某一阶段某项经济业务按照两种不同的计价标准进行对比,借以确定的业务成果的账户。

按计划成本进行材料日常核算的企业所设置的"材料采购"账户,就属于对比账户。该账户的借方登记材料的实际成本,贷方登记按照计划价格核算的材料的计划成本,通过借贷双方两种计价对比,可以确定材料采购业务成果。对比账户的结构(以"材料采购"账户为例)如图 5-12 所示。

借方	材料采购	贷方
期初余额:尚未入库材料的实际成本		
本期发生额:本期未入库材料的实际成本及转入"材料成本差异"账户贷方的实际成本小于计划成本的节约差	本期发生额:入库材料的计划成本及转入"材料成本差异"账户借方的实际成本大于计划成本的超支差	
期末余额:在途材料的实际成本		

图 5-12 对比账户的结构

这类账户的特点是:借贷两方的计价标准不一致;期末确定业务成果转出后,该账户的借方余额是剔除了计价差异后的按借方计价方式计价的资产价格,例如,"材料采购"账户的借方余额表示按实际成本计价的在途材料成本。

10. 收入计算账户

收入计算账户是用来核算和监督企业在一定时期(月、季或年)内所取得的各种收入和收益的账户。收入计算账户的贷方登记取得的收入和收益,借方登记收入和收益的减少数以及期末转入"本年利润"账户的收入和收益额。由于当期实现的全部收入和收益都要在期末转入"本年利润"账户,所以收入计算账户期末无余额。收入计算账户的结构如图 5-13 所示。

借方	收入计算账户	贷方
本期发生额:收入和收益的减少数及期末转入"本年利润"账户的收入和收益额	本期发生额:本期收入和收益的增加额	

图 5-13 收入计算账户的结构

属于这一类账户的有"主营业务收入""其他业务收入"等账户。

收入计算账户的特点是:除了设置总分类账户外,还应按照业务类别设置明细分类账,进行明细分类核算;只提供价值指标。

11. 费用计算账户

费用计算账户是用来核算和监督企业在一定时期(月、季或年)内所发生的应计入当期损益的各项费用、成本和支出的账户。费用计算账户的借方登记费用支出的增加数,贷方登记费用支出的减少或转销数和期末转入"本年利润"账户的费用支出数。由于当期发生的全部费用支出都要于期末转入"本年利润"账户,所以该类账户期末无余额。费用计算账户的结构如图5-14所示。

借方	费用计算账户	贷方
本期发生额:本期费用支出的增加数		本期发生额:本期费用支出的减少或转销数和期末转入"本年利润"账户的费用支出数

图5-14　费用计算账户的结构

属于这一类账户的有"主营业务成本""税金及附加""其他业务成本""销售费用""管理费用""财务费用""营业外支出""所得税费用"等账户。

费用计算账户的特点是:除了设置总分类账户外,还应按业务内容、费用支出项目等设置明细分类账户,进行明细分类核算;只提供价值指标。

12. 财务成果计算账户

财务成果计算账户是用来核算和监督企业在一定时期(月、季或年)内全部经营活动最终成果的账户。"本年利润"账户属于典型的财务成果计算账户。财务成果计算账户的贷方登记期末从收入计算账户转入的各种收入和收益数,借方登记期末从费用计算账户转入的各种费用支出数。平常月份(1—11月),贷方余额表示企业所实现的利润数,借方余额表示企业所发生的亏损数。年终时将实现的利润或发生的亏损转入"利润分配"账户,结转后该类账户应无余额。财务成果计算账户的结构如图5-15所示。

借方	财务成果计算账户	贷方
本期发生额:本期从费用计算账户转入的各项费用支出数		本期发生额:本期从收入计算账户转入的各项收入、收益数
期末(1—11月)余额:发生的亏损数		期末(1—11月)余额:实现的利润数
		年末无余额

图5-15　财务成果计算账户的结构

财务成果计算账户的特点是:借方和贷方所登记的内容,应遵循权责发生制和配比要求。贷方所登记的各项收入、收益数与借方所登记的各项费用支出数一方面要和相应的会计期间相配比,另一方面从事某类业务活动所得的收入要和相应的成本费用相配比。也就是说,借方登记的各项费用支出数,是为取得贷方所登记的各项收入、收益数而发生的;相反,贷方登记的各项收入、收益数是因为支付了借方所登记的各项费用支出数而取得的。两者在时间和收益关系上相互配比,会计期间的财务成果才是真实准确的。财务成果计算账户只提供价值指标。1—11月期末有余额,在贷方即是利润数,在借方则是亏损数,年终结账后无余额。

综上所述,按用途和结构分类的账户体系如图5-16所示。

以上重点介绍了按经济内容及按用途和结构分类的账户体系,这对于我们正确地设置和运用账户来核算、监督经营过程和经营成果,为管理提供有用的会计信息具有重要意义。

第3节　账户的其他分类方法

除了上述各种分类方法外,账户还可以按照与会计报表的关系,分为资产负债表账户、损益表账户和制造成本表账户;按照提供资料的详细程度,分为总分类账户和明细分类账户。

1. 账户按其与会计报表的关系分类

1.1　资产负债表账户

资产类账户、负债类账户、所有者权益类账户和成本类账户的余额,是期末编制资产负债表的依据,被称为资产负债表账户。这类账户的特点是期末通常有余额,反映的是资金运动的静态状况,因此也称为"实账户"。在资产负债表中,资产类账户的余额填列在表的左方,负债类账户、所有者权益类账户的余额填列在表的右方,左右两方的余额总计完全相等。

1.2　损益表账户

损益类收入账户、费用账户的发生额不能表示企业实际拥有或者控制的经济资源和对这些资源的要求权,但可以表示企业一定期间的损益形成情况。期末要根据这些账户的发生额编制损益表,因此,收入账户、费用账户被称为损益表账户。这类账户的特点是期末通常无余额,只有本期发生额,反映的是资金运动的动态状况。它还包括利润账户。

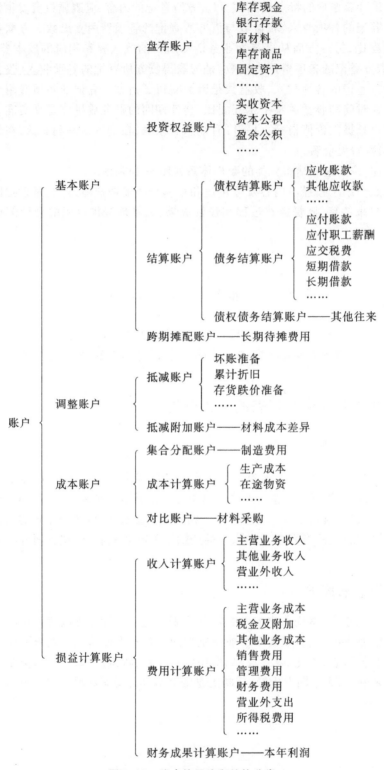

图 5-16　账户按用途和结构分类

损益表账户又称为"虚账户"。"实账户"与"虚账户"的实际差别主要表现在期末是否有余额上。因此,账户按与会计报表的关系分类,也称为账户按有无期末余额分类,这种分类的目的在于正确把握期末余额代表的经济内容及期末账户结转的规律性,以便正确组织会计核算。

1.3 制造成本表账户

制造成本表是反映企业在一定时期产品生产成本及其构成的报表。制造成本表属于不对外公开披露的报表。由于成本类账户的发生额是编制制造成本表的直接依据,所以"生产成本""制造费用"账户通常被称为制造成本表账户。

这种账户分类,对于正确运用各类账户所提供的数据资料编制会计报表具有重要作用。

2. 账户按所提供资料的详细程度分类

设置账户的目的是获得经济管理所需要的会计核算指标。企业在进行经营管理和决策时所需的会计信息是多方面的,既需要企业财务状况的总括资料,也需要一些详细的资料。因此,为了获得经济管理和经营决策的各种资料,有必要按照账户提供资料的详细程度对其进行分类。账户按照所提供资料的详细程度可分为总分类账户和明细分类账户两类。

2.1 总分类账户

总分类账户是对企业经济活动的具体内容进行总括核算的账户,它能够提供某一具体内容的总括核算指标。总分类账户亦称总账账户、一级账户。在我国,为了保证会计核算指标口径规范一致并具有可比性,保证会计核算资料能在一个部门、一个行业、一个地区乃至全国范围内综合汇总、分析,同时,也为了便于企业编制会计凭证、汇总资料和编制会计报表,总分类账户的名称、核算内容及使用方法通常是统一制定的。每一个企业都要根据本企业业务的特点和统一制定的账户名称,设置若干个总分类账户。

总分类账户是根据总分类(一级)会计科目设置的,以货币作为计量单位,分类、连续地记录和反映各种资产、负债、所有者权益、成本、损益等总括情况的账户,如"原材料""固定资产""应收账款"等账户。总分类账户在记录经济业务时,只提供货币指标。

2.2 明细分类账户

明细分类账户是根据总分类账户的核算内容,按实际需要和更详细的分类标准设置的。它的设置依据是明细分类科目和企业经济管理的要求。它对总分类账户起着补充说明的作用。在记录经济业务时,有的明细分类账户采用价值量度进行核算,有的明细分类账户还要使用实物量度进行核算。

明细分类账户是对企业某一经济业务进行明细核算的账户,它能够提供某一具体经济业务的明细核算指标。在实际工作中,除少数总分类账户,如"本年利润"账户,不必设置明细分类账户外,大多数总分类账户都须设置明细分类账户。如在"原材料"总分类账户下,按照材料的类别、品种或规格设置明细分类账户;在"应收账款"总分类账户下,按照赊购单位的名称设置明细分类账户。明细分类账户是依据企业经济业务的具体内容设置的,它所提供的明细核算资料主要是为满足企业内部经营管理的需要。各个单位经济业务的具体内容不同,经营管理的体制不一致,明细分类账户的名称、核算内容及使用方法也就不能统一规定,只能由各单位根据经营管理的实际需要和经济业务的具体内容自行规定。

除总分类账户和明细分类账户外,基于经营管理的需要,有时还要设置二级账户。二级账户是介于总分类账户和明细分类账户之间的账户,主要起中介、控制作用。它提供的核算资料比总分类账户详细,比明细分类账户概括。它也是由企业根据经营管理的实际需要和经济业务的具体内容自行确定的。如企业的材料类别、品种较多时,为便于控制,可在"原材料"总分类账户下,按材料的类别设置"原材料""燃料""辅助材料"等二级账户,在二级账户下再按材料的品种设置"钢材""木材"等明细分类账户。

 本章小结

账户分类就是将账户按照不同的标准进行归纳,从理论上揭示不同账户的本质特征和内在联系,以便于更好地认识、掌握和运用账户。账户按经济内容分类是账户分类的基础;账户按用途和结构分类的目的在于设置、运用账户以及在账户中取得各种指标;账户按其与会计报表的关系分类则着眼于编制会计报表的资料来源;账户分为总分类账户和明细分类账户,是依据账户所提供指标的详细程度。账户按经济内容分类就是按账户反映的会计对象的具体内容分类,即按会计要素分类,可以分为六类:资产类账户、负债类账户、所有者权益类账户、收入类账户、费用类账户和利润类账户。账户按用途和结构划分,可以分为基本账户、调整账户、成本账户和损益计算账户四类。其中基本账户又可分为盘存账户、投资权益账户、结算账户和跨期摊配账户四类;调整账户可分为抵减账户和抵减附加账户两类;成本账户可分为集合分配账户、成本计算账户和对比账户三类;损益计算账户可分为收入计算账户、费用计算账户和财务成果计算账户三类。按账户有无期末余额,可将账户分成实账户和虚账户两类。

本章重点提示

账户按经济内容分类,实质上是按账户所反映的会计对象的具体内容分类,分为资产类、负债类、所有者权益类、收入类、费用类和利润类账户。

账户按用途和结构分为基本账户、调整账户、成本账户和损益计算账户四大类。

账户的其他分类方法为:按账户与会计报表的关系分类,按账户有无期末余额分类,按账户所提供资料的详细程度分类。其中,账户按与会计报表的关系,可分为资产负债表账户、利润表账户和制造成本表账户;账户按有无期末余额,可分为实账户和虚账户;账户按所提供资料的详细程度,可分为总分类账户和明细分类账户。

思考与分析

1. 账户按经济内容分类可分为哪几类？分类的作用是什么？
2. 账户按用途和结构分类可分为哪几类？分类的作用是什么？
3. 什么是结算账户？它有什么特点？举例说明。
4. 什么是跨期摊配账户？它有什么特点？举例说明。
5. 什么是抵减附加账户？它有什么特点？举例说明。
6. 什么是集合分配账户？它有什么特点？举例说明。
7. 什么是损益计算账户？它有什么特点？举例说明。
8. 什么是财务成果计算账户？它有什么特点？举例说明。
9. 什么是虚账户？什么是实账户？它们各有什么特点？各包括哪些账户？

5-3　客观题通关测试　　　　　5-4　实务题通关测试　　　　　5-5　文章阅读

> 要做到实事求是,有两点很重要:其一是能不能实事求是,即思维方式的改变问题;其二是敢不敢实事求是,即思想境界的提高问题。

第6章 会计凭证

 本章导航

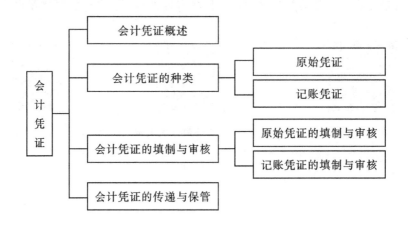

 知识目标

会计凭证的意义与种类、原始凭证和记账凭证的填制与审核、会计凭证的传递与保管。

 技能目标

正确认识和理解会计凭证的意义与种类,熟悉原始凭证和记账凭证的填制要求与审核内容,掌握填制原始凭证和记账凭证的会计方法。

 中英文关键词

会计凭证:accounting documents	原始凭证:original evidence
记账凭证:voucher	发票:invoice
收款凭证:receipt voucher	付款凭证:payment voucher
转账凭证:transfer voucher	

引导案例

20××年9月18日企业收到供应单位海天公司开具的发票1张,开列:甲材料1 000千克,单价15元,价款15 000元;随发票寄来甲材料运单开列运费200元。9月20日收到材料并验收入库,价款及运费于9月20日转账支付。

你认为,在这笔采购业务中,有几张原始凭证?应编制哪些记账凭证?

6-1　教学课件　　　　　　　　6-2　教学视频

第1节　会计凭证概述

前面章节已经讲到,会计的基本职能是核算和监督。在会计核算工作中,所有的会计记录都要有真实合法的依据。因此,在对交易或事项进行会计处理时,必须由执行、完成该交易或事项的经办人员从单位外部取得或者自行填制有关凭证,以书面形式记录和证明所发生交易或事项的性质、内容、数量、金额等,并在凭证上签名或者盖章,以对交易或事项的合法性和凭证的真实性、正确性负责。会计部门对取得的凭证审核无误后,方可将其作为记账的依据。

我们将这些记录交易或事项、明确经济责任、按一定格式编制的据以进行会计处理的书面证明,叫作会计凭证。购买材料要有供货单位开具的发票,收到现金要填写收据,等等。一切会计凭证都要经过有关人员的审核,只有经过审核无误的会计凭证才能作为记账的依据,因此,填写和取得会计凭证是会计工作的最初阶段和基本环节。填制和审核会计凭证是会计核算方法之一,也是会计核算区别于统计和业务核算的重要特点之一。

会计核算基本程序如图6-1所示。

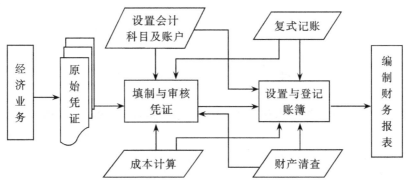

图6-1　会计核算基本程序

会计凭证的准确填写和严格审核,对于完成会计工作任务、实现会计职能和充分发挥会计的作用具有重大的意义,具体来讲有以下三方面意义。

1. 可以正确地、及时地反映各项交易或事项的执行和完成情况

认真填制和严格审核会计凭证,可以为记账、算账提供真实、可靠的数据资料,从而保证会计核算的准确性。

任何交易或事项的发生都要填制或取得会计凭证,将交易或事项如实记录下来。会计凭证上记录着交易或事项发生的时间、内容(包括数量、金额及完成情况)。经过严格的审核,保证交易或事项被如实地反映在会计凭证上,并为账簿记录提供真实、可靠的依据,使账簿记录与实际情况相符,这样就能把日常发生的各种各样的交易或事项通过会计凭证正确、及时地反映出来,从而为登记账簿提供可靠的依据。因此,会计凭证对交易或事项的发生起着证明的作用,并且为分析、检查经济活动和财务收支情况提供确切、可靠的原始资料。

2. 可以对交易或事项的合理性、合法性进行检查、监督

认真填制和严格审核会计凭证,可以检查和监督交易或事项活动的合理性、合法性,充分发挥会计的监督作用。

交易或事项是否真实、正确、合理、合法,在记账前都要根据会计凭证进行逐笔审核。由于会计凭证是交易或事项的记录,因此,通过审核凭证可以检查该项业务是否符合有关政策、法令、制度等的规定,有无违法乱纪或铺张浪费等行为,从而发挥会计的监督和保护企事业单位财产安全完整的作用。

3. 可以加强经营管理上的责任制

认真填制和审核凭证,可以明确有关部门、有关人员在办理交易或事项中的责任,从而加强经营管理上的责任制。

由于每一项交易或事项都要由经办部门的有关人员办理凭证手续并在凭证上签名盖章,他们对交易或事项的真实性和合法性负完全责任,因此根据凭证可以明确哪些人应该对哪项业务负责,各负什么责任。这样就可以促使经办业务的部门和人员加强责任感,使其严格按规定办事,一旦发现了问题,也能根据凭证查清责任。同时通过凭证审核还可以及时发现经营管理上的薄弱环节,也可以总结经验教训以便采取措施,改进工作。

第2节　会计凭证的种类

企业发生的交易或事项内容非常复杂,用以记录、监督交易或事项的会计凭证也必然是五花八门、名目繁多。为了具体地认识、掌握和运用会计凭证,首先要对会计凭证加以分类。会计凭证按照不同的标准,有不同的分类结果。一般地,按照凭证的填制程序和用途的不同,将会计凭证分为原始凭证和记账凭证两类。

1. 原始凭证

原始凭证又称单据,是在交易或事项发生或完成时取得或填制的,用以记录或证明交易或事项已经发生、执行或完成,明确经济责任,具有法律效力的书面证明。它是组织会计核算的原始资料和重要依据,如出差乘坐的车船票、采购材料的发货票、到仓库领料的领料单等,只有这些可以用来证明交易或事项已经实际发生的单据才能叫原始凭证,并作为会计核算的原始材料。原始凭证是在交易或事项发生的过程中直接产生的,是交易或事项发生的最初证明,在法律上具有证明效力,所以也可叫作"证明凭证"。

原始凭证有多种分类方法。

1.1 按取得的来源分类

原始凭证按取得的来源不同,可以分为自制原始凭证和外来原始凭证两类。

（1）自制原始凭证

自制原始凭证是指在交易或事项发生、执行或完成时,由本单位的经办人员自行填制的原始凭证。例如:由仓库管理人员在验收材料时填制的收料单（见表6-1）、由车间或其他用料部门领用材料时填制的领料单（见表6-2）、产品完工入库时填写的产品入库单（见表6-3）、产品销售时填写的销售发票等。

表6-1 收料单

供货单位：　　　　　　　　　　年　月　日　　　　　　　收料单编号：
发票号码：　　　　　　　　　　　　　　　　　　　　　　收料仓库：

编号	材料名称	规格	计量单位	数量		买价		
				应收	实收	单价	金额	第
								联
备注：						合计		

采购员　　　　　　　检验员　　　　　　　记账员　　　　　　　保管员

表6-2 领料单

领料部门：　　　　　　　　　　年　月　日　　　　　　　领料单编号：
用　途：　　　　　　　　　　　　　　　　　　　　　　领料仓库：

材料编号	材料名称	规格	计量单位	数量		价格		
				请领	实领	单价	金额	第
								联
备注：						合计		

记账　　　　　　　发料　　　　　　　审批　　　　　　　领料

表6-3　产品入库单

交库单位：　　　　　　　　　　　　　　年　月　日

产品仓库：　　　　　　　　　　　　　　　　　　　　入库单编号：

产品编号	产品名称	规格	计量单位	交付数量	检验结果		实收数量	价格		
					合格	不合格		单价	金额	第
										联
备注：									合计	

记账　　　　　　检验　　　　　　　　仓库　　　　　　经手

（2）外来原始凭证

外来原始凭证是指在同外单位发生经济往来关系时，从外单位取得的凭证。外来原始凭证都是一次凭证。如企业购买材料、商品时，从供货单位取得的普通销售发票（见表6-4）、增值税专用发票（见表6-5），各运输部门提供的机票、火车票、公共汽车票，以及对外付款时的取得的收款收据（见表6-6）就是外来原始凭证。

表6-4　销售发票

顾客名称：　　　　　　　　　　　　　　年　月　日　　　　　　　　发票号码：

品名规格	计量单位	数量	单价	金额	
					第
					联
合计金额（大写）			合计		

开票人　　　　　　　收款人　　　　　　　　　　企业名称（盖章）

1.2　按填制手续分类

原始凭证按其填制手续不同，又可分为一次凭证、累计凭证、汇总原始凭证和记账编制凭证四种。

（1）一次凭证

一次凭证是指只反映一项交易或事项，或者同时反映若干项同类性质的交易或事项，其填制手续是一次完成的会计凭证。所有的外来原始凭证和绝大多数的自制原始凭证都属于一次原始凭证。如企业购进材料验收入库，由仓库保管员填制的收料单；车间或班组向仓库领用材料时填制的领料单；报销人员填制的、出纳人员据以付款的报销凭证（见表6-7）。一次原始凭证是一次有效的凭证。

（2）累计凭证

累计凭证是指在一定期间内，连续多次记载若干不断重复发生的同类交易或事项，直到期末，凭证填制手续才算完成，以期末累计数作为记账依据的原始凭证。累计原始凭证是随着交易或事项的发生而分次登记使用的，可以减少凭证张数，简化填制手续；同时，也可以随着计算累计发生数，以便同计划或定额数量进行比较，反映交易或事项执行或完成的情况，能对材料消耗、成本管理起事先控制作用，是企业进行计划管理的手段之一。如工业企业常用的限额领料单（见表6-8）就是一种具有代表性的累计原始凭证。

表6-5 ××增值税专用发票

No.

开票日期

购货单位	名称					密码区			第三联:发票联
	纳税人识别号								
	地址、电话								
	开户行及账号								
货物或应税劳务名称	规格型号	单位	数量	单价	金额		税率	税额	
合计									
价税合计(大写)				(小写)					
销货单位	名称					备注			
	纳税人识别号								
	地址、电话								
	开户行及账号								

收款人　　　　　　复核　　　　　　开票人

注:增值税专用发票是由国家税务总局监制设计印制的,只限于增值税一般纳税人领购使用,增值税小规模纳税人和非增值税纳税人不得领购使用。增值税专用发票既是纳税人反映经济活动中的重要会计凭证,又是兼记销货方纳税义务和购货方进项税额的合法证明,是增值税计算和管理中重要的决定性的合法的专用发票。

增值税专用发票一般一式四联,第一联,蓝色,存根联,销货方留存备查;第二联,棕色,发票联,购货单位作付款的记账凭证;第三联,绿色,抵扣联,购货方作扣税凭证;第四联,黑色,记账联,销货方作销售的记账凭证。

表6-6 收款收据

××市×××有限公司

地址:××××××××××　　　电话传真:××××-×××××××　　　　　　No:

客户:　　　　　　　　　　　　　　　　　　　　　　　开票日期:

品名规格	单位	数量	单价	金额								备注
				十	万	千	百	十	元	角	分	
合计											元	
金额人民币(大写)		拾	万	仟		佰		拾		元	角	分

开票人:　　　　　　　　收款人:　　　　　　　　收款单位(盖章):

表6-7 差旅费报销凭证

记账日期	
记账顺序号	
分类账	页
	号

报账日期：

部门			姓名		职务		出差 人数		事 由	
					级别					
出差 日期	从		至			共		天	起止 地点	

开支项目	金额	单据张数	核准金额	伙食补助费					
				项目	人数	天数	标准	报销金额	核准金额
小计				小计					
合计金额 （大写）				核准金额 （大写）					

偿还 月 日第 号 单，预借款 元，结算后应退还现金 元

负责人 审核人 报领人

表6-8 限额领料单

领料部门： 年 月 日 发票凭证：
用途： 发料仓库：

材料 编号	材料名 称规格	计量 单位	计划投 产量	单位消 耗定额	领用 限额	实发		
						数量	单价	金额

日期	请领		实发			退回			限额结余
	数量	领料单位负责人	数量	发料人	领料人	数量	收料人	发料人	数量

生产计划部门负责人： 供应部门负责人： 仓库负责人：

（3）汇总原始凭证

汇总原始凭证，又称原始凭证汇总表，是指在会计核算工作中，为简化记账凭证的编制工作，将一定时期内若干份记录同类交易或事项的原始凭证，按照一定的管理要求汇总编制一张汇总凭证，用以集中反映某项交易或事项总括发生情况的会计凭证，如发料凭证汇总表（见表6-9）、收料凭证汇总表、现金收入汇总表等。

只能将记录同类内容的交易或事项汇总填列在一张汇总原始凭证中。在一张汇总原始凭证中，不能将两类或两类以上交易或事项汇总填列。汇总原始凭证在大中型企业中使用得非常广泛，因为它可以简化核算手续，提高核算工作效率；能够使核算资料更为系统化，使核算过程更为条理化；能够直接为管理提供某些综合指标。

表6-9　发料凭证汇总表

年　月　　　　　　　　　　　　　　　　单位：

会计科目		领料部门	原料及主要材料	辅助材料	燃料	周转材料	合计
生产成本	基本生产车间	一车间					
		二车间					
		小计					
	辅助生产车间	供水车间					
		供电车间					
		小计					
制造费用		一车间					
		二车间					
		小计					
管理费用		管理部门					
销售费用		销售部门					
在建工程		工程部门					
合计							

会计负责人　　　　　　　　　　　复核　　　　　　　　制表

（4）记账编制凭证

记账编制凭证是根据账簿记录的结果和其他有关资料，按照交易或事项的需要，对某些特定事项进行归类、整理而编制的一种自制原始凭证。例如在计算产品成本时，编制的制造费用分配表（见表6-10）就是根据制造费用明细账记录的数字按费用的用途填制的。此外还有月末计提折旧时编制的固定资产折旧计算表（见表6-11）等。

表6-10 制造费用分配表

年 月

产品名称	分配标准	分配率	分配额/元
合计			

制表　　　　　　　　　　　　　　　　　审核

表6-11 固定资产折旧计算表

使用部门：　　　　　　　　年　月　日

固定资产类别	月初应计提折旧的固定资产原值/元	月综合折旧率	月折旧额/元
合计			

会计主管　　　　　　　　　　复核　　　　　　　　制表

1.3 按用途分类

原始凭证按照用途不同,可以分为通知凭证、执行凭证和计算凭证三种。

（1）通知凭证

通知凭证是指通知、要求、指示或命令企业进行某项交易或事项的原始凭证,如缴款通知书、付款通知书、罚款通知书、银行进账单(见表6-12)等。

表6-12 ××银行进账单(回单)

年 月 日

出票人	全称		收款人	全称		亿	千	百	十	万	千	百	十	元	角	分
	账号			账号												
	开户银行			开户银行												
金额	人民币(大写)															
票据种类		票据张数															
票据号码																	
复核		记账				开户银行签章										

（2）执行凭证

执行凭证是用来证明某项交易或事项已经发生或已执行完毕的凭证,又称为证明凭证,如发货单、领料单等。

（3）计算凭证

计算凭证是指根据其他原始凭证和有关会计核算资料进行相关计算而编制的原始凭证。编制计算凭证的目的是进一步获得会计核算和管理需要的有关资料。这类凭证有制造费用分配表、产品成本计算单、工资计算表等。

1.4 按格式分类

原始凭证按照格式不同,可以分为通用凭证和专用凭证两种。

（1）通用凭证

通用凭证是指由有关部门统一负责印制,在一定范围内使用的具有统一格式和使用方法的原始凭证。这里的一定范围,既可以是全国范围,也可以是某省、某市、某地区或某系统。如全国统一使用的支票(见图6-2)、银行汇票、增值税专用发票等。

图6-2 转账支票票样

（2）专用凭证

专用凭证是指由单位自行印制,仅在本单位内部使用的原始凭证,如领料单、差旅费、报销单等。

以上是按不同的标准对原始凭证所做的分类。它们之间是相互依存、密切联系的。如一式四联的增值税专用发票,其记账联对卖方来说是自制原始凭证,发票联对买方来说就是外来原始凭证;同时,它既是一次凭证,又是执行凭证,也是通用凭证。

以上对原始凭证的介绍可以归纳为图6-3。

2. 记账凭证

所谓记账凭证,就是会计人员根据审核无误的原始凭证或汇总原始凭证,用来确定交易或事项应借、应贷的会计科目和金额而填制的,作为登记账簿直接依据的会计凭证。在前面的章节中曾指出,在登记账簿之前,应按实际发生交易或事项的内容编制会计分录,然后据以登记账簿,在实际工作中,编制会计分录是通过填制记账凭证来完成的。

由于原始凭证来自不同的单位,种类繁多,数量庞大,格式不一,不能清楚地表明应记入的会计科目的名称和方向,因此,为了便于登记账簿,需要根据原始凭证反映的不同交易或事项,将其进行归类和整理,填制具有统一格式的记账凭证,确定会计分录,并将相关的原始凭证附在后面。这样不仅可以简化记账工作、减少差错,而且有利于原始凭证的保

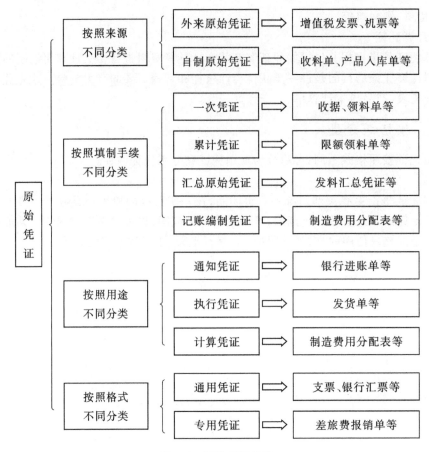

图 6-3 原始凭证分类

管,便于对账和查账,提高会计工作质量。

记账凭证可以按不同的标准进行分类。

2.1 按适用的交易或事项分类

记账凭证按适用的交易或事项,分为专用记账凭证和通用记账凭证两类。

(1)专用记账凭证

专用记账凭证是专门用来记录某一类交易或事项的记账凭证。专用记账凭证按其所记录的交易或事项是否与现金和银行存款的收付有关,又分为收款凭证、付款凭证和转账凭证三种。

①收款凭证。收款凭证是用来记录现金和银行存款等货币资金收款业务的凭证,它是根据现金和银行存款收款业务的原始凭证填制的。

【例 6-1】20×9 年 9 月 17 日,雄镇公司销售 A 产品 10 件,每件价格为 10 000 元,增值税税率为 13%,款项已经全部收到并存入银行,根据销售发票和银行结算凭证编制收款凭证,如表 6-13 所示。

表 6-13　收款凭证

借方科目：银行存款　　　　　　　　　　20×9 年 9 月 17 日　　　　　　　　　　收字 19 号

摘要	贷方科目		金额	记账符号
	一级科目	明细科目		
销售 A 产品	主营业务收入 应交税费	A 产品 应交增值税（销项税）	100 000 13 000	
附件贰张	合计		￥113 000	

会计主管：　　　　记账：　　　　出纳：　　　　复核：　　　　填制：

②付款凭证。付款凭证是用来记录现金和银行存款等货币资金付款业务的凭证，它是根据现金和银行存款付款业务的原始凭证填制的。

【例 6-2】雄镇公司外购甲材料一批，9 月 21 日收到供应商开来的发票，价款为 80 000 元，增值税税率为 13%，当日通过开户银行转账支付了货款，但是材料尚未收到。根据发票和银行结算凭证编制付款凭证，如表 6-14 所示。

表 6-14　付款凭证

贷方科目：银行存款　　　　　　　　　　20×9 年 9 月 21 日　　　　　　　　　　付字 36 号

摘要	借方科目		金额	记账符号
	一级科目	明细科目		
采购甲材料	在途物资 应交税费	甲材料 应交增值税（进项税）	80 000 10 400	
附件贰张	合计		￥90 400	

会计主管：　　　　记账：　　　　出纳：　　　　复核：　　　　填制：

【例 6-3】雄镇公司于 9 月 22 日以现金支付业务招待费 678 元，根据餐饮服务业务专用发票编制付款凭证，如表 6-15 所示。

表 6-15　付款凭证

贷方科目：库存现金　　　　　　　　　　20×9 年 9 月 22 日　　　　　　　　　　付字 37 号

摘要	借方科目		金额	记账符号
	一级科目	明细科目		
支付业务招待费	管理费用	业务招待费	678	
附件壹张	合计		￥678	

会计主管：　　　　记账：　　　　出纳：　　　　复核：　　　　填制：

收款凭证和付款凭证是用来记录货币收付业务的凭证。既是登记现金日记账、银行存款日记账、明细分类账及总分类账等账簿的依据，也是出纳人员收付款项的依据。出纳人员不能依据现金、银行存款收付业务的原始凭证收付款项，必须根据会计主管人员或指定人员审核批准的收款凭证和付款凭证收付款项，以加强对货币资金的管理，有效地监督货币资金的使用。

对于涉及库存现金和银行存款之间相互划转的交易或事项,如从银行提取现金或将现金送存银行,在编制记账凭证时,一般只需要编制付款凭证,而不编制收款凭证,这样既可避免重复过账,又可加强对付款的审核与检查。

【例6-4】雄镇公司于9月23日签发现金支票,从开户银行提取现金1 000元,根据支票存根编制付款凭证,如表6-16所示。

表6-16　付款凭证

贷方科目:银行存款　　　　　　　　　　　20×9年9月23日　　　　　　　　　　　付字38号

摘要	借方科目		金额	记账符号
	一级科目	明细科目		
提现	库存现金		1 000	
附件壹张	合计		￥1 000	

会计主管:　　　　　记账:　　　　　出纳:　　　　　复核:　　　　　填制:

③转账凭证。转账凭证是用来记录与库存现金、银行存款等货币资金收付款业务无关的转账业务(即在交易或事项发生时不需要收付现金和银行存款的各项业务)的凭证,它是根据有关转账业务的原始凭证填制的。转账凭证是登记总分类账及有关明细分类账的依据。

【例6-5】9月24日,收到【例6-2】中的外购甲材料,并已验收入库,结转其实际采购成本。根据收料单编制转账凭证,如表6-17所示。

表6-17　转账凭证

20×9年9月24日　　　　　　　　　　　转字101号

摘要	总账科目	明细科目	借方金额	贷方金额	记账符号
结转入库材料成本	原材料	甲材料	80 000		
	在途物资	甲材料		80 000	
附件壹张	合计		￥80 000	￥80 000	

会计主管:　　　　　记账:　　　　　出纳:　　　　　复核:　　　　　填制:

使用专用记账凭证,有利于对不同交易或事项进行分类管理,有利于交易或事项的检查,但工作量较大,适用于规模较大、收付款业务较多的单位。在实际工作中,为了便于识别及减少差错,专用记账凭证往往采用不同颜色分别印刷。

(2)通用记账凭证

通用记账凭证是指凭证格式具有通用性,不再分为收款凭证、付款凭证和转账凭证,而是以一种格式记录各种交易或事项的记账凭证。这种凭证适用于规模小、交易或事项较简单、收付款业务较少的单位。

通用记账凭证的格式和上述的转账凭证格式基本相同。

【例6-6】9月26日,海天公司以银行存款向电视台支付广告费20 000元。

根据广告业专用发票和银行结算凭证编制通用记账凭证,如表6-18所示。

表6-18　通用凭证

20×9年9月26日　　　　　　　　　　　　　　　　　　　　　　　　　　第5号

摘要	总账科目	明细科目	借方金额	贷方金额	记账符号
支付广告费	销售费用	广告费	20 000		
	银行存款			20 000	
附件贰张		合计	￥20 000	￥20 000	

会计主管:　　　　　记账:　　　　　复核:　　　　　制证:

2.2　按填制方式分类

记账凭证按填制方式,即包括的会计科目是否单一,分为复式记账凭证和单式记账凭证两类。

(1)复式记账凭证

复式记账凭证又叫作多科目记账凭证,要求将某项交易或事项所涉及的全部会计科目集中填列在一张记账凭证上。复式记账凭证可以集中反映账户的对应关系,因而便于了解交易或事项的全貌,了解资金的来龙去脉;便于查账;同时可以减少填制记账凭证的工作量,减少记账凭证的数量;但是不便于汇总计算每一会计科目的发生额,不便于分工记账。上述收款凭证、付款凭证和转账凭证以及通用记账凭证的格式都是复式记账凭证的格式。

(2)单式记账凭证

单式记账凭证又叫作单科目记账凭证,要求根据某项交易或事项所涉及的每个会计科目分别填制记账凭证,每张记账凭证只填列一个会计科目,其对方科目只供参考,不据以记账。也就是把某一项交易或事项的会计分录,按其所涉及的会计科目,分散填制两张或两张以上记账凭证。单式记账凭证将一项交易或事项所涉及的会计科目及其对应关系通过借项记账凭证、贷项记账凭证分别予以反映,所以单式记账凭证又称单项记账凭证。单式记账凭证便于汇总计算每一个会计科目的发生额,便于分工记账;但是填制记账凭证的工作量大,而且出现差错不易查找。

【例6-7】依【例6-6】,假设海天公司采用的是单式记账凭证,则该公司在业务发生后,根据广告业专用发票和银行结算凭证编制的单式记账凭证如表6-19和表6-20所示。

表6-19 借项记账凭证

对应科目:银行存款 　　　　　　　　20×9年9月26日 　　　　　　　　编号:

摘要	一级科目	明细科目	金额	记账符号
支付广告费	销售费用	广告费	20 000	
合计			￥20 000	

会计主管: 　　　记账: 　　　出纳: 　　　复核: 　　　填制:

表6-20 贷项记账凭证

对应科目:销售费用 　　　　　　　　20×9年9月26日 　　　　　　　　编号:

摘要	一级科目	明细科目	金额	记账符号
支付广告费	银行存款		20 000	
合计			￥20 000	

会计主管: 　　　记账: 　　　出纳: 　　　复核: 　　　填制:

2.3 按是否经过汇总分类

记账凭证按是否经过汇总,分为汇总记账凭证和非汇总记账凭证。

(1)汇总记账凭证

汇总记账凭证是根据非汇总记账凭证按一定的方法汇总填制的记账凭证。汇总记账凭证按汇总方法不同,分为分类汇总凭证和全部汇总凭证两种。

①分类汇总凭证。分类汇总凭证是根据一定期间的记账凭证按其种类分别汇总填制的,如根据收款凭证汇总填制的现金汇总收款凭证、银行存款汇总收款凭证、现金汇总付款凭证、银行存款汇总付款凭证以及根据转账凭证汇总填制的汇总转账凭证。

②全部汇总凭证。全部汇总凭证是根据一定期间的记账凭证全部汇总填制的,如科目汇总表或记账凭证汇总表(见表6-21)。

表6-21 记账凭证汇总表

年　月　日至　　年　月　日

凭证起讫号数自　　号起至　　号止 　　　　　　　　编号

会计科目	借方金额	记账符号	贷方金额	记账符号

会计主管 　　　　　记账 　　　　　审核 　　　　　制表

（2）非汇总记账凭证

非汇总记账凭证是没有经过汇总的记账凭证,前面介绍的收款凭证、付款凭证和转账凭证以及通用记账凭证都是非汇总记账凭证。

以上对记账凭证的介绍可以归纳为图6-4。

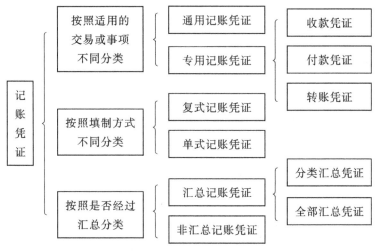

图6-4 记账凭证的分类

3. 原始凭证和记账凭证的关系

原始凭证和记账凭证之间存在着密切的联系。原始凭证是记账凭证的基础,记账凭证是根据原始凭证编制的。在实际工作中,原始凭证附在记账凭证后面,作为记账凭证的附件;记账凭证是对原始凭证内容的概括和说明;原始凭证有时是登记明细账户的依据。

原始凭证和记账凭证同属于会计凭证,但二者存在着以下差别:

（1）原始凭证是由经办人员填制的;记账凭证一律由会计人员填制。

（2）原始凭证是根据发生或完成的交易或事项填制的;记账凭证是根据审核后的原始凭证填制的。

（3）原始凭证仅用以记录、证明交易或事项已经发生或完成;记账凭证要依据会计科目对已经发生或完成的交易或事项进行归类、整理。

（4）原始凭证是填制记账凭证的依据;记账凭证是登记账簿的依据。

第3节 会计凭证的填制与审核

1. 原始凭证的填制与审核

按照我国《会计法》第十条的相关规定,凡办理相关交易或事项,必须填制或者取得原始凭证,并及时送交会计机构。会计机构必须对原始凭证进行审核,并根据经过审核的原始凭证及有关资料编制记账凭证。因此,填制与审核原始凭证是会计工作的起点,也是会计核算的基础。原始凭证的质量在一定意义上决定了分类核算和会计报表的质量。

1.1 原始凭证的基本内容

尽管如前所述,原始凭证的格式五花八门,反映的交易或事项也包罗万象,但是任何一种原始凭证,都必须客观、真实、完整地记录和反映交易或事项的发生、完成情况,都必须明确有关单位和有关人员的责任。所有原始凭证必须具备一些相同的内容,这些内容被称为原始凭证的基本内容或基本要素。原始凭证的基本内容包括以下几个方面。

(1)原始凭证的名称及编号。

(2)填制原始凭证的日期。

(3)接受原始凭证的单位名称。

(4)交易或事项内容(含单价、数量和金额等)。

(5)填制单位签章。

(6)有关人员签章。

(7)原始凭证的联次和附件(如与业务有关的经济合同、费用预算等)。

上述基本内容,除第7条的附件外,一般不得缺少,否则,就不能成为具有法律效力的书面证明。

由于各种交易或事项的内容和经营管理的要求不同,因此原始凭证的名称、格式和内容是多种多样的。原始凭证填制的依据和填制的人员有三种:以实际发生或完成的交易或事项为依据,由经办业务人员直接填制,如入库单、出库单等;以账簿记录为依据,由会计人员加工整理计算填制,如各种记账编制凭证;以若干张反映同类交易或事项的原始凭证为依据,定期汇总填制汇总原始凭证,填制人员可能是业务经办人也可能是会计人员。但无论哪种原始凭证,作为记录和证明交易或事项的发生或完成情况、明确经办单位和人员的经济责任的原始证据,其基本内容是一样的。

在实际工作中,各单位根据经营管理和特殊业务的需要,可自行设计和印制适合本单位需要的各种原始凭证。在有些凭证上,除上述基本内容外,还应增加一些补充项目,例如,要注明与该项交易或事项有关的合同号码、结算方式、币种、汇率等,以便更加完整地反映交易或事项。对于在一定范围内经常发生的大量的同类交易或事项,有关部门可规定统一的凭证格式,如税务部门统一印制的普通发票和增值税专用发票,中国人民银行统一印制的银行转账结算凭证,交通部门统一印制的客运、货运单据,等等。这样,在全国、某地区或部门对原始凭证规定统一的格式,既便于加强监督管理,又可以节省各基层单位的印刷费用。某些部门统一印制使用的凭证,如火车票,并不具备上述原始凭证的全部内容,但依据印制发放部门的信用和惯例,这些凭证通常也被认为是合法、合理的。

1.2 原始凭证的填制方法

原始凭证的填制是指由填制人员按照规定方法将各项原始凭证要素填写齐全,办妥签章手续,明确经济责任。

由于各种凭证的内容和格式千差万别,原始凭证填制的具体方法也不尽相同。一般来讲,一部分自制原始凭证是根据交易或事项的执行或完成情况直接填制的。例如,发货票就是由销售部门的仓管员在出售商品时填制的。发货票上必须填列货物的名称、规格、数量、单价、金额、购货单位的名称、销货单位的名称、经办人员签章等。另一部分自制原始凭证是根据会计账簿的记录,把交易或事项加以归类、整理,重新编制而成的。例如,月末计算产品成本时,根据制造费用明细账中的本月借方发生额编制的制造费用分配表就是一个重要的原始凭证。

【例6-8】假设雄镇公司9月份生产部门第一车间生产了A和B两种产品,共发生制造费用10 000元。生产A产品的工人工资是20 000元,生产B产品的工人工资是30 000元。该公司采用生产工人工资比例来分配制造费用。该公司应该在9月30日编制格式如表6-22所示的制造费用分配表,将9月份发生的制造费用分配到相关产品成本中。

表6-22　制造费用分配表

车间名称:第一车间　　　　　　　　　　　　　　20×9年9月

产品名称	分配标准(生产工人工资)/元	分配率	分配额/元
A产品	20 000	0.4	4 000
B产品	30 000	0.6	6 000
合计	50 000		10 000

制表　　　　　　　　　　　　　　审核

另外,自制的汇总原始凭证根据若干张反映同类交易或事项的原始凭证定期汇总填列。外来原始凭证是由其他单位或个人填制的。就对方来说,它仍是自制原始凭证,因此其内容、作用、填制方法与自制原始凭证相同。

1.3　原始凭证的填制要求

原始凭证是具有法律效力的证明文件,是进行会计核算的依据,必须认真填制。《会计法》第十四条规定,原始凭证记载的各项内容均不得涂改;原始凭证有错误的,应当由出具单位重开或者更正,更正处应当加盖出具单位印章。为了保证原始凭证能够正确、完整、清晰、及时地反映各项交易或事项的实际情况,提高会计核算的质量,原始凭证的填制必须符合下列要求。

(1)真实可靠,手续完备

原始凭证上记载的交易或事项,必须与实际情况相符。如实记录交易或事项的情况,决不允许有任何歪曲或弄虚作假的情况。每张凭证上填列的日期、业务内容、数量、单价、金额等应当真实可靠,这样才能保证会计信息的客观真实。

从外单位取得的原始凭证,必须有填制单位的公章(或专用章);从个人处取得的原始凭证,必须有填制人签名或盖章。自制原始凭证,必须有部门负责人和经办人员的签名或盖章;对外开出的原始凭证,必须加盖章本单位的公章或有关部门的专用章。

经上级有关部门批准的交易或事项,应当将批准文件作为原始凭证附件。如果批准文件需要单独归档,应当在凭证上注明批准机关名称、日期和文件字号。

发生销售退回的,除填制退货发票外,还必须有退货验收证明;退款时,必须取得对方的收款收据或者汇款银行的凭证,不得以退货发票代替收据。

职工公出借款凭据,必须附在记账凭证之后。收回借款时,应当另开收据或者退还借据副本,不得退还原借款收据。

（2）内容完整,书写清楚

①严格按规定的格式或内容逐项填写交易或事项的完成情况。

②凭证上的文字,用正楷或行书体书写,字迹要工整、清晰,易于辨认,不使用未经国务院公布的简化字。

③一式几联的凭证,必须用双面复写纸(发票和收据本身具备复写纸功能的除外)套写,并连续编号。单页凭证必须用钢笔填写。一式几联的原始凭证,应当注明各联的用途,只能以一联作为报销凭证。

④凭证填写发生错误,应按规定的方法更正。不得任意涂改或刮挖擦补,现金和银行存款等收付款凭证填写错误,不能在凭证上更正,应按规定的手续注销留存,重新填写。

（3）数字填写必须准确无误,并按规定书写

①原始凭证上的数字填写必须清晰、正确,易于辨认。金额前要写明货币符号,如人民币用"￥"表示,港元用"HK＄"表示,美元用"USA＄"表示。

②阿拉伯数字要单个书写,不得连笔,金额大写一律用正楷或行书体书写,如壹、贰、叁、肆、伍、陆、柒、捌、玖、拾、佰、仟、万、亿、元(圆)、角、分、零、整(正),大写金额最后为"元""角"的应加写"整"或"正"字断尾。

③金额数要写到角、分为止,无角、分的用"0"或符号"－"表示,有角无分的,分位应写"0",此时不能用符号"－"。

④填写大写金额时,事先印好的"人民币"字样与大写数字之间不得留空;金额数字中间有"0"时,汉字大写金额要写"零"字,如￥709.50,汉字大写金额应写成人民币柒佰零玖元伍角整。数字中间连续有几个"0"时,汉字大写金额中可以只写一个"零"字,如￥3 009.51,汉字大写金额应写成人民币叁仟零玖元伍角壹分。书写时,数字的大写金额和小写金额必须保持一致。

（4）连续编号,及时填制

各种凭证都必须连续编号,以备查考。一些事先印好编号的重要凭证作废时,在作废的凭证上应加盖"作废"戳记,连同存根一起保存,不得随意撕毁。所有经办业务的有关部门和人员,在交易或事项实际发生或完成时,必须及时将原始凭证送交会计部门。

1.4 原始凭证的审核

只有审核无误的凭证,才能作为记账的依据。按照《会计法》第十四条的规定,会计机构、会计人员必须按照国家统一的会计制度的规定对原始凭证进行审核,对不真实、不合法的原始凭证有权不予接受,并向单位负责人报告;对记载不准确、不完整的原始凭证予以退回,并要求按照国家统一的会计制度的规定更正、补充。为了保证原始凭证内容的真实性和合理性,一切原始凭证填制或取得后,都应按规定的程序及时送交会计部门,由会计主管或具体处理该事项的会计人员进行审核。

原始凭证的审核主要从以下四个方面进行。

（1）真实性审核

审核原始凭证,首先是审核其真实性,看它是否真实。如果不是真实的,就谈不上合法性、合理性和完整性审核了。所谓真实,就是说原始凭证反映的应当是交易或事项的本

来面目,不得掩盖、歪曲或颠倒真实情况。

①交易或事项双方当事单位和当事人必须是真实的。开出原始凭证的单位、接受原始凭证的单位、填制原始凭证的责任人、取得原始凭证的责任人都要据实填写,不得冒他单位、他人之名,也不得填写假名。

②交易或事项发生的时间、地点和填制凭证的日期必须是真实的。不得把交易或事项发生的真实时间改变为以前或以后的时间,不得把在甲地发生的交易或事项改变成在乙地发生,也不得把填制原始凭证的真实日期改变为以前或以后的日期。

③交易或事项的内容必须是真实的。购货业务的原始凭证,必须标明货物的名称、规格、型号等;住宿业务的原始凭证,就要标明住宿的日期;乘坐交通工具业务的原始凭证,就得标明交通工具种类和起止地点;就餐业务的原始凭证,必须标明就餐,不得把购物写成就餐,把就餐写成住宿;劳动报酬支付的原始凭证,就应该附有考勤记录和工资标准等。

④交易或事项的"量"必须是真实的。购买货物业务的原始凭证,要标明货物的重量、长度、体积、数量;其他交易或事项的原始凭证也要标明计价所使用的量。单价、金额必须是真实的。最关键的一点就是,不得在填写原始凭证时抬高或压低单价,多开或少开金额。

(2)合法性审核

合法性审核是指审核原始凭证所记载的交易或事项是否符合有关财经纪律、法规、制度等的规定,有无违法乱纪行为。若有,应予揭露和制止。根据《会计法》的规定,对不真实、不合法的原始凭证,会计人员有权不予接受,并向单位负责人报告。

(3)合理性审核

合理性审核是指审核交易或事项的发生是否符合本单位事先制订的计划、预算等的要求,有无不讲经济效益、脱离目标的现象,是否符合费用开支标准,有无铺张浪费的行为。

(4)完整性审核

完整性审核是指审核原始凭证是否将有关内容填写齐全,各项目是否按要求填写。对原始凭证完整性的审核,首先要审核原始凭证的各构成要素是否齐全。其次,审核各要素内容填制得是否正确、完整、清晰,特别是对凭证中所记录的数量、金额的正确性要进行认真审核,检查金额计算有无差错,大小写金额是否一致。最后,审核各经办单位和人员签章是否齐全。根据《会计法》的规定,会计人员对记载不准确、不完整的原始凭证予以退回,并要求当事人按照国家统一的会计制度的规定更正、补充。

2. 记账凭证的填制与审核

记账凭证是财会人员根据审核无误的原始凭证或原始凭证汇总表及有关资料按记账要求归类整理而编制成的,用来记载交易或事项的简要内容,并确定会计分录,是登记账簿的直接依据。

2.1 记账凭证的基本内容

记账凭证因其反映的交易或事项的内容不同,各单位规模大小及其对会计核算繁简程度的要求不同,格式亦有所不同,但不管是哪一类记账凭证,都必须满足记账的要求。

因此,所有记账凭证都必须具备以下几方面的基本内容:

(1)记账凭证的名称。

(2)填制记账凭证的日期。

(3)记账凭证的编号。

(4)交易或事项的内容摘要。

(5)交易或事项所涉及的会计科目及其记账方向。

(6)交易或事项的金额。

(7)记账标记。

(8)所附原始凭证张数。

(9)会计主管、记账、审核、出纳、制单等有关人员的签章。

2.2　记账凭证的编制要求

(1)编制记账凭证的基本要求

①记账凭证各项内容必须完整,即记账凭证应该包括的内容都要具备。应该注意的是:以自制原始凭证或者原始凭证汇总表代替记账凭证使用的,也必须具备记账凭证所应有的内容;记账凭证的日期,一般为编制记账凭证当天的日期,按权责发生制原则计算收益、分配费用、结转成本利润等调整分录和结账分录的记账凭证,虽然需要到下月才能编制,但仍应填写当月月末的日期,以便在当月的账内进行登记。

②记账凭证应连续编号。这有利于分清会计事项处理的先后顺序,便于记账凭证与会计账簿之间的核对,确保记账凭证的完整。记账凭证编号的方法有以下两种。

一是顺序编号法,即将全部记账凭证作为一类统一编号,每月从第一号记账凭证起,按交易或事项发生的顺序,依次编号。

另一种是分类编号法,即按交易或事项的内容加以分类,可以按库存现金收付、银行存款收付和转账业务三类分别编号,也可以按库存现金收入、库存现金支出、银行存款收入、银行存款支出和转账业务五类进行编号,或者将转账业务按照具体内容再分成几类编号。

各单位应当根据本单位业务繁简程度、人员多寡和分工情况来选择便于记账、查账、内部稽核的简单严密的编号方法。记账凭证无论是统一编号还是分类编号,均应分月份按自然数字顺序连续编号,即每月都从1号编起,按顺序编至月末。通常一张记账凭证编一个号,不得跳号、重号。

一笔交易或事项需要填制两张或者两张以上记账凭证的,可以采用分数编号法编号,如1号会计事项需要填制三张记账凭证,就可以编成 $1\frac{1}{3}$、$1\frac{2}{3}$、$1\frac{3}{3}$ 号。

当月记账凭证的编号,可以在填写记账凭证的当日填写,也可以在月末或装订凭证时填写,但应在月末最后一张记账凭证编号的旁边加注"全"字,以免凭证丢失后茫然不知。

③记账凭证的书写应清楚、规范。记账凭证应按行次逐项填写,不能跳行,如果金额栏的最后一笔数字与合计数之间有空行,应当自金额栏最后一笔金额数字下的空行处至合计数上的空行处划斜线或"S"形线注销。金额数字必须正确,符合数字书写规定,角、分位不留空格。合计金额的第一位数字前要填写币种符号,如人民币符号"￥"。

④记账凭证可以根据每一张原始凭证填制,或根据若干张同类原始凭证汇总编制,也可以根据原始凭证汇总表填制。但不得将不同内容和类别的原始凭证汇总填制在一张记账凭证上。一张原始凭证所列的支出需要由两个或两个以上的单位共同负担时,应当由保存该原始凭证的单位开给其他应负担单位原始凭证分割单。原始凭证分割单必须具备原始凭证的基本内容,包括凭证的名称、填制凭证的日期、填制凭证单位的名称或填制人的姓名、经办人员的签名或盖章、接受凭证单位的名称、交易或事项内容、数量、单价、金额和费用的分担情况等。

⑤除结账和更正错误的记账凭证可以不附原始凭证外,其他记账凭证必须附有原始凭证,并注明所附原始凭证的张数。所附原始凭证张数的计算,一般以原始凭证的自然张数为准。与记账凭证中的交易或事项记录有关的每一张证明文件,都应当作为记账凭证的附件。如果记账凭证中附有原始凭证汇总表,则应该把所附的原始凭证和原始凭证汇总表的张数一起计入附件的张数之内。但报销差旅费等的零散票券,可以粘贴在一张纸上,作为一张原始凭证。一张原始凭证如涉及几张记账凭证的,可以将该原始凭证附在一张主要的记账凭证后面,在其他记账凭证上注明该主要记账凭证的编号或者附上该原始凭证的复印件。

⑥正确编制会计分录并保证借贷平衡。必须根据国家统一会计制度的规定和交易或事项的内容,正确使用会计科目和编制会计分录,记账凭证借、贷方的金额必须相等,合计数必须计算正确。

⑦摘要应与原始凭证内容一致,能正确反映交易或事项的主要内容,表述简短精练。应能使阅读的人通过摘要就能了解该项交易或事项的性质、特征,判断出会计分录的正确与否,一般不必再去翻阅原始凭证或询问有关人员。

⑧填制记账凭证时若发生错误应当重新填制。已登记入账的记账凭证在当年内发现填写错误时,可以用红字填写一张与原内容相同的记账凭证,在摘要栏注明"注销某月某日某号凭证"字样,同时再用蓝字重新填制一张正确的记账凭证,注明"订正某月某日某号凭证"字样。如果会计科目没有错误,只是金额错误,也可将正确数字与错误数字之间的差额,另编一张调整的记账凭证,调增金额用蓝字,调减金额用红字。发现以前年度记账凭证有错误的,应当用蓝字填制一张更正的记账凭证。

⑨实行会计电算化的单位,其机制记账凭证应当符合记账凭证的一般要求,并应认真审核,做到会计科目使用正确,数字准确无误。打印出来的机制记账凭证上,要加盖制单人员、审核人员、记账人员和会计主管人员印章或者签字,以明确责任。

⑩只涉及库存现金和银行存款之间收入或付出的交易或事项,应以付款业务为主,只填制付款凭证,不填制收款凭证,以免重复。

(2)收款凭证的编制要求

收款凭证根据库存现金和银行存款收款业务的原始凭证填制。凡是涉及增加库存现金或者银行存款账户的金额的,都必须填制收款凭证。收款凭证左上角的"借方科目"按收款的性质填写"库存现金"或"银行存款";"日期"填写的是编制本凭证的日期;右上角填写编制收款凭证的顺序号,一般按"现收×号"和"银收×号"分类,业务量少的单位也可不分"现收"与"银收",而按收款业务发生的先后顺序统一编号,如"收字×号";"摘要"填写对所记录的交易或事项的简要说明;"贷方科目"填写与收入现金或银行存款相对应的总账(一级)科目及其明细(二级)科目;"记账"是指该凭证已登记账簿的标记,供记账员在根据收款凭证登记有关账簿以后做记号用,表示该项金额已经记入有关账户,防止交易或事项重记或漏记;"金额"是指该项交易或事项的发生额,填写实际收到的现金或银行存款数额;凭证右边"附件××张"是指本记账凭证所附原始凭证的张数;凭证最下边分别由有关人员签章,以明确经济责任。

（3）付款凭证的编制要求

付款凭证根据现金和银行存款付款业务的原始凭证填制。凡是涉及减少现金或者银行存款账户的金额的,都必须填制付款凭证。付款凭证的编制方法与收款凭证基本相同,不同的只是左上角由"借方科目"换为"贷方科目",因为现金和银行存款的减少应记账户的贷方;凭证中间的"贷方科目"换为"借方科目",需填写与现金或银行存款支出业务有关的总账(一级)科目和明细(二级)科目。

（4）转账凭证的编制要求

转账凭证根据不涉及现金和银行存款收付的转账业务的原始凭证填制。凡是不涉及现金和银行存款增加或减少的业务,都必须填制转账凭证。转账业务没有固定的账户对应关系,因此在转账凭证中,将交易或事项中所涉及的全部会计科目,按照先借后贷的顺序记入"会计科目"栏中的"一级科目"和"二级及明细科目",并按应借、应贷方向分别记入"借方金额"或"贷方金额"栏。其他项目的填列与收、付款凭证相同。

（5）通用记账凭证的编制要求

通用记账凭证的名称为"记账凭证"或"记账凭单"。它集收款、付款和转账凭证于一身,通用于收款、付款和转账等各种类型的交易或事项,其格式及编制方法与转账凭证完全相同。

（6）汇总记账凭证的编制要求

①汇总收款凭证的编制。汇总收款凭证根据现金或银行存款的收款凭证,按现金或银行存款科目的借方分别设置,并按贷方科目加以归类汇总,定期(每隔5天或10天)填列一次,每月编制一张。月份终了,计算出汇总收款凭证的合计数后,分别登记现金或银行存款总账的借方以及各个对应账户的贷方。

②汇总付款凭证的编制。汇总付款凭证根据现金或银行存款的付款凭证,按现金或银行存款科目的贷方分别设置,并按借方科目加以归类汇总,定期(每隔5天或10天)填列一次,每月编制一张。月份终了,计算出汇总付款凭证的合计数后,分别登记现金或银行存款总账的贷方以及各个对应账户的借方。

③汇总转账凭证的编制。汇总转账凭证根据转账凭证按每个科目的贷方分别设置,并按对应的借方科目归类汇总,定期(每隔5天或10天)填列一次,每月编制一张。月份终了,计算出汇总转账凭证的合计数后,分别登记各有关总账的贷方或借方。

④记账凭证汇总表的编制。根据记账凭证逐笔登记总账,如果工作量很大,可以先填制记账凭证汇总表,然后根据记账凭证汇总表登记总账。编制方法一般如下:

填写记账凭证汇总表的日期、编号和会计科目名称。汇总表的编号一般按年顺序编列,汇总表上会计科目名称的排列应与总账科目的序号保持一致。

将需要汇总的记账凭证,按照相同的会计科目名称进行归类。

将相同会计科目的本期借方发生额和贷方发生额分别加总,求出合计金额。

将每一会计科目的合计金额填入汇总表的相关栏目。

结计汇总表的本期借方发生额和本期贷方发生额,双方合计数应相等。

2.3 记账凭证的审核内容

记账凭证是登记账簿的依据。为了保证账簿记录的准确性,编制记账凭证的人员除了应当认真负责、正确编制、加强自审以外,同时还应建立专人审核制度,记账前必须由专人对已编制的记账凭证进行认真、严格的审核。在审核记账凭证的过程中,如发现记账凭证填制有误,应当按照规定的方法及时加以更正。只有经过审核无误的记账凭证,才能作为登记账簿的依据。记账凭证审核的主要内容如下。

(1)合规性审核。根据会计准则等会计法规的规定,审核记账凭证所确定的会计分录是否合规、合法。这就要求审核人员必须根据记账凭证所附原始凭证的经济内容,按照会计核算方法的要求,审核是否按已审核无误的原始凭证填制记账凭证;记录的内容与所附原始凭证是否一致,金额是否相等;所附原始凭证的张数是否与记账凭证所列附件张数相符。

(2)技术性审核。根据记账凭证的填制要求,审核记账凭证的摘要、所列会计科目(包括一级科目、明细科目)、应借与应贷方向以及金额是否正确;借贷双方的金额是否相等;明细科目金额之和与相应的总账科目的金额是否相等。

(3)完整性审核。根据记账凭证的基本内容,逐项审核记账凭证的内容是否按规定要求填列并完整无缺,各项目是否按规定填写齐全并按规定手续办理。审核记账凭证摘要是否填写清楚,日期、凭证编号、附件张数以及有关人员签章等各个项目填写是否齐全。若发现记账凭证的填制有差错或者填列不完整、签章不齐全,应查明原因,责令更正、补充或重填。

对会计凭证进行审核,是保证会计信息质量、发挥会计监督作用的重要手段。这是一项政策性很强的工作,要做好会计凭证的审核工作、正确发挥会计的监督作用,会计人员应当既熟悉和掌握国家政策、法令、规章制度和计划、预算的有关规定,又熟悉和了解本单位的经营情况,这样才能明辨是非,确定哪些交易或事项是合理、合法的,哪些交易或事项是不合理、不合法的。会计人员应自觉地执行政策,遵守制度,正确处理各种经济关系。

第4节 会计凭证的传递与保管

会计凭证是会计工作的基础,又是办理业务的依据,为了充分发挥会计凭证的作用,就必须认真做好会计凭证的管理工作。会计凭证的管理包括会计凭证的传递和会计凭证的保管两方面的内容。

1. 会计凭证的传递

会计凭证的传递,是指各种会计凭证从填制、取得到归档保管为止的全部过程,即会计凭证在企业、事业和行政单位内部有关人员和部门之间传送、交接的过程。要规定各种会计凭证的填写、传递单位与凭证份数,规定会计凭证传递的程序、移交的时间和接受与保管的有关部门。

为了能够利用会计凭证,及时反映各项交易或事项,提供会计信息,发挥会计监督的作用,就必须正确、及时地进行会计凭证的传递,不得积压。正确组织会计凭证的传递,对于及时处理和登记交易或事项、明确经济责任、实行会计监督具有重要作用。从一定意义上说,会计凭证的传递起着协调和组织单位内部经营管理各环节的作用。会计凭证传递程序是企业管理规章制度重要的组成部分,传递程序的科学与否,反映该企业管理的科学水平。

1.1 会计凭证传递的作用

(1)有利于完善经济责任制度。交易或事项的发生、完成及记录,是由若干责任人共同负责,分工完成的。会计凭证作为记录交易或事项、明确经济责任的书面证明,体现了经济责任制度的执行情况。单位可以通过会计凭证传递程序和传递时间的规定进一步完善经济责任制度,使各项业务的处理顺利进行。

(2)有利于及时进行会计记录。从交易或事项的发生到账簿登记有一定的时间间隔,会计凭证的及时传递,可以使会计部门尽早了解交易或事项的发生和完成情况,会计部门内部的凭证传递可以保证及时记录交易或事项,进行会计核算,实行会计监督。

1.2 会计凭证传递的原则

科学、合理、有效的传递程序,应使会计凭证沿着最短的线路,以最快的速度流转。在设计会计凭证传递程序时,应遵循的一般原则是:

(1)合理确定会计凭证传递应经过的环节。各单位应根据经营规模、行业特点、交易或事项特点、内部机构组织和人员分工情况以及经营管理的需要等,规定各种会计凭证的联数和所经过的必要环节,明确经办人员,既要保证有关部门能对交易或事项进行审核和处理,又要尽可能减少不必要的环节和手续,以免造成"公文旅行",影响传递速度,影响工作进程。例如,差旅费报销,应先由出差人员取得车船票等有关差旅原始凭证,填具差旅费报销单,经有关领导批转后,向会计部门报销,会计部门据以填制有关付款凭证,经有关制定人员审核后,由出纳人员付款,最后,送交会计人员记账。

(2)合理确定会计凭证在各环节停留的时间。各单位要根据各环节办理手续所必需的时间,规定会计凭证在各环节停留的合理时间,以确保会计凭证的及时传递。此外,所有会计凭证的传递必须在报告期内完成,不允许跨期,以免影响会计核算的及时性和真实性。

(3)加强会计凭证传递的管理。由于会计凭证的传递几乎涉及所有的部门和人员,因而要科学、合理地确定其传递程序。这是一项非常细致而复杂的工作,需要各个部门充分协商、互相配合,力求会计凭证的传递程序为全体有关人员所接受。

2. 会计凭证的保管

会计凭证是重要的会计档案和经济资料,每个单位都要建立保管制度,妥善保管。会计凭证的保管原则是:既要保护凭证的安全完整,又要便于日后查阅,实现科学管理。会计凭证保管的主要方法和要求如下。

2.1 定期整理、装订成册

会计部门在记账以后,应及时对各种会计凭证进行分门别类,按照编号依次整理,装订成册。

(1)会计凭证的整理

会计凭证装订前的准备,是指对会计凭证进行排序、粘贴和折叠。因为原始凭证的纸张面积与记账凭证的纸张面积不可能全部一样,有时前者大于后者,有时前者小于后者,这就需要会计人员在制作会计凭证时对原始凭证加以适当整理,以便下一步装订成册。对于纸张面积大于记账凭证的原始凭证,可按记账凭证的面积尺寸,先自右向后,再自下向后两次折叠。注意应把凭证的左上角或左侧面露出来,以便装订后,还可以展开便于查阅。对于纸张面积过小的原始凭证,一般不能直接装订,可先按一定次序和类别排列,再粘在一张同记账凭证大小相同的白纸上,粘贴时宜用胶水。票证应分张排列,同类、同金额的单据尽量粘在一起,同时在一旁注明张数和合计金额。如果是板状票证,可以将票面票底轻轻撕开,厚纸板弃之不用。对于纸张面积略小于记账凭证的原始凭证,可先用回形针或大头针将其别在记账凭证后面,待装订时再抽去回形针或大头针。有的原始凭证不仅面积大,而且数量多,可以单独装订,如工资单、耗料单等,但在记账凭证上应注明保管地点。原始凭证附在记账凭证后面的顺序应与记账凭证所记载的内容顺序一致,不应按原始凭证的面积大小来排序。

会计凭证经过上述整理之后,就可以装订了。

(2)会计凭证的装订

会计凭证的装订是指按照编号顺序把定期整理完毕的会计凭证加上封面、封底,装订成册,并在装订线上加贴封签,防止抽换凭证。

在封面上应写明单位名称、年度、月份、记账凭证的种类、起讫日期、起讫号数,以及记账凭证和原始凭证的张数,并在封签处加盖会计主管的骑缝图章。汇总装订后的会计凭证封面如图6-5所示。

```
            单 位 名 称:
            凭证种类:
    年 月      本月共    册      本册为第 册
      本册号数:自        号起至      号
      本册日期:自    月    日起至    月    日止

      会计主管:      会计:      装订:
```

图6-5 会计凭证封面

如果采用单式记账凭证,在整理、装订凭证时,必须保持会计分录的完整。为此,应按凭证号码顺序还原装订成册,不得按科目归类装订。对各种重要的原始单据,以及各种需要随时查阅和退回的单据,应另编目录,单独登记保管,并在有关的记账凭证和原始凭证上相互注明日期和编号。

会计凭证装订的要求是既美观大方又便于翻阅,所以在装订时要先设计好装订册数及每册的厚度。一般来说，一本凭证的厚度以1.5~2.0厘米为宜，太厚了不便于翻阅核查，太薄了又不利于戳立放置。凭证装订册数可根据凭证多少来定，原则上以月份为单位装订，每月订成一册或若干册。有些单位业务量小，凭证不多，把若干个月份的凭证合并订成一册就可以，只要在凭证封面注明本册所含的凭证月份即可。

2.2 专人保管、期满归档

会计人员必须做好会计凭证的保管工作，严防会计凭证错乱、不全或遗失。一般情况下，原始凭证不得外借，其他单位如有特殊原因确实需要使用时，经本单位会计机构负责人、会计主管人员批准，必要时可以复制。向外单位提供的原始凭证复制件，应在专设的登记簿上登记，并由提供人员和收取人员共同签名、盖章。

每年装订成册的会计凭证，在年度终了时可暂由单位会计机构保管1年，期满后应当移交本单位档案机构统一保管；未设立档案机构的，应当在会计机构内部指定专人保管。出纳人员不得兼管会计档案。

2.3 保管期满，按规销毁

严格遵守会计凭证的保管期限要求，期满前不得任意销毁。对超过所规定期限（一般是30年）的会计凭证，要严格依照有关程序销毁。需永久保留的有关会计凭证，不能销毁。

 本章小结

会计凭证是用来记录交易或事项的发生和完成情况，明确经济责任的书面证明，也是登记账簿的依据。会计凭证可以分为原始凭证和记账凭证两大类。

原始凭证是登记账簿的直接依据，它的质量决定着会计信息的质量。原始凭证的填制，必须正确、及时、清晰地反映交易或事项的真实情况。记账凭证是对原始凭证的归纳，是登记账簿的依据；编制会计分录也是通过填制记账凭证来实现的。填制记账凭证是会计核算工作的重要组成部分，是保证账簿记录准确无误的前提。

正确使用会计凭证需要从会计凭证的填制、审核、传递和保管四个方面入手。

本章重点提示

根据《会计基础工作规范》的相关规定，国家机关、国有企业、事业单位任用会计人员应当实行回避制度，会计机构负责人、会计主管人员的直系亲属不得在单位会计机构中担任出纳工作；会计工作岗位的设置应遵循相互牵制的原则，出纳人员不得兼管审核、会计档案保管和收入、费用、债权债务账目的登记工作。根据《会计档案管理办法》的规定，各单位保存的会计档案不得借出。如有特殊需要，经本单位负责人批准，可以提供查阅或复制，并办理登记手续。根据《会计档案管理办法》的规定，会计凭证应保存30年才能销毁。

案例与分析

规模不大的 A 公司会计李铭因故数天未能上班,出纳王英试对公司 10 月份的前 10 天内发生的各项经济业务做了相应会计处理,如表 6-23 所示。

表6-23 经济业务汇总表

序号	业务内容	记账凭证名称	会计分录
1	以现金支付职工王蒙预借差旅费 2 000 元	库存现金付款凭证	借:其他应收款　2 000　贷:库存现金　2 000
2	从银行提取现金 5 000 元	现金收款凭证	借:库存现金　5 000　贷:银行存款　5 000
3	购买办公用品 4 200 元,开出转账支票予以支付	转账凭证	借:管理费用　4 200　贷:银行存款　4 200
4	收到 W 公司一张承兑商业汇票 30 000 元,抵付月初所欠应收款	银行收款凭证	借:银行存款　30 000　贷:应收账款　30 000
5	借入短期借款 90 000 元,已存入企业账中	库存现金收款凭证	借:库存现金　90 000　贷:银行存款　90 000

为了检验账务处理是否正确,王英进行了试算平衡,所有账户的余额试算平衡。李铭上班后,王英把自己所做的业务交给了他,李铭指出了王英所进行的会计处理中存在的问题。请分析一下王英所进行的会计处理存在哪些问题。

6-3　案例与分析提示　　6-4　客观题通关测试　　6-5　实务题通关测试　　6-6　文章阅读

立信,乃会计之本。没有信用,也就没有会计。

第7章　会计账簿

 本章导航

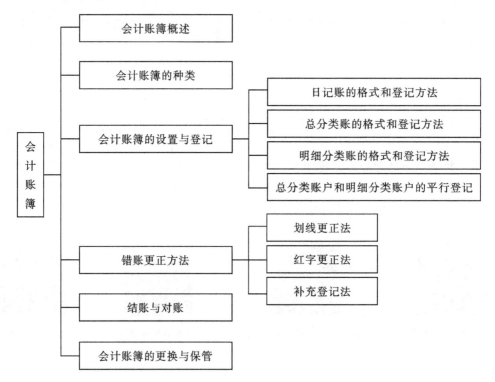

 知识目标

掌握设置和登记会计账簿的基础知识。

 技能目标

理解会计账簿的意义和基本分类,掌握会计账簿的登记方法,重点掌握账簿的记账规则和错账更正方法。本章的重点和难点主要包括：会计账簿的种类、会计账簿的设置、会计账簿的登记及对账与结账等。

 中英文关键词 ————————

会计账簿：book of accounts   日记账：journal
分类账簿：ledger   订本式账簿：bound book
活页式账簿：loose-leaf book   卡片式账簿：card book
备查账簿：memorandum book   结账：balance the books

 引导案例 ————————

小明打算自己创业，开一家服装销售商店。小明在学校附近的商业街租了一间店面，找装修队进行了装修，然后联系供应商发货。在办理了营业执照之后，正式开始营业。小明不懂会计，只好将所有的凭证收集起来，经营了一段时间后，他也不知道究竟盈利与否。请帮小明设计一套合理的账簿体系，至少需要哪些账簿？

7-1　教学课件   7-2　教学视频

第1节　会计账簿概述

1. 会计账簿的概念和作用

填制会计凭证后之所以还要设置和登记账簿，是由于会计凭证和账簿虽然都用来记录交易或事项，但二者的作用不同。在会计核算中，对每一项交易或事项，都必须取得和填制会计凭证，因而会计凭证数量很多，又很分散，而且每张凭证只能记载个别交易或事项的内容，所提供的资料是零星的，不能全面、连续、系统地反映和监督一个经济单位在一定时期内某一类和全部交易或事项的情况，且不便于日后查阅。因此，为了给经济管理提供系统的会计核算资料，各单位都必须在凭证的基础上设置和运用登记账簿，把分散在会计凭证上的大量核算资料加以集中和归类整理，使之系统化、条理化，生成有用的会计信息，从而为编制会计报表、进行会计分析以及审计提供主要依据。

会计账簿简称账簿，是由具有一定格式、相互联系的账页所组成，用来序时、分类、全面地记录一个单位交易或事项的会计簿籍。

设置和登记账簿，是编制会计报表的基础，是连接会计凭证和会计报表的中间环节，对于综合反映企业活动、加强经济核算、提高经营管理工作水平具有重要作用。它在会计核算中的主要作用可概括如下。

(1)通过账簿的设置和登记,可以系统地归纳和积累会计核算资料,全面、连续、系统、科学地反映会计主体在一定时期内所发生的资金运动的全貌,为改善企业经营管理、合理使用资金提供资料。会计凭证所反映的内容,既能在账簿中按总分类账户登记、核算,得到总括的反映,也能够在明细分类账户中登记、核算,得到详细的反映,又可按时间顺序连续登记,序时地反映某项交易或事项的发生过程。账簿在会计工作中是储存各项会计信息的信息库。

(2)通过账簿的设置和登记,可分类、汇总会计信息,随时了解和掌握各会计要素的增减变化和结果,为考核经济活动和经营成果提供必要的资料。账簿既可以提供总括的核算资料,又可以提供明细的核算资料,这样就可以全面而系统地反映各项资产、负债、所有者权益的增减变动情况以及收入、费用、利润的实现和分配情况。根据这些记录还可以考核成本、费用、利润的计划执行情况,评价企业经营成果和财务成果的好坏,进而发现生产经营过程中存在的问题,并分析原因,促使企业加强经营管理。

(3)通过账簿的设置和登记,可以为编制会计报表和制定财务预算提供总括和具体的资料。企业定期编制的资产负债表、利润表、现金流量表等会计报表的数据主要来源于各种账簿记录,会计报表编制的正确性、及时与否都与账簿设置和登记有着密切的关系。企业在编制财务情况说明书时,对生产经营状况、利润实现和分配情况、资金增减和周转情况、税金交纳情况、各种财产物资变动情况的说明也要借助于账簿的记录才能完成。同时,利用账簿记录,还可以揭示影响企业经营成果的各个因素的实际情况与预算之间的差异,从而扬长避短,提高企业的经济效益。

(4)通过会计账簿的设置和登记,可以检查、校正会计信息。账簿记录是会计凭证信息的进一步整理。如在永续盘存制下,通过有关盘存账户余额与实际盘点或核对结果的核对,可以确认财产的盘盈或盘亏,并根据实际结存数额调整账簿记录,做到账实相符,提高如实、可靠的会计信息。

2. 会计账簿和账户的关系

会计账簿和账户有着十分密切的关系。账户存在于账簿之中,账簿中的每一张账页就是账户的存在形式和载体,没有账簿,账户就不能独立存在;账簿序时、分类地记载交易或事项,是在账户中完成的。因此,账簿只是一个外在形式,账户才是其内在真实内容,二者间的关系是形式和内容的关系。

> **提示说明**
>
> 分散、零碎的会计凭证无法反映经济业务的全貌,必须依据会计凭证登记账簿,通过对账簿的经济业务进行进一步的、系统的汇总、整理,反映经济活动的全貌。
>
> 现金日记账和银行存款日记账,应当根据办理完毕的收、付款凭证,及时地按顺序逐笔登记。现金日记账和银行存款日记账必须采用

订本式账簿。

总账的登记依据和方法主要取决于单位所采用的账务处理程序,它可以直接根据记账凭证逐笔登记,也可以通过一定的汇总方式(如编制科目汇总表或汇总记账凭证)登记。

错账的更正方法有:划线更正法、红字更正法、补充登记法。

第2节　会计账簿的种类

在实际工作中,由于各个单位的交易或事项和经营管理的要求不同,因此其所设置的账簿也有所不同。账簿的种类及格式是多种多样的,但一般可以按用途和外表形式进行分类。

1. 账簿按用途分类

账簿按用途不同,一般分为序时账簿、分类账簿和备查账簿三种。

1.1　序时账簿

序时账簿又称日记账,是按照交易或事项发生或完成时间的先后顺序逐日逐笔进行登记的账簿。序时账簿可以用来记录全部交易或事项的完成情况,也可以用来记录某一类交易或事项的完成情况。前者为普通日记账,又称分录簿,通常把每天所发生的交易或事项,按照业务发生的先后顺序,编成会计分录记入账簿中;后者为特种日记账,主要包括购货日记账、销货日记账、现金日记账和银行存款日记账等,通常把某一类比较重要的、重复大量发生的交易或事项,按照业务发生的先后顺序记入账簿中。在我国,大多数单位一般只设现金日记账和银行存款日记账,以便加强对货币资金的日常监督和管理。设置日记账的作用在于及时、系统、全面地反映资金的增减变动情况,保护财产物资和资金的安全完整,以及便于对账、查账。

1.2　分类账簿

分类账簿(简称"分类账")是对全部交易或事项按照会计要素的具体类别设置的分类账户进行登记的账簿。分类账簿按其反映指标时的详细程度分为总分类账簿和明细分类账簿。按照总分类账户分类登记交易或事项的是总分类账簿,简称总账,是根据总账科目(一级科目)开设账户,用来分类登记全部交易或事项,提供各种资产、负债、所有者权益、收入、费用及利润等总括核算资料的分类账簿;按照明细分类账户分类登记交易或事项的是明细分类账簿,简称明细账,是根据总账科目的二级或明细科目开设账户,用来分类登记某一类交易或事项,提供比较详细的核算资料的分类账簿。分类账簿提供的核算信息是编制会计报表的主要依据。

1.3 备查账簿

备查账簿(简称"备查账"或"备查簿"),是对某些在序时账簿和分类账簿等主要账簿中都不登记或登记得不够详细的交易或事项进行补充登记时使用的账簿。它不是根据会计凭证登记的账簿;同时它也没有固定的格式,它是用文字对某些在日记账和分类账中未能记录或记录不全的交易或事项进行补充登记的账簿。它通常依据表外科目登记,可以对某些交易或事项的内容提供必要的参考资料。例如,租入固定资产登记簿、委托加工材料登记簿等。备查账簿并非每个单位都要设置,只能根据各个单位的实际需要来设置和登记。

2. 账簿按账页格式分类

账簿按账页格式不同,可以分为两栏式账簿,三栏式账簿、多栏式账簿和数量金额式账簿。

2.1 两栏式账簿

两栏式账簿是指只有借方和贷方两个基本金额栏目的账簿。各种收入、费用类账户都可以采用两栏式账簿。

2.2 三栏式账簿

三栏式账簿是设有借方、贷方和余额三个基本栏目的账簿。各种日记账、总分类账以及资本、债权、债务明细账都可采用三栏式账簿。三栏式账簿又分为设对方科目和不设对方科目两种,区别是在摘要栏和借方科目栏之间是否有一栏"对方科目"。有"对方科目"栏的,称为设对方科目的三栏式账簿;不设"对方科目"栏的,称为不设对方科目的三栏式账簿。

2.3 多栏式账簿

多栏式账簿是在账簿的两个基本栏目借方和贷方内按需要分设若干专栏的账簿。收入、费用明细账一般采用这种格式的账簿。

2.4 数量金额式账簿

数量金额式账簿的借方、贷方和余额三个栏目内,都分设数量、单价和金额三小栏,以反映财产物资的实物数量和价值量。原材料、库存商品、产成品等明细账通常采用数量金额式账簿。

3. 账簿按外形特征分类

账簿按其外形特征不同,可以分为订本式账簿、活页式账簿和卡片式账簿三种。

3.1 订本式账簿

订本式账簿是启用之前就已将账页装订在一起,并对账页进行了连续编号的账簿。

这种账簿的优点是可以避免账页散失,防止账页被抽换,比较安全。其缺点是同一账簿在同一时间只能由一人登记,这样不便于记账人员分工记账。订本式账簿适用于重要的具有统驭性的账簿。一般地,总分类账、现金日记账和银行存款日记账应采用订本式账簿。

3.2　活页式账簿

活页式账簿登记完毕之前并不固定装订在一起,而是装在活页账夹中。当账簿登记完毕之后(通常是一个会计年度结束之后),才将账页予以装订,加具封面,并给各账页连续编号。其特点是在使用过程中,平时把账页存放在活页账夹内,随时可以取放,待年终才装订成册。其优点是可以根据实际需要增添账页,不会浪费账页,使用灵活,并且便于同时分工记账;缺点在于账页容易散失和被抽换。为克服其缺点,空白账页使用时必须连续编号,装置在账夹中或临时装订成册,并由有关人员在账页上盖章,以防舞弊。一般地,各种明细分类账可采用活页式账簿。

3.3　卡片式账簿

卡片式账簿是将账户所需格式印刷在硬纸卡片上,通常由若干零散的、具有专门格式的硬纸卡片组成的账簿。严格而言,卡片式账簿也是一种活页式账簿,只不过它不是装在活页账夹内,而是保存在卡片箱内。使用时,应在卡片上连续编号,加盖有关人员的印章,置放在卡片箱内,以保证其安全并可以随时取出和放入。它的优缺点与活页式账簿相同。在我国,一般只有固定资产明细账采用卡片式账簿。

以上对会计账簿类别的介绍,可汇总如图7-1所示。

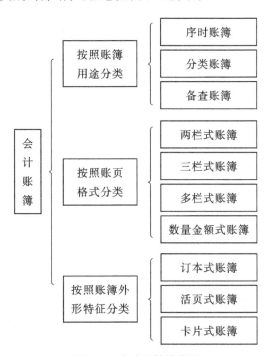

图 7-1　会计账簿的类别

第3节 会计账簿的设置与登记

由于各种账簿所记录的交易或事项不同,账簿的设置与登记也不完全相同,下面分别说明日记账与分类账的格式和登记方法。

1. 日记账的格式和登记方法

如前所述,日记账是按照交易或事项发生或完成的时间先后顺序逐笔进行登记的账簿。设置日记账的目的就是使交易或事项的时间顺序清晰地反映在账簿记录中。

为了能够清晰地反映各类交易或事项的发生或完成情况,特别是货币资金管理的情况,每个单位都应设置现金日记账和银行存款日记账,用以逐日核算和监督现金与银行存款的收入、支出和结存情况。

1.1 现金日记账

现金日记账是用来核算和监督库存现金每天的收入、支出和结存情况的账簿,由出纳人员根据同现金收付有关的记账凭证,按时间顺序逐日逐笔进行登记,即根据现金收款凭证和与现金有关的银行存款付款凭证(从银行提取现金的业务)登记现金收入,根据现金付款凭证登记现金支出;并根据"上日余额+本日收入-本日支出=本日余额"的公式,逐日结出现金余额,与库存现金实存数核对,以检查每日现金收付是否有误。

现金日记账的格式有三栏式和多栏式两种。

(1)三栏式现金日记账

三栏式现金日记账设借方、贷方和余额三个基本的金额栏目,一般将其分别称为收入、支出和余额三个基本栏目。在金额栏与摘要栏之间常常插入"对方科目"栏,以便记账时标明现金收入的来源科目和现金支出的用途科目。三栏式现金日记账的格式如表7-1所示。

表7-1 现金日记账(三栏式)

单位:　　　　　　　　　　　　　　　　　　　　　　　　　　　日期:

年		凭证号数	摘要	对方科目	借方	贷方	方向	余额
月	日							

(2)多栏式现金日记账

多栏式现金日记账是在三栏式现金日记账基础上发展起来的。这种日记账的借方(收入)和贷方(支出)金额栏都按对方科目设专栏,也就是按收入的来源和支出的用途设专栏(见表7-2)。这种日记账在月末结账时,可以结出各收入来源专栏和支出用途专栏的合计数,便于对现金收支的合理性、合法性进行审核、分析,便于检查财务收支计划的执

行情况。其全月发生额还可以作为登记总账的依据。多栏式现金日记账的优点是减少了
登记总账的工作量,可反映货币资金的来龙去脉。缺点在于日记账专栏设置较多,账页过
长,登记不方便。因此,一般地,多栏式现金日记账适用于交易或事项较多、货币资金收付
频繁的单位。

多栏式现金日记账,如果借、贷两方对应的科目太多会造成账页过长,不便保管和记
账。因此,实际工作中,如果要设多栏式现金日记账,一般就现金收入业务和支出业务分
设"库存现金收入日记账"和"库存现金支出日记账"两本账,其中,库存现金收入日记账按
对应的贷方科目设置专栏,另设"支出合计"栏和"结余"栏(见表7-3)。库存现金支出日
记账则只按支出的对方科目设专栏,不设"收入合计"栏和"结余"栏(见表7-4)。这种借
贷方分设的多栏式日记账的登记方法是:先根据有关现金收入业务的记账凭证登记库存
现金收入日记账,根据有关现金支出业务的记账凭证登记库存现金支出日记账,每日营业
终了,将库存现金支出日记账结计的支出合计数,一并转入库存现金收入日记账的"支出
合计"栏中,并结出当日余额。

表7-2 现金日记账(多栏式)

单位:

年		凭证号数	摘要	对应账户(贷方)			现金收入合计	对应账户(借方)			现金支出合计	余额
月	日											

表7-3 库存现金收入日记账

单位:

年		凭证号数	摘要	对应账户(贷方)					现金支出合计	结余
月	日									

表7-4 库存现金支出日记账

单位:

年		凭证号数	摘要	对应账户(借方)					现金支出合计
月	日								

现金日记账由出纳人员根据审核无误的现金收款、付款凭证,逐日逐笔按照交易或事项的时间顺序进行登记。登记步骤如下:

(1)将发生交易或事项的日期记入"日期"栏,年度记入该栏的上端,月、日分两小栏登记。以后只有在年度、月份变动或填写新账页时,才再填写年度和月份。

(2)在"凭证号数"栏,登记该项交易或事项所填制的记账凭证种类和编号,以表示登记账簿的依据。对于现金存入银行或从银行提现的业务,由于只填制付款凭证,所以提现的凭证号数也是"付×号"。

(3)在"摘要"栏内,简明地记入交易或事项的内容。

(4)根据记账凭证上的会计分录,在"对方账户"栏里填上对应账户的名称,表明该项业务的来龙去脉。

(5)根据现金收款记账凭证上应借账户的金额登记"借方"栏,根据现金付款记账凭证上应贷账户的金额登记"贷方"栏。

(6)用期初结存加本日收入减本日付出得出余额,填入"余额"栏。每日终了,应分别计算出现金收入和现金支出的合计数,结出余额,并与库存现金核对,即通常说的"日清"。如果账款不符,应查明原因。

(7)到月末时,在本月末最后一行记载内容下面的"摘要"栏里填上"本月发生额及余额","借方"栏数额为本月收入的合计数,"贷方"栏数额为本月支出的合计数,用月初余额加本月收入合计数减本月支出合计数得到本月末结存的现金数额,即通常所说的"月结"。

为了保证现金日记账的安全和完整,无论采用三栏式还是多栏式现金日记账,都必须使用订本式账簿。

1.2 银行存款日记账

银行存款日记账是用来核算和监督银行存款每日的收入、支出和余额情况的账簿。银行存款日记账应按企业在银行开立的账户和币种分别设置,每个银行账户设置一本日记账,由出纳员根据与银行存款收付业务有关的记账凭证按时间先后顺序逐笔进行登记,即根据银行存款收款凭证和有关的现金付款凭证(库存现金存入银行的业务)登记银行存款收入栏,根据银行存款付款凭证登记其支出栏,每日结出存款余额。

银行存款日记账的格式与现金日记账相同,可以采用三栏式,也可以采用多栏式;多栏式可以将收入和支出的核算在一本账上登记,也可以分设"银行存款收入日记账"和"银行存款支出日记账"。银行存款日记账的登记方法与现金日记账相同,不再赘述。三栏式银行存款日记账的格式如表7-5所示。

表7-5 银行存款日记账(三栏式)

单位: 账号:

年		凭证号数	摘要	结算凭证	借方	贷方	方向	余额
月	日							

银行存款日记账的格式不管是三栏式还是多栏式,都应在适当位置增加一栏"结算凭证",以便记账时标明每笔业务的结算凭证及编号,便于与银行核对账目。

2. 总分类账的格式和登记方法

总分类账是按照总分类账户分类登记以提供总括会计信息的账簿。总分类账中的账页是按总账科目(一级科目)开设的总分类账户。应用总分类账,可以全面系统、综合地反映企业所有的经济活动情况和财务收支情况,可以为编制会计报表提供所需的资料。因此,每一企业都应设置总分类账。

总分类账最常用的格式为三栏式(见表7-6),设置借方、贷方和余额三个基本金额栏目。

表7-6 总分类账

会计科目:　　　　　　　　　　　　　　　　单位:

年		凭证号数	摘要	借方	贷方	借或贷	余额
月	日						

表7-6中,"摘要"栏记载有关交易或事项的简要说明;"借或贷"栏按余额所属的方向填"借"或"贷"字。

一般地,总分类账中各账户的登记是根据记账凭证中的会计分录,按记账凭证上账户的借贷方向转记的。具体登记步骤和方法如下:

(1)根据记账凭证上的借方或贷方科目,找到总分类账中所要借记或贷记科目的所在账户。

(2)在各账户的"日期""凭证号数"及"借方"或"贷方"各栏中,分别登记凭证的日期、号数和金额。

(3)根据已经记账的账户记录,计算账户的余额,记入"余额"栏,并按方向在"借或贷"栏内记上"借"或"贷"字。

上述将记账凭证的借贷金额分别转记到总分类账中有关账户的过程,在会计实务中称为"过账"。

除三栏式总分类账之外,也有采用多栏式设置总分类账的。多栏式总分类账一般是将一个企业使用的全部总账账户合设在一张账页上。很显然,如果企业总账账户较多则会造成账页过长,不便保管和记账,因此现在一般很少采用。

总分类账的记账依据和登记方法取决于企业采用的账务处理程序,既可以根据记账凭证逐笔登记,也可以根据经过汇总的科目汇总表或汇总记账凭证等登记。

3. 明细分类账的格式和登记方法

为了提供有关经济活动的详细资料,以满足经营管理的需要,在设置总分类账的同时,还必须设置必要的明细分类账。

明细分类账简称明细账,根据二级账户或明细账户开设账页,分类、连续地登记交易或事项以提供明细核算资料,为编制会计报表提供所需要的详细资料。明细分类账是总分类账的明细记录,它按照总分类账的核算内容,按照更加详细的分类方式反映某一具体类别经济活动的财务收支情况,它对总分类账起补充说明的作用,它所提供的资料也是编制会计报表的重要依据。明细分类账对于加强财产的收发和保管、资金的管理和使用、收入的取得和分配、往来款项清算以及费用的开支等方面的监督起着重要的作用。因此,每一个企业都必须设置材料、产成品、固定资产、债权债务、业务收支、费用开支以及其他必要的明细账。

不同类型交易或事项的明细分类账,可根据管理需要,依据记账凭证、原始凭证或汇总原始凭证逐日逐笔或定期汇总登记。固定资产、债权债务等明细账应逐日逐笔登记;库存商品、原材料收发明细账以及收入、费用明细账可以逐笔登记,也可定期汇总登记。库存现金、银行存款由于已设置了日记账,所以不必再设明细账,其日记账实际上也是一种明细账。

明细账一般采用活页式账簿,但也有少数采用卡片式账簿,如固定资产明细账。明细账的格式有三栏式、多栏式、数量金额式和横线登记式(或称平行式)等多种,分别介绍如下。

3.1 三栏式明细分类账

三栏式明细分类账是设有借方、贷方和余额三个栏目,用以分类核算各项交易或事项,提供详细核算资料的账簿。其格式与三栏式总账格式相同。

三栏式明细账适用于只进行金额核算的账户,如应收账款(见表7-7)、应付账款(见表7-8)、应交税费等往来结算账户。

表7-7　应收账款明细账

明细科目:　　　　　　　　　　　　　　　　单位:

年		凭证号数	摘要	借方	贷方	借或贷	余额
月	日						

表7-8　应付账款明细账

明细科目:　　　　　　　　　　　　　　　　单位:

年		凭证号数	摘要	借方	贷方	借或贷	余额
月	日						

3.2 多栏式明细分类账

多栏式明细分类账是为了减少记账工作量和便于分析利用,根据交易或事项的内容和经营管理的需要,将属于同一个总账科目的各个明细科目合并在一张账页上进行登记的账簿,即在这种格式账页的借方或贷方金额栏内按照明细项目设若干专栏,以在同一张账页上集中反映各有关明细项目的详细资料。这种格式适用于成本费用类和收入、利润等科目的明细分类核算。多栏式明细分类账的账页格式如表 7-9、表 7-10、表 7-11所示。

表 7-9　多栏式明细分类账(成本费用类)

年		凭证号数	摘要	借方					贷方	借或贷	余额
月	日							合计			

表 7-10　多栏式明细分类账(收入类)

年		凭证号数	摘要	借方	对应账户(贷方)					借或贷	余额
月	日								合计		

表7-11　本年利润明细分类账

年		凭证号数	摘要	借方				贷方				借或贷	余额
月	日					合计					合计		

在实际工作中,成本费用类科目的明细账,可以只按借方发生额设置专栏,贷方发生额由于每月发生的笔数很少,可以在借方直接用红字冲记。这类明细账也可以在借方设专栏的情况下,贷方设一总的金额栏,再设一余额栏。

3.3　数量金额式明细分类账

数量金额式明细分类账适用于既要进行金额核算又要进行数量核算的账户,如原材料、库存商品等存货账户,其借方(收入)、贷方(支出)和余额(结存)栏都分别设有数量、单价和金额三个专栏。原材料明细分类账的账页格式如表7-12所示。

表7-12　原材料明细分类账

材料名称：　　　　　　　　　　　　　　　　　计量单位：

年		凭证号数	摘要	收入			发出			结存		
月	日			数量	单价	金额	数量	单价	金额	数量	单价	金额
			月初余额									

数量金额式明细分类账提供了企业有关财产物资的数量和金额收、发、存的详细资料,从而能加强财产物资的实物管理和使用、监督,可以保证这些财产物资的安全、完整。

3.4　横线登记式明细分类账

横线登记式明细分类账亦称为平行式明细账,其账页特点是在账页的同一行内,记录某一项交易或事项从发生到结束的全部事项。如材料采购明细账可在一行内记录材料采购业务的购料和收料情况(见表7-13)。这种明细账实际上也是一种多栏式明细账,其登记方法是采用横线登记,即将每一项相关的业务登记在一行,从而可依据每一行各个栏目

表 7-13 材料采购明细账

明细账户： 第 页

年		凭证号数	发票账单号	供应单位或采购人员姓名	摘要	借方（实际成本）				发票账单号	供应单位或采购人员姓名	摘要	贷方			
月	日					买价	运杂费	其他	合计				计划成本	成本差异	其他	合计

的登记是否齐全来判断该项业务的进展情况。同一行内借、贷方有相等金额的记录时，表示该交易或事项已处理完毕。这种明细账适用于登记材料采购业务、应收票据和一次性备用金业务。

以上各种明细账的设置和登记方法，应根据本单位交易或事项的繁简程度和经营管理的实际需要来确定。一般是根据原始凭证、原始凭证汇总表或记账凭证逐笔登记，也可以逐日或定期汇总后登记。但是，固定资产、债权债务等明细账应当逐日逐笔登记。各种明细账在每次登记完毕之后应结算出余额。为了便于事后检查和核对账目，在明细分类账的摘要栏内必须将交易或事项的简要内容填写清楚。

4. 总分类账户和明细分类账户的平行登记

由于总分类账户及其明细分类账户反映的内容相同，因而保持总账与明细账记录的一致，是记账工作的一条重要规则。虽然总分类账户提供的总指标统驭着明细分类账户，但在账务处理上，它们是平行的关系，应当平行地进行登记。所谓平行登记是指在交易或事项发生后，以会计凭证为依据，一方面要在有关的总分类账户进行总括登记，另一方面在总分类账户的明细分类账户进行详细登记。通过总分类账户和明细分类账户的平行登记，期末进行相互核对，可以及时发现错账，予以更正，以保证账簿记录的准确性。总分类账户和明细分类账户平行登记的要点可以概括如下：

（1）记账的时期相同。即对发生的每一笔交易或事项，根据会计凭证，一方面在有关的总分类账户中进行总括登记；另一方面在同一会计期间（如同一个月、同一个季度、同一年度)记入该总分类账户的明细分类账户。

（2）记账的方向相同。即将交易或事项记入某一总分类账户及其明细分类账户时,必须记在相同的借贷方向。

（3）记账的金额相等。即对发生的同一笔交易或事项,记入总分类账户的金额必须与记入其明细分类账户的金额之和相等。

（4）记账的原始依据相同。由于总分类账户及其明细分类账户之间是统驭和被统驭的关系,因此,二者应该根据相同的原始凭证来登记,以反映相同的业务。

综上所述,总分类账户与明细分类账户平行登记的原则是:同期间、同方向、等金额地在总分类账户和明细分类账户两类账户中同时进行登记。

下面以雄镇公司原材料核算为例,对总分类账户和明细分类账户的平行登记加以分析。

【例7-1】雄镇公司20×9年7月1日"原材料"与"应付账款"总分类账户及其明细分类账户的期初余额如表7-14所示。

表7-14　期初余额

账户名称	材料名称	计量单位	数量	单价/元	金额/元	账户名称	供应单位	金额/元
原材料	甲材料	千克	6 000	10	60 000	应付账款	俊杰公司	40 000
	乙材料	吨	400	50	20 000		海天公司	20 000
合计					80 000	合计		60 000

雄镇公司7月份发生如下交易或事项,请据此编制会计分录,并登记"原材料"和"应付账款"总分类账户及其明细分类账户(本例不考虑应交的增值税)。

①2日,向俊杰公司购入甲材料4 000千克,每千克价格为10元,乙材料500吨,每吨价格为50元,材料均已验收入库,货款尚未支付。

编制会计分录如下:

借:原材料——甲材料　　　　　　　40 000
　　　　——乙材料　　　　　　　25 000
　　贷:应付账款——俊杰公司　　　　　　　65 000

②8日,生产车间领用甲材料7 000千克,每千克价格为10元,用于产品生产。

编制会计分录如下:

借:生产成本　　　　　　　　　　　70 000
　　贷:原材料——甲材料　　　　　　　　　70 000

③13日,以银行存款偿还上月购材料所欠俊杰公司货款30 000元。

编制会计分录如下:

借:应付账款——俊杰公司　　　　　30 000
　　贷:银行存款　　　　　　　　　　　　　30 000

④16日,向海天公司购入乙材料400吨,进价为每吨50元,材料已验收,货款暂欠。

编制会计分录如下:

借:原材料——乙材料　　　　　　　20 000
　　贷:应付账款——海天公司　　　　　　　20 000

⑤22日,生产车间领用乙材料900吨,进价为每吨50元,用于产品生产。

编制会计分录如下:

    借:生产成本   45 000

      贷:原材料——乙材料   45 000

⑥28日,以银行存款偿还上月购材料及本月购材料所欠海天公司货款,共计40 000元。

编制会计分录如下:

    借:应付账款——海天公司   40 000

      贷:银行存款   40 000

根据上述月初余额资料和会计分录,在"原材料"和"应付账款"两个总分类账户及其明细分类账户中平行登记,账面记录如表7-15至表7-20所示。

表7-15 总分类账

账户名称:原材料   单位:元

| 20×9年 | | 凭证号数 | 摘要 | 借方 | 贷方 | 借或贷 | 余额 |
月	日						
7	1		期初余额			借	80 000
	2	略	购入甲、乙材料	65 000		借	145 000
	8	略	车间领用甲材料		70 000	借	75 000
	16	略	购入乙材料	20 000		借	95 000
	22	略	车间领用乙材料		45 000	借	50 000
	31		本月合计	85 000	115 000	借	50 000

表7-16 总分类账

账户名称:应付账款   单位:元

| 20×9年 | | 凭证号数 | 摘要 | 借方 | 贷方 | 借或贷 | 余额 |
月	日						
7	1		期初余额			贷	60 000
	2	略	购入甲、乙材料		65 000	贷	125 000
	13	略	偿还俊杰公司货款	30 000		贷	95 000
	16	略	购入乙材料		20 000	贷	115 000
	28	略	偿还海天公司货款	40 000		贷	75 000
	31		本月合计	70 000	85 000	贷	75 000

表7-17 原材料明细分类账

材料名称:甲材料

20×9年		凭证号数	摘要	收入			发出			结存		
月	日			数量/千克	单价/元	金额/元	数量/千克	单价/元	金额/元	数量/千克	单价/元	金额/元
7	1		月初余额							6 000	10	60 000
	2	略	购入材料	4 000	10	40 000				10 000	10	100 000
	8	略	领用材料				7 000	10	70 000	3 000	10	30 000
	31		本月合计	4 000	10	40 000	7 000	10	70 000	3 000	10	30 000

表7-18 原材料明细分类账

材料名称:乙材料

20×9年		凭证号数	摘要	收入			发出			结存		
月	日			数量/吨	单价/元	金额/元	数量/吨	单价/元	金额/元	数量/吨	单价/元	金额/元
7	1		月初余额							400	50	20 000
	2	略	购入材料	500	50	25 000				900	50	45 000
	16	略	购入材料	400	50	20 000				1 300	50	65 000
	22	略	领用材料				900	50	45 000	400	50	20 000
	31		本月合计	900	50	45 000	900	50	45 000	400	50	20 000

表7-19 应付账款明细账

明细科目:海天公司 单位:元

20×9年		凭证号数	摘要	借方	贷方	借或贷	余额
月	日						
7	1		月初余额			贷	20 000
	16	略	购买材料		20 000	贷	40 000
	28	略	偿还货款	40 000		平	0
	31		本月合计	40 000	20 000	平	0

表7-20 应付账款明细账

明细科目:俊杰公司 单位:元

20×9年		凭证号数	摘要	借方	贷方	借或贷	余额
月	日						
7	1		月初余额			贷	40 000
	2	略	购买材料		65 000	贷	105 000
	13	略	偿还货款	30 000		贷	75 000
	31		本月合计	30 000	65 000	贷	75 000

平行登记的结果表明：

(1)总分类账户本期期初余额等于其明细分类账户的本期期初余额之和；

(2)总分类账户本期借方发生额等于其明细分类账户本期借方发生额之和；

(3)总分类账户本期贷方发生额等于其明细分类账户本期贷方发生额之和；

(4)总分类账户本期期末余额等于其明细分类账户本期期末余额之和。

根据总分类账户和明细分类账户的有关数字必须相等的关系,可以采用相互核对的方法来检查账簿登记是否正确、完整。如果有关数字不相等,则表明账簿登记有差错,必须查明原因,加以更正。

第4节　会计账簿的基本内容、记账规则与错账更正方法

1. 会计账簿的基本内容

各种账簿所记录的交易或事项各有不同,会计账簿的格式可以多种多样,但其基本内容包括封皮、扉页和账页三个部分。

1.1　封皮

封皮包括封面、封底和封脊。封面主要用来标明记账单位名称以及会计账簿的名称,如总分类账、库存现金日记账、银行存款日记账、应收账款明细账等。此外,封脊上也应写明账簿名称,以便日后翻阅查找。

1.2　扉页

扉页主要用来填列账簿启用及交接表(或经管账簿人员一览表,一般在活页账、卡片账装订成册后填列)和账户目录(或科目索引)。

为了保证会计账簿记录的合法性和资料的完整性,明确记账责任,会计人员在启用账簿时,要填写账簿启用表(见表7-21)。其主要内容有:①单位名称;②账簿名称;③账簿编号;④起止页数;⑤启用日期;⑥单位负责人、会计主管人员、记账人员等;⑦经管人员及交接日期。账簿启用表的填写要求是:填写启用日期和启用账簿的起止页数。如启用的是订本式账簿,起止页数已经印好不需再填;启用活页式账簿,起止页数可等到装订成册时再填。填写记账人员姓名和会计主管人员姓名并加盖印章,以示慎重和负责。加盖单位财务公章,以示严肃。当记账人员或会计主管人员工作变动时,应办好账簿移交手续,并在启用表上明确记录交接日期及接办人、监交人的姓名,并加盖公章。

启用订本式账簿,应当按从第一页到最后一页的顺序编定页数,不得跳页、缺号。使用活页式账簿,应当按账户顺序编号,并需定期装订成册;装订后再按实际使用的账页顺序编页码,另加目录,记录每个账户的名称和页次。

表7-21 账簿启用表

单位名称			印章					
账簿名称					（第 册）			
账簿编号								
账簿页数	本账簿共计 页							
启用日期	公元 年 月 日							

经管人员	负责人		主办会计		复核		记账	
	姓名	盖章	姓名	盖章	姓名	盖章	姓名	盖章

接交记录	经管人员		接管				交出			
	职别	姓名	年	月	日	盖章	年	月	日	盖章

备注	

1.3 账页

账页是会计账簿的主体，会计账簿由若干账页组成，每一账页应包括以下内容：①账户名称（即会计科目、账户的种类，如应收账款总分类账、原材料明细账等）；②登记账簿的日期栏；③作为记账依据的记账凭证的种类和号数栏；④摘要栏（简明扼要地说明所记录交易或事项的内容）；⑤借方（或收入）、贷方（或支出）和余额（或结存）栏（记录交易或事项引起账户发生额或余额增减变动的数额）；⑥总页次和分页次。

2. 会计账簿的记账规则

为了保证账簿记录真实、可靠、正确、完整，满足成本计算和编制会计报表的需要，会计人员在记账时，必须遵循会计账簿的记账规则。

2.1 登记账簿的依据

为了保证账簿记录的真实、正确，会计人员应当根据审核无误的记账凭证登记账簿。各单位每天发生的各种交易或事项，都要记账，记账的依据是会计凭证。

2.2 登记账簿的时间

各种账簿应当每隔多长时间登记一次，没有统一规定。但是，一般的原则是：总分类账要按照单位所采用的会计核算组织形式及时登账；各种明细分类账，要根据原始凭证、原始凭证汇总表和记账凭证每天进行登记，也可以定期（每隔三天或五天）登记。但是现金日记账和银行存款日记账,应当根据办理完毕的收付款凭证,及时地按顺序逐笔登记,最少每天登记一次。

2.3 登记账簿的要求

(1)登记账簿时,应当将会计凭证日期、编号、业务内容摘要、金额和其他有关资料逐项记入账内,同时记账人员要在记账凭证上签名或者盖章,并注明已经登账的符号(如打"√"),防止漏记、重记和错记情况的发生。

(2)各种账簿要按账页顺序连续登记,不得跳行、隔页。如发生跳行、隔页,应将空行、空页划线注销,或注明"此行空白"或"此页空白"字样,并由记账人员签名或盖章。

(3)登记账簿时,要用蓝黑墨水或者碳素墨水书写。不得用圆珠笔(银行的复写账簿除外)或者铅笔书写。红色墨水只能用于《会计基础工作规范》规定的"按红字冲账的记账凭证,在不设减少金额栏的多栏式账页中登记减少数,在三栏式账户的余额栏前如未印明余额方向的,在余额栏内登记负数金额"等情况。会计中的红字表示负数,因此,除上述规定可以使用红字外,不得使用红色墨水登记会计账簿。

(4)记账要保持清晰、整洁,记账文字和数字要端正、清楚、书写规范,文字和数字上面要留有适当空格,不要写满格,一般应占账簿格距的1/2,以便留有改错的空间,同时也便于查账。

(5)凡需结出余额的账户,应当定期结出余额。现金日记账和银行存款日记账必须每天结出余额。结出余额后,应在"借或贷"栏内写明"借"或"贷"的字样,标明余额是在借方还是贷方。没有余额的账户,应在该栏内写"平"字并在余额栏"元"位上用"0"表示。现金日记账和银行存款日记账应当每日结出余额。

(6)每登记满一张账页结转下页时,应当结出本页合计数和余额,写在本页最后一行和下页第一行有关栏内,并在本页的摘要栏内注明"转后页"或者"过次页"字样,在下页的摘要栏内注明"承前页"字样。也可以将本页合计数及余额只写在下页第一行有关栏内,并在摘要栏内注明"承前页"字样。

对需要结计本月发生额的账户,"过次页"的本页合计数应当为自本月初起至本页末止的发生额合计数;对需要结计本年累计发生额的账户,"过次页"的本页合计数应当为自年初起至本页末止的累计数;对既不需要结计本月发生额,也不需要结计本年累计发生额的账户,可以只将每页末的余额结转下页。

3. 错账更正方法

记账过程中如果发生错误,不得涂改、挖补、刮擦或者用药水消除字迹,不得重新抄写,应根据其性质和发现时间,按规定更正方法进行更正。记账错误的更正方法,一般有下列几种。

3.1 划线更正法

划线更正法也称红线更正法。在结账以前,如果发现账簿记录中数字或者文字错误,过账笔误或数字计算错误,而记账凭证没有错误,可用划线更正法进行更正。方法是在错误的金额上用红笔划线,在划线处的上方填上正确的金额,盖上相关人员专用的私章,以证明确认。

【例7-2】从银行提取现金3 690元。

记账凭证中会计分录如下：

　　借：库存现金　　　　　　　　　　　　3 690
　　　　贷：银行存款　　　　　　　　　　　　3 690

记账人员在根据会计凭证登记现金日记账时，误将金额填写为3 960。

这类错误即是记账凭证没有差错，只是过账时数字错误。因此可用划线更正法直接更正账簿。更正时，先在错误的数字上划一条红线，表示注销。然后在划线处的上方写上正确的数字，并由记账和相关人员在划线更正处盖章，以明确责任。但应注意，错误数字要整笔划掉，不能只划去其中的一个或几个记错的数字，并保持划去的字迹仍可清晰辨认。如【例7-2】中，不能只划去其中"96"改为"69"，而是要把"3 960"全部用红线划去，在其上方写上"3 690"，并加盖更改人员的私章。

3.2　红字更正法

红字更正法也称为红字冲正法，是指用红字冲销原有错误的账户记录或凭证记录，以更正或调整账簿记录的一种方法。红字更正法适用于以下两种情况。

第一种情况，凭证填制错误，发现错误时已登账且已结账，这时就需要用红字来编制一张与错误凭证内容完全相同的记账凭证，并注明更正某月某日的错账，用红字金额记入有关账簿，这样就把错账冲回了；然后再编制一张正确的凭证，注明更正某月某日错账，并记入有关账簿。

第二种情况，凭证填制错误，发现错误时已登账且已结账，错误的金额大于正确的金额。更正方法就是编制一张红字凭证，注明更正某月某日错账，其金额为实际的正确金额与错误金额的差，也就是把这个差数冲回，然后用红字金额记入有关账簿，这样就把错账冲回了。

【例7-3】管理部门从材料库中领用500元的办公材料，应借记"管理费用"账户，但在编制记账凭证时，误记为"生产成本"账户，并已根据这张错误凭证登记了相关账簿。

①原来错记的会计分录如下：

　　借：生产成本　　　　　　　　　　　　500
　　　　贷：原材料　　　　　　　　　　　　500

②用红字更正法更正，先用红字记账凭证冲销原错误记录（一般地，我们在教材中或者考试时，用□□表示红字，下同）。

　　借：生产成本　　　　　　　　　　　　500
　　　　贷：原材料　　　　　　　　　　　　500

再编制一张正确分录的记账凭证：

　　借：管理费用　　　　　　　　　　　　500
　　　　贷：原材料　　　　　　　　　　　　500

然后根据上述凭证过账，有关账户中的记录如图7-2所示。

图7-2　【例7-3】有关账户的记录

【例7-4】【例7-3】中,假设会计人员在编制记账凭证时,账户没错,但将金额误写为5 000,并已根据这张错误凭证登记了相关账簿。

①原来错记的会计分录如下:

　　　　借:管理费用　　　　　　　　　　　　　　　　5 000
　　　　　　贷:原材料　　　　　　　　　　　　　　　　　5 000

②发现上述记账错误时,可将多记的4 500元用红字金额编制记账凭证,从原金额中冲销。

　　　　借:管理费用　　　　　　　　　　　　　　　　4 500

　　　　　　贷:原材料　　　　　　　　　　　　　　　　　4 500

然后根据上述凭证过账,有关账户中的记录就如图7-3所示。

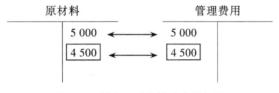

图7-3　【例7-4】有关账户的记录

3.3　补充登记法

补充登记法又称补充更正法。记账以后,如果发现账簿记录和原会计凭证应借、应贷账户虽然没有错误,但所写金额小于正确的金额,就可以采用这个方法。更正时,按少记的金额编制一张与原记账凭证应借、应贷账户相同的记账凭证(一般俗称蓝字的补充凭证),其金额为实际的正确金额与错误金额的差,并注明补记某月某日的金额,将其补记入账。

【例7-5】从某工厂购入材料一批,计4 000元,贷款尚未支付(不考虑税金)。在填制记账凭证时,对应账户没有记错,但是把金额误记为400元,并已登记入账。

原错误的会计分录如下:

　　　　借:原材料　　　　　　　　　　　　　　　　　400
　　　　　　贷:应付账款　　　　　　　　　　　　　　　　400

发现这一错误时,应将少记的3 600元用蓝字金额填制一张与原来对应账户相同的记账凭证:

　　　　借:原材料　　　　　　　　　　　　　　　　　3 600
　　　　　　贷:应付账款　　　　　　　　　　　　　　　　3 600

然后根据这张记账凭证登记入账。有关账户的记录如图7-4所示。

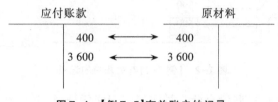

图7-4 【例7-5】有关账户的记录

现在实际工作中,划线更正法用得较少,因为都采用电算化了,加计出错的可能性较小,不过有时填制凭证时会将金额出错,当然可以用这个方法;红字更正法和补充更正法使用得较为普遍。

第5节 对账与结账

1. 对账

对账就是核对账目,是指在会计核算中,为保证账簿记录正确、可靠,对账簿中的有关数据进行检查和核对的工作。应当定期将会计账簿记录的有关数字与库存实物、货币资金、有价证券往来单位或个人等进行相互核对,保证账证相符、账账相符、账实相符,对账工作每年至少进行一次。

1.1 对账的主要内容

(1)账证核对,是指将各种账簿记录与记账凭证及其所附的原始凭证进行核对。核对会计账簿记录与原始凭证、记账凭证的时间、凭证字号、内容、金额是否一致,记账方向是否相符。

(2)账账核对,是指对各种账簿之间的有关数字进行核对,核对不同会计账簿记录是否相符,包括总账有关账户的余额核对,总账与明细账核对,总账与日记账核对,会计部门的财产物资明细账与财产物资保管和使用部门的有关明细账核对,等等。

(3)账实核对,是指各种财产物资的账面余额与实存数额相互核对,核对会计账簿记录与财产物资实有数额是否相符,包括:现金日记账账面余额与现金实际库存数核对,银行存款日记账账面余额与银行对账单核对,各种财产物资明细账账面余额与财产物资实存数额核对,各种应收、应付款明细账账面余额与有关债务、债权单位或者个人核对,等等。

1.2 对账的规范

1.2.1 账证相符

月终要对账簿记录和会计凭证进行核对,以发现错误之处,并进行更正,这也是保证账账、账实相符的基础。核对账证是否相符的主要方法如下:

（1）看总账与记账凭证汇总表是否相符。

（2）看记账凭证汇总表与记账凭证是否相符。

（3）看明细账与记账凭证及其所涉及的支票号码、其他结算票据种类等是否相符。

1.2.2　账账相符

账账相符，是指各种账簿之间核对相符，主要包括本单位各种账簿之间的有关指标应该核对相符，本单位同其他单位的往来账项应该核对相符。具体方法如下：

（1）看总账资产类科目各种账户与负债、所有者权益类科目各账户的余额合计数是否相符。

①总账资产类账户余额＝总账负债类账户余额＋总账所有者权益类账户余额。

②总账各账户借方发生额（或贷方发生额）＝总账各账户贷方发生额（或借方发生额）之和。

（2）看总账各账户与所辖的明细账户的各项目之和是否相符。

①总分类账户与其所辖的各个明细分类账户本期发生额的合计数应相等。

②总分类账户与其所辖的各个明细分类账户的期初、期末余额应相等。

（3）看会计部门的总账、明细账与有关职能部门的账、卡是否相符。

①会计部门有关财产物资的明细分类账的余额应该同财产物资保管部门和使用部门经管的明细记录的余额定期核对相符。

②各种债权、债务明细账的余额应当经常或定期同有关的债务人、债权人核对相符。

③现金、银行存款日记账余额应该同总分类账有关账户的余额定期核对相符。

④已缴国库的利润、税金以及其他预算缴款应该按照规定的时间同征收机关核对相符。

1.2.3　账实核对

账实核对，是指各种财产物资的账面余额与实际数额核对相符。主要方法如下：

（1）现金日记账的账面余额与现金实际库存数额每日核对，并填写库存现金核对情况报告单作为记录。发生长、短款时，应列作"待处理财产损溢"，待查明原因经批准后再进行处理。单位会计主管应经常检查此项工作。

（2）对库存现金进行清查核对时，出纳人员必须在场，不允许以借条、收据充抵现金。要查明库存现金是否超过限额、是否存在坐支问题。

（3）银行存款日记账的账面余额与开户银行对账单核对。每收到一张银行对账单，经管人员就应在3日内核对完毕，每月编制一次银行存款余款调节表，会计主管人员每月至少检查一次，并写出书面检查意见。

（4）有价证券账户应与单位实存有价证券（如国库券、重点企业债券、股票或收款票据等）核对相符，每半年至少核对一次。

（5）商品、产品、原材料等明细账的账面余额，应定期与库存数相核对；对其他财产物资账户也要定期核对。年终要进行一次全面的清查。

（6）各种债权、债务类明细账的账面余额要与债权、债务人账面记录核对、清理。对于核对、清理结果，要及时以书面形式向会计主管人员汇报，并报单位领导人。对于存在的问题应采取措施，积极解决。

（7）出租、租入、出借、借入财产等账簿，除合同期满应结清外，至少每半年核对一次，以保证账实相符。

通过上述对账工作,做到账证相符、账账相符和账实相符,使会计核算资料真实、正确、可靠。

1.3 错账查找

所谓账目差错,是指会计人员或有关当事人在计算、记录、整理、制证及编表等会计工作中,工作疏忽、技能不高、学识水平有限等客观原因造成的会计处理结果不合理、不合法、不真实,但其动机并无恶意或无任何不良意图。

账目差错与舞弊的重要区别在于:账目差错是一种过失,而舞弊则是一种非过失性的故意行为,其行为人主观上具有不良的企图和特殊目的,并采用了种种伪装、掩盖、粉饰手段。

通过对查账工作中发现的大量账目差错事例的观察和分析,可以将账目差错进行如下分类:

(1)按差错的惯性分类,可以分为经常性错误和偶然性错误。如有些会计人员,9、4不分,就是经常性错误;而在进行手工计算时,少进了一位,则属于偶然性错误。

(2)按差错产生的影响分类,可以分为绝对错误和相对错误。整体上影响企业经营成果的是绝对错误,如收入漏记入账,使经营成果不真实就是绝对错误。整体上不影响企业经营成果的是相对错误,如种种原因使上月利润增加,本月利润减少,并不影响总体成果,这就是相对错误。

(3)按差错的形式分类,可以分为实质错误和形式错误。影响会计核算内容的错误是实质错误,如账务处理或计算上的错误就是实质错误。不影响会计核算内容的错误是形式错误,如用铅笔或圆珠笔记账就是形式错误。

(4)按差错的属性分类,可以分为原理性错误和技术性错误。违反会计理论、制度、法规而产生的错误,属于原理性错误;在记账事务上发生的错误,属于技术性错误。

(5)按差错的轻重程度分类,可以分为严重错误和轻微错误。发生的错误足以影响对财务报表的判断,即为严重错误,单位负责人对于这类错误必须予以指出,并加以纠正;发生的错误不足以影响对财务状况的判断,即发生一般性错误或是轻微错误,单位负责人只需予以提醒,让会计人员自行纠正。

造成账目差错的原因有很多,其中主要原因有:运用会计原理不当;会计人员疏忽或责任心不强;会计人员对有关的会计及财经制度、法规不熟悉;单位管理混乱、制度不健全。

1.3.1 运用会计原理不当造成的账目差错

会计原理是会计人员对企业交易或事项进行会计处理的基本理论、基本方法和基本原则。运用会计原理不当造成的账目差错如下。

(1)借贷原理不熟,造成借贷反向或错借错贷

比如:向银行借款10万元,归还前欠货款。对于这笔业务,有些会计人员由于对借贷记账法中的"借、贷"符号理解不透,认为"借"就是借款,"贷"就是贷款。因此,错误地将上述业务做成如下会计分录:

借:银行存款　　　　　　　　　　　　　　100 000
　　　贷:应付账款　　　　　　　　　　　　　　　　1 000 000
　　正确的分录应该是:
　　　借:应付账款　　　　　　　　　　　　　　100 000
　　　　贷:银行借款　　　　　　　　　　　　　　　　100 000

（2）会计处理基础运用不当,造成收入、费用、盈亏数字错误

会计处理基础是确定单位一个会计期间的收入和费用,从而确定其损益的标准。会计处理基础一般有收付实现制和权责发生制。

《企业会计准则》规定,为了正确划分并确定各个会计期间的财务成果,企业应以权责发生制作为记账的基础。在一般情况下,企业在本期内收到的各种收入就是本期的收入;企业在本期内支付的各种费用,就是本期应当负担的费用。但是,由于企业生产经营活动的连续性和会计期间的人为划分,难免有一部分收入和费用出现收支期间和归属期间不相一致的情况,因而账上所登记的本期内收到现款的收入,并不一定都属于本期内应该获得的,有的在以后的会计期间才能获得,出现预收收入。同样,本期内支付的费用,也并不一定都应当由本期负担,有的应由以后会计期间来负担,则出现预付费用。还有一种情况是有些收入虽在本期尚未收到,但属于本期内应获得的收入,即应计收入。同样,有些费用在本期内虽然尚未支付,但应当由本期负担,称为应计费用。

会计人员在处理有关会计事项时,由于对权责发生制原则的运用不当,就可能发生把不属于本期的费用支出记入当期成本,或把当期费用支出延至下期的错误做法;也可能发生把不属于本期的销售记入本期,或把属于本期的销售延至下期的错误做法。

（3）违反了成本与收入相配合的会计原则,混淆了收益性支出与资本性支出的界限

成本与收入相配合的会计原则,是指每期损益应根据当期已实现的收入与产生收入所耗费的成本相配合而定。损益的确定,主要在于收入与费用的适当配合。如果某项收入根据应计基础应归属于下期,则与之有关的费用同样应为下期的费用。会计人员如果把应属于下期的费用,从本期收入中减去,不仅会使本期损益的计算不正确,而且也会影响下期损益计算的正确性。

因此,《企业会计准则》明确规定,会计核算应当严格划分收益性支出与资本性支出的界限,以正确计算当期损益。并且强调,凡支出的效益仅属于当期的,应作为收益性支出,如管理费用、销售费用、财务费用等,从当期实现的收入中补偿;凡支出的效益属于几个会计期间的,应作为资本性支出,如购建固定资产、从事科研开发发生的费用等,应采取折旧、摊销等方式,从以后各期实现的收入中逐步收回。

1.3.2　会计人员工作疏忽或责任心不强造成的账目差错

一个工作认真、责任心较强的会计人员,尽管他可能业务水平低、工作经验少,但工作兢兢业业,认真细致,不怕烦,不怕累,当天的事当天完,即使出现差错,也能在当天或第二天及时发现并予以解决,不会因为待处理业务的积压而积累更多的错误,使问题难于查清;而且随着业务水平的提高与经验的不断丰富,他造成的差错也就会愈来愈少。相反,一个有一定业务水平的会计人员,如果不负责任,工作不上心,马马虎虎,对发生的交易或事项不及时处理,也很难保证不出差错。会计人员疏忽或责任心不强造成的账目差错主要有以下几种。

（1）数字计算错误

会计人员常用的计算手段，一般有算盘、计算器和笔等。计算的错误有会计凭证、账簿、报表中的数字计算错误，各种费用分配表中的分配率、分配金额计算错误。常见的计算错误大都是加、减、乘、除运算时发生的，其原因不是没有掌握计算方法，而是疏忽；再就是计算量太大，往往又集中在月终与月初，难免发生一定的计算错误。根据错误发生的时间，此类计算错误可以分为入账前的计算错误和入账后的计算错误。前者如销货发票上的货物数量、单价不正确，造成小计金额错误，但不影响账目的平衡，因此不易查出；后者如账簿记录中合计数的错误，则会影响账目的平衡，在工作中易于发现。

（2）数字书写错误

数字书写错误就是指单纯的笔误，即会计人员在填制会计凭证、登记各种账簿和编制所有报表时，写错了数字。其错误有数字颠倒、数字错位、错写和惯性错误等类型。前两种差错都可以通过除9法来进行查找。

①数字颠倒错误。所谓数字颠倒，就是把一列数字中的相邻两位数字或隔位的两位数字写颠倒了。例如，把36写成63，把3 310写成3 301，把25 039写成23 059，等等。凡颠倒数以后，颠倒后的数同本来数的差数，都可以被"9"整除，且其商数必是被颠倒的两位数字之差。如将47错写成74，数值之差为27，被"9"整除后得商数"3"，即颠倒数7与4的差。与此类似的数还有将14写成41，将52写成25，将36写成63，将58写成85，将69写成96，它们的数值之差都是27，其颠倒数个位数与十位数字的差必然都是"3"。如果商数是"30"，则是十位数字与百位数字被颠倒了，其余以此类推。

②数字错位错误。所谓数字错位，就是把一列数字的位数，即个位、十位、百位等提前或挪后一位。例如，把"100"写成"10"或"1 000"。此种错误经常在珠算定位时出现，或者会计人员疏忽造成（如将12.00看成1 200）。由于位数的差错，正确的数字减少了90%，或者增加了"9"。因此，正、误数字之差能用"9"除尽。假设移一位，其差错数可以被"9"除尽，若移两位，则差数可被99除尽，其余以此类推。由于数字错位是提前或挪后一位，所以，可在账内查找所得的那个商数，如果有此数，即为记错的数额，将此数扩大"9"倍，就是应该记的正确数字；如果账内有此数的"10"倍数，则账上的数字就是记错了的数，再把账上的数字缩小"9"倍，则此数就是应该记的正确的数字。

③写错数字的错误。所谓写错数字，就是由于错觉或疏忽，将某一个数字写成另一个数字。这种写错数字的错误，可以根据原始资料或有关记录来查证。另外一种写错数字的情况是误将相似的数字写错。例如，把1误写为7，把7误写为9，把3误写为8，把4误写为9，或者正好相反。这样就会出现6、2、5、5等差数，或6、2、5、5等的十倍数、百倍数差数，我们可以根据产生这个差数的数字来查证错误之所在。

（3）记错账户

记错账户，就是把本来应该记入甲账户的业务记入乙账户，这种错误有三种情况。

①记账凭证没有错误，但在登记账簿时，没有记入应记的账户内，而误记入其他账户。这种记账错误，一般多发生在明细分类账中，因为总分账是根据记账凭证汇总表或科目汇总表登记的，每月登记业务的笔数相对较少，发生错误的概率也相对较低，即使发生错误，查找也较方便。这种错误将使总分类账中两个账户的本期发生额与其所辖的明细分类账发生额不等，其差数即为记错账户的数字。当通过查对，在某个明细账中找到这个数字

时,就说明该账户多记了这笔账,另一明细账户少记了这笔账(慎重起见,最好根据这笔账的凭证号数去查找记账凭证,以确认是否记错了账户)。

②记账凭证没有错误,在登记账簿时,登错了栏次。即记反了方向,本该记借方的,误记贷方,或者相反。这种错误的结果是账户的一方合计数增加,另一方合计数减少,使得该账户变动前后的借贷双方都产生了差错。这两个差数的差,正好是记错方向的数字的"2"倍。因此,这一类差错通常可用除2法来查找。

③记账凭证的账户对应关系发生错误,致使总分类账户发生相应的错误。这种错账,如果总分类账和记账凭证登记一致,则不影响账目的平衡关系,所以不易被发现。

④重记或漏记错误。重记或漏记错误,就是在登记账簿时,将记账凭证的双方重记或漏记;或者只登记一方,重记或漏记另一方。前者重记或漏记,不影响账目的平衡关系,在试算表上无从发现,因此,这种错误较难查找,需根据原始凭证或有关账目加以详细查核,才能发现错误所在;后者部分重记或漏记,将影响账目的平衡关系,在做试算表时,很容易被发现。

1.3.3　会计人员对有关的会计及财经制度、法规不熟悉造成的账目差错

新的会计制度和财务制度及法规颁布后,会计人员未及时学习,仍按原有制度、法规处理有关会计事项,就会造成错误。对有关制度、法规的精神吃得不透,理解得有出入,在执行中也会产生偏差。比如,接受捐赠,会计准则改革以前,某些业务记入资本公积,新准则实施以后,要求记入营业外收入,会计人员不理解这一点,必然会出现错误。再有,如果会计人员对有关的税务法规吃不透,搞错了应税产品的品种及税率,必然造成税金计算的不正确。

1.3.4　单位管理混乱、制度不健全造成的账目差错

单位财会部门、物资保管部门、物资使用部门之间若在管理制度与工作程序上不配套、不协调,往往就会造成账证、账账、账实不符的账目差错。如有的单位在材料领用手续上,不是根据生产任务制订用料计划,再根据用料计划和生产进度填制领料凭证,经生产班组、车间签证后到仓库领料,而是随意领发材料,既没有科学的手续程序做保证,也没有部门之间、人员之间的互相牵制,这种情况就必然会造成材料及生产成本账证、账账、账实不符的问题。又如某单位会计部门由于在会计凭证传递程序上没有做出统一、合理的规定,造成会计凭证传递速度慢以至丢失会计凭证的情况,从而影响正常交易或事项的记录。在生产过程中,企业管理混乱,生产计划不周密,产品成本无目标,材料耗用无定额,工时消耗无记录或记录不准不全,半成品转移交接手续不严,也必然引起成本费用计算、核算错误。

2．结账

2.1　结账的概念

结账,是在把一定时期内发生的全部交易或事项登记入账的基础上,结算出各种账簿的本期发生额和期末余额。它是企业总结各会计期间的经济活动情况,考核财务成果,编制会计报表的基础。结账的内容通常包括两个方面:一是结清各种损益类账户,并据以计算确定本期利润;二是结清各资产、负债和所有者权益类账户,分别结出本期发生额合计

和余额。

2.2 结账的主要内容(程序)

(1)将本期发生的交易或事项全部登记入账,并保证其正确性。

结账前,必须检查本期内日常发生的交易或事项是否已全部登记入账,不得提前结账或者推迟结账。若发现漏账、错账,应及时补记、更正,在核对无误的基础上才能进行结账。

日常发生的各项交易或事项,包括所有已经完成采购手续入账的材料成本,已经发生的债权、债务,已经生产完工入库的产成品,已通过财产清查确认的财产物资的盘盈盘亏等业务,都应在结账前办理凭证手续,登记入账。

(2)根据权责发生制的要求,调整有关账项,合理确定本期应计的收入和应计的费用。

实行权责发生制的单位,应按照权责发生制的要求,进行账项调整的账务处理,以计算确定本期的成本、费用、收入和财务成果。

(3)将损益类科目转入"本年利润"科目,结平所有损益类科目。

(4)在本期全部交易或事项登记入账的基础上,结算出资产、负债和所有者权益类账户的本期发生额和期末的余额,并结转下期。

(5)结账的标志是划红线,目的是突出有关数字,表示本期会计记录已截止或结束,并将本期与下期的记录明显分开。

需要结出当月发生额的,应当在摘要栏内注明"本月合计"字样,并在下面通栏划单红线。需要结出本年累计发生额的,应当在摘要栏内注明"本年累计"字样,并在下面通栏划单红线;12月末的"本年累计"就是全年累计发生额,应在全年累计发生额下通栏划双红线。年度终了结账时,所有总账账户都应当结出全年发生额和年末余额。

2.3 结账的规范

2.3.1 结账时应当根据不同的账户记录,分别采用不同的方法

(1)对不需要按月结计本期发生额的账户,如各项应收款明细账和各项财产物资明细账等,每次记账以后,都要随时结出余额,每月最后一笔余额即为月末余额。也就是说,月末余额就是本月最后一笔交易或事项记录的同一行内的余额。月末结账时,只需要在最后一笔交易或事项记录之下划一单红线,不需要再结计一次余额。

(2)现金、银行存款日记账和需要按月结计发生额的收入、费用等明细账,每月结账时,要在最后一笔交易或事项记录下面划一单红线,结出本月发生额和余额,在摘要栏内注明"本月合计"字样,在下面再划一条单红线。

(3)需要结计本年累计发生额的某些明细账户,如产品销售收入、成本明细账等,每月结账时,应在"本月合计"行下结计自年初起至本月末止的累计发生额,登记在月份发生额下面,在摘要栏内注明"本年累计"字样,并在下面再划一单红线。12月末的"本年累计"就是全年累计发生额,在全年累计发生额下划双红线。

(4)总账账户平时只需结计月末余额。年终结账时,为了反映全年各项资产、负债及所有者权益增减变动的全貌,便于核对账目,要将所有总账账户结计全年发生额和年末余额,在摘要栏内注明"本年合计"字样,并在合计数下划一双红线。采用棋盘式总账和科目

汇总表代替总账的单位,年终结账时应当汇编一张全年合计的棋盘式总账和科目汇总表。

(5)需要结计本月发生额的某些账户,如果本月只发生一笔交易或事项,由于这笔记录的金额就是本月发生额,结账时,只要在此行记录下划一单红线,表示与下月的发生额分开就可以了,不需另结出"本月合计"数。

2.3.2　结账时划线的规范

结账时划线的目的,是突出本月合计数及月末余额,表示本会计期的会计记录已经截止或结束,并将本期与下期的记录明显分开。根据《会计基础工作规范》的规定,月结划单线,年结划双线。划线时,应划红线;划线应划通栏线,不应只在本账页中的金额部分划线。

2.3.3　用红字结账的规范

账簿记录中使用的红字,具有特定的含义,它表示蓝字金额的减少或负数余额等。因此,结账时,如果出现负数余额,可以用红字在余额栏内登记,但如果余额栏前印有余额的方向(如借或贷),则应用蓝黑墨水书写,而不使用红色墨水。

年度终了,要把各账户的余额结转到下一会计年度,并在摘要栏注明"结转下年"字样;在下一会计年度新建有关会计账簿的第一行余额栏内填写上年结转的余额,并在摘要栏注明"上年结转"字样。

第6节　会计账簿的更换与保管

会计账簿是重要的经济资料和会计档案,任何单位在完成交易或事项手续和记账之后,必须按规定的立卷归档制度,形成会计档案资料,妥善保管起来,以便于日后随时查阅。会计账簿更换与保管的具体要求如下。

1. 会计账簿的更换

会计账簿的更换通常是在会计年度末或者新会计年度开始时进行,将旧账更换为新账。总账、日记账和多数明细账应每年更换一次。备查账簿可以连续使用。

更换新账的方法是:在年终结账时,将需要更换新账的各账户的年末余额直接过入新启用的有关账户中去,不需要编制记账凭证,也不必将余额再记入本年账户的借方或贷方,使本年有余额的账户的余额变为零。因为既然年末是有余额的账户,其余额应当如实地在账户中加以反映,否则容易混淆有余额的账户和没有余额的账户。

更换新账时,要注明各账户的年份,然后在第一行日期栏内写明"1月""1日",在摘要栏内注明"上年结转",把账户余额写入"余额"栏内,在此基础上登记新年度的会计事项。

2. 会计账簿的保管

年度终了,各种账户在结转下年、建立新账后,一般都要把旧账送交总账会计集中统一管理。

在更换新账后,除跨年使用的账簿外,其他账簿应按时整理归入会计档案保管。归档前应做好以下几项工作:

（1）账簿装订前的工作。首先按账簿启用表的使用页数核对账户是否相符，账页是否齐全，序号排列是否连续；然后，按会计账簿封面、账簿启用表、账户目录和排序整理好的账页顺序装订。

（2）活页式账簿装订要求。将账页填写齐全，去除空白页和账夹，并加具封底、封面；多栏式活页账、三栏式活页账、数量金额式活页账等不得混装，应将同类业务、同类账页装订在一起；在装订账页的封面上填写好账簿的种类，编好卷号，由会计主管人员、装订人或经办人签章。

（3）账簿装订后的其他要求。会计账簿应牢固、平整，不得有折角、缺角、错页、掉页、加空白纸的现象；会计账簿的封口要严密，封口处要加盖印章；封面应齐全、平整，并注明所属年度及账簿名称、编号，编号要一年一编，编号顺序是总账、现金日记账、银行存款日记账、分类明细账；旧账装订完毕后，按规定要求进行保管。

各单位每年形成的会计账簿，应当由会计机构按照归档要求负责整理立卷，装订成册。当年形成的会计账簿，在会计年度终了后，可暂由财务会计部门保管1年，期满之后，由财务会计部门编造清册移交本单位的档案部门保管。未设立档案机构的，应当在会计机构内部指定专人保管。出纳人员不得兼管账簿。会计账簿的保管期限，从会计年度终了后的第一天算起。总账（包括日记总账）、明细账、日记账和其他辅助性账簿的保管期限为30年，固定资产卡片在固定资产报废清理后保管5年。

 本章小结

现金日记账和银行存款日记账，应当根据办理完毕的收付款凭证，及时地按顺序进行登记。现金日记账和银行存款日记账必须采用订本式账簿。

总账的登记依据和方法主要取决于本单位所采用的账务处理程序，它可以直接根据记账凭证逐笔登记，也可通过一定的汇总方式（如编制科目汇总表或汇总记账凭证）登记。

通常所称的对账包括账证核对、账账核对和账实核对。

结账的主要程序：①做好结账前的准备工作；②结出所有账户本期发生额和余额；③编制本期发生额试算平衡表进行试算平衡；④划线结账，将期末余额结转入下期。

> 分散、零碎的会计凭证无法反映经济业务的全貌，必须依据会计凭证登记账簿，通过登记账簿对经济业务进行进一步的、系统的汇总、整理，以反映经济活动的全貌。
>
> 错账的更正方法有：划线更正法、红字更正法、补充登记法。

 案例与分析

某企业20××年8月发生的业务中有几笔会计处理如下：

（1）5日，企业从银行提取现金600元供日常开销，由于记账人员的疏忽，其会计处理如下：

借：库存现金 6 000

贷：银行存款 6 000

（2）9日，企业用银行存款购入一台无须安装的设备，购买价款为50 000元，增值税为8 500元。其会计处理如下：

借：固定资产 58 500

贷：银行存款 50 000

应交税费——应交增值税（进项税额） 8 500

（3）15日，企业对外销售一批商品，售价为4 000元，增值税为680元。其会计处理如下：

借：应收账款 4 680

贷：主营业务收入 4 680

（4）18日，企业出售原材料一批，售价为3 000元，款项已存入银行。其会计处理如下：

借：银行存款 3 000

贷：主营业务收入 3 000

（5）25日，企业对本月购入的设备计提累计折旧。其会计处理如下：

借：制造费用 5 850

贷：累计折旧 5 850

要求：指出该企业会计处理的不当之处，并加以改正，同时指出其对企业资产和负债的影响。

7—3 案例与分析提示 7—4 客观题通关测试 7—5 实务题通关测试 7—6 文章阅读

盘活资产首先要盘活人。

不做假账。

第8章　财产清查

 本章导航

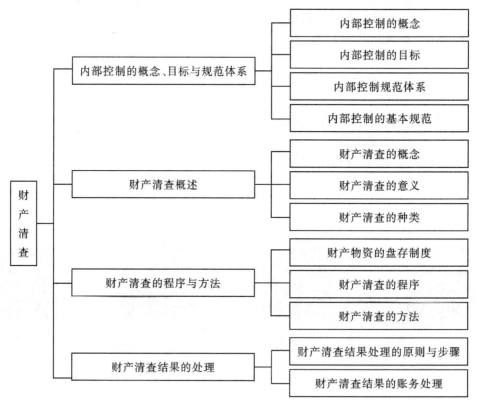

 知识目标

了解内部控制的概念、内部控制规范体系和内部控制基本规范的内容。

理解财产清查的必要性、意义和种类。

掌握财产清查的概念，熟悉财产物资的盘存制度。

掌握各种材料物资、货币资金和往来款项的清查方法。

能够对财产清查的结果进行账务处理。

技能目标 ————————

对各种财产物资进行清查。

 中英文关键词 ————————

内部控制:built-in control（internal controls）
内部控制规范体系:inner control standard system
财产清查:property inspection
永续盘存制:perpetual inventory system
实地盘存制:periodic inventory system
未达账项:account in transit
银行对账单:bank statement
银行存款余额调节表:bank reconciliation statement
待处理财产损溢:wait deal assets loss or income

 引导案例 ————————

东华企业在盘点存货时,发现 A 材料盘亏 100 千克,单位成本为 180 元,B 材料盘亏 30
千克,单位成本为 160 元。经查,A 材料盘亏属于自然灾害造成的材料毁损;B 材料盘亏属
于管理不善造成的定额内损耗。对此,东华企业该如何进行账务处理?什么是财产清查?
财产清查工作应如何展开?

8-1　教学课件

8-2　教学视频

前面章节介绍了会计核算的主要方法,包括设置账户、复式记账、填制和审核会计凭
证、登记账簿等内容。那么,是否可以在此基础上直接根据账簿资料编制财务报表呢?答
案是否定的。为了保证财务信息的真实性、可靠性和完整性,在编制财务报表前还有两个
重要的程序,就是成本核算和财产清查。成本核算的内容将在会计专业课程中介绍。财
产清查的内容则是会计基础中重要的内容之一。仅有前述的会计核算方法还无法有效地
保证财务信息的质量和财产物资的安全,企业还必须围绕会计核算工作建立一系列相关
的内部控制制度。财产清查既是会计核算的专门方法,又是会计控制的手段,同时也是企
业内部控制的措施。本章内容在此基础上以内部控制制度和财产清查为线索,分别介绍
有关理论和方法。

第1节 内部控制的概念、目标与规范体系

1. 内部控制的概念

内部控制是由企业董事会、监事会、经理层和全体员工实施的旨在实现控制目标的过程。它是一个权责明确、制衡有力,能够实现企业自我检查、自我调整和自我改进的动态系统。企业内部控制是为适应生产经营管理的需要而产生的,是现代企业内部管理制度的重要组成部分。会计核算、会计控制是企业内部控制的主要内容之一,也是实现企业内部控制的重要方式和手段。内部控制是动态的管理过程,而不是静态的管理制度。因此,企业不仅要制定完善的管理制度,更重要的是使这些制度得到执行,通过管理制度的执行来保证经营目标的实现。从企业角度来说,内部控制不仅仅是基层员工的事,也不仅仅是企业经理层等执行层面的事,而是包括企业董事会、监事会、公司经理以及其他全体员工的事,他们在内部控制上承担着不同的职责。人人都是控制者。因此,公司管理层不能认为内部控制仅仅是企业内部员工的事情,而将自身置于内部控制之外,置于内部控制之上。

2. 内部控制的目标

建立健全内部控制制度是企业管理当局的责任。内部控制的目标包括以下五个。

2.1 合理保证企业经营管理合法合规

企业通过建立完善的内部控制制度,并且有效地施行,可以在生产经营过程中较好地约束自身的行为,避免违反法律法规、谋求不正当利益的现象,以保证企业经营管理合法合规。

2.2 合理保证资产安全

企业建立完善的内部控制制度,对资产的保管和使用采取实物防护、程序控制、稽查核对和内部审计等手段,以预防和减少资产的损失、浪费,防范贪污、挪用与盗窃,保证资产的安全完整。

2.3 合理保证财务报告及相关信息真实完整

真实完整的财务信息是企业利益相关者据以了解企业的过去与现状,把握和预测未来,做出有效经济决策的基本条件。内部控制系统通过制定执行科学的业务处理程序,确定合理的职责分工,使财务信息在手续严密、相互牵制的控制条件下产生,以保证财务信息记录的正确、完整,保证财务报表的编制符合国家颁布的会计准则和会计制度等方面的规定,有效地防止和减少错误与舞弊现象的发生,合理保证财务报告及相关信息真实完整。

2.4 提高经营效率和效果

内部控制制度要求企业建立合理和完善的组织结构,分析、评估和防范企业内外各种

风险因素,业务活动的执行以及资产和记录的接触、使用与处理均经过适当的授权,各个职能部门和人员都有明确的职责分工,员工必须具备岗位要求的素质和能力;制定和采取各种激励与约束措施,考评各部门和人员的业绩,各部门和人员明确自身的绩效目标,履行自己的职责,从而使得组织整体能够高效、有序地运行,提高经营的效率和效果。

2.5 促进企业实现发展战略

企业的战略目标是统驭经营、财务报告和遵循法律法规,企业通过采取一系列控制方法、程序和制度,确保企业经营合法合规,确保企业资产的安全、报告的真实等,推进企业建立统一、明确的整体战略规划与目标,并促进其实现。

内部控制的定义及目标反映了以下基本内容:内部控制是一个过程,它是实现目的的手段,而非目的本身;内部控制受人的影响,它不仅仅是政策手册和图表,而且涉及企业各层次的人员;内部控制只能向企业董事会和经理层提供合理的保证,而非绝对的保证;内部控制的目的是实现五个既相互独立又相互联系的目标。

3. 内部控制规范体系

建立健全内部控制规范是建立现代企业制度、进行科学的企业内部管理、提高管理效率和效益的基本方式与手段。建立健全内部控制规范,应该成为市场经济中企业制度建设的基础工作。企业内部控制规范是一个科学的体系,《企业内部控制基本规范》(以下简称《基本规范》)、《企业内部控制应用指引》(以下简称《应用指引》)和《企业内部控制评价指引》(以下简称《评价指引》)、《企业内部控制审计指引》(以下简称《审计指引》)三个类别相辅相成,如表8-1所示。

表8-1 企业内部控制规范体系

法规名称	主要内容
《企业内部控制基本规范》	《基本规范》规定内部控制的基本目标、基本要素、基本原则和总体要求,是内部控制的总体框架,在内部控制标准体系中起统领作用
《企业内部控制应用指引》	《应用指引》是对企业按照内部控制原则和内部控制"五要素"建立健全本企业内部控制规范所提供的指引,在配套指引乃至整个内部控制规范体系中占据主体地位,主要包括以下18项具体指引,分别是组织架构、发展战略、人力资源、社会责任、企业文化、资金活动、采购业务、资产管理、销售业务、研究与开发、工程项目、担保业务、业务外包、财务报告、全面预算、合同管理、内部信息、传递和信息系统
《企业内部控制评价指引》 《企业内部控制审计指引》	《评价指引》和《审计指引》是对企业按照内部控制原则和内部控制"五要素"建立健全本企业"事后控制"的指引,是对企业贯彻《基本规范》和《应用指引》效果的评价与检验。其中《评价指引》是为企业管理层对本企业内部控制有效性进行自我评价提供的指引;《审计指引》是注册会计师和会计师事务所开展内部控制审计业务的执业准则

4．内部控制的基本规范

《基本规范》在企业内部控制规范体系中处于最高层次，起统驭作用，描绘了企业实施内部控制规范体系必须建立的框架结构，规定了内部控制的定义、目标、原则、要素等基本要求，是制定《应用指引》《评价指引》《审计指引》和企业内部控制制度的基本依据。

4.1　内部控制的基本原则

《基本规范》要求企业构建并实施内部控制规范体系时，应当遵循以下基本原则：

（1）全面性原则。所谓全面性原则，就是强调内部控制应当贯穿决策、执行和监督的全过程，覆盖企业及其附属单位的各种业务和事项。

（2）重要性原则。所谓重要性原则，就是指在全面控制的基础上，内部控制应该关注重要业务事项和高风险领域。

（3）制衡性原则。所谓制衡性原则，就是指内部控制应当在治理结构、机构设置及权责分配、业务流程等方面相互制约、相互监督，同时兼顾运营效率。

（4）适应性原则。所谓适应性原则，就是强调内部控制应当与企业经营规模、业务范围、竞争状况和风险水平等相适应，并随着情况的变化及时加以调整。

（5）成本效益原则。此原则又称为成本与效率效果原则，就是指内部控制应当权衡实施成本与预期效益，以适当的成本实现有效控制。

4.2　内部控制的要素

内部控制包括以下五个要素。

（1）内部环境。内部环境是企业实施内部控制的基础。《基本规范》将内部环境的要素归纳为六个方面的内容，即公司治理结构、内部机构设置与职责分工、内部审计、人力资源政策、企业文化和法制环境。同时明确，企业应当成立专门机构或者指定适当的机构具体负责组织协调内部控制规范的建立及日常工作。

（2）风险评估。风险评估是指企业及时识别、系统分析经营活动中与实现内部控制目标相关的风险，合理确定风险应对策略。企业应当根据设定的控制目标，全面、系统、持续地收集相关信息，结合实际情况，及时进行风险评估。《基本规范》将风险评估的要素归纳为四个方面的内容，即确定风险承受度、识别风险（包括内部和外部风险）、风险分析和风险应对。

（3）控制活动。控制活动是指企业根据风险评估结果，采取相应的控制措施，将风险控制在可承受范围之内。《基本规范》将控制活动或控制措施概括为七个方面的内容，即不相容职务分离控制、授权审批控制、会计系统控制、财产保护控制、预算控制、运营分析控制和绩效考评控制，同时规定企业应当建立重大风险预警机制和突发事件应急处理机制，明确风险预警标准，对可能发生的重大风险或突发事件，制定应急预案，明确责任人，规范处置程序，确保突发事件得到及时妥善的处理。

（4）信息与沟通。信息与沟通是指企业及时、准确地收集、传递与内部控制相关的信息，确保信息在企业内部及企业与外部之间进行有效沟通。《基本规范》主要围绕内部与外部信息的收集、信息在内部与外部相关者间的传递、信息技术平台、反舞弊机制、举报投诉制度和举报人保护制度等展开。

(5)内部监督。内部监督是指企业对内部控制规范建立与实施情况进行监督检查,评价内部控制的有效性,发现内部控制缺陷,应当及时加以改进。《基本规范》主要针对内部监督的类型和方式、内部控制自我评价和缺陷认定机制、内部控制记录制度等做出规定。

第2节 财产清查概述

1. 财产清查的概念

财产清查是指通过实地盘点、核对、查询等手段,确定各项财产物资、货币资金和债权、债务的实际结存数,并与账面结存数核对,以查明账实是否相符的一种会计核算专门方法。

内部控制并不能为企业财产物资的安全完整和会计信息的真实可靠提供绝对保证。内部控制也会因为设置和运行的成本效益限制、人为错误、各职能部门与相关人员的串通舞弊、管理者越权、内外部环境的变化等而失控、失效。为了保证内部控制运行的效率与效果,除了加强企业外部监督(包括注册会计师审计监督、财政税务监督、银行金融监管、工商检查等)外,还必须定期对内部控制运行情况进行内部检查。企业为了编制财务报告、保证账实相符而进行的财产清查,既是内部控制的重要手段,也是对财产物资的内部控制运行情况进行检查、监督的重要措施,在一定程度上能够及时发现和防止内部控制失效,保护财产物资的安全完整。

《会计法》规定,各单位应当定期将会计账簿记录与实物、款项及有关资料相互核对,保证会计账簿记录与实物及款项的实有数相符。

在实际工作中,企业发生的所有交易或事项都要采用专门的核算方法进行账务处理,并登记到有关的账簿(账户)中,特别是对货币资金、原材料和设备等实物资产的增减变动,以及债权债务的产生与结算等重要会计事项,更要采用严密的方法及时进行会计处理,以确保账簿记录能够正确地反映以上这些资产增减变动和余额的真实情况。但在企业内部,账簿的记录与货币资金和各种实物资产的保管、使用等是由企业的不同部门分工负责的,为保证会计部门的账簿记录情况与实务资产的保管或使用部门管理的各种资产的实际情况相一致,就需要采用一定的方法,定期或不定期地对各种财产进行清查,并与账簿的记录情况进行核对,以查明账实是否相符。从财会部门内部来看,为确认其所管理的货币资金与账面记录情况是否相符,也需要与所开户的银行之间以及部门内部进行核对。此外,企业为确认债权、债务情况,也应定期或不定期地与债务人和债权人进行债权、债务的核对,以确保债权、债务的实际情况与账面的记录相符。以上这种做法在会计上称为财产清查。

2. 财产清查的意义

从理论上讲,会计账簿上所记载的各种物资以及债权、债务等的增减变动和结余情况应当与实际发生情况完全相符。但在实际工作中,诸多原因使账面的记录情况与实际状况之间有时会出现差异等,都会引起资产的流失和短缺,导致各种财产物资的实际情况与账簿的记录情况不符,即账实不符。而企业的债权、债务由于债权人或债务人清偿能力的缺陷或清算、破产等,也有可能不能按预期收回或结算。

账存数与实存数不符一般有以下几种情况:①在收发物资中,计量、检验不准确造成品种、数量或质量上的差错;②财产物资在运输、保管、收发过程中,在数量上发生自然增减变化;③在财产增减变动中,由于手续不齐或计算、登记而发生错误;④管理不善或工作人员失职,造成财产损失、变质或短缺等;⑤贪污、盗窃、营私舞弊造成的损失;⑥自然灾害造成的非常损失;⑦未达账项引起的账账、账实不符等。

上述种种原因都会影响账实的一致性。因此,为了保证账簿记录的真实准确,确保账实相符,进而健全和完善企业财产的管理制度,确保企业财产的安全完整,就必须采用财产清查这一行之有效的方法,对企业的各种财产进行定期或不定期的核对或盘点清查。财产清查的意义主要体现在以下几个方面。

2.1 保护财产的安全完整

通过财产清查,可以查明单位的财产、商品、物资是否安全完整,有无缺损、霉变现象,以便堵塞漏洞,改进工作,建立和健全各种责任制,加强企业各项规章制度和监管工作,防范和消除各种不安全因素,切实保证财产的安全完整。

2.2 保证会计信息资料的真实性

企业在一定会计期间内所发生的全部交易或事项,都要经过确认、计量、记录和汇总,以会计报表的形式输出会计信息,为信息使用者提供真实客观的会计信息。在会计信息质量的要求中,可靠性最为重要。因此,通过财产清查,可以避免会计信息在收集、转换和储存、计算阶段中受到主客观因素的干扰而失真,提高会计信息的质量。通过财产清查,可以查明各项财产物资的实有数,确定实有数额和账面数额的差异,为企业会计信息系统正常、有效地运行奠定坚实的基础。

2.3 挖掘财产物资潜力,提高财产物资使用效率

通过财产清查,可以查明各项财产物资的储备和利用情况,以便分析原因,采取不同措施,积极利用和处理,提高财产物资使用效率。对储备不足的,应予以补充,确保生产需要;对超储、积压、呆滞的财产物资,应及时处理,防止盲目采购和不合理的积压。充分挖掘财产物资潜力,加速资金周转,提高资金使用效果,提高经济效益。

2.4 保证财经纪律和结算制度的执行

通过对财产物资、货币资金及往来账款的清查,可以查明单位有关业务人员是否遵守财经纪律和结算制度,有无贪污、盗窃、挪用公款的情况;查明各项资金使用是否合理,是否符合党和国家的方针、政策和法规,从而使工作人员更加自觉地遵纪守法,自觉维护和遵守财经纪律。

2.5　维护投资者的合法利益

企业的财产物资是进行生产、经营活动的物质保证。通过财产清查,及时发现企业管理存在的问题,加强企业管理,提高管理水平,可以减少偏差、错误的发生,杜绝违纪、违法、贪污、盗窃、铺张浪费等行为的发生,以维护投资者的合法权益。

3. 财产清查的种类

根据清查的范围、时间和执行单位的不同,可以对财产清查进行不同的分类。在不同的分类方法下,财产清查所包括的内容也有所不同。

3.1　按清查范围分类

按清查范围的不同,财产清查可分为全面清查和局部清查。

(1)全面清查

全面清查是指对所有的财产,包括货币资金、实物资产和债权、债务等毫无遗漏地逐项进行的清查。由于全面清查范围广、内容多、工作量大,为了保证年度会计报表的正确性和真实性,一般在年终决算前对企业财产进行全面清查。另外,企业在以下情况下应按规定进行全面的财产清查:撤销、合并或改变隶属关系前;中外合资、国内合资前;企业股份制改造前;开展全面的资产评估、清产核资前;单位主要领导调离工作前等。

(2)局部清查

局部清查也称重点清查,是指根据需要只对财产中某些重点部分进行的清查,如对货币资金、原材料、库存商品等流动性较强的财产,除年度全面清查外,还应根据需要随时轮流盘点或重点抽查。各种贵重物资每月至少要清查一次,库存现金要天天核对,银行存(借)款每月按银行对账单逐笔核对至少一次,债权、债务每年至少核对一次。虽然局部清查范围小、内容少、工作量小,但专用性较强。

3.2　按清查时间分类

按清查时间的不同,财产清查可分为定期清查和不定期清查。

(1)定期清查

定期清查是指在规定的时间内所进行的财产清查,清查的目的是保证会计资料的真实、正确,一般在年度、季度、月度终了后进行。

(2)不定期清查

不定期清查也称临时清查,是指根据实际需要临时进行的财产清查,一般是在更换财产物资保管人员,企业撤销、合并或发生财产损失等情况下所进行的清查。

定期清查和不定期清查的范围应视具体情况而定,可全面清查也可局部清查。

3.3　按清查执行单位分类

按照清查执行单位的不同,财产清查可分为内部清查和外部清查。

(1)内部清查

内部清查是指单位组织内部有关人员对本单位财产所进行的清查。这种清查也称为

"自查"。

（2）外部清查

外部清查是指由单位外部的有关部门或人员根据有关规定对本单位财产所进行的清查。例如,企业的上级管理部门和保险部门等由于某些方面的需要而对企业的资产进行的清查。

第3节　财产清查的程序与方法

1. 财产物资的盘存制度

财产清查的重要环节是盘点财产物资,尤其是盘点存货的实存数量。为使财产清查工作顺利进行,企业应建立科学而适用的财产物资盘存制度。

财产物资盘存制度是指企业在财产清查中,用以确定原材料和库存商品等存货在会计期末实际结存数量的方法。进行存货资产的清查时,首先应对各种存货进行盘点,确定其实有数,之后才可能将所盘点存货的实有数与记录这些实物资产的账户余额之间进行核对,进而查明账实是否相符。在企业中,存货的数量、品种较多,收发频繁,由于各种因素的影响也容易发生流失或毁损,因而,应采用科学的方法对存货在会计期末的结存数量加以确定。在实务中,存货结存数量的盘存方法,即盘存制度,主要有永续盘存制和实地盘存制两种。

1.1　永续盘存制

（1）永续盘存制的概念

永续盘存制亦称账面盘存制,是平时对企业各项财产物资分别设立明细账,根据会计凭证连续记载其收入数和发出数,并随时在账簿上结算出各种财产的账面结存数量和结存金额的一种管理制度。采用这种制度时,要求企业对各种财产物资分别按品种、规格等设置详细的明细账,对于财产物资的增加或减少,应根据有关会计凭证及时将增加数和减少数登记在相应的明细账簿的收入栏和发出栏,并将结存数额及时结出,登记在账簿的结存栏内。

（2）永续盘存制下的账簿组织

在永续盘存制下,各企业存货核算的账簿组织不尽相同。就库存商品而言,通常除品种外还要按大类核算。其一般的账簿组织如下:

会计部门设"库存商品"总分类账,其下按商品大类设置二级账户,进行金额核算;在二级账户下,按每种商品设置明细分类账,进行金额、数量双重计量。

仓储部门按每种商品分户设置保管账和保管卡,保管账由记账员根据收、发货单登记收、发数量,进行数量控制。商品卡挂在每种商品的堆垛存放处,由报关员根据收、发货单逐笔登记数量,以控制实存商品。

存货核算的这种总账、二级账、明细账的设置,可以进行逐级控制,相互核对,起到随时反映库存情况和保护存货安全完整的作用。在这种账簿组织下,一旦库存实物中发生差错,也很容易及时发现,便于加强对存货的日常管理。

（3）期末存货的计价

由于在永续盘存制下,各种财产物资可以随时在账户中结出其结存数,因而,在财产清查中要了解账面结存数是十分容易的。但是在账簿中记录的财产物资增减变动及结存情况,都是根据有关会计凭证登记的,可能发生账实不符的情况,因此,采用这一制度时,为了核对账面记录,加强财产物资管理,企业应视具体情况对各项财产物资进行定期或不定期的盘存,以查明账实是否相符以及账实不符的原因。

单位在永续盘存制下,计算存货本期销售或耗用成本和期末存货成本时,应按下列公式计算:

$$本期销售（耗用）成本＝本期销售（耗用）数量×单位成本$$

注意:单位成本可以采用加权平均法、先进先出法、个别计价法等方法中的一种方法计算出来。计价方法一经确定,不得随意变更。

$$账面期末余额＝账面期初余额＋本期增加额－本期减少额$$

（4）永续盘存制的优、缺点

永续盘存制的优点主要表现在:

①加强了对存货的管理,存货明细账可以随时反映每种存货的收入、发出和结存情况,并从数量和金额两方面加以控制。

②明细记录中的账面结存数,可以通过不定期的实地盘点,将实际盘存数与账存数相核对,进而可以查明溢余或短缺的原因。

③明细记录中的结存数还可以随时反映存货是否过多或不足,以便及时组织存货的调减或增补,加速资金周转。

永续盘存制的主要缺点是:明细分类核算工作量较大,需要较多的人力和费用。如果月末一次结转销售（耗用）成本,计算工作过于集中。

永续盘存制对于控制和保护企业的财产物资具有明显的长处,因而为大多数企业所采用。

1.2 实地盘存制

（1）实地盘存制的概念

实地盘存制用于制造企业时称"以存计耗制"或"盘存计耗制",用于商品流通企业时又称"以存计销制"或"盘存计销制"。它是指在期末通过盘点现场实物来确定存货数量,并据以计算出销货成本和期末存货成本的一种存货盘存制度。也就是说,平时根据有关会计凭证,只登记财产物资的增加数,不登记减少数,月末或一定时期可根据期末盘点资料,弄清各种财物的实有数额,然后再根据"期初结存＋本期增加数－本期实存数＝本期减少数"的公式,倒算出本期减少数。

（2）实地盘存制的一般程序

实地盘存制的一般程序如下:

①确定期末存货数量。每期期末实地盘点存货,确定存货的实际结存数量。

②计算期末存货成本。某种存货成本等于该项存货的数量乘以适当的单位成本;将各种存货成本相加,即为存货总成本。

③计算本期可供发出存货成本。本期可供发出存货成本也称为本期可供销售或耗用存货成本，它等于期初存货成本加本期入库存货成本。

④计算本期发出存货成本。它等于本期可供发出存货成本减期末存货成本。其计算公式为

本期发出存货成本＝期初结存存货成本＋本期入库存货成本－期末结存存货成本

（3）期末存货数量的确定

在实地盘存制下，期末存货数量的确定，一般分以下两个步骤：

①进行实地盘点，确定盘存数。存货的盘点方法因存货性质而异。盘点时间通常在本期营业或生产活动结束，下期营业或生产活动开始之前进行。盘存结果应填列在存货盘存表中。

②将临近会计期末的购销单据或收发凭证进行整理，在盘存数量的基础上，考虑有关影响因素，调整求得存货实际结存数量。在商品流通企业中，对于企业已经付款但尚未收到的商品即在途商品、已经出库但尚未销售的商品，以及已销售但尚未提走的商品，都要进行调整，以计算出实际库存数量。

（4）期末存货的计价

单位在实地盘存制下计算存货本期销售或耗用成本和期末存货成本时，应按下列公式计算：

期末存货成本＝库存数量（实地盘点数）×单位成本

注意：单位成本的计算方法与永续盘存制下的计算方法相同。

本期销售（耗用）成本＝期初存货成本＋本期购货成本－期末存货成本

（5）实地盘存制的优、缺点

实地盘存制的优点主要表现在：

①平时对财产发出和结存数量可以不做详细记录，从而简化了财产明细分类核算的工作。

②每一存货可只设一个总分类账户，或只按大类设置几个二级账户，不需按品名规格逐一设置明细账户。

③在每一存货账户中，平时可只记进货成本，不记销售或发出数量和成本，简化了核算工作。

实地盘存制的缺点也是比较明显的，主要表现在：

①不能随时反映存货的收入、发出、结存数量的动态。

②由于以存计销或以存计耗，倒算销货或耗用成本，这就任由非销售或非生产耗用的损耗、短缺或贪污、盗窃、损失等全部进入销货或耗用成本之中，从而削弱了对存货的控制，不利于提高管理水平。

③由于只能在期末结出结存的财产物资的成本，因而这一制度的适用性较差，一般只使用于那些核算工作量大且价值小而增减频繁的零星材料、废料等低廉物资，或自然损耗大、数量不稳定的鲜活商品。同时，为了弥补日常核算工作中的不足，必须对采用实地盘存制的财产物资适当增加盘点的次数和加强各环节的手续、制度，相互牵制以保护企业财产物资的安全与完整。

提示
说明

永续盘存制与实地盘存制的区别主要表现在以下两个方面：

（1）两者对各项财产物资在账簿中登记的方法不同。永续盘存制平时对各项财产物资的增加数和减少数都要根据会计凭证在有关的账簿中进行连续的登记，并随时在账簿中结出各项财产物资的账面结存数；实地盘存制平时只对各项财产物资的增加数根据会计凭证记入有关账户，而不登记减少数，月末根据实地盘点的各项财产物资的实际结存数，计算出本期减少数，并记入有关账簿。

（2）两者财产清查的目的不同。永续盘存制下财产清查的目的是与账簿记录进行核对；实地盘存制下财产清查的目的是计算期末财产的结存数。

2. 财产清查的程序

财产清查是一项复杂而又细致的工作。为保证财产清查工作顺利、有效地进行，需要遵循一定的程序。财产清查的程序一般包括如下四个步骤。

2.1 组织准备

财产清查涉及面广、政策性强、工作量大。为了加强领导，保质保量完成此项工作，一般应在厂长（经理）的领导下，组织一个由领导干部、专业人员、普通职工参加的专门小组，负责财产清查工作。其主要任务是：

（1）制订财产清查计划，确定清查对象、范围，配备清查人员，明确清查任务；

（2）检查和监督财产清查工作，及时解决清查中出现的问题；

（3）在财产清查结束后做出清查总结，提出对财产清查结果的处理意见。

2.2 业务准备

进行有效的财产清查，需组织清查人员学习有关政策、规定，掌握有关法律、法规和相关业务知识，以提高财产清查工作的质量。业务准备是进行财产清查的必要条件。有关业务部门应做好如下准备：

（1）会计部门账簿资料准备。会计部门应在财产清查前，将所有的经济业务登记入账，做到账证相符、账账相符，为财产清查提供可靠依据。

（2）财产物资保管或使用部门的财产物资整理准备。财产物资的保管或使用部门应在财产清查前，检查财产物资收发和保管的凭证、手续是否齐全，并与会计部门有关财产物资的账簿记录核对相符，对各种实物资产进行必要的整理，以便于进行实物盘点。

（3）清查量具等的准备。对需使用的度量衡器，要提前校验正确，保证计量准确。此外，还要准备好必要的登记表格，以便于对财产清查中应当记录的事项及时进行登记。

2.3 实施清查

在完成以上各项准备工作以后,就应该由清查人员依据清查对象的特点、范围,预先确定清查目的,采用合适的清查方法,制定清查方案,确定清查对象,明确清查任务,具体安排清查内容、时间、步骤,进行必要的清查前准备,实施财产清查、盘点工作。同时,清查时本着先清查数量、核对有关账簿记录等,后认定质量的原则进行。清查后填制盘存清单。

2.4 结果处理

根据盘存清单,填制实物、往来账项清查结果报告表。完成财产清查任务后,要将盘点清查资料整理好,由相关人员签名;将清查结果以文字形式报告给领导及相关部门;对清查中发现的问题、差异要切实寻找原因,落实责任人,并对财产物资的管理提出可行性建议。

3. 财产清查的方法

企业财产物资种类繁多,占用形态各异,所以财产清查是一项涉及面广、业务量大的会计工作。为了保证财产清查工作质量,提高工作效率,达到财产清查的目的,在财产清查时应针对不同的清查内容采用不同的清查方法。

3.1 货币资金的清查

3.1.1 库存现金的清查

库存现金是指企业存放在财会部门,可随时用于日常交易或事项收支的货币资金。

(1)清查方法

对库存现金清查的基本方法是实地盘点法。由于现金的收支业务十分频繁,容易出现差错,因此,出纳员应当经常进行现金盘点并与现金账的现有余额核对。每日终了,应当在"库存现金日记账"上计算当日的现金收入合计额、现金支出合计额和结余额;通过对库存现金进行盘点确定其实有数,并将"库存现金日记账"上的结余额与库存现金实有额进行核对,做到账实相符。

(2)清查手续

清查前,出纳员应将现金收付凭证全部登记入账。清查时出纳员要在场,现钞应逐张查点。一切借条、收据不准抵充现金,并查明库存现金是否超过限额,有无坐支现金的问题。对库存现金进行盘点并核对后,应根据盘点结果填写"库存现金查点报告表",并由盘点人员和出纳员共同签名或盖章。它既是盘存清单,又是实存账存对比表,是进行库存现金清查结果处理的重要的原始凭证。其格式如表8-2所示。

表8-2　库存现金盘点报告表

实存金额	账存金额	对比结果		备注
		长款	短款	

盘点人(签章)　　　　　　　　　　　　　　　　出纳员(签章)

对库存现金清查中发现的盘盈(长款)、盘亏(短款),应认真查明原因,及时报请有关部门负责人批准,财会部门按规定进行相关的账务处理。

3.1.2　银行存款的清查

银行存款是企业存放在银行存款户的货币资金。这部分货币资金不同于现金,因而其清查不能只在企业内部进行,还应与企业的开户银行之间进行核对。

(1)清查方法

对银行存款的清查采用的基本方法是将企业银行存款日记账的记录情况与银行转来的对账单逐笔进行核对,进而确定双方的记录是否相符。即银行存款的清查是采取与开户银行核对账目的方法进行的,即逐笔核对单位登记的银行存款日记账与银行送来的对账单的增减额和同一日期的余额,进而确定双方的记录是否相符。

> **提示说明**
>
> 银行对账单是开户银行对企业存放在银行的存款收支和结余情况的账户记录,应由银行定期或不定期地转给企业,以便于企业进行核对。在正常情况下,对账单与企业的银行存款日记账的记录情况应当是一致的。这样,企业就可将其所登记的银行存款日记账记录与对账单的记录逐笔进行核对,据以确认双方对企业银行存款收支事项记录的完整性和准确性。

(2)清查手续

通过核对,如果企业的银行存款日记账与银行对账单记录一致,说明不存在问题。如果双方记录不一致,则应查明原因。双方记录不一致的原因主要有以下两个方面:一是可能在银行或企业的某一方存在不正常的错账、漏账,如方向记错或金额写错等,对这种情况应及时加以纠正。二是可能存在未达账项。存在未达账项时,应编制"银行存款余额调节表"进行调节,借以确认双方的记录是否相符。即在同银行核对账目以前,先检查本单位银行存款日记账,力求正确与完整,然后与银行送来的对账单逐笔核对。如果发现错账、漏账,应及时查明更正。对于未达账项,则应于查明后编制"银行存款余额调节表",以检查双方的账目是否相符。

(3)未达账项

未达账项是指企业与开户银行之间由于结算凭证传递时间上的差异,导致双方记账时间不一致,对于同一项交易或事项,一方已经入账,另一方没有接到有关结算凭证而暂未登记入账的款项。

通常未达账项分为企业未达账项和银行未达账项两类,具体有四种形式。

①企业已收银行未收的款项。企业已收银行未收的款项是指企业根据有关收款的原始凭证编制了记账凭证,并据以登记了银行存款日记账,此时企业的银行存款增加,由于银行没有收到有关原始凭证,因此银行没有进行登记而形成的银行未达账项。此时,未达账项使企业银行存款日记账上的金额大于银行对账单上的金额。

②企业已付银行未付的款项。企业已付银行未付的款项是指企业根据有关付款的原

始凭证编制了记账凭证,并据以登记了银行存款日记账,此时企业的银行存款减少,由于银行没有收到有关原始凭证,因此银行没有进行登记而形成的银行未达账项。此时,未达账项使企业银行存款日记账上的金额小于银行对账单上的金额。

③银行已收企业未收的款项。银行已收企业未收的款项是指银行根据有关收款的原始凭证进行了登记,由于企业没有收到有关原始凭证,因此企业没有进行登记而形成的企业未达账项。此时,未达账项使企业银行存款日记账上的金额小于银行对账单上的金额。

④银行已付企业未付的款项。银行已付企业未付的款项是指银行根据有关付款的原始凭证进行了登记,由于企业没有收到有关原始凭证,因此企业没有进行登记而形成的企业未达账项。此时,未达账项使企业银行存款日记账上的金额大于银行对账单上的金额。

> **提示说明**
>
> 在存在未达账项的情况下,企业银行存款日记账与银行对账单账面发生额记录都是不完整的,通过核对,可以发现哪些账项在其中一方已经登记入账,而在另一方尚未登记入账。此外,双方账户的月末余额也肯定不相等。这时需编制"银行存款余额调节表"进行调节。另外,有时双方的账户余额不相等也可能是由于错账引起的。这种情况不属于未达账项,在这里不予讨论。

(4)"银行存款余额调节表"的编制方法

企业检查双方账目是否一致,是为了消除未达账项的影响,企业应根据核对后发现的未达账项进行调节,编制"银行存款余额调节表"进行调节。

银行存款余额调节法是指企业在进行银行存款的清查过程中,如果存在未达账项,应编制"银行存款余额调节表"进行调节,以确认在消除未达账项因素的情况下,双方的记录是否相符。具体做法是,在该表中先抄列出双方的月末余额。在此基础上,加上对方已收款入账,本方尚未入账的款项;减去对方已付款入账,本方尚未入账的款项。经过调节以后,得到双方新的余额。这个余额就是假定在消除了未达账项因素影响以后所得到的余额。在不存在其他问题的情况下,双方新的余额应当是相等的。如果相等,表明企业与银行的账目没有差错。否则,说明记账有错误,应进一步查明原因,予以更正。其调节公式如下:

企业银行存款日记账余额+银行已收企业未收的款项-银行已付企业未付的款项=

银行对账单余额+企业已收银行未收的款项-企业已付银行未付的款项

【例8-1】某企业20××年9月终了时银行存款日记账余额为32 200元,银行转来对账单的余额为31 800元,经核对发现有下列未达账项:

①企业收到转账支票一张,金额为2 500元,企业已记账,银行尚未记账;

②企业开出转账支票一张,金额为1 300元,用于购买原材料,企业已记账,银行尚未记账;

③企业委托银行收款3 000元,银行已收妥入账,企业未接到银行的收款通知尚未入账;

④银行代企业支付电话费2 200元,银行已记账,企业尚未入账。

根据以上资料编制的"银行存款余额调节表"如表8-3所示。

表8-3　银行存款余额调节表

20××年9月30日　　　　　　　　　　　　　　　　　　　　　　　　单位:元

银行存款日记账	金额	银行对账单	金额
账面余额	32 200	对账单余额	31 800
加:银行已收企业未收的款项	3 000	加:企业已收银行未收的款项	2 500
减:银行已付企业未付的款项	2 200	减:企业已付银行未付的款项	1 300
调整后存款余额	33 000	调节后余额	33 000

(5)"银行存款余额调节表"注意点

在理解"银行存款余额调节表"时应注意以下两点。

第一,"银行存款余额调节表"不能作为调整账户记录的原始凭证。编制"银行存款余额调节表"只是企业与银行之间进行存款记录核对的一种技术方法,只能够起对账的作用,不能作为调整账户记录的原始凭证。对核对中发现的未达账项,不能根据该表调整企业"银行存款日记账"的账面记录。对于未达账项,应在以后收到有关结算凭证时,再登记"银行存款日记账"。即编制"银行存款余额调节表"是为了核对账目,并不能作为调整银行存款账面余额的原始凭证。如果是企业未达账项,必须等到有关凭证到达企业并经审核后再进行相应的账务处理。

第二,调节后的存款余额是企业可以使用的银行存款的最高额度。在"银行存款余额调节表"上尽管有几个余额指标,但在调节前双方的账面余额都不是企业银行存款的真实余额,只有经过调节后的存款余额才是企业银行存款的真实余额,也是企业可以实际动用的存款数额。即经过调节后重新求得的余额,既不等于本单位银行存款账面余额,也不等于银行对账单账面余额,而是银行存款的真正实有数。

3.2　实物资产的清查

3.2.1　实物资产的清查方法

实物资产是指企业所拥有的具有实物形态的各种资产,包括原材料、包装物、在产品、库存商品、固定资产等。实物资产的清查所采用的基本方法是实地盘点法。即先通过对各种实物资产进行盘点确定其实有数,并将实有数与记录这些实物资产的账户的余额进行核对,进而查明账实是否相符。但实物资产的存放或使用方式等各不相同,所采用的清查方法也不尽一样。

(1)实地盘点法。就是在实物资产存放现场逐一清点或用符合标准的计量器具衡量以确定其实存数的一种方法。一般适用于原材料、包装物、在产品、库存商品和设备等资产的清查。

(2)技术推算法。即通过量方、计尺等技术方法,结合有关数据,推算出实物资产实存数的方法。一般适用于点数、过秤确有困难的堆垛笨重的商品。

(3)抽样盘存法。即抽取一定数量样品对实物资产的实有数进行估算确定,一般适用于数量比较多、重量和体积等比较均匀的实物资产的清查。

（4）函证核对法。即采用发函、询证等方法,与有关单位或个人核对账簿记录是否正确的方法。一般适用于委托外单位加工或保管的实物资产的清查。

3.2.2 实物资产清查使用的凭证

为了明确经济责任,在财产清查过程中,实物保管人员与盘点人员须同时在场清查,并参加盘点工作。清查盘点的结果应及时登记在"盘存单"上,格式如表8-4所示,由参加盘点的人员同时签字或盖章。

盘存单是记录实物盘点结果的书面文件,也是反映资产实有数的原始凭证。为了进一步查明盘点结果同账簿余额是否一致,还应根据"盘存单"和账簿记录编制"实存账存对比表"(见表8-5)。实存账存对比表是一种非常重要的原始凭证,在该凭证上所确定的各种实物的实存数同账存数之间的差异,既是经批准后调整账簿记录的依据,也是分析差异原因、查明责任的依据。

表8-4　盘存单

单位名称：

盘点时间：　　　　　　　　　　财产类别：　　　　　　　　　　存放地点：

编号	名称	计量单位	数量	单价	金额	备注

盘点人签章：＿＿＿＿＿＿＿＿＿　　　　　　　　　　实物保管人签章：＿＿＿＿＿＿＿

表8-5　实存账存对比表

时间：

编号	类别及名称	计量单位	单价	实存		账存		差异				备注
								盘亏		盘亏		
				数量	金额	数量	金额	数量	金额	数量	金额	

会计人员签章：＿＿＿＿＿＿＿＿＿　　　　　　　　　　稽核人签章：＿＿＿＿＿＿＿

> **提示说明**
>
> "盘存单"反映的只是实物资产的实存数量,不能作为调整账面记录的依据。而"实存账存对比表"反映了在清查过程中发现的实物资产的问题,因而是进行实物资产清查结果处理的重要原始凭证,可作为调整有关存货账面记录的依据。

3.2.3 固定资产的清查

对固定资产进行清查的目的主要是查明各种固定资产的实际结存数与其账面结存数是否相符。

（1）固定资产清查方法

对固定资产进行清查的基本方法是实地盘点法，一般采用全面盘点法。企业通过实地盘点将得到的各种固定资产的实有数分别与其账面的结存数进行核对，以确定账实是否相符。

（2）固定资产清查手续

进行固定资产清查也应填写"盘存单"和"实存账存对比表"。"盘存单"是在对固定资产进行清查的过程中填写的单据，反映的是固定资产的实存数，填写目的是为与各种存货资产的账面数量进行核对提供依据。"实存账存对比表"是将"盘存单"上的实存数与账面数核对以后，对固定资产存在的账实不符情况做出说明所填制的单据。

3.3 往来账项的清查

3.3.1 往来款项清查的内容

往来款项是指企业的各种应收款项、预付款项、应付款项和预收款项等。其中，前两项属于企业的债权，后两项属于企业的债务。对往来款项进行清查的目的主要是查明各种往来款项的实际状况与账面记录情况是否相符。

3.3.2 往来款项清查的方法

各项往来账项的清查一般采用函证核对法，即采用同对方单位核对账目的方法。首先，应将本单位往来账目核对清楚，确认准确无误后，再向债权人或债务人填发"往来账项对账单"，与对方进行账目核对，以确定账面记录与实际情况是否相符。

3.3.3 往来款项清查手续

对各种应收和应付款进行清查时，应根据企业的债权和债务情况，填写"往来款项对账单"（见图8-1），派人送交债权人或债务人，以便对方进行核对，并提供确认或不确认的意见。对账单应按明细账逐笔抄列，一式两联。其中一联作为回单，对方单位如核对相符，应在回单上盖章后退回。如发现数字不符，应将不符情况在回单上注明或另抄对账单退回，作为进一步核对的依据。在收到对方回单后，应填制往来账项清查表（见表8-6）。

A公司：

你单位20××年10月购入我单位K产品20件，总货款为263 000元，已付款200 000元，尚有63 000元未付，请核对后将回单联寄回。

核查单位：东华企业（盖章）
20××年12月23日

沿此虚线拆开，将以下回联单寄回。

往来款项对账单（回联）

东华企业：

你单位寄来的往来款项对账单已收到，经核对无误。

A公司（盖章）
20××年12月30日

图8-1 往来款项对账单的基本格式及内容

表8-6　往来账项清查表

总分类账名称：　　　　　　　　　年　月　日

明细分类账		清查结果		核对不符原因			备注
名称	账面余额	核对相符金额	核对不符金额	未达账项金额	有争议款项金额	其他	

进行往来账项清查后,要及时催收该收回的账款,偿还该偿付的账款,对呆账也应及时研究、处理。

第4节　财产清查结果的处理

经过财产清查,各类财产物资的账面结存数与其实际结存数相比较的结果有两种情况:一种是账实相符;另一种是账实不符。财产清查结果一般是指企业在经过清查以后所确认的各类财产的账面结存数与其实际结存数之间的差别情况,即盘盈或盘亏,体现为账实不符。在会计核算上需要进行处理的是账实不符的情况。账实不符又具体包括盘盈和盘亏两种:盘盈是指财产物资的实际结存数大于其账面结存;盘亏是指财产物资的实际结存数小于其账面结存数。债权债务的清查结果是指在清查中发现无法收回的应收账款或无法支付的应付账款等,体现为这些款项的账面记录与其实际状况不符。

1. 财产清查结果处理的原则与步骤

财产清查的结果如图8-2所示。

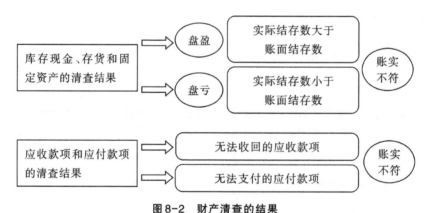

图8-2　财产清查的结果

货币资产和实物资产清查结果的具体内容包括企业的库存现金、库存材料、库存商品和设备等财产的清查结果,不包括在银行存款清查过程中发现的未达账项。债权债务的清查结果则是指企业在财产清查过程中确认的债务人所拖欠的应收账款发生的坏账,以及在这一过程中所确认的企业应当偿还但由于收款方已不存在等而无法向收款方支付的款项。这些是与库存材料和固定资产等实物资产的清查不同的清查结果,在账务处理上也需采用不同的方法。财产清查结果处理是指从账务处理的角度对以上清查结果所进行的处理。

1.1 财产清查结果处理的原则

对在财产清查中发现的盘盈或盘亏,以及应收款项和应付款项的账实不符情况,应按照有关的规定进行处理。

(1)对财产清查中盘盈资产的处理原则。对于流动资产的盘盈,应冲减清查当期的管理费用;对于固定资产的盘盈,应将其作为前期差错,进行以前年度损益调整。

(2)对财产清查中盘亏资产的处理原则。对于流动资产的盘亏,属于自然损耗产生的定额内合理损耗的,应计入企业本期的管理费用(增加);属于超定额短缺的,能确定过失人的应由过失人赔偿,属于保险责任范围的应向保险公司索赔,扣除过失人赔偿、保险公司赔款和残料价值后的部分,应计入清查当期的管理费用(增加);属于非常损失造成的实物资产的毁损等的,扣除保险公司赔款和残料价值后的部分,应计入清查当期的营业外支出。固定资产的盘亏应计入清查当期的营业外支出。

(3)对财产清查中发现的坏账及无法支付的款项的处理原则。对于确实无法收回的应收账款,应冲减已经提取的坏账准备;对于确实无法支付给债权人的应付款项,应转作企业的营业外收入。

1.2 财产清查结果处理的步骤

对在财产清查中发现的盘盈和盘亏,应按以下步骤进行处理:

(1)核准盈亏金额,提出处理意见。财产清查结束以后,清查人员要核准盈亏金额,查明盈亏的性质和原因,据实提出处理意见,并报告给单位负责人或有关部门。

(2)调整账簿记录,做到账实相符。财会部门要根据财产清查的有关原始凭证调整账簿记录,做到账实相符。同时,将发生的盘盈和盘亏在专门的账户中加以记录,以待处理。

(3)经过批准后,核销盘盈和盘亏。会计人员应根据单位负责人或有关部门的批准意见,分清不同情况编制记账凭证登记入账,将待处理的盘盈和盘亏等予以核销。

2. 财产清查结果的账务处理

2.1 库存现金清查结果的账务处理

2.1.1 账户设置

进行库存现金清查结果的账务处理,主要通过"待处理财产损溢"账户进行。此外,库存现金清查结果的账务处理还涉及"库存现金"和"其他应收款"等总分类账户。这里重点介绍"待处理财产损溢"账户。

"待处理财产损溢"账户是资产类账户,用来核算企业在财产清查过程中查明的各项财产物资的盘盈、盘亏和毁损的价值。该账户的贷方登记待处理财产物资(固定资产以外的其他资产)的盘盈数及各种盘亏或毁损经批准后的转销数,借方登记待处理财产物资的盘亏和毁损数及经批准后的盘盈转销数。该账户的期末余额如为贷方余额,表示尚待批准处理的财产物资盘盈数;如为借方余额,则表示尚待批准处理的财产物资盘亏和毁损数。按照我国《企业会计准则——应用指南》的要求,对于企业的财产损溢,应查明原因,在期末结账前处理完毕,处理后"待处理财产损溢"账户应无余额。该账户应分别按盘盈、盘亏资产的种类和项目设置明细账户,进行明细分类核算。

　　进行库存现金盘盈、盘亏处理的基本做法是:当库存现金盘盈时,应增加"库存现金"账户的记录,以保证账实相符,同时记入"待处理财产损溢"账户贷方,等待批准处理;当库存现金短款时,应冲减"库存现金"账户,以保证账实相符,同时记入"待处理财产损溢"账户借方,等待批准处理。对库存现金盘盈和盘亏,应根据其不同的产生原因,采取不同的方法进行处理。一般来说,对于无法查明原因的库存现金盘盈,其批准后的账务处理可记入"营业外收入"账户;对于已查明原因,应付给其他单位或个人的盘盈,应记入"其他应付款"账户。对于库存现金的盘亏,如果应由责任人(一般为出纳员)赔偿的,应记入"其他应收款"账户;同时,记入"待处理财产损溢"账户借(或贷)方。

　　库存现金清查结果账务处理设置的账户及账户之间的对应关系如图8-3所示。

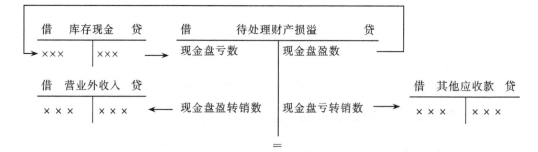

图8-3　库存现金清查结果账务处理的账户设置及账户之间的对应关系

2.1.2 账务处理

【例8-2】东华企业在20××年5月的库存现金清查中,发现盘盈200元。经反复核查未查明原因,经批准转作企业的营业外收入。

对于发现的库存现金盘盈,首先应调整账簿记录,做到账实相符。应填制收款凭证,并编制会计分录如下:

　　　　　借:库存现金　　　　　　　　　　　　　　200
　　　　　　　贷:待处理财产损溢　　　　　　　　　　　　　200

经批准后转作企业的营业外收入,对盘盈进行转销。应填制转账凭证,并编制会计分录如下:

　　　　　借:待处理财产损溢　　　　　　　　　　　　200
　　　　　　　贷:营业外收入　　　　　　　　　　　　　　200

【例8-3】东华企业在20××年6月的库存现金清查中,发现盘亏300元。经查明属于出纳员的保管责任。

对于发现的库存现金盘亏,首先应调整账簿记录,做到账实相符。应填制付款凭证,并编制会计分录如下:

　　　　　借:待处理财产损溢　　　　　　　　　　　300
　　　　　　　贷:库存现金　　　　　　　　　　　　　　300

经批准后由出纳员赔偿。应填制转账凭证,并编制会计分录如下:

　　　　　借:其他应收款　　　　　　　　　　　　300
　　　　　　　贷:待处理财产损溢　　　　　　　　　　　300

2.2 存货清查结果的账务处理

存货的清查主要是指企业对其库存材料和库存商品进行的清查。需要处理的清查结果主要包括在财产清查中发现的库存材料和库存商品的盘盈和盘亏。

2.2.1 账户设置

进行存货清查结果的账务处理也主要是通过"待处理财产损溢"账户进行,此外还涉及"原材料"和"库存商品"等账户。存货清查结果账务处理的账户设置及账户之间的对应关系如图8-4所示。

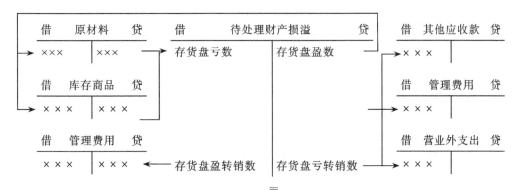

图8-4　存货清查结果账务处理的账户设置及账户之间的对应关系

2.2.2　账务处理

【例8-4】东华企业在财产清查中,盘盈账外钢材6吨,价值为18 000元。经查明,是因为计量仪器不准造成生产领用少付多算,所以,经批准冲减本月管理费用。

对于发现的材料盘盈,首先应调整账簿记录,做到账实相符。应填制转账凭证,并编制会计分录如下:

借:原材料　　　　　　　　　　　　　　　18 000
　　贷:待处理财产损溢　　　　　　　　　　　　　　18 000

经批准冲减企业管理费用。应填制转账凭证,并编制会计分录如下:

借:待处理财产损溢　　　　　　　　　　　18 000
　　贷:管理费用　　　　　　　　　　　　　　　　　18 000

【例8-5】东华企业在财产清查中,盘亏账外钢材1千克,实际成本为5 000元。经查明,这项盘亏材料属于定额内的合理损耗,所以,经批准增加本月管理费用。

对于发现的材料盘亏,首先应调整账簿记录,做到账实相符。应填制转账凭证,并编制会计分录如下:

借:待处理财产损溢　　　　　　　　　　　5 000
　　贷:原材料　　　　　　　　　　　　　　　　　　5 000

经批准增加企业管理费用。应填制转账凭证,并编制会计分录如下:

借:管理费用　　　　　　　　　　　　　　5 000
　　贷:待处理财产损溢　　　　　　　　　　　　　　5 000

【例8-6】在财产清查中,发现购进的某种原材料实际库存较账面库存短缺2 400元,其中400元属于定额范围内的自然损耗,1 200元属于管理人员过失造成的短缺,800元属于非常损失。经批准,属于定额范围内自然损耗的列作管理费用;属于管理人员过失造成短缺的由过失人赔偿;属于非常损失的列作营业外支出。

报经批准前,先调整账面余额,编制会计分录如下:

借:待处理财产损溢　　　　　　　　　　　2 400
　　贷:原材料　　　　　　　　　　　　　　　　　　2 400
借:待处理财产损溢　　　　　　　　　　　260
　　贷:应交税费——应交增值税(进项税额转出)　　260

属于定额范围内自然损耗的部分经批准列作管理费用,计入本期损益,编制会计分录如下:

借:管理费用　　　　　　　　　　　　　　400
　　贷:待处理财产损溢　　　　　　　　　　　　　　400

属于管理人员过失造成短缺的部分经批准由过失人赔偿,编制会计分录如下:

借:其他应收款——××人　　　　　　　　1 200
　　贷:待处理财产损溢　　　　　　　　　　　　　　1 200

属于非常损失的部分经批准列作营业外支出,编制会计分录如下:

借:营业外支出　　　　　　　　　　　　　800
　　贷:待处理财产损溢　　　　　　　　　　　　　　800

存货盘亏、毁损"进项税额转出"释义

企业购进的货物、在产品、产成品等发生非正常损失,损失的不仅是存货,还损失了购买存货时所支付的增值税。根据规定,企业购进存货所发生的非正常损失,其进项税额不得从销项税额中抵扣,应从当期发生的进项税额中转出。

【例8-6】中库存原材料发生的非正常损失金额是2 000元,应转出的进项税额为260元(260=2 000×13%)。

2.3 固定资产清查结果的账务处理

固定资产的清查主要是指企业对其在生产经营过程中所使用的房屋、设备等进行的清查。在会计上需要处理的固定资产清查结果主要是在财产清查中发现的盘亏。

2.3.1 账户设置

进行固定资产清查结果的账务处理,主要应通过"待处理财产损溢"账户进行。但根据我国《企业会计准则——应用指南》的规定,固定资产的盘盈应作为前期差错处理,而不再记入"待处理财产损溢"账户。这样,固定资产清查结果就只有盘亏部分需要通过"待处理财产损溢"账户进行账务处理了。

在固定资产盘亏的账务处理中,还会涉及盘亏固定资产已提折旧的处理问题,即在进行有关账户的账面调整时,一方面要按盘亏固定资产的原价记入"固定资产"账户的贷方(减少数),也要按该固定资产已提折旧额记入"累计折旧"账户的借方(减少数),以转销已经在企业中消失的盘亏固定资产的所有账面记录资料。

企业固定资产盘盈的可能性极小甚至是不可能的,若出现了固定资产的盘盈一般是因为企业以前年度少计、漏计,应当将其作为会计差错进行更正处理,这样也能在一定程度上控制人为的调节利润的可能性。发现固定资产盘盈时,企业应按照现值直接入账,在按惯例权限报经批准以前应先通过"以前年度损益调整"账户核算。并按以下规定确定入账价值:如果同类或类似固定资产存在活跃市场,将同类或类似固定资产的市场价格减去按该项资产的新旧程度估计的价值损耗后的余额作为入账价值;如果同类或类似固定资产不存在活跃市场,要将预计未来现金流量的现值作为入账价值。

"以前年度损益调整"账户是损益类账户,核算企业本年度发生的调整以前年度损益事项,以及本年度发现的重要前期差错更正涉及调整以前年度损益的事项。企业调整增加以前年度利润或减少以前年度亏损,借记有关账户,贷记本账户;调整减少以前年度利

润或增加以前年度亏损,借记本账户,贷记有关账户。由于以前年度损益调整增加的所得
税费用,借记本账户,贷记"应交税费——应交所得税"账户;由于以前年度损益调整减少
的所得税费用,借记"应交税费——应交所得税"账户,贷记本账户。经过上述调整后,应
将本账户的余额转入"利润分配——未分配利润"账户。本账户如为贷方余额,借记本账
户,贷记"利润分配——未分配利润"账户;如为借方余额,做相反的会计分录。本账户结
转后无余额。本账户的结构如图8-5所示。

借方	以前年度损益调整	贷方
调整减少以前年度利润	调整增加以前年度利润	
调整增加以前年度亏损	调整减少以前年度亏损	
调整增加的所得税费用	调整减少的所得税费用	
期末转入"利润分配"账户的贷方余额	期末转入"利润分配"账户的借方余额	

图8-5 "以前年度损益调整"账户的结构

固定资产清查结果账务处理的账户设置及账户之间的对应关系如图8-6所示。

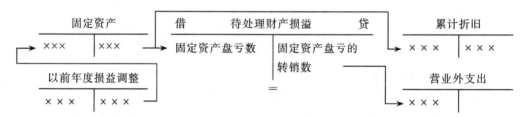

图8-6 固定资产清查结果账务处理的账户设置及账户之间的对应关系

2.3.2 账务处理

【例8-7】东华企业在年末的财产清查中,盘盈账外机器一台,按同类或类似商品市场
价格估算该设备价值为50 000元。按规定应作为前期差错处理。

这项经济业务的发生,涉及"以前年度损益调整""固定资产"两个账户,应记入"固定
资产"账户的借方;固定资产的盘盈应调整增加以前年度利润,记入"以前年度损益调整"
账户的贷方。编制会计分录如下:

<pre>
    借:固定资产   50 000
        贷:以前年度损益调整   50 000
</pre>

【例8-8】东华企业在201×年12月31日的财产清查中,盘亏机器设备一台,账面原值
为6 000元,已提折旧2 000元。

①批准前,根据"实存账存对比表"所确定的机器盘亏数,将机器设备的账面净值结转
到"待处理财产损溢"账户的借方。编制会计分录如下:

<pre>
    借:待处理财产损溢   4 000
        累计折旧   2 000
        贷:固定资产   6 000
</pre>

②上述盘亏固定资产经批准后做出相应的会计处理。其中,盘亏固定资产的净值
4 000元作为营业外支出,记入"营业外支出"账户的借方。编制会计分录如下:

借:营业外支出   4 000
  贷:待处理财产损溢   4 000

> **提示说明**
>
>   提取固定资产折旧时贷记"累计折旧"账户,属于折旧额的增加。当固定资产盘亏或达到使用寿命进行清理时,一方面应将固定资产原值从"固定资产"账户转销,另一方面对该固定资产的已提折旧额也应一并转销,借记"累计折旧"账户。

  另外,在对盘亏固定资产的清查结果进行账务处理时,也涉及对固定资产减值准备的处理等内容。为简便起见,举例中假定不涉及这方面的处理。

2.4 往来款项清查结果的账务处理

  往来款项清查结果的账务处理包括应收账款清查结果的账务处理和应付账款清查结果的账务处理两个方面。

2.4.1 应收账款清查结果的账务处理

  对于应收账款的清查主要有两种结果:一是在同对方对账以后,对方承认所欠款项,这种情况在会计上不需要进行账务处理。二是在同对方对账以后,对方不承认所欠款项,或对方单位已经破产清算,确实没有还债能力,抑或对方单位已经不存在了。在这种情况下,对方所欠的款项就有可能部分或全部收不回来,给企业造成损失。企业的应收账款因某种原因部分或全部收不回来而给企业造成的损失,在会计上称为坏账损失,需要进行会计处理。

  (1)处理方法

  按现行会计制度的规定,企业对发生的坏账损失应采用备抵法进行处理。所谓备抵法,是指按期估计可能发生的坏账损失,按照应收账款的一定比例提取坏账准备金,当某一笔应收账款全部或部分被确认为坏账时,根据坏账金额冲减坏账准备金的一种做法。

  在备抵法下,一般在每年年末估计可能发生的坏账损失,按照应收账款余额的一定比例提取坏账准备金,并计入当期管理费用;当在接续年度发生坏账时,估计坏账金额冲减上一年度已经提取的坏账准备。企业估计坏账损失的方法有应收账款余额百分比法和账龄分析法等。

  (2)账户设置

  采用备抵法对企业发生的坏账损失进行处理时,应设置"坏账准备"账户。该账户属于资产类账户,用以核算企业坏账准备金的提取和转销情况。该账户的贷方登记按照规定的方法提取的坏账准备金(增加数),借方登记已经确认的坏账损失冲销坏账准备金数(减少数,即转销数)。该账户的余额具有不确定性。在年度中(1—11月),该账户在期末时如为借方金额,则反映企业上一年度提取的坏账准备没有提足,未能满足处理坏账损失的实际需要;如为贷方余额,则反映企业已提取但尚未使用数。在年末经过冲销或补提处理以后,该账户应为贷方余额,反映为下一年度准备的坏账准备。

采用备抵法对企业发生的坏账损失进行账务处理的账户设置及账户之间的对应关系如图8-7所示。

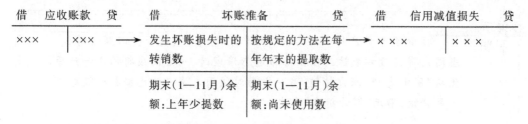

借	应收账款	贷	借	坏账准备	贷	借	信用减值损失	贷
×××	×××		发生坏账损失时的转销数	按规定的方法在每年年末的提取数		×××	×××	
			期末(1—11月)余额:上年少提数	期末(1—11月)余额:尚未使用数				

图8-7　采用备抵法处理坏账损失的账户设置及账户之间的对应关系

"坏账准备"账户在结构上有其特殊性。与"累计折旧"账户一样,"坏账准备"账户虽然属于资产类账户,但由于核算的内容特殊,该账户一般是先有贷方发生额(提取数),后有借方发生额(转销数)。另外,该账户的余额方向在年中的各个月份具有不确定性,可能是贷方余额,也可能是借方余额。此外,对应收账款清查结果的账务处理不通过"待处理财产损溢"账户。

提取坏账准备是根据会计信息质量的谨慎性要求,针对可能发生的损失而采取的一种措施。采用这种方法处理坏账损失,一方面可以做到未雨绸缪,对可能发生的坏账损失事先有所准备,以便实际发生坏账时能从容处理;另一方面,也是更为重要的,可以通过在各年年末提取坏账准备,将由坏账损失引发的费用比较均衡地计入各个年度的费用,从而避免因实际发生的坏账损失产生的费用多少不同而对各年度的利润计算产生不利影响。

(3)账务处理

【例8-9】东华企业采用应收账款余额百分比法提取坏账准备金,提取比例为5%。当年年末"应收账款"账户余额为800 000元。

当年应提取的坏账准备金＝800 000×5%＝40 000(元)

对于提取的坏账准备,应填制转账凭证,并编制会计分录如下:

借:信用减值损失　　　　　　　　　　　　40 000
　　贷:坏账准备　　　　　　　　　　　　　　40 000

【例8-10】东华企业在本年10月份的财产清查中,确认有30 000元货款已无法收回。经批准作为坏账损失转销。

对于转销的坏账损失,应填制转账凭证,并编制会计分录如下:

借:坏账准备　　　　　　　　　　　　　　30 000
　　贷:应收账款　　　　　　　　　　　　　　30 000

以上是采用备抵法处理坏账损失的基本做法。在实务中,各年年末提取坏账准备时,既要考虑提取的基数和提取的比例等因素,也应考虑"坏账准备"账户年末的结余情况。即企业在年末提取坏账准备时,应充分考虑"坏账准备"账户余额的不同情况,采用以下公式确定当年应提取的坏账准备金额:

自第2年起应提取的坏账准备金额＝应收账款的余额×坏账准备提取比例
±坏账准备的结余额

上式中,如果"坏账准备"账户为贷方余额,则反映企业多提取的坏账准备,表明上一年度提取的坏账准备过多,不仅满足了处理坏账损失的实际需要,而且还有结余。在年末计提本年的坏账准备时,对上一年度结余部分应予冲销,即在本年计算确定的应提坏账准备的基础上减去上一年度结余部分,以二者差额提取当年的坏账准备。

【例8-11】假定东华企业本年年末"应收账款"账户余额为700 000元,提取比例仍为5%,"坏账准备"账户贷方余额为10 000元,请计提本年年末应提取的坏账准备。

本年年末应提取的坏账准备＝700 000×5%－10 000＝25 000(元)

应填制记账凭证,编制会计分录如下:

```
借:信用减值损失                              25 000
    贷:坏账准备                                   25 000
```

【例8-12】假定东华企业本年年末"应收账款"账户余额为850 000元,提取比例仍为5%,"坏账准备"账户借方余额为8 000元,请计提本年年末应提取的坏账准备。

本年年末应提取的坏账准备＝850 000×5%＋8 000＝50 500(元)

应填制记账凭证,编制会计分录如下:

```
借:信用减值损失                              50 500
    贷:坏账准备                                   50 500
```

2.4.2 应付账款清查结果的账务处理

在应付账款的清查中需要进行账务处理的主要是企业的债权单位已经撤销等,致使企业无法支付给对方的应付账款。按照规定,企业确实无法支付的应付款项,经批准应转作企业的营业外收入,直接借记"应付账款"账户,贷记"营业外收入"账户。

【例8-13】东华企业在年末的财产清查中,确认有23 000元应付款无法偿还给对方债权人。经批准转作企业的营业外收入。

对于无法支付的应付账款转作营业外收入的业务,应填制转账凭证,并编制会计分录如下:

```
借:应付账款                                  23 000
    贷:营业外收入                                 23 000
```

> **提示说明**
>
> 　　应付账款清查结果的账务处理不通过"待处理财产损溢"账户,这一点与应收账款清查结果的账务处理有相同之处。另外,对在清查中发现的坏账损失和企业无法支付的应付账款,只有在经过批准后才进行账务处理,批准前不做任何账务处理,这一点与货币资金以及实物资产清查结果的账务处理方法是不同的。

本章小结

　　企业为了保证账实相符,提高会计信息质量,并有针对性地处理账实不符的情况,不断提高经营管理的水平,必须对财产进行清查。

财产清查按照清查的范围可分为全面清查和局部清查,按照清查的时间可分为定期清查和不定期清查。由于财产特点各异,需要对财产物资、货币资金、债权、债务采取不同的方法进行清查。财产物资的盘存制度分为永续盘存制和实地盘存制两种。对各种财产物资的清查主要采用实物盘点和技术推算的方法;对库存现金的清查采用实地盘点的方法;对银行存款的清查采用与开户银行核对账目的方法,如果存在未达账项,需要编制银行存款余额调节表;对债权、债务往来结算款项的清查采用函证核对法。

财产清查结果的账务处理分报经审批前和审批后两个阶段进行。企业应设置"待处理财产损溢"账户。企业应查明财产损溢的原因,根据不同原因记入相关账户,在期末结账前处理完毕,处理后"待处理财产损溢"账户应无余额。对于财产清查中债权、债务结算款项的处理,不需要通过"待处理财产损溢"账户核算。

> **本章重点提示**
>
> 财产清查方法是会计核算专门方法之一,它是指根据账簿记录对企业的财产物资进行盘点或核对,查明各项财产物资的实存数与账面结存数是否相符,为定期编制会计报表提供准确、完整、系统的核算信息。财产清查不但是会计核算的一种重要方法,而且也是财产管理的一项重要制度。
>
> 财产清查主要包括货币资金的清查、实物财产的清查和应收应付款的清查。
>
> 对在银行存款清查时出现的未达账项,可编制银行存款余额调节表来调整,该表只起到对账作用,不能作为调节账面余额的原始凭证。
>
> "待处理财产损溢"账户核算企业在清查财产过程中查明的各项财产物资的盘盈、盘亏和毁损的价值。贷方登记企业盘盈的各种财产物资的数额以及报经批准后转销的盘亏、毁损数额;借方登记盘亏、毁损的各种财产物资的数额以及报经批准后转销的盘盈数额。

案例与分析

案例 8-1

10月,A公司李军接管了出纳工作,一个月下来,工作过程中出现过以下情况:

(1)发现现金短缺50元;

(2)同单位职工向他借了公款1 500元。

(3)收到B单位签发的一张金额为2 015元的转账支票的同时,签发了一张金额为2 015元的现金支票,然后一并到银行办理银行存款进账业务和提取现金业务。

对于(1),因未查明原因,李军便自己掏腰包将短缺库存现金补上。对于(2),因考虑到是本单位同事,为了处好关系,双方又打了欠条,约定一周还款,所以李军在未经领导批准的情况下把钱借了出去。而对于(3),李军的这种做法是否属于正常的经济业务范畴？这两笔经济业务如何进行账务处理？请你对李军的上述做法进行评价。

案例 8-2

B企业的副经理王力,将企业正在使用的一台设备借给其朋友使用,未办理任何手续。清查人员在年底盘点时发现盘亏了一台设备,原值为10万元,已提折旧3万元,净值为7万元。经查,属王副经理所为。但是,在向借方追索时,借方却声称,该设备已被盗。当问及王副经理对此的处理意见时,王力建议按正常报废处理。请问:(1)盘亏的设备按正常报废处理是否符合会计制度要求?(2)企业应怎样正确处理盘亏的固定资产?

案例 8-3

欣欣股份公司李然,在出纳、财产物资会计等岗位上经过几年的磨炼之后,又接手了会计稽核工作。在近半年的稽核工作实践中,李然虚心学习,业务能力和职业素养有了很大的提高。李然在对欣欣股份公司20××年12月的有关凭单审核中,发现了如下一些记录。

(1)欣欣股份公司在新产品发布会上公布了一款新研制的产品,该产品将在6个月后投产。在会上收到了两个客户订单及客户预交的订货款1 000 000元,记账凭证和账簿记录如下:

借:银行存款　　　　　　　　　　　　　1 000 000
　应收账款　　　　　　　　　　　　　　130 000
　贷:主营业务收入　　　　　　　　　　　1 000 000
　　　应交税费——应交增值税(销项税额)　130 000

(2)财务处新购进三台计算机,总价为33 900元,记账凭证和账簿记录如下:

借:管理费用　　　　　　　　　　　　　30 000
　应交税费——应交增值税(进项税额)　　3 900
　贷:银行存款　　　　　　　　　　　　　33 900

(3)公司新安装一台设备,发生工人工资费用15 000元,记账凭证和账簿记录如下:

借:生产成本　　　　　　　　　　　　　15 000
　贷:应付职工薪酬　　　　　　　　　　　15 000

(4)欣欣股份公司新购进生产设备一套,购进价格为350 000元,增值税为45 500元,安装费(工人工资)为12 000元,有关记账凭证和账簿记录如下:

借:在建工程　　　　　　　　　　　　　362 000
　应交税费——应交增值税(进项税额)　　45 500
　贷:银行存款　　　　　　　　　　　　　395 500
　　　应付职工薪酬　　　　　　　　　　　12 000
借:固定资产　　　　　　　　　　　　　362 000
　贷:在建工程　　　　　　　　　　　　　362 000

李然认为,上述记录的执行人员在损益确认的观念上存在问题。对于业务(1),相关人员认为,这样处理的原因有两个,一是这1 000 000元终究是销售产品引起的,作为销售收入来处理并无太大的不当之处;二是这样处理有利于增加国家税收。

对于业务(2),相关人员认为,计算机使用率很高,同时也是高淘汰率产品,他自己在3年前购买了一台台式计算机,由于住处电压问题,买回来的第二天即被击毁。无奈之下,他又重新购买了一台,但当时价格不菲的配置,今天已落伍,计算机的贬值非常之大,因此作为当期费用处理是可以的。

对于业务(3),相关人员认为,由于是本企业的生产工人进行的设备安装,按惯例将这些生产工人的工资计入生产成本无可厚非。

对于业务(4),相关人员认为,固定资产购入时确实支付了增值税,这同购入原材料时支付增值税应当抵扣是一样的。

李然根据自己在学校中学到的会计理论知识和工作实践经验,对上述问题做出了全面的分析,并做了相应的错账更正。

要求:你知道李然是怎样阐述自己的观点的吗? 假如你是李然,请你指出以上账务处理的错误之处及改正方法。

8-3 案例与分析提示　　　8-4 客观题通关测试　　　8-5 实务题通关测试　　　8-6 文章阅读

理解财务报表的基本组成是一项重要的内容。当经理们想要向你解释清楚企业的实际情况时,可以利用财务报表来实现。但不幸的是,当他们想要要花招时(起码在部分行业),同样也能通过财务报表来达成。如果你不能识别出其中的区别,你将无法胜任资产管理行业的相关工作。

第9章　财务会计报告

 本章导航

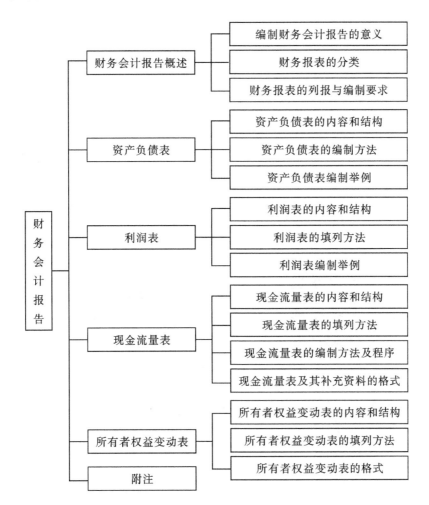

知识目标 ————————————————————————

了解财务报表的含义、分类和作用,掌握资产负债表、利润表、现金流量表、所有者权益变动表及其附注所反映的内容,加深对会计目标的认识和理解。

 技能目标 ————————————————————————

重点掌握资产负债表和利润表的编制方法。

 中英文关键词 ————————————————————

财务报表:financial statements　　　资产负债表:balance sheet

利润表:income statement　　　　　现金流量表:cash flow statement

所有者权益变动表:owners' equity statement

财务报表附注:notes to financial statements

 引导案例 ————————————————————————

朱丽叶明年就要考大学了,她认为自己心细、诚实、守信,数学又学得好,应当报考会计专业,将来像母亲一样做一名跨国公司的CFO(首席财务官)。但她的母亲却说:"会计工作很辛苦,特别是期初、期末、逢年过节的时候,会计人员总是又忙又累,像'五一''十一'、元旦、春节等节日都无法正常度过。你那么喜欢旅游,并不适合做会计。"听了这话,朱丽叶不解地问道:"为什么越是节假日,会计人员就越忙,难道不能在平时将工作做完吗?"

试思考:为什么期初、期末、节假日会计人员特别忙?具体在忙什么?能提前做或节后补做吗?

9-1　教学课件

9-2　教学视频

第1节 财务会计报告概述

1. 编制财务会计报告的意义

财务报告,是指企业对外提供的反映企业某一特定日期的财务状况和某一会计期间的经营成果、现金流量等会计信息的文件。财务会计报告包括财务报表和其他应当在财务会计报告中披露的相关信息和资料。

财务会计报告包括中期报告和年度报告。中期是指短于一个完整的会计年度的报告期间,包括半年度、季度和月度。年度财务会计报告至少包括资产负债表、利润表、现金流量表、所有者权益变动表及附注与其他应当在财务会计报告中披露的相关信息和资料,中期财务会计报告可不编制所有者权益变动表。

财务报表附注是指对在财务报表中列示的主要项目所做的进一步说明,以及对未能在这些报表中列示项目的说明,是财务报表的重要组成部分。

企业的日常经营活动,一般是借助于有关凭证、账簿等记录、汇总的,虽然可以提供反映会计主体的经营活动和财务收支情况的会计信息,但是,反映在会计凭证和会计账簿上的会计资料还比较分散,不集中、不概括,不便于理解和利用,很难符合国家宏观经济管理的要求,更难满足投资者、债权人等报告使用者了解该会计主体财务状况、经营成果和现金流量的需要,也难满足企业内部加强经营管理的需要。而财务会计报告则借助于一定的表格形式和文字说明,对会计资料进行综合处理,使之条理化、系统化,以总括反映会计主体的财务状况、经营成果以及现金流量情况。

财务会计报告所提供的会计信息,是投资者、债权人、银行、税务部门、供应商等报告使用者了解企业进而了解投资风险和投资报酬、债权能否顺利收回等情况的主要依据,是投资者进行投资决策、贷款者决定贷款去向、供应商决定销售策略的重要依据,也是国家经济管理部门制定宏观经济管理政策,做出经济决策的重要信息来源。企业内部管理人员也可以根据报告所反映的情况总结经验,制定改善经营管理的措施,不断提高企业的经济效益。

2. 财务报表的分类

财务报表是综合反映企业某一特定日期的资产、负债和所有者权益状况,以及某一特定时期的经营成果和现金流量情况的书面文件。它是企业根据日常的会计核算资料归集、加工和汇总后形成的,是企业会计核算的最终成果。财务报表是企业财务会计报告的主要组成部分。根据我国《企业会计准则》的规定,财务报表至少应当包括下列内容:①资产负债表;②利润表;③现金流量表;④所有者权益(或股东权益,下同)变动表;⑤附注。财务报表可以根据不同标准进行分类,以区别其性质和内容。

2.1 按反映内容分类

按反映内容的不同,财务报表可以分为静态报表和动态报表。静态报表是指综合反映企业某一特定时点的资产、负债和所有者权益状况的报表,如资产负债表;动态报表是综合反映企业一定时期的经营情况和现金流量情况的报表,如利润表和现金流量表。

2.2 按编报时间分类

按编制时间的不同,财务报表可以分为月报、季报、半年报和年报。月报要求简明扼要,及时反映;年报要求揭示完整,反映全面;季报和半年报在会计信息的详细程度方面,则介于月报和年报之间。《企业会计准则》将半年度、季度和月度财务会计报告统称为中期财务会计报告。

2.3 按编制单位分类

按编制单位的不同,财务报表可以分为个别报表和合并报表。个别报表是指企业在自身会计核算基础上对账簿记录进行加工而编制的财务报表,它主要反映企业自身的财务状况、经营成果和现金流量情况。但企业对其他企业的投资占该企业的注册资本总额50%(不含50%)以上,或虽然占该企业注册资本总额不足50%但具有实质控制权,形成母子公司关系时,应当编制合并报表。合并报表是以母公司和子公司组成的企业集团为会计主体,根据母公司及其子公司的财务报表,由母公司编制的综合反映企业集团财务状况、经营成果及现金流量情况的财务报表。

2.4 按服务对象分类

按照服务对象的不同,财务报表可以分为内部报表和外部报表。内部报表是指为满足企业内部经营管理需要而编制的财务报表,它一般不需由《企业会计准则》规定统一的格式,也没有统一的编制要求,一般也无须对外公开;外部报表则是指企业向外提供的财务报表,主要供投资者、债权人、政府部门和社会公众等有关方面使用,《企业会计准则》对其规定了统一的格式和编制要求。

3. 财务报表的列报与编制要求

3.1 财务报表列报的基本要求

(1)企业应当在持续经营的基础上编制财务报表。企业管理层应当评价企业的持续经营能力,对持续经营能力产生重大怀疑的,应当在附注中披露导致对持续经营能力产生重大怀疑的影响因素。

(2)企业正式决定或被迫在当期或将在下一个会计期间进行清算或停止营业的,表明其处于非持续经营状态,应当采用其他基础编制财务报表,并在附注中声明财务报表未以持续经营为基础列报,披露未以持续经营为基础列报的原因和财务报表的编制基础。

(3)重要性的判断:

①判断项目性质的重要性,应当考虑该项目是否属于企业日常活动,是否显著影响企业的财务状况、经营成果、现金流量等因素。

②判断项目金额大小的重要性,应当根据单项金额占资产总额、负债总额、所有者权益总额、营业收入总额、营业成本总额、净利润等直接相关项目金额的比重加以确定。

(4)终止经营。终止经营,是指企业满足下列条件之一的、能够单独区分的组成部分,且该组成部分已经处置或划分为持有待售类别:该组成部分代表一项独立的主要业务或一个单独的主要经营地区;该组成部分是拟对一项独立的主要业务或一个单独的主要经营地区进行处置的一项相关联计划的一部分;该组成部分是专为转售而取得的子公司。企业应当在利润表中分别列示持续经营损益和终止经营损益。

(5)列报的一致性。可比性是会计信息质量的一项重要质量要求,目的是使同一企业不同期间和同一期间不同企业的财务报表相互可比。为此,财务报表项目的列报应当在各个会计期间保持一致,不得随意变更,这一要求不仅针对财务报表中的项目名称,还针对财务报表项目的分类、排列顺序等方面。

在以下规定的特殊情况下,财务报表项目的列报是可以改变的:①会计准则要求改变;②企业经营业务的性质发生重大变化后,变更财务报表项目的列报能够提供更可靠、更相关的会计信息。

(6)比较信息的列报。企业在列报当期财务报表时,至少应当提供所有列报项目上一可比会计期间的比较数据,以及与理解当期财务报表相关的说明,目的是向报表使用者提供对比数据,提高信息在会计期间的可比性,以反映企业财务状况、经营成果和现金流量的发展趋势,提高报表使用者的判断与决策能力。

在财务报表项目的列报确需发生变更的情况下,企业应当对上期比较数据按照当期的列报要求进行调整,并在附注中披露调整的原因和性质以及调整的各项目金额。但是,在某些情况下,对上期比较数据进行调整是不可行的,则应当在附注中披露不能调整的原因。

(7)财务报表表首的列报要求。财务报表一般分为表首、正表两部分,在表首部分企业应当概括地说明下列基本信息:①编报企业的名称,如企业名称在所属当期发生了变更,还应明确标明;②对资产负债表而言,须披露资产负债表日,而对利润表、现金流量表、所有者权益变动表而言,须披露报表涵盖的会计期间;③货币名称和单位,按照我国《企业会计准则》的规定,企业应当以人民币列报,并标明金额单位,如元、万元等;④财务报表是合并报表的,应予以标明。

(8)报告期间。企业至少应当编制年度财务报表。根据《中华人民共和国会计法》的规定,会计年度自公历1月1日起至12月31日止。因此,在编制年度财务报表时,可能存在年度财务报表涵盖的期间短于一年的情况,比如企业在年度中间(如3月1日)开始设立等,在这种情况下,企业应当披露年度财务报表的实际涵盖期间及其短于一年的原因,并应当说明由此引起财务报表项目与比较数据不具可比性这一事实。

3.2 财务报表编制的质量要求

为了使财务报表能够最大限度地满足各有关方面的需要,实现编制财务报表的基本目的,充分发挥财务报表的作用,企业编制的财务报表应当符合以下几点质量要求。

3.2.1 数字真实

编制财务报表必须如实反映会计主体的财务状况、经营成果和现金流量的情况。财务报表所提供的会计信息是实际数,不能用估计数进行代替,更不能弄虚作假,篡改数字,隐瞒谎报。因此,财务报表必须根据准确无误的账簿及相关资料编制,不得以任何方式弄虚作假。如果财务报表所提供的资料不真实或可靠性很差,则不仅不能发挥财务报表的应有作用,而且还会由于错误的信息,导致财务报表使用者对企业的财务状况、经营成果和现金流量情况做出错误的评价与判断,致使报表使用者做出错误的决策。因此,在编制报表前必须要做好以下几项工作:

(1)按期结账。在结账之前,所有已经发生的收入、支出、债权、债务,应该摊销或预提费用,其他已经完成的经营活动和财务收支事项,都应全部登记入账。

(2)认真对账和进行财产清查。对于各种账簿记录,在编制财务报表之前,必须认真地审查和核对,对有关财产物资进行盘点和清查,对应收、应付款项和银行存(借)款进行查询、核对,以达到账证相符、账账相符、账实相符、账款相符。在清查中应对财务报表中各项会计要素进行合理的确认和计量,不得随意更改。

(3)在结账、对账和财产清查的基础上,通过编制总分类账户本期发生额试算平衡表验算账目有无错漏,为正确编制财务报表提供可靠的数据。在编报以后,还必须认真复核,做到账表相符,报表和报表之间有关数字衔接一致。

3.2.2 内容完整

企业财务报表应当全面地披露企业的财务状况、经营成果和现金流量情况,完整地反映企业经营活动的过程和结果,以满足各有关方面对财务会计信息资料的需要。为了保证财务报表的全面完整,企业在编制财务报表时,应当按照《企业会计准则》规定的格式和内容填报。特别是对某些重要事项,应当按照要求在财务报表附注中进行说明,不得漏编漏报。

3.2.3 说明清楚

财务报表中需要加以说明的项目,在财务报表附注中用简要的文字和数字加以说明,对财务报表中主要指标的构成和计算方法,本报告期发生的特殊情况,如经营范围变化、经营结构变更以及对本报告期经济效益影响较大的各种因素都必须加以说明。

3.2.4 报送及时

企业财务报表所提供的信息资料,应当具有很强的时效性。只有及时报送财务报表,才能为使用者提供其决策所需的信息资料。否则,即使财务报表的编制非常真实可靠、全面完整且具有可比性,但由于报送不及时,也可能失去其应有的使用价值。随着市场经济和信息技术的迅速发展,财务报表的及时性要求将变得日益重要。要保证财务报表的报送及时,就必须加强日常的核算工作,认真做好记账、算账、对账和财产清查,调整账面工作;同时加强会计人员的配合协作。但不能为赶编财务报表而提前结账,更不能为了提前报送而影响报表质量。

第2节 资产负债表

资产负债表是反映企业某一特定日期(如月末、季末、年末等)财务状况的财务报表。它是根据"资产=负债+所有者权益"这一会计等式,依照一定的分类标准和顺序,将企业在一定日期的全部资产、负债和所有者权益项目进行适当的分类、汇总、排列编制而成的。资产负债表可以反映企业资产、负债和所有者权益的全貌。通过编制资产负债表,可以了解企业资产的构成及其状况,分析企业在报告期所拥有的经济资源及其分布情况;可以了解企业某一日期的负债总额及其结构,分析企业目前与未来需要支付的债务数额;可以了解企业所有者权益的情况,明确企业现有的投资者在企业资产总额中所占的份额。资产负债表可以帮助报表使用者全面了解企业的财务状况,分析企业的债务偿还能力,从而为其未来的经济决策提供参考。

1. 资产负债表的内容和结构

1.1 资产负债表的内容

资产负债的内容主要反映在以下三个方面。

1.1.1 资产

资产负债表中的资产反映由过去交易、事项形成并由企业在某一特定日期所拥有或控制的、预期会给企业带来经济利益的资源。资产一般按照流动性或变现能力的强弱,分为流动资产和非流动资产,并进一步分项列示。

流动资产是指预期在一年或者超过一年的一个正常营业周期内变现或耗用的资产,通常包括货币资金、交易性金融资产、应收票据、应收账款、其他应收款、预付账款、存货和一年内到期的非流动资产等。在应收账款、其他应收款、存货项目计提了跌价准备或坏账准备的情况下,资产负债表中以上三个项目的金额应为抵减了各减值或坏账准备后的净额。

非流动资产是指流动资产以外的资产,包括债权投资、长期股权投资、固定资产和无形资产等。

1.1.2 负债

资产负债表中的负债反映企业在某一特定日期企业所承担的、预期会导致经济利益流出企业的现时义务。负债一般按照其承担经济义务期限的长短,分为流动负债和非流动负债,并分项列示。

流动负债是指预期在一年或超过一年的一个正常营业周期内偿还的负债,包括短期借款、应付票据、应付账款、其他应付款、应付职工薪酬、应交税费和应付利息等。

非流动负债是指流动负债以外的负债,主要包括长期借款、应付债券、长期应付款等。

1.1.3 所有者权益

资产负债表中的所有者权益反映企业在某一特定日期股东(投资者)拥有的净资产的总额,它一般按照实收资本、资本公积、其他综合收益、盈余公积和未分配利润分项列示。

1.2 资产负债表的结构

目前,国际上流行的资产负债表格式主要有账户式和报告式两种。根据我国《企业会计准则》的规定,我国企业的资产负债表采用账户式结构。

账户式资产负债表分左右两边,左方为资产项目,按资产流动性的强弱排列:流动性强的资产如"货币资金""应收账款""存货"等项目排在前面,而流动性弱的"长期股权投资""固定资产"等则排在后面;右方为负债及所有者权益项目,一般按求偿权先后顺序排列:短期借款、应付票据等流动负债排在前面,长期借款等一年以上的或者长于一年的一个营业周期以上才需偿还的长期负债排在中间,在企业清算之前不需要偿还的所有者权益项目排在后面。

为了提高资产负债表的利用效率,资产负债表设计时采用了前后期对比方式,表中各项目不仅列出了期末数,还列示了年初数,相当于两年期的资产负债表,报表使用者通过比较期末数与年初数,便可了解企业财务状况以及企业经营发展趋势。

2. 资产负债表的编制方法

2.1 资产负债表的资料来源

通常,年度资产负债表的各项目均需填列"年初余额"和"期末余额"两栏。其中:"年初余额"栏内各项数字,应根据上年年末资产负债表的"期末数"栏内所列数字填列。如果本年度资产负债表规定的各项目的名称和内容与上年不一致,则应按照本年度的规定对上年年末资产负债表各项目的名称和内容进行调整,将调整后的名称和内容填入本年度资产负债表"年初余额"栏内。

资产负债表"期末余额"栏内各项数字,一般应根据资产、负债和所有者权益类科目的期末余额填列。主要包括以下方法:

(1)根据总账科目余额填列。资产负债表中的有些项目,可直接根据有关总账科目的余额填列,如"交易性金融资产""短期借款""应付利息"等项目;有些项目则需根据几个总账科目的期末余额计算填列,如"货币资金"项目,需根据"库存现金""银行存款""其他货币资金"三个总账科目期末余额的合计数填列。

(2)根据明细账科目余额计算填列。如"开发支出"项目,应根据"研发支出"科目中的"资本化支出"明细科目余额填列;"应付账款"项目,应根据"应付账款"和"预付款项"两个科目的相关明细科目期末贷方余额计算填列;"应交税费"项目,应根据"应交税费"科目的明细科目期末余额分析填列,其中的借方余额,应当根据其流动性在"其他流动资产"或"其他非流动资产"项目中填列。

(3)根据总账科目和明细账科目余额分析计算填列。如"长期借款"项目,需要根据"长期借款"总账科目余额扣除"长期借款"科目的明细科目中将在一年内到期且企业不能自主地将清偿义务展期的长期借款后的金额填列。

(4)根据有关科目余额减去其备抵科目余额后的净额填列。如"长期股权投资""在建工程"项目,应根据相关科目的期末余额填列,已计提减值准备的,还应该扣减相应的减值准备;"固定资产""无形资产"等项目,应当根据相关科目的期末余额减去累计折旧或摊销后的金额填列,已计提减值准备的,还应该扣减相应的减值准备。

(5)综合运用上述填列方法分析填列。如"应收票据及应收账款"项目,应根据"应收票据"科目减去"坏账准备"科目中有关坏账准备期末余额的金额,再根据"应收账款"和"预收账款"科目的各明细科目期末借方余额合计数,减去"坏账准备"科目中有关应收账款计提的坏账准备期末余额后的金额填列;"存货"项目,需要根据"材料采购""原材料""库存商品""周转材料""委托加工物资""受托代销商品""生产成本"等总账科目期末余额减去"受托代销商品款""存货跌价准备"科目期末余额,再加或减"材料成本差异"余额后的金额填列。

2.2　资产负债表常见项目的填列方法

下面就资产负债表中常见项目的填列方法说明如下:

2.2.1　资产项目的填列方法

(1)"货币资金"项目,反映企业库存现金、银行结算户存款、外埠存款、银行汇票存款、银行本票存款、信用卡存款、信用证保证金存款等的合计数。本项目应根据"库存现金""银行存款""其他货币资金"科目期末余额的合计数填列。

(2)"交易性金融资产"项目,反映企业持有的以公允价值计量且其变动计入当期损益、为交易目的所持有的债券、股票、基金、权证等金融资产。本项目应当根据"交易性金融资产"科目的期末余额填列。

(3)"应收票据及应收账款"项目,由应收票据和应收账款两部分内容组成,前者反映企业因销售商品、提供劳务等而收到的商业汇票,包括银行承兑汇票和商业承兑汇票,应根据"应收票据"科目的期末余额,减去"坏账准备"科目中有关应收票据计提的坏账准备期末余额后的金额填列。后者反映企业因销售商品、提供劳务等经营活动应收取的款项。本项目应根据"应收账款"和"预收账款"科目的各明细科目期末借方余额合计减去"坏账准备"科目中有关应收账款计提的坏账准备期末余额后的金额填列。"应收账款"科目的明细科目期末有贷方余额的,应在资产负债表"预收款项"项目内填列。

(4)"预付款项"项目,反映企业按照购货合同规定预付给供应单位的款项等。本项目应根据"预付账款"和"应付账款"科目的各明细科目期末借方余额合计数,减去"坏账准备"科目中有关预付款项计提的坏账准备期末余额后的金额填列。"预付账款"科目的各明细科目期末有贷方余额的,应在资产负债表"应付账款"项目内填列。

(5)"应收利息"项目,反映企业应收取的债券投资等的利息。本项目应根据"应收利息"科目的期末余额,减去"坏账准备"科目中有关应收利息计提的坏账准备期末余额后的金额填列。

(6)"应收股利"项目,反映企业应收取的现金股利和应收取的其他单位分配的利润。本项目应根据"应收股利"科目的期末余额,减去"坏账准备"科目中有关应收股利计提的坏账准备期末余额后的金额填列。

(7)"其他应收款"项目,反映企业除应收票据、应收账款、预付账款、应收股利、应收利息等以外的其他各种应收、暂付的款项。本项目应根据"其他应收款"科目的期末余额,减去"坏账准备"科目中有关其他应收款计提的坏账准备期末余额后的金额填列。

(8)"存货"项目,反映企业期末在库、在途和在加工中的各种存货的可变现净值。本项目应根据"材料采购""原材料""库存商品""周转材料""委托加工物资""委托代销商品""生产成本"等科目的期末余额合计数,减去"受托代销商品款""存货跌价准备"科目期末余额后的金额填列。材料采用计划成本核算,以及库存商品采用计划成本核算或售价核算的企业,还应按加或减材料成本差异、商品进销差价后的金额填列。

(9)"一年内到期的非流动资产"项目,反映企业将于一年内到期的非流动资产的金额。本项目应根据有关科目的期末余额填列。

(10)"长期股权投资"项目,反映企业持有的对子公司、联营企业和合营企业的长期股权投资。本项目应根据"长期股权投资"科目的期末余额,减去"长期股权投资减值准备"

科目期末余额后的金额填列。

（11）"固定资产"项目，反映企业各种固定资产原价减去累计折旧和减值准备后的净额。本项目应根据"固定资产"科目的期末余额，减去"累计折旧"和"固定资产减值准备"科目期末余额后的金额填列。

（12）"在建工程"项目，反映企业期末各项未完工程的实际支出，包括交付安装的设备价值、未完建筑安装工程已经耗用的材料、工资和费用支出、预付出包工程的价款等的可收回金额。本项目应根据"在建工程"科目的期末余额，减去"在建工程减值准备"科目期末余额后的金额填列。

（13）"工程物资"项目，反映企业尚未使用的各项工程物资的实际成本。本项目应根据"工程物资"科目的期末余额填列。

（14）"固定资产清理"项目，反映企业因出售、毁损、报废等转入清理但尚未清理完毕的固定资产的净值，以及固定资产清理过程中所发生的清理费用和变价收入等。本项目应根据"固定资产清理"科目的期末借方余额填列，如"固定资产清理"科目期末为贷方余额，以"－"号填列。

（15）"无形资产"项目，反映企业持有的无形资产，包括专利权、非专利技术、商标权、著作权、土地使用权等。本项目应根据"无形资产"的期末余额，减去"累计摊销"和"无形资产减值准备"科目期末余额后的金额填列。

（16）"研发支出"项目，反映企业开发无形资产过程中能够资本化形成无形资产成本的支出部分。本项目应当根据"研发支出"科目的"资本化支出"明细科目期末余额填列。

（17）"长期待摊费用"项目，反映企业已经发生但应由本期和以后各期负担的分摊期限在一年以上的各项费用。长期待摊费用中在一年内（含一年）摊销的部分，在资产负债表"一年内到期的非流动资产"项目填列。本项目应根据"长期待摊费用"科目的期末余额减去将于一年内（含一年）摊销的数额后的金额填列。

（18）"其他非流动资产"项目，反映企业除长期股权投资、固定资产、在建工程、工程物资、无形资产等以外的其他非流动资产。本项目应根据有关科目的期末余额填列。

2.2.2 负债项目的填列方法

（1）"短期借款"项目，反映企业向银行或其他金融机构等借入的期限在一年以下（含一年）的各种借款。本项目应根据"短期借款"科目的期末余额填列。

（2）"应付票据及应付账款"项目，由应付票据和应付账款两部分组成，前者反映企业因购买材料、商品和接受劳务供应等而开出、承兑的汇票，包括银行承兑汇票和商业承兑汇票。本项目应根据"应付票据"科目的期末余额填列。后者反映企业因购买材料、商品和接受劳务供应等经营活动应支付的款项。本项目应根据"应付账款"和"预付账款"科目的各明细科目期末贷方余额合计数填列，如"应付账款"科目的明细科目期末有借方余额，应在资产负债表"预付款项"项目内填列。

（3）"预收账款"项目，反映企业按照购货合同规定预付给供应单位的款项。本项目应根据"预收账款"和"应收账款"科目的各明细科目期末贷方余额合计数填列。如"预收账款"科目的各明细科目期末有借方余额，应在资产负债表"应收账款"项目内填列。

（4）"应付职工薪酬"项目，反映企业根据有关规定应付给职工的工资、福利、社会保险费、住房公积金、工会经费、职工教育经费、非货币性福利、辞退福利等各种薪酬。外商投资企业按规定从净利润中提取的职工奖励及福利基金,也在本项目列示。本项目应根据"应付职工薪酬"科目的期末余额填列。

(5)"应交税费"项目,反映企业按照税法规定计算应交纳的各种税费,包括增值税、消费税、所得税、资源税、土地增值税、城市维护建设税、房产税、教育费附加、矿产资源补偿费等。企业代扣代缴的个人所得税,也通过本项目列示。企业所交纳的税金不需要预计应交数的,如印花税、耕地占用税等,不在本项目列示。本项目应根据"应交税费"科目的期末贷方余额填列,如"应交税费"科目期末为借方余额,应以"一"号填列。

(6)"应付利息"项目,反映企业按照规定应当支付的利息,包括分期付息到期还本的长期借款应支付的利息、企业发行的企业债券应支付的利息等。本项目应当根据"应付利息"科目的期末余额填列。

(7)"应付股利"项目,反映企业分配的现金股利或利润。企业分配的股票股利,不通过本项目列示。本项目应根据"应付股利"科目的期末余额填列。

(8)"其他应付款"项目,反映企业除应付票据、应付账款、预收款项、应付职工薪酬、应付股利、应付利息、应交税费等项目以外的其他各项应付、暂收的款项。本项目应根据"其他应付款"科目的期末余额填列。

(9)"一年内到期的非流动负债"项目,反映企业非流动负债中将于资产负债表日后一年内到期的部分,如将于一年内偿还的长期借款。本项目应根据有关科目的期末余额填列。

(10)"长期借款"项目,反映企业向银行或其他金融机构借入的期限在一年以上(不含一年)的各项借款。本项目应根据"长期借款"科目的期末余额填列。

(11)"应付债券"项目,反映企业为筹集长期资金而发行的债券的本金和利息。本项目应根据"应付债券"科目的期末余额填列。

(12)"其他非流动负债"项目,反映企业除长期借款、应付债券等项目以外的其他非流动负债。其他非流动负债项目应根据有关科目的期末余额减去将于一年内(含一年)到期偿还的数额后的余额填列。将于一年内(含一年)到期的非流动负债,应在"一年内到期的非流动负债"项目内单独反映。

2.2.3　所有者权益项目的填列方法

(1)"实收资本(或股本)"项目,反映企业各投资者实际投入的资本(或股本)总额。本项目应根据"实收资本"(或"股本")科目的期末余额填列。

(2)"资本公积"项目,反映企业资本公积的期末余额。本项目应根据"资本公积"科目的期末余额填列。

(3)"其他综合收益"项目,反映根据会计准则规定未在当期损益中确认的各项利得和损失,包括以后会计期间不能重分类进损益的其他综合收益和以后会计期间满足规定条件时将重分类进损益的其他综合收益。本项目根据"其他综合收益"科目的期末余额填列。

(4)"盈余公积"项目,反映企业盈余公积的期末余额。本项目应根据"盈余公积"科目的期末余额填列。

(5)"未分配利润"项目,反映企业尚未分配的利润。本项目应根据"本年利润"科目和"利润分配"科目的余额计算填列。未弥补的亏损在本项目内以"一"号填列。

3. 资产负债表编制举例

银海集团20×8年12月31日的资产负债表(年初余额略)及20×9年12月31日的科目汇总表分别如表9-1和表9-2所示。假设银海集团20×9年度资产和负债项目的账面价值均等于其计税基础。假定银海集团适用的所得税税率为25%。

表9-1 资产负债表

会企01表

编制单位:银海集团		20×8年12月31日			单位:元
资产	年初余额	期末余额	负债和所有者权益	年初余额	期末余额
流动资产:			流动负债:		
货币资金		207 460	短期借款		100 000
交易性金融资产			交易性金融负债		
衍生金融资产			衍生金融负债		
应收票据及应收账款		1 120 000	应付票据及应付账款		317 000
预付款项			预收款项		
应收利息			合同负债		
应收股利			应付职工薪酬		140 000
其他应收款			应交税费		26 460
存货		640 000	应付利息		
合同资产			应付股利		
持有待售资产			其他应付款		
一年内到期的非流动资产			持有待售负债		
其他流动资产			一年内到期的非流动负债		
流动资产合计		1 967 460	其他流动负债		
非流动资产:			流动负债合计		583 460
债权投资			非流动负债:		
其他债权投资			长期借款		
长期应收款			应付债券		120 000
长期股权投资			长期应付款		
其他权益工具投资			专项应付款		
其他非流动性金融资产			预计负债		
投资性房地产			递延收益		
固定资产		486 000	递延所得税负债		
在建工程			其他非流动负债		
工程物资			非流动负债合计		120 000

续表

资产	年初余额	期末余额	负债和所有者权益	年初余额	期末余额
固定资产清理			负债合计		703 460
生产性生物资产			所有者权益:		
油气资产			实收资本		2 000 000
无形资产		200 000	资本公积		
开发支出			减:库存股		
商誉			其他综合收益		
长期待摊费用		80 000	盈余公积		
递延所得税资产			未分配利润		30 000
其他非流动资产			所有者权益合计		2 030 000
非流动资产合计		766 000			
资产总计		2 733 460	负债和所有者权益总计		2 733 460

银海集团20×9年12月31日各科目经汇总以后得到科目汇总表,如表9-2所示。

表9-2 银海集团20×9年12月31日的科目汇总表

单位:元

总账科目	借方余额	总账科目	贷方余额
现金	4 540	短期借款	184 000
银行存款	369 448	应付票据	406 240
交易性金融资产	20 000	应付账款	127 200
应收票据	1 062 000	应付职工薪酬	153 740
应收账款	1 462 000	应交税费	408 884.20
其他应收款		长期借款	81 900
原材料	296 960	应付债券	120 000
生产成本		累计折旧	2 200
库存商品	95 592	实收资本	3 100 000
长期股权投资	200 600	资本公积	
固定资产	998 100	盈余公积	11 807.58
无形资产	292 000	利润分配	279 268.22
长期待摊费用	74 000		

根据上述资产负债表的编制方法,需要将有关科目发生额合并填列,银海集团20×9年12月31日的资产负债表如表9-3所示。

(1)货币资金＝"现金"科目余额＋"银行存款"科目余额＋"其他货币资金"科目余额＝373 988

(2)应收票据及应收账款＝"应收票据"科目余额＋"应收账款"科目余额＝2 524 000

（3）存货＝"原材料"科目余额＋"生产成本"科目余额＋"库存商品"科目余额＝392 552

（4）固定资产＝固定资产原值－累计折旧＝995 900

（5）无形资产＝无形资产原值－累计摊销＝292 000

（6）应付票据及应付账款＝"应付票据"科目余额＋"应付账款"科目余额＝533 440

表9-3　资产负债表

会企01表

编制单位：银海集团　　　　　　　　　　20×9年12月31日　　　　　　　　　　单位：元

资产	年初余额	期末余额	负债和股东权益	年初余额	期末余额
流动资产：			流动负债：		
货币资金	207 460	373 988	短期借款	100 000	184 000
交易性金融资产		20 000	交易性金融负债		
衍生金融资产			衍生金融负债		
应收票据及应收账款	1 120 000	2 524 000	应付票据及应付账款	317 000	533 440
预付款项			预收款项		
应收利息			合同资产		
应收股利			应付职工薪酬	140 000	153 740
其他应收款			应交税费	26 460	408 884.20
存货	640 000	392 552	应付利息		
合同资产			应付股利		
持有待售资产			其他应付款		
一年内到期的非流动资产			持有待售负债		
其他流动资产			一年内到期的非流动负债		
流动资产合计	1 967 460	3 310 540	其他流动负债		
非流动资产：			流动负债合计	583 460	1 280 064.20
债权投资			非流动负债：		
其他债权投资			长期借款		81 900
长期应收款			应付债券	120 000	120 000
长期股权投资		200 600	长期应付款		
其他权益工具投资			专项应付款		
投资性房地产			预计负债		
固定资产	486 000	995 900	递延所得税负债		
在建工程			其他非流动负债		
工程物资			非流动负债合计	120 000	201 900
固定资产清理			负债合计	703 460	1 481 964.20
生产性生物资产			所有者权益：		

资产	年初余额	期末余额	负债和股东权益	年初余额	期末余额
油气资产			实收资本(或股本)	2 000 000	3 100 000
无形资产	200 000	292 000	资本公积		
开发支出			减:库存股		
商誉			其他综合收益		
长期待摊费用	80 000	74 000	盈余公积		11 807.58
递延所得税资产			未分配利润	30 000	279 268.22
其他非流动资产			所有者权益合计	2 030 000	3 391 075.80
非流动资产合计	766 000	1 562 500			
资产总计	2 733 460	4 873 040	负债和所有者权益总计	2 733 460	4 873 040

第3节　利润表

1. 利润表的内容和结构

1.1　利润表的内容

利润表是反映企业在一定会计期间的经营成果的财务报表。利润表的列报必须充分反映企业经营业绩的主要来源和构成,有助于使用者判断净利润的质量及风险,有助于使用者预测净利润的持续性,从而做出正确的决策。通过利润表,可以了解企业一定会计期间的收入实现情况,如实现的营业收入有多少,实现的投资收益有多少,实现的营业外收入有多少,等等;可以了解一定会计期间的费用耗费情况,如耗费的营业成本有多少,税费有多少,销售费用、管理费用、财务费用各有多少,营业外支出有多少,等等;可以了解企业生产经营活动的成果,即净利润的实现情况,据以判断资本保值、增值情况。将利润表中的信息与资产负债表中的信息相结合,还可以获得财务分析的基本资料,如将赊销收入净额与应收账款平均余额进行比较,计算出应收账款周转率;将销货成本与存货平均余额进行比较,计算出存货周转率;将净利润与资产总额进行比较,计算出资产收益率;等等。这可以表现企业资金周转情况以及企业的盈利能力和水平,便于报表使用者判断企业未来的发展趋势,做出经济决策。

1.2　利润表的结构

利润表由表头、表身和表尾等部分组成。

常见的利润表结构主要有单步式和多步式两种。在我国,企业利润表采用的基本上是多步式结构,即通过对当期的收入、费用、支出项目按性质加以归类,按利润形成的主要环节列示一些中间性利润指标,分步计算当期损益。

利润表主要反映以下几方面的内容：①营业收入，由主营业务收入和其他业务收入组成。②营业利润，营业收入减去营业成本（主营业务成本、其他业务成本）、税金及附加、销售费用、管理费用、研发费用、财务费用、资产减值损失、信用减值损失，加上其他收益、投资收益、净敞口套期收益、公允价值变动收益、资产处置收益，即为营业利润。③利润总额，营业利润加上营业外收入，减去营业外支出，即为利润总额。④净利润，利润总额减去所得税费用，即为净利润。⑤其他综合收益的税后净额，不能重分类进损益的其他综合收益加上将重分类进损益的其他综合收益，即为其他综合收益。⑥综合收益，净利润加上其他综合收益的税后净额，即为综合收益。⑦每股收益，普通股或潜在普通股已公开交易的企业，以及正处于公开发行普通股或潜在普通股过程中的企业，还应当在利润表中列示每股收益信息，包括基本每股收益和稀释每股收益两项指标。

此外，为了使报表使用者通过比较不同期间利润的实现情况，判断企业经营成果的未来发展趋势，企业需要提供比较利润表，利润表还就各项目再分为"本期金额"和"上期金额"两栏分别填列。

2. 利润表的填列方法

利润表中各项目的数据来源主要是根据各损益类科目的发生额分析填列。

2.1　上期金额栏的填列方法

利润表"上期金额"栏内各项数字，应根据上期利润表"本期金额"栏内所列数字填列。如果上期利润表规定的各个项目的名称和内容同本期不一致，则应按本期的规定对上期利润表各项目的名称和内容进行调整，将调整后的名称和内容填入利润表"上期金额"栏内。

2.2　本期金额栏的填列方法

利润表"本期金额"栏内各项数字一般应根据本期损益类科目的发生额分析填列，具体如下：

（1）"营业收入"项目，反映企业经营主要业务和其他业务所确认的收入总额。本项目应根据"主营业务收入"和"其他业务收入"科目的发生额分析填列。

（2）"营业成本"项目，反映企业经营主要业务和其他业务所发生的成本总额。本项目应根据"主营业务成本"和"其他业务成本"科目的发生额分析填列。

（3）"税金及附加"项目，反映企业经营业务应负担的消费税、城市建设维护税、资源税、印花税、土地增值税和教育费附加等。本项目应根据"税金及附加"科目的发生额分析填列。

（4）"销售费用"项目，反映企业在销售商品过程中发生的包装费、广告费等费用和为销售本企业商品而专设的销售机构的职工薪酬、业务费等经营费用。本项目应根据"销售费用"科目的发生额分析填列。

（5）"管理费用"项目，反映企业为组织和管理生产经营发生的管理费用。本项目应根据"管理费用"的发生额分析填列。

（6）"研发费用"项目，反映企业所发生的研发支出在当期费用化的部分，本项目根据

"研发支出"科目的"费用化支出"明细科目实际发生额填列。

（7）"财务费用"项目，反映企业筹集生产经营所需资金等而发生的筹资费用。本项目应根据"财务费用"科目的发生额分析填列。

（8）"资产减值损失"项目，反映企业各项资产发生的减值损失。本项目应根据"资产减值损失"科目的发生额分析填列。

（9）"信用减值损失"项目，反映企业按照《企业会计准则第22号——金融工具确认和计量》的要求计提的各项金融工具减值准备所形成的预期信用损失。该项目应根据"信用减值损失"科目的发生额分析填列。

（10）"其他收益"项目，反映与日常活动相关的政府补助以及其他与日常活动相关且应直接计入本项目的内容，该项目应根据"其他收益"科目的发生额分析填列。

（11）"投资收益"项目，反映企业以各种方式对外投资所取得的收益。本项目应根据"投资收益"科目的发生额分析填列。如为投资损失，本项目以"－"号填列。

（12）"公允价值变动收益"项目，反映企业应当计入当期损益的资产或负债公允价值变动收益。本项目应根据"公允价值变动损益"科目的发生额分析填列，如为净损失，本项目以"－"号填列。

（13）"资产处置收益"项目，反映企业出售被划分为持有待售的非流动资产（金融工具、长期股权投资和投资性房地产除外）或处置组（子公司和义务组除外）时确认的处置利得或损失，以及处置未被划分为未持有待售的固定资产、在建工程、生产性生物资产以及无形资产而产生的利得或损失，该项目根据"资产处置损益"科目的发生额分析填列。

（14）"营业利润"项目，反映企业实现的营业利润。如为亏损，本项目以"－"号填列。

（15）"营业外收入"项目，反映企业发生的与经营业务无直接关系的各项收入。本项目应根据"营业外收入"科目的发生额分析填列。

（16）"营业外支出"项目，反映企业发生的与经营业务无直接关系的各项支出。本项目应根据"营业外支出"科目的发生额分析填列。

（17）"利润总额"项目，反映企业实现的利润。如为亏损，本项目以"－"号填列。本项目根据下列公式计算填列：利润总额＝营业利润＋营业外收入－营业外支出。

（18）"所得税费用"项目，反映企业应从当期利润总额中扣除的所得税费用。本项目应根据"所得税费用"科目的发生额分析填列。

（19）"净利润"项目，反映企业实现的净利润。如为亏损，本项目以"－"号填列。本项目根据下列公式计算填列：净利润＝利润总额－所得税。

（20）"其他综合收益的税后净额"，反映不能重分类进损益的其他综合收益和将重分类进损益的其他综合收益的税后净额，该项目根据"其他综合收益"科目的发生额分析填列。

（21）"综合收益总额"项目，反映企业实现的综合收益，如为亏损，本项目以"－"号填列。本项目根据下列公式计算填列：综合收益总额＝净利润＋其他综合收益的税后净额。

（22）"基本每股收益"和"稀释每股收益"项目，反映普通股股东每持有一股普通股所能享有的企业利润或需承担的企业亏损。不存在稀释性潜在普通股的企业应当单独列示基本每股收益；存在稀释性潜在普通股的企业应当分别列示基本每股收益和稀释每股收益。

3. 利润表编制举例

银海集团20×9年度有关损益类科目累计发生净额如表9-4所示。

表9-4 银海集团20×9年度有关损益类科目累计发生净额

单位:元

科目名称	借方发生额	贷方发生额
主营业务收入		1 250 000
主营业务成本	750 000	
税金及附加	2 000	
销售费用	20 000	
管理费用	157 100	
财务费用	41 500	
资产减值损失	30 900	
投资收益		31 500
营业外收入		50 000
营业外支出	19 700	
所得税费用	85 300	

根据上述资料,编制银海集团公司20×9年度利润表,如表9-5所示。

表9-5 利润表

会企02表

编制单位:银海集团　　　　　　　　　20×9年　　　　　　　　　单位:元

项目	本期金额	上期金额(略)
一、营业收入	1 250 000	
减:营业成本	750 000	
税金及附加	2 000	
销售费用	20 000	
管理费用	157 100	
研发费用		
财务费用	41 500	
其中:利息费用		
利息收入		
资产减值损失	30 900	
信用减值损失		
加:其他收益		

续表

项目	本期金额	上期金额(略)
投资收益(损失以"－"号填列)	31 500	
其中:对联营企业和合营企业的投资收益		
净敞口套期收益(损失以"－"号填列)		
公允价值变动收益(损失以"－"号填列)		
资产处置收益(损失以"－"号填列)		
二、营业利润(亏损以"－"号填列)	280 000	
加:营业外收入	50 000	
减:营业外支出	19 700	
三、利润总额(亏损总额以"－"号填列)	310 300	
减:所得税费用	85 300	
四、净利润(净亏损以"－"号填列)	225 000	
五、其他综合收益的税后净额		
(一)不能重分类进损益的其他综合收益		
1.重新计量设定受益计划变动额		
2.权益法下不能转损益的其他综合收益		
3.其他权益工具投资公允价值变动		
4.企业自身信用风险公允价值变动		
……		
(二)将重分类进损益的其他综合收益		
1.权益法下可转损益的其他综合收益		
2.其他债权投资公允价值变动		
3.金融资产重分类计入其他综合收益的金额		
4.其他债权投资信用减值准备		
5.现金流量套期储备		
6.外币财务报表折算差额		
……		
六、综合收益总额		
七、每股收益	(略)	
(一)基本每股收益		
(二)稀释每股收益		

第4节 现金流量表

1. 现金流量表的内容和结构

1.1 现金流量表的内容

现金流量表,是指反映企业在一定会计期间现金和现金等价物流入和流出的报表。从编制原则上看,现金流量表按照收付实现制原则编制,将权责发生制下的盈利信息调整为收付实现制下的现金流量信息,便于信息使用者了解企业净利润的质量。从内容上看,现金流量表被划分为经营活动、投资活动和筹资活动三个部分,每类活动又分为各具体项目,这些项目从不同角度反映企业经营活动的现金流入与流出,弥补了资产负债表和利润表提供信息的不足。通过现金流量表,报表使用者能够了解现金流量的影响因素,评价企业的支付能力、偿债能力和周转能力,预测企业未来现金流量,为其决策提供有力依据。

现金流量表中的现金,包括现金和现金等价物。其中,现金是指企业库存现金以及可以随时用于支付的存款;现金等价物,是指企业持有的期限短(一般等于或少于三个月)、流动性强、易于转换为已知金额现金、价值变动风险很小的投资。凡不能随时支付的定期存款和长期性投资均不能作为现金。

现金流量,是指企业在一定会计期间现金和现金等价物流入和流出的数量。

在现金流量表中,现金及现金等价物被视为一个整体,企业现金形式的转换不会产生现金的流入和流出。例如,企业从银行提取现金,是企业现金存放形式的转换,现金并未流出企业,不构成现金流量。同样,现金与现金等价物之间的转换也不属于现金流量,例如,企业用现金购买三个月期的国库券。

1.2 现金流量表的结构

根据企业业务活动的性质和现金流量的来源,现金流量表在结构上将企业一定期间产生的现金流量分为三类:经营活动产生的现金流量、投资活动产生的现金流量和筹资活动产生的现金流量(在附注中披露)。

现金流量表包括基本报表和补充资料。

1.2.1 基本报表

基本报表的内容有六项:一是经营活动产生的现金流量,主要包括销售商品、提供劳务、税费返还、购买商品、支付工资、交纳税费等;二是投资活动产生的现金流量,主要包括收回投资,取得投资收益,处置固定资产、无形资产和其他长期资产收入等;三是筹资活动产生的现金流量,主要包括吸收投资、取得借款等;四是汇率变动对现金及现金等价物的影响;五是现金及现金等价物净增加额;六是期末现金及现金等价物余额。

1.2.2 补充资料

补充资料的内容有三项:一是将净利润调节为经营活动产生的现金流量;二是不涉及现金收支的重大投资和筹资活动;三是现金及现金等价物净变动情况。

1.2.3 基本报表和补充资料的关系

(1)基本报表中的第一项经营活动产生的现金流量净额和补充资料中的第一项经营活动产生的现金流量净额应该相等;

(2)基本报表中的第五项与补充资料中的第三项存在钩稽关系,金额应当一致;

(3)基本报表中的数字是现金流入与现金流出的差额,补充资料中的数字是现金及现金等价物期末数与期初数的差额,其计算依据不同,但结果应当一致,两者应当核对相符。

2. 现金流量表的填列方法

2.1 经营活动产生的现金流量

经营活动是指企业投资活动和筹资活动以外的所有交易和事项。各类企业由于所处行业特点不同,对经营活动的认定存在一定差异。对于工商企业而言,经营活动主要包括销售商品、提供劳务、购买商品、接受劳务、支付税费等。对于商业银行而言,经营活动主要包括吸收存款、发放贷款、同业存放、同业拆借等。对于保险公司而言,经营活动主要包括原保险业务和再保险业务等。对于证券公司而言,经营活动主要包括自营证券、代理承销证券、代理兑付证券、代理买卖证券等。

在我国,企业经营活动产生的现金流量应当采用直接法填列。直接法,是指通过现金收入和现金支出的主要类别列示经营活动的现金流量。

2.2 投资活动产生的现金流量

投资活动是指企业长期资产的购建和不包括在现金等价物范围内的投资及其处置活动。长期资产是指固定资产、无形资产、在建工程、其他资产等持有期限在一年或一个营业周期以上的资产。这里所讲的投资活动,既包括实物资产投资,也包括金融资产投资。这里之所以将"包括在现金等价物范围内的投资"排除在外,是因为已经将包括在现金等价物范围内的投资视同现金。不同企业由于所处行业特点不同,对投资活动的认定也存在差异。例如,交易性金融资产所产生的现金流量,对于工商业企业而言,属于投资活动产生的现金流量,而对于证券公司而言,则属于经营活动产生的现金流量。

2.3 筹资活动产生的现金流量

筹资活动是指导致企业资本及债务规模和构成发生变化的活动。这里所说的资本,既包括实收资本(股本),也包括资本溢价(股本溢价);这里所说的债务,指对外举债,包括向银行借款、发行债券等。通常情况下,应付账款、应付票据等商业应付款等属于经营活动产生的现金流量,不属于筹资活动产生的现金流量。

此外,对于企业日常经营活动之外特殊的、不经常发生的特殊项目,如自然灾害损失、保险赔款、捐赠等,应当归并到相关类别中,并单独反映。比如,对于自然灾害损失和保险赔款,如果能够确定其属于流动资产损失,应当列入经营活动产生的现金流量;如果属于固定资产损失,则应当列入投资活动产生的现金流量。

2.4 汇率变动对现金及现金等价物的影响

编制现金流量表时,应当将企业外币现金流量以及境外子公司的现金流量折算成记账本位币。外币现金流量以及境外子公司的现金流量,应当采用现金流量发生日的即期汇率或按照系统合理的方法确定的、与现金流量发生日即期汇率近似的汇率折算。汇率变动对现金的影响额应当作为调节项目,在现金流量表中单独列报。

汇率变动对现金的影响,指企业外币现金流量以及境外子公司的现金流量折算成记账本位币时,所采用的是现金流量发生日的即期汇率或按照系统合理的方法确定的、与现金流量发生日即期汇率近似的汇率,而现金流量表"现金及现金等价物净增加额"项目中外币现金净增加额是按资产负债表日的即期汇率折算的。这两者的差额即为汇率变动对现金的影响。

在编制现金流量表时,对当期发生的外币业务,也可不必逐笔计算汇率变动对现金及现金等价物的影响,可以通过现金流量表补充资料中"现金及现金等价物净增加额"数额与现金流量表中"经营活动产生的现金流量净额""投资活动产生的现金流量净额""筹资活动产生的现金流量净额"三项之和比较,其差额即为"汇率变动对现金的影响额"。

2.5 现金流量表补充资料

除现金流量表反映的信息外,企业还应在附注中披露将净利润调节为经营活动产生的现金流量、不涉及现金收支的重大投资和筹资活动、现金及现金等价物净变动情况等信息。

2.5.1 将净利润调节为经营活动现金流量

现金流量表采用直接法反映经营活动产生的现金流量,同时,企业还应采用间接法反映经营活动产生的现金流量。间接法,是指以本期净利润为起点,通过调整不涉及现金的收入、费用、营业外收支以及经营性应收应付等项目的增减变动,调整不属于经营活动的现金收支项目,据此计算并列报经营活动产生的现金流量的方法。在我国,现金流量表补充资料应采用间接法反映经营活动产生的现金流量情况,以对现金流量表中采用直接法反映的经营活动现金流量进行核对、补充和说明。

采用间接法列报经营活动产生的现金流量时,需要对四大类项目进行调整:实际没有支付现金的费用;实际没有收到现金的收益;不属于经营活动的损益;经营性应收应付项目的增减变动。

2.5.2 不涉及现金收支的重大投资和筹资活动

不涉及现金收支的重大投资和筹资活动,反映企业一定期间内影响资产或负债但不形成该期现金收支的所有投资和筹资活动的信息。这些投资和筹资活动虽然不涉及现金收支,但对以后各期的现金流量有重大影响,例如,企业融资租入设备,将形成的负债计入"长期应付款"账户,当期并不支付设备款及租金,但以后各期必须为此支付现金,从而在一定期间内形成了一项固定的现金支出。

企业应当在附注中披露不涉及当期现金收支,但影响企业财务状况或在未来可能影响企业现金流量的重大投资和筹资活动,主要包括:债务转为资本,反映企业本期转为资本的债务金额;一年内到期的可转换公司债券,反映企业一年内到期的可转换公司债券的本息;融资租入固定资产,反映企业本期融资租入的固定资产。

2.5.3 现金和现金等价物的构成

企业应当在附注中披露与现金和现金等价物有关的下列信息:现金和现金等价物的构成及其在资产负债表中的相应金额;企业持有但不能由母公司或集团内其他子公司使用的大额现金和现金等价物金额;企业持有现金和现金等价物但不能被集团使用的情形多种多样,例如,国外经营的子公司,由于受当地外汇管制或其他立法的限制,其持有的现金和现金等价物,不能由母公司或其他子公司正常使用。

3. 现金流量表的编制方法及程序

现金流量表是从资产负债和损益表的基础上产生的。编制某一会计期间的现金流量表将用到一张损益表和两张资产负债表,即该会计期间的损益表和期初、期末的资产负债表(期初资产负债表即上期期末的资产负债表)。

现金流量表从两个方面分析现金流量来自何处、又流向哪里。首先,根据某些项目对当期的收益做出调整,使其符合每日现金收益概念。第二,对比两张连续的资产负债表,分析企业报表中每一个项目的变化,并分析变化对现金余额的影响。

以一个企业为例来解释这些概念可能会有些难度,所以先从我们熟悉的个案讲起。

【例 9-1】假设黄明每年有税后收入 50 000 元,其中 40 000 元用于日常生活开销。年初,除了 10 000 元的银行存款,他没有其他的资产或者债务。另外,假设他这一年花 30 000元买了一辆微型轿车,其中有 25 000 元来自银行贷款。年底他有 15 000 元的银行存款。

现金流量表以突出现金流入量和现金流出量的方法描述交易活动,“从哪里流入”和“从哪里流出”通常被称作现金的来源和现金的占用。将年初现金余额加上本年的净现金流量,得到年末余额。

如下表示:

现金收益	￥50 000
生活消费用现金	(￥40 000)
来自收益的净现金	￥10 000
来自贷款的净现金	￥25 000
购车使用的现金	(￥30 000)
现金净流入(流出)	￥5 000
期初现金余额	￥10 000
净现金流量	￥5 000
期末现金余额	￥15 000

这个例子中,来自收益的净现金类似于经过非现金项目调整后的企业净收益。这部分对黄明来说,是重要的现金来源。

黄明用 30 000 元购买汽车,使得他的固定资产增加了 30 000 元。一般来说,固定资产增加会导致现金支出。黄明同时也从银行得到一笔 25 000 元的借款,而借款是一种负债。也就是说,通过增加负债,黄明得到了 25 000 元的现金来源。一般来说,负债增加会产生现金来源或现金流入量。

让我们分开考虑汽车和贷款。在个人生活中,人们总是在某一次汽车交易中,同时考虑首期预付款、得到汽车和分期归还贷款。为了更好地理解现金流量表,你应该将资产(汽车)和负债(贷款)分开考虑。所以当黄明买车时,他不是仅仅支出了 5 000 元,而是支出了 30 000 元,同时获得借款 25 000 元。

将黄明的现金来源(收益与贷款)与占用(购买汽车)加起来,我们得到了他的净现金流量。假设,他全部的钱都存在银行里,那么期初余额加上净现金流量应当等于期末现金余额。如果不相等,账簿记录或者会计处理一定存在问题。

【例9-2】假设,年初时马莉有一辆旧轿车,市场价为 20 000 元,但是尚有 14 000 元的购车贷款未偿还。同时,马莉有 6 000 元的银行存款。当年,她有 60 000 元的税后收入,生活费用为 62 000 元。为了节约,她决定以 20 000 元的价格卖掉旧车,再用 2 000 元(非贷款)买一辆电动自行车。这样在卖了旧车后,她还清了全部的贷款。年底时,马莉的银行存款为 8 000 元。那么,马莉的现金流量应该是:

现金收益	￥60 000	
生活消费用现金	(￥62 000)	
来自收益的净现金		(￥2 000)
来自卖旧车的净现金		￥20 000
购新车使用的现金		(￥2 000)
来自汽车投资净现金		￥16 000
偿还旧车贷款使用的现金		(￥14 000)
现金净流入(流出)		￥2 000
期初现金余额	￥6 000	
净现金流量	￥2 000	
期末现金余额	￥8 000	

在这个例子中,马莉以 20 000 元卖掉了旧车使得其固定资产减少了,而卖车就可获得一种现金来源。一般来说,资产减少意味着产生现金来源。马莉同时买了新电动自行车,显然资产增加的同时支出了现金。

马莉用现金偿还了贷款,使得其负债减少,一般来说,负债减少意味着现金占用。

以上两个例子有助于解释有关现金流量的问题,因为我们已经熟知汽车是一项资产,而贷款属于负债。从根本上讲,现金一方面产生于收益,另一方面产生于资产和负债。

在企业中,收益可通过用折旧之类的非现金项目对收益表中的净收益进行调整得到。而资产负债表也清楚地列出了年初、年末的资产和负债,所以计算每个账户的变化也就很容易。然而,在企业这个背景下,某些资产账户如应收账款,某些负债账户如应付账款和应付工资的数额变化会让人产生一些迷惑。弄清楚应收账款增加意味着现金占用可不如理解卖车需要支出现金那么简单。同样道理,弄明白应付账款减少意味着现金占用比偿还贷款要支出现金困难多了。

企业中日常会计处理采用的是权责发生制,而编制现金流量表依据的是收付实现制,这样会给报表的编制带来麻烦。但是在实践中,我们不必为要弄清现金在每个账户上是如何流出、流入的而担心。前面的例子已经隐含了四个简单的规则,它们可以应用到任何一家企业的财务报表中。这些规则就是资产负债表余额的变化导致的现金来源和现金占用,如下:资产增加会导致现金占用;资产减少会产生现金来源;负债增加会产生现金来源;负债减少会导致现金占用。

运用以上四个简单的规则,企业在编制现金流量表时,可以采用以下一些方法。

3.1　直接法和间接法

编制现金流量表时,列报经营活动产生的现金流量的方法有两种,一是直接法,一是间接法。在直接法下,一般是以利润表中的营业收入为起算点,调节与经营活动有关的项目的增减变动,然后计算出经营活动产生的现金流量。在间接法下,将净利润调节为经营活动产生的现金流量,实际上就是将按权责发生制原则确定的净利润调整为现金净流入,并剔除投资活动和筹资活动对现金流量的影响。

采用直接法编报的现金流量表,便于分析企业经营活动产生的现金流量的来源和用途,预测企业现金流量的未来前景;采用间接法编报现金流量表,便于将净利润与经营活动产生的现金流量净额进行比较,了解净利润与经营活动产生的现金流量差异的原因,从现金流量的角度分析净利润的质量。所以,我国《企业会计准则》规定企业应当采用直接法编报现金流量表,同时要求在附注中提供以净利润为基础调节的经营活动产生的现金流量的信息。

3.2　工作底稿法、T形账户法和分析填列法

在具体编制现金流量表时,可以采用工作底稿法或T形账户法,也可以根据有关科目记录分析填列。

3.2.1　工作底稿法

采用工作底稿法编制现金流量表,是以工作底稿为手段,以资产负债表和利润表数据为基础,对每一项目进行分析并编制调整分录,从而编制现金流量表。工作底稿法的程序是:

第一步,将资产负债表的期初数和期末数过入工作底稿的期初数栏和期末数栏。

第二步,对当期业务进行分析并编制调整分录。编制调整分录时,要以利润表项目为基础,从"营业收入"开始,结合资产负债表项目逐一进行分析。在调整分录中,有关现金和现金等价物的事项,并不直接借记或贷记现金,而是分别计入"经营活动产生的现金流量""投资活动产生的现金流量""筹资活动产生的现金流量"有关项目,借记表示现金流入,贷记表示现金流出。

第三步,将调整分录过入工作底稿中的相应部分。

第四步,核对调整分录,借方、贷方合计数均已经相等,资产负债表项目期初数加减调整分录中的借贷金额以后,也等于期末数。

第五步,根据工作底稿中的现金流量表项目部分编制正式的现金流量表。

3.2.2　T形账户法

采用T形账户法编制现金流量表,是以T形账户为手段,以资产负债表和利润表数据为基础,对每一项目进行分析并编制调整分录,从而编制现金流量表。T形账户法的程序是:

第一步,为所有的非现金项目(包括资产负债表项目和利润表项目)分别开设T形账户,并将各自的期末、期初变动数过入各账户。如果项目的期末数大于期初数,则将差额

过入和项目余额相同的方向;反之,过入和项目余额相反的方向。

第二步,开设一个大的"现金及现金等价物"T形账户,每边分为经营活动、投资活动和筹资活动三个部分,左边记现金流入,右边记现金流出。与其他账户一样,过入期末、期初变动数。

第三步,以利润表项目为基础,结合资产负债表分析每一个非现金项目的增减变动,并据此编制调整分录。

第四步,将调整分录过入各T形账户,并进行核对,该账户借贷相抵后的余额与原先过入的期末、期初变动数应当一致。

第五步,根据大的"现金及现金等价物"T形账户编制正式的现金流量表。

3.2.3 分析填列法

分析填列法是直接根据资产负债表、利润表和有关会计科目明细账的记录,分析计算出现金流量表各项目的金额,并据以编制现金流量表的一种方法。

4. 现金流量表及其补充资料的格式

现金流量表及其补充资料的格式分别如表9-6和表9-7所示。

表9-6　现金流量表

会企03表

编制单位:　　　　　　　　　　　20×9年　　　　　　　　　　　单位:元

项目	本期金额	上期金额
一、经营活动产生的现金流量		
销售商品、提供劳务收到的现金		
收到的税费返还		
收到其他与经营活动有关的现金		
经营活动现金流入小计		
购买商品、接受劳务支付的现金		
支付给职工以及为职工支付的现金		
支付的各项税费		
支付其他与经营活动有关的现金		
经营活动现金流出小计		
经营活动产生的现金流量净额		
二、投资活动产生的现金流量		
收回投资收到的现金		
取得投资收益收到的现金		
处置固定资产、无形资产和其他长期资产收回的现金净额		
处置子公司及其他营业单位收到的现金净额		
收到其他与投资活动有关的现金		

续表

项目	本期金额	上期金额
投资活动现金流入小计		
购建固定资产、无形资产和其他长期资产支付的现金		
投资支付的现金		
取得子公司及其他营业单位支付的现金净额		
支付其他与投资活动有关的现金		
投资活动现金流出小计		
投资活动产生的现金流量净额		
三、筹资活动产生的现金流量		
吸收投资收到的现金		
取得借款收到的现金		
收到其他与筹资活动有关的现金		
筹资活动现金流入小计		
偿还债务支付的现金		
分配股利、利润或偿付利息支付的现金		
支付其他与筹资活动有关的现金		
筹资活动现金流出小计		
筹资活动产生的现金流量净额		
四、汇率变动对现金及现金等价物的影响		
五、现金及现金等价物净增加额		
加:期初现金及现金等价物余额		
六、期末现金及现金等价物余额		

表9-7　现金流量表补充资料

补充资料	本期金额	上期金额
1. 将净利润调节为经营活动现金流量		
净利润		
加:资产减值准备		
固定资产折旧、油气资产折耗、生产性生物资产折旧		
无形资产摊销		
长期待摊费用摊销		
处置固定资产、无形资产和其他长期资产的损失(收益以"-"号填列)		
固定资产报废损失(收益以"-"号填列)		

续表

补充资料	本期金额	上期金额
公允价值变动损失(收益以"一"号填列)		
财务费用(收益以"一"号填列)		
投资损失(收益以"一"号填列)		
递延所得税资产减少(增加以"一"号填列)		
递延所得税负债增加(减少以"一"号填列)		
存货的减少(增加以"一"号填列)		
经营性应收项目的减少(增加以"一"号填列)		
经营性应付项目的增加(减少以"一"号填列)		
其他		
经营活动产生的现金流量净额		
2. 不涉及现金收支的重大投资和筹资活动		
债务转为资本		
一年内到期的可转换公司债券		
融资租入固定资产		
3. 现金及现金等价物净变动情况		
现金的期末余额		
减:现金的期初余额		
加:现金等价物的期末余额		
减:现金等价物的期初余额		
现金及现金等价物净增加额		

第5节　所有者权益变动表

1. 所有者权益变动表的内容和结构

1.1　所有者权益变动表的内容

所有者权益变动表是指反映所有者权益各组成部分当期增减变动情况的报表。所有者权益变动表应当全面反映一定时期所有者权益变动的情况,不仅包括所有者权益总量的增减变动,还包括所有者权益增减变动的重要结构性信息,特别是要反映综合收益总额、所有者投入和减少资本、利润分配、所有者权益内部结转的信息,让报表使用者准确理解所有者权益增减变动的根源。

1.2 所有者权益变动表的结构

为了清楚地表明所有者权益各组成部分当期的增减变动情况,所有者权益变动表应当以矩阵的形式列示:一方面,列示导致所有者权益变动的交易或事项,不是仅仅按照所有者权益的各组成部分反映所有者权益的变动情况,而是从所有者权益变动的根源角度对一定时期所有者权益的变动情况进行全面反映;另一方面,按照所有者权益各组成部分(包括实收资本、资本公积、其他综合收益、盈余公积、未分配利润和库存股)及其总额列示交易或事项对所有者权益的影响。此外,企业还需要提供比较所有者权益变动表,所有者权益变动表还就各项目再分为"上年金额"和"本年金额"两栏分别填列。

2. 所有者权益变动表的填列方法

2.1 "上年金额"栏的填列方法

所有者权益变动表"上年金额"栏内各项数字,应根据上年度所有者权益变动表"本年金额"栏内所列数字填列。如果上年度所有者权益变动表规定的各个项目的名称和内容同本年度不相一致,应按本年度的规定对上年度所有者权益变动表各项目的名称和内容进行调整,将调整后的名称和内容填入所有者权益变动表"上年金额"栏内。

2.2 "本年金额"栏的填列方法

所有者权益变动表"本年金额"栏内各项数字一般应根据"实收资本(或股本)""资本公积""其他综合收益""盈余公积""利润分配""库存股"科目的发生额分析填列。

3. 所有者权益变动表的格式

所有者权益变动表的格式如表9-8所示。

表9-8　所有者权益变动表

会企04表

编制单位:　　　　　　　　　　20××年度　　　　　　　　　　单位:元

项目	本年金额						上年金额					
	实收资本(或股本)	资本公积	减:库存股	其他综合收益	盈余公积	未分配利润	所有者权益合计	实收资本(或股本)	资本公积	减:库存股	其他综合收益	盈余公积	未分配利润	所有者权益合计
一、上年年末余额												
加:会计政策变更												
前期差错更正												
二、本年年初余额												

续表

项目	本年金额							上年金额					
	实收资本（或股本）	资本公积	减：库存股	其他综合收益	盈余公积	未分配利润	所有者权益合计	实收资本（或股本）	资本公积	减：库存股	其他综合收益	盈余公积	未分配利润	所有者权益合计
三、本年增减变动金额（减少以"－"号填列）													
（一）综合收益总额													
（二）所有者投入和减少资本													
1. 所有者投入的普通股													
2. 其他权益工具持有者投入资本													
3. 股份支付计入所有者权益的金额													
4. 其他													
（三）利润分配													
1. 提取盈余公积													
2. 对所有者（或股东）的分配													
3. 其他													
（四）所有者权益内部结转													
1. 资本公积转增资本（或股本）													
2. 盈余公积转增资本（或股本）													
3. 盈余公积弥补亏损													
4. 设定受益计划变动额结转留存收益													
5. 其他综合收益结转留存收益													
6. 其他													
四、本年年末余额													

第6节 附 注

附注是资产负债表、利润表、现金流量表和所有者权益变动表等报表中列示项目的文字描述或明细资料，以及对未能在这些报表中列示项目的说明等。附注是财务报表的重要组成部分。附注应当按照如下顺序披露有关内容。

1. 企业的基本情况

(1)企业注册地、组织形式和总部地址。
(2)企业的业务性质和主要经营活动。
(3)母公司以及集团最终母公司的名称。
(4)财务报告的批准报出者和财务报告批准报出日。

2. 财务报表的编制基础

企业应当说明是否按照《企业会计准则——基本准则》、各项具体会计准则、企业会计准则应用指南、企业会计准则解释及其他相关规定的要求编制财务报表。

3. 遵循企业会计准则的声明

企业应当明确说明编制的财务报表符合企业会计准则的要求，真实、公允地反映了企业的财务状况、经营成果和现金流量等有关信息，以此明确企业编制财务报表所依据的制度基础。

如果企业编制的财务报表只是部分地遵循了企业会计准则，附注中不得做出这种表述。

4. 重要会计政策和会计估计

企业应当披露采用的重要会计政策和会计估计，不重要的会计政策和会计估计可以不披露。

4.1 重要会计政策的说明

企业经济业务的复杂性和多样化导致某些经济业务可以有多种会计处理方法，即存在不止一种可供选择的会计政策。企业在发生某项经济业务时，必须从允许的会计政策中选择适合本企业特点的会计政策，企业选择不同的会计政策，可能会极大地影响企业的财务状况和经营成果，进而编制出不同的财务报表。为了有助于使用者理解，有必要对这些会计政策加以披露。

需要特别指出的是，说明会计政策时还需要披露下列两项内容：

(1)财务报表项目的计量基础。会计计量属性包括历史成本、重置成本、可变现净值、现值和公允价值，这直接显著影响报表使用者的分析，这项披露要求便于使用者了解企业财务报表中的项目是按何种计量属性计量的，如存货是按成本还是可变现净值计量等。

（2）会计政策的确定依据。这主要是指企业在运用会计政策的过程中所做的对报表中确认的项目金额最具影响力的判断。例如,企业如何判断持有金融资产是持有至到期的投资而不是交易性投资;又比如,对于拥有的持股不足50%的关联企业,企业为何判断自己拥有控制权而将其纳入合并范围;再比如,企业如何判断与租赁资产相关的所有风险和报酬已转移给企业,从而符合融资租赁的标准;以及投资性房地产的判断标准是什么;等等。这些判断对在报表中确认的项目金额具有重要影响。因此,这项披露要求有助于报表使用者理解企业选择和运用会计政策的背景,增强财务报表的可理解性。

4.2　重要会计估计的说明

企业应当披露会计估计中所采用的关键假设和不确定因素的确定依据,这些关键假设和不确定因素在下一会计期间内很可能导致资产、负债账面金额进行重大调整。在确定报表中确认的资产和负债账面金额的过程中,企业有时需要在资产负债表日对不确定的未来事项对这些资产和负债的影响加以估计。例如,固定资产可收回金额的计算需要根据其公允价值减去处置费用后的净额与预计未来现金流量的现值两者之间的较高者确定。在计算资产预计未来现金流量的现值时需要对未来现金流量进行预测,并选择适当的折现率,应当在附注中披露未来现金流量预测所采用的假设及其依据、所选择的折现率为什么是合理的等。强调这一披露要求,有助于提高财务报表的可理解性。

5. 会计政策和会计估计变更以及差错更正的说明

企业应当按照《企业会计准则第28号——会计政策、会计估计变更和差错更正》及其应用指南的规定,披露会计政策和会计估计变更以及差错更正的有关情况。

6. 重要报表项目的说明

企业应当以文字和数字描述相结合、尽可能以列表形式披露重要报表项目的构成或当期增减变动情况,并与报表项目相互参照。在披露顺序上,一般应当按照资产负债表、利润表、现金流量表、所有者权益变动表的顺序及其报表项目列示的顺序进行披露。

7. 其他需要说明的重要事项

这主要包括或有事项和承诺事项、资产负债表日后非调整事项、关联方关系及其交易等。

 本章小结

我国《企业会计准则第30号——财务报表列报》规定,企业财务报表体系为"四表一注",即资产负债表、利润表、现金流量表和所有者权益变动表以及报表附注。

资产负债表主要反映资产、负债和所有者权益三方面的内容,反映企业某一特定日期所拥有或控制的经济资源、所承担的经济义务和所有者对净资产的要求权。

利润表由三个基本要素构成,即收入、费用和利润,反映一定会计期间企业利润的形成过程和费用耗用情况,反映企业生产经营过程的成果。我国企业采用多步式结构编报利润表。

现金流量表反映企业在一定期间内取得的现金从何处而来,企业一定时期内的现金用在了何处,企业的现金余额发生了什么变化。我国《企业会计准则》规定,企业应当采用直接法编报现金流量表,同时要求提供在净利润基础上调节的经营活动产生的现金流量的信息。

所有者权益变动表是指反映所有者权益各组成部分当期增减变动情况的报表。

附注是对资产负债表、利润表、现金流量表和所有者权益变动表等报表中列示项目的文字描述,以及对未能在这些报表中列示项目的说明等。附注是财务报表的重要组成部分。

本章重点提示

资产负债表是根据会计恒等式"资产＝负债＋所有者权益"编制的。我国各单位资产负债表采用账户式格式进行编制。

我国企业的利润表采用多步式结构。

我国会计准则规定,企业应当采用直接法编报现金流量表,同时要提供在净利润基础上调节经营活动产生现金流量的信息。

案例与分析

A公司经理(没有任何会计背景)编制了一份公司20××年5月31日的资产负债表(见表9-9)。表中的数字直接取自公司的会计分录,他保证表是正确的,但实际上该表在各方面存在着一些差错,请编制一份正确的资产负债表(见表9-10)。

表9-9　A公司星期六晚上8点经理报告

单位:元

资产	金额	所有者权益	金额
股本	100 000	应收账款	8 000
留存收益	62 000	应付票据	288 000
现金	69 000	原材料	140 00
建筑	80 000	土地使用权	140 000
汽车	165 000	应付账款	26 000
总计	476 000	总计	476 000

表9-10 资产负债表

编制单位:A公司　　　　　　　20××年5月31日　　　　　　　单位:元

资产	期末余额	负债和所有者权益	期末余额
流动资产:		流动负债:	
库存现金		应付票据	
应收账款		应付账款	
存货		流动负债合计	
流动资产合计		负债合计	
非流动资产:		所有者权益:	
固定资产		股本	
无形资产		未分配利润	
非流动资产合计		所有者权益合计	
资产总计		负债和所有者权益总计	

9-3　案例与分析提示

9-4　客观题通关测试

9-5　实务题通关测试

9-6　文章阅读

会计学是一门探讨微观经济信息的提供方法(主要是探讨财务信息的提供方法)的科学,它不同于一般的社会科学,技术性是其本质属性。

第10章 会计核算组织形式

 本章导航

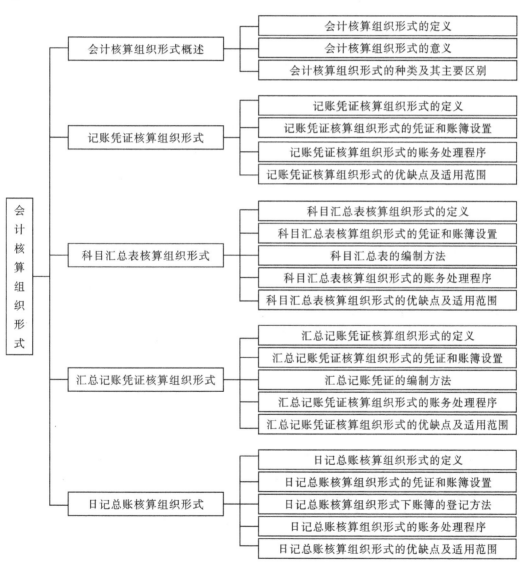

会计核算组织形式	会计核算组织形式概述	会计核算组织形式的定义
		会计核算组织形式的意义
		会计核算组织形式的种类及其主要区别
	记账凭证核算组织形式	记账凭证核算组织形式的定义
		记账凭证核算组织形式的凭证和账簿设置
		记账凭证核算组织形式的账务处理程序
		记账凭证核算组织形式的优缺点及适用范围
	科目汇总表核算组织形式	科目汇总表核算组织形式的定义
		科目汇总表核算组织形式的凭证和账簿设置
		科目汇总表的编制方法
		科目汇总表核算组织形式的账务处理程序
		科目汇总表核算组织形式的优缺点及适用范围
	汇总记账凭证核算组织形式	汇总记账凭证核算组织形式的定义
		汇总记账凭证核算组织形式的凭证和账簿设置
		汇总记账凭证的编制方法
		汇总记账凭证核算组织形式的账务处理程序
		汇总记账凭证核算组织形式的优缺点及适用范围
	日记总账核算组织形式	日记总账核算组织形式的定义
		日记总账核算组织形式的凭证和账簿设置
		日记总账核算组织形式下账簿的登记方法
		日记总账核算组织形式的账务处理程序
		日记总账核算组织形式的优缺点及适用范围

知识目标 ————————————————————————

明确合理建立会计核算组织形式的意义和基本要求。

掌握各种会计核算组织形式的特点、账务处理步骤、优缺点以及适用范围。

 技能目标 ————————————————————————

能够把握实际工作中多种多样的会计核算组织形式的基本原理。

 中英文关键词 ————————————————————

会计数据处理系统：accounting data processing system

会计核算组织形式：organizational form of accounting

会计核算组织程序：accounting procedure

记账凭证核算组织形式：bookkeeping system using vouchers

科目汇总表核算组织形式：bookkeeping system using categorized account summary

汇总记账凭证核算组织形式：checking form of gathering all the evidence for keeping accounting

日记总账核算组织形式：journal ledger accounting form

 引导案例 ————————————————————————

某集团公司管理层不重视财务管理，弱化财务会计在企业中的地位。例如公司会计主管无证上岗；集团公司与子公司之间多年来基本不对账，集团公司超限额存放现金且库存现金未做到日清月结，银行存款日记账的会计凭证无编号，无法进行账证核对；账证不符，相关会计凭证无编号，无从核对账目；发票管理混乱，未设发票领用登记簿，也未指定专人保管，部分发票存根联丢失；等等。集团董事长称："市场经营，我有几十年的经验，但财务会计我不懂，可钱总是在自己的口袋里的，出不了大事，正所谓肉总烂在锅里嘛，不要紧。"

20××年，上级有关部门派出检查组，对该集团及其下属公司进行了上年度会计信息质量大检查。检查发现该集团财务管理混乱，会计核算不规范，基础工作薄弱，会计信息严重失真。经检查后调整会计报表发现，该集团公司的资产、负债、所有者权益分别虚增了126%、74%和308%，利润虚增达3 600万元。检查结果被有关部门公告后，在社会上引起了强烈反响。问题：这个案例会使你受到怎样的启示？审计师们又是如何对会计师提供的信息质量发表鉴证意见的呢？

企业的一切经济活动，都要通过会计核算记录在会计凭证、账簿和报表上。那么会计主体采用的会计凭证、会计账簿、会计报表的种类和格式与记账程序如何才能有机地结合起来？其方法和步骤是什么？

10-1　教学课件　　　　　　　10-2　教学视频

第1节　会计核算组织形式概述

1. 会计核算组织形式的定义

会计核算组织形式,也称账务处理程序或会计处理组织程序,是指以账簿组织为核心,把会计凭证、会计账簿、会计报表的种类和格式与记账程序有机地结合起来的方法和步骤。从会计记录和会计报告方法应用的角度看,会计核算组织形式主要是利用会计凭证、账簿登记和财务报告编制等主要方法处理企业主要交易和事项的具体步骤。

企业交易和事项的会计处理需要经过一定的程序才能完成。交易和事项的处理是以会计的初始确认为起点的,经过确认后还需要采用一定的计量方法进行计量,之后才能进入会计记录环节,记入有关账簿。在会计期末,经过再次确认和计量,将企业当期的交易和事项信息列报于财务报告文件之中并对外报告。以上是企业会计处理交易和事项的基本程序。

会计方法是处理交易和事项的重要手段。会计方法虽然有多种,但在交易和事项的处理过程中,应用最多的是会计凭证的取得和填制方法、会计账簿的登记方法和财务报告的编制方法。可见,会计凭证、会计账簿和财务报告是会计上记录、储存和报告会计信息的主要载体,会计凭证的填制、会计账簿的登记和财务报告的编制是交易和事项的处理中必不可少的环节。以上三个载体的相互结合使用构成企业一定会计期间完整的会计循环。

在实务中,可供企业选用的会计凭证、会计账簿和会计报表种类较多,格式也各不相同。一个特定企业应当根据自身经营活动的特点,考虑交易和事项的繁简程度、会计机构和会计人员设置的实际情况等,选择合适的会计凭证、会计账簿和会计报表,并合理组织会计凭证的填制、会计账簿的登记和财务报告的编制工作,使之构成一个既相互独立又紧密联结的有机整体。在不同的企业,所采用的会计凭证、会计账簿和会计报表的种类及格式有所不同,利用这些载体对所发生的交易和事项进行处理也有不同的做法,进而形成不同的会计核算组织形式。

2. 会计核算组织形式的意义

会计核算组织形式的建立是会计活动的基础性工作,也是进行交易和事项处理的必要前提。

2.1 有利于规范会计处理组织工作

科学合理地设计会计核算组织形式,可以保证会计工作有秩序地进行。企业交易和事项的会计处理需要企业内部各个部门之间、会计机构各个岗位有关会计人员之间的密切配合,只有建立起规范的会计核算组织形式,才能使交易和事项的经办人员、会计机构和会计人员在进行交易和事项处理的过程中有章可循,规范操作,有条不紊地按照既定的处理程序以及各自的职责分工和规范要求,及时做好交易和事项各个环节的处理工作。

2.2 有利于保证会计信息质量

在进行交易和事项的会计处理过程中,保证会计信息质量是最基本的要求。凭证的填制、账簿的登记和财务报告的编制等每一个环节都与会计信息的形成及其真实性的保证息息相关。科学合理地设计会计核算组织形式,能够使会计信息的处理置于严密的系统控制之中,有利于保证会计信息的质量。

2.3 有利于提高会计处理工作效率

科学合理地设计会计核算组织形式,可以提高会计核算工作效率。按照既定的会计核算组织形式进行交易和事项的处理,各环节分工明确、责任清楚、约束力强,将会大大提高会计处理工作的效率。会计处理工作效率的高低,关系到会计信息提供的及时性,提高了会计处理各个环节的工作效率,相应地为会计信息的及时报告提供了有利保证。

2.4 有利于节约会计处理工作成本

科学合理地设计会计核算组织形式,可以简化账务处理程序,便于组织会计核算工作的分工、协作。对交易和事项进行会计处理的过程既是形成会计工作成果的过程,也是对人力、物力和财力的消耗过程。例如,在手工记账的条件下,会计处理所使用的凭证、账簿和表格等都需要专门印刷、制作或购买,会发生一定的支出。这就要求会计处理本身必须讲求经济效益,合理选择适用的会计凭证格式、会计账簿和会计报表种类,在一定程度上也会降低会计处理工作成本,节约会计处理方面的费用开支。

2.5 有利于发挥会计工作作用

科学合理地设计会计核算组织形式,可以满足企业内外会计信息使用者的需要。就整个会计处理系统而言,交易和事项的处理主要体现在初始确认和计量与再次确认和计量环节上。对交易和事项的初始确认和计量主要是解决会计记录的问题,是为会计信息报告做资料积累的过程。而再次确认和计量主要是解决会计信息报告的问题,这个过程既是会计记录过程的延续,也直接关系到会计目标的实现,使会计能够在对外提供相关信息和对内加强企业自身经营管理等方面发挥其应有的作用。

3. 会计核算组织形式的种类及其主要区别

3.1　会计核算组织形式的种类

按照登记总分类账的依据和方法不同,会计核算组织形式可分为不同的种类。目前,我国企业、事业、机关等单位常用的会计核算组织形式主要有四种,分别是:记账凭证核算组织形式、科目汇总表核算组织形式、汇总记账凭证核算组织形式以及日记总账核算组织形式。各种会计核算组织形式虽然都包括会计确认、会计计量、会计记录和会计报告诸多环节,但从会计方法应用的角度看,对发生的交易和事项的处理主要体现在获取相关凭证、登记有关账簿和编制财务报告三个环节上,即对企业发生的交易和事项,在会计上首先应取得或填制相应的会计凭证,根据记账凭证登记有关账户,在会计期末,根据账户记录提供的资料编制财务报告,集中反映企业在一定会计期间发生的交易和事项的过程及其结果。总体而言,任何一种会计处理组织程序都是围绕以上三个环节进行的,这是所有账务处理程序的共同点。企业在设计会计核算组织形式时要做到:会计核算组织形式应适应本单位经济活动特点、规模大小和业务繁简情况;所提供的会计信息应满足企业外部利害关系人和企业经营管理的需要。

3.2　各种会计核算组织形式的主要区别

各种会计核算组织形式的主要区别体现在记账凭证种类的选用、账簿格式的选用与登记总分类账的方式的选择,以及会计报表格式的选择使用等方面。

(1)使用的记账凭证不同。记账凭证包括专用记账凭证、通用记账凭证、汇总记账凭证和科目汇总表等。在某一特定企业中不可能采用全部记账凭证,只能根据本企业所建立的账务处理程序有选择地使用其中的一两类。一般而言,专用记账凭证和通用记账凭证不能在一种账务处理程序中并用;通用记账凭证和汇总记账凭证不能在一种会计账务处理程序中并用。专用记账凭证和汇总记账凭证(或科目汇总表)可以在一个企业中并用;通用记账凭证和科目汇总表可以在一个企业中并用。

(2)账簿的组织系统不同。账簿的组织系统包括用以记录交易和事项的序时账(日记账)和分类账(总分类账、明细分类账)。各种账簿的格式是不同的。在借贷记账法下设置的以上账簿中,序时账、总分类账和一部分明细账的格式均为借、贷、余三栏式,而部分明细账的格式还有数量金额式和多栏式等。这是由账户所反映的各种交易和事项的不同记录要求所决定的。一般而言,借、贷、余三栏式的序时账、总分类账和部分明细账为企业必须设置的,另两种格式的明细账可根据企业记录交易和事项的需要选择使用。

(3)登记总分类账的方式不同。企业设置的分类账包括总分类账和明细分类账两大类(从一定意义上讲,日记账也是一种明细账)。其中,明细账的登记要求是根据专用(或通用)记账凭证逐笔登记(日记账的登记要求是逐日逐笔登记)。而总分类账的登记要求是:既可逐笔登记,也可采用汇总登记的方法。汇总登记又可分为根据"科目汇总表"的汇总数字登记和根据"汇总记账凭证"的汇总数字登记两种。总分类账户登记的不同方式体现了各种账务处理程序的显著特点,也是区分各种账务处理程序的主要标志。

(4)采用的报表格式不同。尽管企业按要求都要编制资产负债表、利润表、现金流量表和所有者(股东)权益变动表等会计报表,但由于企业的组织形式、业务性质和主要经营活动内容不同,其报表格式及所包含的项目也不同。如工业企业的会计报表与商品流通企业的会计报表的组成内容差别较大,一般企业的会计报表与金融、保险等企业的报表组成内容差别更大。各企业应按照规范的格式要求与列报方法进行会计报表的编制。

第2节　记账凭证核算组织形式

1. 记账凭证核算组织形式的定义

记账凭证核算组织形式,是指经济业务发生后,根据所填制的记账凭证直接逐笔登记总分类账,并定期编制会计报表的一种会计核算组织形式。它是一种最基本的会计核算组织形式,包括了会计核算组织形式的一般内容,其他会计核算组织形式基本上是在这种会计核算组织形式的基础上发展或改变而形成的。

2.记账凭证核算组织形式的凭证和账簿设置

在记账凭证核算组织形式中,记账凭证可采用一种通用记账凭证的格式,也可以采用收款凭证、付款凭证和转账凭证三种并存的专用记账凭证的格式。设置的账簿一般包括:现金日记账、银行存款日记账、总分类账和明细分类账。其中,现金日记账和银行存款日记账一般采用三栏式格式;总分类账一般按规定的会计科目开设账页,格式也采用三栏式;明细分类账则应根据企业管理上的需要,格式可采用三栏式、多栏式或数量金额式等。

3.记账凭证核算组织形式的账务处理程序

(1)根据原始凭证或原始凭证汇总表填制各种记账凭证(收款凭证、付款凭证和转账凭证)。

(2)根据收款凭证和付款凭证登记日记账。

(3)根据记账凭证及原始凭证或原始凭证汇总表登记各种明细分类账。

(4)根据记账凭证逐笔登记总分类账。

(5)月终,将现金日记账、银行存款日记账的余额以及各种明细分类账的余额或余额合计数,分别与总分类账中有关账户的余额核对相符。

(6)月终,根据核对无误的总分类账和各种明细分类账的记录编制会计报表。

记账凭证核算组织形式的账务处理程序如图10-1所示。

4.记账凭证核算组织形式的优缺点及适用范围

记账凭证核算组织形式的优点是简单明了,易于理解和掌握,账户之间的对应关系清晰,总分类账反映详细。而它的缺点则是登记总分类账的工作量较大,特别是与现金日记账、银行存款日记账明显地存在重复登记的现象,账页耗用多。

记账凭证核算组织形式适用于经营规模较小、经济业务简单的企业,即小规模企业。

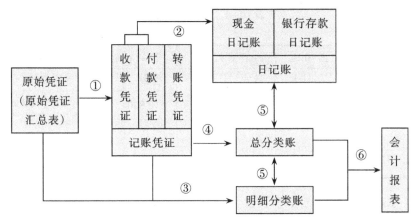

图 10-1 记账凭证核算组织形式的账务处理程序

第3节 科目汇总表核算组织形式

1. 科目汇总表核算组织形式的定义

科目汇总表核算组织形式,又称记账凭证汇总表核算组织形式,是根据记账凭证定期编制科目汇总表,并据以登记总分类账的一种会计核算组织形式。

这种会计核算组织形式是在记账凭证核算组织形式的基础上,针对记账凭证数量多,登记总分类账工作量大,不宜采用记账凭证核算组织形式的情况而发展形成的。其主要特点是,先定期(一般每隔5天或每旬)地将会计期间内全部的记账凭证汇总编制成科目汇总表,然后根据科目汇总表登记总分类账。为了便于进行科目汇总,在这种会计核算组织形式下,一般应于每次登记完总分类账后,就结出各账户的借方或贷方余额。

2. 科目汇总表核算组织形式的凭证和账簿设置

科目汇总表核算组织形式与记账凭证核算组织形式基本相同,仍应设置收款、付款和转账等记账凭证。为方便相同科目的汇总,减少汇总差错,平时填制的记账凭证可采用单式记账凭证。为了定期根据记账凭证进行汇总,应另设"科目汇总表"。

此外,还应设置现金、银行存款日记账以及各种总分类账和明细分类账。现金日记账、银行存款日记账一般采用三栏式。由于据以登记总分类账的科目汇总表只汇总填列各科目的借方发生额和贷方发生额,而不反映它们对应关系,所以在这种会计核算组织形式下,总分类账一般采用不设"对方科目"的三栏式。各种明细分类账应根据所记录的经济业务内容和经营管理上的要求,采用三栏式、数量金额式或多栏式。

3. 科目汇总表的编制方法

科目汇总表,又称记账凭证汇总表,是根据一定时期内所有的收款凭证、付款凭证和转账凭证,按照相同的会计科目进行归类,定期(一般每隔5天或每旬)汇总编制的一种表格(见表10-1)。

表10-1　科目汇总表

单位:元

会计科目	账页	自1日至10日		自11日至20日		自21日至31日		本月合计	
		借方	贷方	借方	贷方	借方	贷方	借方	贷方
银行存款 … …		571 900	283 080	10 640	388 300	510 860	242 572	1 283 400	913 952
合计									

科目汇总表的编制一般采用"两次归类汇总法",即分别归类计算出全部记账凭证的会计科目的借方发生额合计数和贷方发生额合计数后,再分别填列在科目汇总表中相应会计科目栏的借方发生额和贷方发生额中。对于现金账户和银行存款账户,也可根据现金日记账和银行存款日记账的本期收支数填列。此外,由于借贷记账法的记账规则是"有借必有贷,借贷必相等",所以在科目汇总表内,全部借方发生额合计数与全部贷方发生额合计数相等。登记总账时,只需要根据科目汇总表中各个会计科目的本期借方发生额和贷方发生额,分次或月末一次记入总分类账的相应账户的借方或贷方即可。

4. 科目汇总表核算组织形式的账务处理程序

(1)根据原始凭证或原始凭证汇总表填制收款、付款、转账等记账凭证。

(2)根据收款、付款凭证逐笔登记现金日记账和银行存款日记账。

(3)根据各种记账凭证及其所附的原始凭证或原始凭证汇总表登记各种明细分类账。

(4)根据各种记账凭证定期编制科目汇总表。

(5)根据科目汇总表登记各种总分类账。

(6)月终,将现金日记账、银行存款日记账的余额和各种明细分类账户余额或余额的合计数,分别与对应的总分类账户的余额核对相符。

(7)月终,根据核对无误的总分类账和各种明细分类账的记录编制会计报表。

科目汇总表核算组织形式的账务处理程序如图10-2所示。

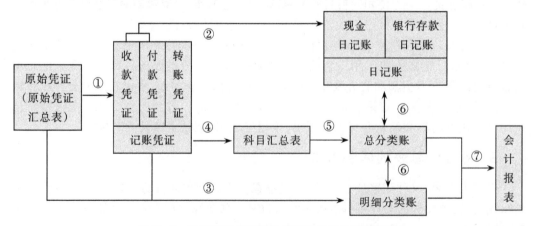

图10-2　科目汇总表核算组织形式的账务处理程序

5.科目汇总表核算组织形式的优缺点及适用范围

科目汇总表核算组织形式与记账凭证核算组织形式相比,登记总分类账的工作量大大地减少了,并且汇总的方法简便易行,还能起到试算平衡的作用。然而,科目汇总表核算组织形式中不能反映账户之间的对应关系,所以不便于分析和检查经济业务的来龙去脉。

科目汇总表核算组织形式,在实际工作中应用范围比较广,尤其适用于经营规模较大、经济业务较多的企事业单位。

第4节　汇总记账凭证核算组织形式

1. 汇总记账凭证核算组织形式的定义

汇总记账凭证核算组织形式,是一种根据记账凭证定期编制汇总记账凭证,并据以登记总分类账的会计核算组织形式。

汇总记账凭证核算组织形式与科目汇总表核算组织形式的账务处理程序相似,它的主要特点是先定期(一般每隔5天或每旬)地将全部的记账凭证汇总编制成各种汇总记账凭证,然后根据这些汇总记账凭证登记各有关总分类账。

2. 汇总记账凭证核算组织形式的凭证和账簿设置

采用汇总记账凭证核算组织形式时,需要设置的凭证除了一般意义上的收款凭证、付款凭证和转账凭证外,还应该包括汇总收款凭证、汇总付款凭证和汇总转账凭证三种汇总记账凭证。由于汇总记账凭证是根据各种记账凭证填制的,因此其格式也应与记账凭证一样,采用专用格式的凭证,而不宜采用通用格式的凭证。对于专用汇总记账凭证,现金、银行存款的汇总收款凭证应分别以现金和银行存款账户的借方来设置;现金、银行存款的汇总付款凭证应分别以现金和银行存款账户的贷方来设置;汇总转账凭证则应按照有关账户的贷方设置。

汇总记账凭证核算组织形式所设置的账簿仍包括现金日记账、银行存款日记账,各种明细分类账和总分类账三种。现金日记账、银行存款日记账和总分类账的格式一般采用三栏式;明细分类账的格式则应根据单位经营管理上的需要来设置,可选用三栏式、多栏式或数量金额式。

3. 汇总记账凭证的编制方法

各种汇总记账凭证汇总的期限一般不应超过10天,每月至少汇总3次,每月填制1张,月终计算出合计数,据以登记总分类账。

3.1 汇总收款凭证的编制

汇总收款凭证是根据一定时期全部收款凭证汇总编制的凭证。收款凭证按借方科目分类,分为现金收款凭证和银行存款收款凭证。依据收款凭证编制的汇总收款凭证也分为汇总现金收款凭证和汇总银行存款收款凭证。收款凭证的借方科目只有现金和银行存款两个,如果按其借方科目设置汇总记账凭证,可以减少汇总记账凭证的张数,因此汇总收款凭证按借方设置凭证,按贷方科目归类汇总编制。具体编制方法是:

(1)设置汇总现金收款凭证和汇总银行存款收款凭证两张汇总凭证。

(2)分别将与现金和银行存款对应的贷方科目归类汇总。

(3)加总各贷方科目的本期合计数,据以登记总分类账,即一方面登记在"现金"或"银行存款"账户的借方,另一方面登记在有关对应账户的贷方。

银海企业20×8年10月汇总银行存款收款凭证如表10-2所示。

表10-2 汇总收款凭证

借方科目:银行存款　　　　　　　　　　20×8年10月　　　　　　　　　　汇收第01号

贷方科目	金额				总账页次	
	1—10日收款凭证	11—20日收款凭证	21—31日收款凭证	合计	借方	贷方
实收资本	400 000			400 000		
短期借款	90 000			90 000		
长期借款	81 900			81 900		
预付账款		10 640		10 640		
固定资产清理			8 200	8 200		
其他业务收入			21 060	21 060		
应收股利			13 600	13 600		
主营业务收入			468 000	468 000		
合计	571 900	10 640	510 860	1 093 400		

3.2 汇总付款凭证的编制

汇总付款凭证是根据一定时期全部付款凭证汇总编制的凭证。付款凭证按贷方科目分类,分为现金付款凭证和银行存款付款凭证。依据付款凭证编制的汇总付款凭证也分为汇总现金付款凭证和汇总银行存款付款凭证。付款凭证的贷方科目只有现金和银行存款两个,如果按其贷方科目设置汇总记账凭证,可以减少汇总记账凭证的张数,因此汇总付款凭证按贷方设置凭证,按借方科目归类汇总编制。具体编制方法是:

(1)设置汇总现金付款凭证和汇总银行存款付款凭证两张汇总凭证。

(2)分别将与现金和银行存款对应的借方科目归类汇总。

(3)加总各借方科目的本期合计数,据以登记总分类账户。

银海企业20×8年10月汇总银行存款付款凭证如表10-3所示。

表 10-3　汇总付款凭证

贷方科目：银行存款　　　　　　　　　　　20×8年10月　　　　　　　　　　　汇付第 01 号

借方科目	金额				总账页次	
	1—10日付款凭证	11—20日付款凭证	21—31日付款凭证	合计	借方	贷方
实收资本	20 000			20 000		
固定资产	161 900			161 900		
应付账款	30 000	58 500		88 500		
材料采购	30 000			30 000		
短期借款	6 180			6 180		
在建工程	15 000	1 200		16 200		
预付账款	20 000			20 000		
长期股权投资		200 600		200 600		
交易性金融资产		20 000		20 000		
库存现金		108 000		108 000		
管理费用			23 000	23 000		
销售费用			13 000	13 000		
财务费用			1 300	1 300		
应交税费			168 272	168 272		
应付股利			37 000	37 000		
合计	283 080	388 300	242 572	913 952		

3.3　汇总转账凭证的编制

汇总转账凭证是根据一定时期全部转账凭证汇总编制的凭证。转账凭证不像收款凭证或付款凭证那样借方或贷方的科目单一，可以按照其借方或贷方科目的规律设置汇总凭证，转账凭证的借方或贷方均无规律可循。为了避免混乱，规定汇总转账凭证一律按照贷方科目设置，按照借方科目归类汇总。具体编制方法是：

(1)按照转账凭证的贷方科目设置若干张汇总转账凭证。

(2)分别将与贷方科目对应的借方科目归类汇总。

(3)加总各借方科目的本期合计数。

如果某一贷方科目的转账凭证数量不多，可以不编制汇总转账凭证，以转账凭证代替汇总转账凭证。如企业一般一个月只提取一次固定资产折旧，相应地填制一张折旧的转账凭证，此时如果再据此编制汇总转账凭证，反而增加了会计处理的工作量。为简化核算，可以不再编制汇总转账凭证，而以转账凭证代替汇总转账凭证。

银海企业20×8年10月汇总转账凭证与总分类账如表10-4、表10-5所示（我们仅以"银行存款"账户为例，说明如何根据汇总记账凭证登记总分类账）。

表10-4 汇总转账凭证

贷方科目：　　　　　　　　　　　　　20×8年10月　　　　　　　　　　　　　汇转第　　号

借方科目	金额				总账页次	
	1—10日 转账凭证	11—20日 转账凭证	21—31日 转账凭证	合计	借方	贷方
合计						

表10-5 总分类账

会计科目：银行存款　　　　　　　　　　20×8年10月

20×8年		凭证		摘要	对方科目	借方	贷方	借或贷	余额
月	日	字	号						
10	1			期初余额		190 000		借	
10	31	银汇收	01		实收资本	400 000			
					短期借款	90 000			
					长期借款	81 900			
					预付账款	10 640			
					固定资产清理	8 200			
					其他业务收入	21 060			
					应收股利	13 600			
					主营业务收入	468 000			
		银汇付	01		实收资本		20 000		
					固定资产		161 900		
					应付账款		88 500		
					材料采购		30 000		
					短期借款		6 180		
					在建工程		16 200		
					预付账款		20 000		
					长期股权投资		200 600		
					交易性金融资产		20 000		
					库存现金		108 000		
					管理费用		23 000		
					销售费用		13 000		
					财务费用		1 300		
					应交税费		168 272		
					应付股利		37 000		
合计						1 283 400	913 952	借	369 448

4.汇总记账凭证核算组织形式的账务处理程序

（1）根据有关的原始凭证或原始凭证汇总表填制收款凭证、付款凭证和转账凭证。

（2）根据收款凭证、付款凭证逐日逐笔登记现金日记账和银行存款日记账。

（3）根据收款凭证、付款凭证和转账凭及其所附的原始凭证或原始凭证汇总表登记各种明细分类账。

（4）根据收款凭证、付款凭证和转账凭证定期（一般每隔5天或每旬）汇总编制汇总记账凭证，即汇总收款凭证、汇总付款凭证和汇总转账凭证。

（5）根据定期编制的各种汇总记账凭证登记有关总分类账户。

（6）月终，将现金日记账、银行存款日记账的余额和各种明细分类账户的余额或余额的合计数，分别与总分类账中的有关账户余额核对相符。

（7）月终，根据核对无误的总分类账和各种明细分类账的资料编制会计报表。

汇总记账凭证核算组织形式的账务处理程序如图10-3所示。

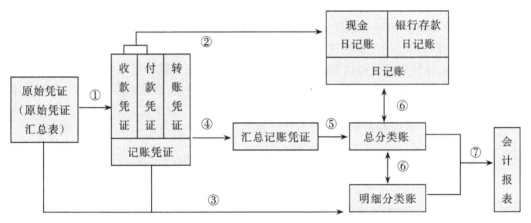

图 10-3　汇总记账凭证核算组织形式的账务处理程序

5. 汇总记账凭证核算组织形式的优缺点及适用范围

采用汇总记账凭证核算组织形式的优点是，大大简化了总分类账的登记手续，从而节约了会计核算工作中的人力和物力投入，使企业在信息的提供方面更加符合效益大于成本的原则。尤其在经济业务繁多的大中型企业，更加容易发挥它的分析和简化作用。此外，汇总记账凭证在进行账户归类汇总时能保持原有的会计账户之间的对应关系，以反映出各种经济业务的来龙去脉，便于企业对经济业务进行分析、检查和查找错账。其缺点是，汇总的工作量较大，并且，在编制汇总记账凭证的过程中，容易常发生遗漏或重复。

汇总记账凭证核算组织形式比较适合于经营规模较大、经济业务较多的大中型企事业单位。

第5节　日记总账核算组织形式

1. 日记总账核算组织形式的定义

总分类账一般采用订本式账簿。总分类账的账页格式,一般采用"借方""贷方""余额"三栏式,根据实际需要,也可以在"借方""贷方"两栏内增设"对方科目"栏。总分类账的账页格式,也可以采用多栏式,如把序时记录和总分类记录结合在一起的联合账簿,即日记总账。

日记总账既有日记账的特点,又有总分类账的作用,是将日记账同总分类账相结合的账簿。日记总账将所有分类科目都集中在一张总分类账页上,对所有的经济业务按发生的时间先后顺序进行序时记录,并且根据业务的性质,按科目的对应关系进行总分类账的登记。

2. 日记总账核算组织形式的凭证和账簿设置

在日记总账核算组织形式下,需设置的凭证也应包括收款凭证、付款凭证和转账凭证,格式一般也采用专用凭证格式。而其需设置的账簿有:多栏式现金日记账、多栏式银行存款日记账、各种明细分类账和总分类账。在现金、银行存款日记账中需要设置专栏的对应账户较多时,可以分别设置现金收入、现金支出,银行存款收入、银行存款支出等四本日记账。总分类账可以按全部账户开设账页,这种总分类账称为汇总式总账,其账页格式一般采用三栏式。明细分类账的设置与前几种会计核算组织形式一样,在此不再赘述。

3. 日记总账核算组织形式下账簿的登记方法

日记总账的登记方法有两种:其一,在现金日记账和银行存款日记账采用三栏式的情况下,根据各种会计凭证逐日逐笔登记日记总账。其二,在现金日记账和银行存款日记账采用多栏式的情况下,根据转账凭证逐日逐笔登记日记总账,并于月末根据多栏式现金日记账和银行存款日记账汇总登记日记总账,这时的日记总账实质上是转账日记账同总分类账相结合的账簿。

4. 日记总账核算组织形式的账务处理程序

在现金日记账和银行存款日记账采用三栏式账页格式的情况下,日记总账核算组织形式的内容一般包括以下六个方面:

(1)根据有关的原始凭证或原始凭证汇总表填制收款凭证、付款凭证和转账凭证。

(2)根据记账凭证中的收款凭证和付款凭证登记三栏式现金日记账和银行存款日记账。

(3)根据原始凭证或原始凭证汇总表和记账凭证登记有关的明细分类账。

(4)根据各种记账凭证登记日记总账。

(5)定期将日记账和明细分类账同日记总账进行核对。

(6)定期根据日记总账和明细分类账编制会计报表。

在现金日记账和银行存款日记账采用三栏式账页格式的情况下,日记总账核算组织形式的账务处理程序如图10-4所示。

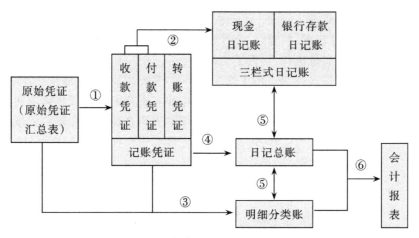

图 10-4　日记总账核算组织形式的账务处理程序(一)

在现金日记账和银行存款日记账采用多栏式账页格式的情况下,日记总账核算组织形式的内容一般包括以下六个方面:

(1)根据有关的原始凭证或原始凭证汇总表填制收款凭证、付款凭证和转账凭证。

(2)根据记账凭证中的收款凭证和付款凭证登记多栏式现金日记账和银行存款日记账。

(3)根据原始凭证或原始凭证汇总表和记账凭证登记有关的明细分类账。

(4)根据各种记账凭证登记日记总账。

(5)定期将日记账和明细分类账同日记总账进行核对。

(6)定期根据日记总账和明细分类账编制会计报表。

在现金日记账和银行存款日记账采用多栏式账页格式的情况下,日记总账核算组织形式的账务处理程序如图10-5所示。

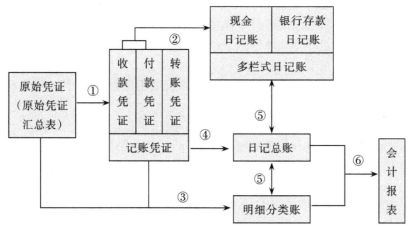

图 10-5　日记总账核算组织形式的账务处理程序(二)

5. 日记总账核算组织形式的优缺点及适用范围

日记总账核算组织形式的优点是,由于收款业务、付款业务都是通过三栏式或多栏式日记账汇总后登记总分类账的,因此在一定程度上加强了核算资料的清晰性,同时又起到了简化总账登记工作的作用。此外,日记总账核算组织形式也便于会计人员的分工和协作。其缺点则是,在业务较多、较复杂,会计账户设置较多的企业里,日记账的专栏栏次势必较多,账页过长,记账容易串行,不便于记账。

日记总账核算组织形式一般适用于规模较小、业务比较简单、使用的会计科目较少的单位。在应用日记总账核算组织形式时,应定期结出各账户的本期发生额和期末余额,并进行试算平衡,不必再编制试算平衡表。在采用多栏式现金和银行存款日记账的情况下,应加强现金和银行存款的核对工作,确保现金日记账和银行存款日记账记录的正确性。

 本章小结

会计核算组织形式也称账务处理程序或会计核算组织程序,它是指在会计循环中,会计主体采用的会计凭证、会计账簿、会计报表的种类和格式与记账程序有机结合的方法和步骤。一般说来,根据什么登记总分类账户,就称其为什么会计核算组织形式。也就是说,登记总分类账户的依据和方法决定了会计核算组织形式的种类。目前在实际工作中常用的会计核算组织形式有记账凭证核算组织形式、科目汇总表核算组织形式、汇总记账凭证核算组织形式和日记总账核算组织形式。

记账凭证核算组织形式是指根据经济业务发生以后所填制的各种记账凭证直接逐笔登记总分类账,并定期编制会计报表的一种会计核算组织形式。记账凭证核算组织形式是一种最基本的核算组织形式。记账凭证核算组织形式的特点是:直接根据各种记账凭证逐笔登记总分类账。一般记账凭证核算组织形式只适用于规模较小、经济业务量比较少、会计凭证不多的会计主体。

科目汇总表核算组织形式的特点是定期根据所有记账凭证汇总编制科目汇总表,根据科目汇总表上的汇总数字登记总分类账。科目汇总表核算组织形式的适用范围比较广,尤其适用于经营规模较大、经济业务较多的企事业单位。

汇总记账凭证核算组织形式的特点是:定期将全部记账凭证分别编制汇总收款凭证、汇总付款凭证和汇总转账凭证,根据各种汇总记账凭证上的汇总数字登记总分类账。汇总记账凭证核算组织形式一般只适用于规模较大、经济业务较多、专用记账凭证也较多的会计主体。

日记总账核算组织形式的特点是:设置日记总账,根据记账凭证逐笔登记日记总账。日记总账核算组织形式一般只适用于规模较小、业务比较简单、使用的会计科目不多的会计主体。

本章重点提示

会计循环是指一个会计主体在一定的会计期间内,从经济业务(也称交易或事项)发生时取得或填制会计凭证起,到登记账簿、编制会计报表止的一系列处理程序,是按照划分的会计期间,周而复始进行的会计核算工作的内容。

记账凭证核算组织形式是一种最基本的核算组织形式,其他核算组织形式都是在此基础上发展演变而成的。

各种核算组织形式之间的主要区别在于登记总分类账的依据和方法不同,它们各有优缺点,使用范围不同。

 案例与分析

年初,已大学毕业的李新借款 7 000 元,自己出资 3 000 元,成立了"欣欣美术培训部"。因管理有方,培训部运营得很好。随后志同道合的同学王志合伙加入,承担不同的管理责任,为"欣欣"的下一步发展奠定了良好基础。至 7 月初,除去房租等各项费用,"欣欣"已获利近 70 000 元。李新随即归还了借款本金和利息 7 300 元。培训班前后主要发生了下列业务,并由会计张莉进行相应处理:

(1)2 月 3 日,李新在一家茶馆支出了 600 元请朋友小聚并帮之出谋划策。

(2)2 月 6 日,李新支出 500 元,印刷宣传广告单;支出 2 300 元,购置授课必备品和装饰培训部物品。

(3)3 月 10 日,李新从出纳处取得现金 1 000 元,给自家亲戚购买物品,会计张莉将 1 000 元计为培训部的办公费支出。

(4)3 月 12 日,培训部购入 2 台电脑及绘图仪,支付全部价款 12 000 元。会计张莉在付款时增加了当期管理费用。

(5)4 月 15 日,第一季度的报表仍未报出。

(6)5 月 20 日,会计张莉将王志为其父母购入的家具 3 000 元计入管理费用。

(7)6 月 3 日,培训部年初租入的教室用房,按合同规定已支付当年全部租金 30 000 元。会计张莉考虑到租金金额较大,故将 30 000 元列入了固定资产。

(8)6 月 23 日,培训部预收了两笔学员预交的第三季度学费 9 600 元,会计张莉将其作为本月收入处理。

(9)期末,李新和王志发现本年利润还不错,但同时也意味着要交不少的税,于是让会计张莉在账面上多列支了一些根本没有发生的费用,以达到降低利润、少交税的目的。

要求:

(1)请根据上述案例情况,谈谈你对此案例的看法,从中你是不是熟悉了会计方面的许多用语或术语?

(2)请对该培训部的会计的相关业务处理进行分析与评价。

10-3 案例与分析提示　　10-4 客观题通关测试　　10-5 实务题通关测试　　10-6 文章阅读

信以立志、信以守身、信以处世、信以待人，勿忘立信，当必有成。

第11章 会计法规体系与会计工作组织

 本章导航

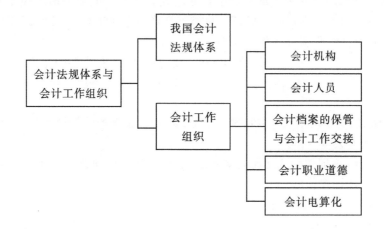

 知识目标

掌握会计法规的基本含义、会计法规体系的内容和作用；明确会计机构和会计人员的设置；了解会计人员的职责、会计岗位责任制、会计职业道德、会计电算化等基本内容。

 技能目标

熟悉在实际工作中科学进行会计工作组织的方法和基本内容，提高依法进行会计核算的自觉性。

 中英文关键词

会计准则：accounting standard　　　会计规范：accounting norm
会计法：accounting law　　　　　　会计制度：accounting system
职业道德：professional ethics　　　会计职业道德：accounting ethics

会计法律:accounting legislation　　　　电算化会计:computerized accounting

基本会计准则:basic accounting standard　原始记录:original records

具体会计准则:specific accounting standard

计量:measurement

会计基础工作:foundation work of accounting

会计职务:accountantship

会计日常工作:daily grind of accounting

会计定期工作:periodic work of accounting

会计机构:accounting organization　　　　会计人员素质:financial personal diathesis

会计观念:accountant conception　　　　会计师:accountant

会计师事务所:accountant's firm　　　　注册会计师:certified public accountant

 引导案例 ——————————————————

　　你了解会计业务的"游戏规则"吗?刚刚走上会计工作岗位的人如何才能胜任会计的工作,怎样才能顺当上手?实际上从事会计工作的第一步,就是掌握和了解会计业务的"游戏规则"——会计的法律规范、工作组织以及业务流程。没有规矩、不成方圆。

　　王勇是新达公司的销售员。新达公司设定了500 000元的销售限额,如果王勇的销售额超过了这一限额,就能得到奖金。同时,新达公司为每个销售员开设了独立的账户,在销售员与客户签订合同时贷记该销售人员的账户。在本月25日以前,王勇已经签署了380 000元的合同。

　　启隆公司处于破产的边缘,该公司在26日与王勇联系,希望能安装一台新达公司的产品。王勇预计这一合同能为公司带来160 000元的销售收入,而且加上这项销售之后,王勇就能获得超过限额的奖金。但是,王勇了解到启隆公司在安装本公司的产品后,将无法支付合同规定的款项,而且他还知道另外一个竞争对手因为这一原因已经拒绝给启隆公司安装这一产品。但王勇认为自己的任务就是销售产品,而收款则应当由其他人员负责,于是他与启隆公司签订了这一合同,并因此获得了奖金。王勇将有关的凭据交给了公司的会计,并将启隆公司的现状也做了部分说明,新达公司的会计与王勇持同样的观点。

　　问题:你认为王勇和公司会计的做法(想法)合理吗?你是否能为新达公司设计一套控制程序来阻止王勇的这种行为的发生?

11-1　教学课件

第1节　会计法规体系与会计工作组织概述

会计法规是一种标准,是管理会计工作的各种法律、法令、条例、规则、章程、制度等规范性文件的总称。会计法规是长期以来人们在会计实践活动中形成的,以一定的会计理论为基础,用来调整会计关系、规范会计活动的一系列明文规定的标准、范式。会计法规随着社会经济环境和会计的发展变化不断产生、完善,并形成了一个具有不同层次的互相关联、共同发挥作用的会计法规体系。

1. 会计法规的意义和种类

会计是一项综合性的经济管理工作,为了保证会计工作的顺利进行和会计任务的全面完成,会计工作必须有法可依,有章可循。制定和执行会计法规可以使会计工作符合预定的目标,有利于在经济活动中具体贯彻财经方针和政策,执行财经法律;有了完善的会计法规,便能保障会计人员依法行使职权,使其充分发挥会计人员的作用;有了完善的会计法规,会计工作才能有法可依,有章可循,从而保证会计工作有组织、有秩序地进行。

1.1　会计法规的重要作用

会计法规的重要作用体现在以下三个方面。

(1)实现会计信息生产的标准化。会计的目标是向信息使用者提供有助于其经济决策的信息,但由于会计信息使用者众多,不同的信息使用者的信息需求各不相同,而且外部的信息使用者和提供会计信息的企业存在着信息不对称,因此,如果不能对会计信息的产生加以约束,势必损害在信息占有中处于劣势一方的利益,甚至可能会误导信息使用者而对社会造成危害。

(2)为评价会计行为确定客观标准。会计信息对使用者而言具有重大经济后果,各会计信息使用者必然十分关注会计工作的质量,合理判断特定会计行为及其结果的对错、好坏,这就需要在全社会中建立一个基本一致的标准,对会计工作质量做出客观的评价。

(3)有利于维护社会经济秩序。全社会统一的会计法规体系是市场经济运行规则的一个重要组成部分,是社会各方从事与企业有关的经济活动和做出相应经济决策的重要基础。会计法规体系对于国家维护和保证财政利益、进行宏观经济调控、管理国有资产具有十分重要的意义。

1.2　会计法规的种类

我国会计法规按各法规之间的相互关系可分为以下三个层次。

第一层次是基本法,即《会计法》,它是会计工作的最高层次的规范,是指导会计工作的根本法,是制定其他会计法规的依据。该法由全国人民代表大会常务委员会制定,以国家主席令形式颁布。

第二层次是由国务院颁布的有关会计工作的行政法规,它是根据《会计法》的要求制定的,是对所有设在中华人民共和国境内的单位的会计核算工作均有约束力的规范,如《总会计师条例》《会计专业职务试行条例》等。《企业会计准则》也属于行政法规的范畴。

第三层次是会计准则指南,是用于指导会计人员进行具体工作的依据,包括设置的会计科目以及每一会计科目的核算内容。

会计法规按其内容可分为以下四类。

第一类是核算方面的法规,如《企业会计准则》《企业会计准则——应用指南》等;第二类是会计监督方面的法规;第三类是会计机构和会计人员方面的法规,如《会计专业职务试行条例》和《总会计师条例》等;第四类是会计工作管理方面的法规,如《会计档案管理方法》《会计电算化管理办法》等。

从法规的强制力角度来看,会计法规主要包括会计法律、行政法规和部门规章三个层次。

2. 会计工作组织的意义和要求

会计工作组织是完成会计工作任务、发挥会计工作作用的重要保证。正确组织会计工作,就是要求企业、事业、行政单位设置合理的会计机构,配备适当的会计人员以及建立和执行各项会计制度,以达到加强管理的要求。

2.1 会计工作组织的意义

从广义上讲,凡是与组织会计工作有关的事项都可以包括在会计工作组织之内。从狭义来讲,会计工作组织仅包括会计人员的配备、会计机构的设置、会计法规的制定与执行以及会计档案的保管。科学地组织会计工作,对全面完成会计任务、充分发挥会计在经济管理中的作用具有重要意义。

会计工作是一项严密、细致的经济管理工作。会计为经营管理所提供的会计信息,要通过填制会计凭证、登记会计账簿、编制财务报表等一系列方法及相应的手续和程序对数据进行记录、计算、分类、汇总、分析、检查等。会计数据的传输、加工在各种手续、各个步骤之间有着密切的联系。在实际工作中,往往由于某种手段的遗漏、某道工作程序的脱节或者某一数字的差错,造成会计信息不正确、不及时,从而贻误工作,甚至造成决策失误。科学地组织会计工作,使会计工作按照预先规定的手续和处理程序有条不紊地进行,可以有效地防止手续的遗漏、工作程序的脱节和数字的差错。即便出现上述问题,也能尽快查出和纠正。

会计工作是一项综合性的经济管理工作,和其他经济管理工作有着十分密切的联系。它们在加强科学管理、提高效益的共同目标下,相互补充,相互促进,相互影响。科学地组织会计工作,能使会计工作同其他经济管理工作更加协调,共同完成经济管理任务。

2.2 会计工作组织的要求

科学地组织会计工作,要遵循以下几项要求。

(1)按国家的统一要求组织会计工作

在社会主义市场经济条件下,会计所提供的会计信息,既要满足有关各方了解会计主体的财务状况、经营成果、财务收支情况以及加强内部经营管理的需要,还应当满足国家宏观经济管理的需要。据此,会计工作要由国家统一管理,按照"统一领导,分级管理"的原则建立会计工作的管理体系。《会计法》明确规定国务院财政部门管理全国的会计工作。

地方各级人民政府的财政部门管理本地区的会计工作。各企业、事业和行政等单位组织会计工作，必须符合国家会计工作的统一要求。

（2）根据各单位生产经营管理的特点来组织会计工作

国家对组织会计工作的统一要求，只是一般的原则性规定。每个会计主体的经济活动范围、业务内容不同，对会计信息的要求也有差别，各单位必须结合实际情况和具体要求，贯彻和落实国家的统一要求。因此，在会计机构的设置和会计人员的配备以及对统一的会计法规的执行等方面，都要结合本单位业务经营的特点和经营规模的大小等具体情况，做出切合实际的安排，确定具体实施方法。

（3）协调同其他经济管理工作的关系

会计工作是既有其独立的工作内容和范围，又与其他经济管理工作有着十分密切的联系。各单位发生的经济业务，都要通过会计进行反映和监督。会计工作同其他经济管理工作之间既有分工，又有协作，在组织会计工作时，要同其他各项经济管理工作互相协调、互相配合，共同完成经济管理任务。

（4）不断提高会计工作质量，关注工作效率，节约费用

会计信息应当符合国家宏观经济管理的要求，满足有关各方了解本单位财务状况、经营成果和财务收支情况的需要，满足本单位内部经营管理的需要。为了提供会计信息，会计人员要将日常发生的、大量的、错综复杂的经济业务，通过确认、计量、记录、报告等一系列程序和手续，转换为供有关各方利用的会计信息。这是一项严密而又细致的工作，需要精心设计，科学组织。会计信息质量不高，甚至出现差错或遗漏，都会造成不良的后果。因此，必须严密地组织会计工作，细致地规定和执行各项会计手续与工作程序。在保证会计工作质量的同时，也要注意提高会计工作效率，尽量节约会计工作时间和费用，要防止机构重叠、手续繁杂、重复劳动等不合理现象的发生。

第2节　我国会计法规体系的内容

经过新中国成立以来几十年的努力，特别是随着两次经济体制的重大改革，我国的会计法规建设取得了历史性的发展，已经基本形成了以《会计法》为中心、国家统一的会计制度为基础的相对完整的会计法规体系。

1. 会计法律

会计法律是指全国人民代表大会及其常务委员会经过一定立法程序制定的有关会计工作的法律，主要有《中华人民共和国会计法》（以下简称《会计法》）和《中华人民共和国注册会计师法》（以下简称《注册会计师法》）。《会计法》是会计法律制度中层次最高的法律规范，是制定其他会计法规的依据，也是指导会计工作的最高准则。

1.1 《会计法》

《会计法》是为了加强会计工作，保障会计人员依法行使职权，维护社会市场经济秩序，发挥会计工作在维护国家财政制度和财务制度、加强经济管理、提高经济效益中

的作用而制定的,是我国会计工作经验和会计理论研究成果的概括和总结。会计法是一项重要的经济法规,是会计工作的基本法,是制定其他一切会计法规、制度、方法、手续、程序等的依据,涉及会计工作的各个方面。我国的《会计法》经历了多次修改。1985 年 1 月 21 日第六届全国人民代表大会常务委员会第九次会议通过了《会计法》,自1985 年 5 月 1 日起施行。此后,1993 年 12 月 29 日第八届全国人民代表大会常务委员会第五次会议通过了《关于修改〈中华人民共和国会计法〉的决定》,对《会计法》进行第一次修正,1999 年 10 月 31 日第九届全国人民代表大会常务委员会第十二次会议对《会计法》进行修订,2017 年 11 月 4 日第十二届全国人民代表大会常务委员会第三十次会议通过了《关于修改〈中华人民共和国会计法〉等十一部法律的决定》,对《会计法》进行第二次修正,自 2017 年 11 月 5 日起施行。该法共七章五十二条,主要包括总则,会计核算,公司、企业会计核算的特别规定,会计监督,会计机构和会计人员,法律责任和附则等内容。

1.2 《注册会计师法》

《注册会计师法》于 1993 年经第八届全国人民代表大会常务委员会第四次会议通过,自 1994 年 1 月 1 日起施行。根据 2014 年 8 月 31 日第十二届全国人民代表大会常务委员第十次会议《关于修改〈中华人民共和国保险法〉等五部法律的决定》修正。该法共七章四十六条,包括总则、考试和注册、业务范围和规则、会计师事务所、注册会计师协会、法律责任和附则。

2. 会计行政法规

会计行政法规是指由国务院制定发布或者国务院有关部门拟订经国务院批准发布,调整经济生活中某些方面会计关系的法律规范,或者由省、自治区、直辖市人民代表大会及其常委会在与会计法律、会计行政法规不相抵触的前提下制定的地方性会计法规,主要包括:国务院发布的《企业财务会计报告条例》《总会计师条例》;经国务院批准,财政部发布的会计准则。

2.1 《企业财务会计报告条例》

《企业财务会计报告条例》由国务院于 2000 年 6 月 21 日发布,自 2001 年 1 月 1 日起施行。共六章四十六条,包括总则、财务会计报告的组成、财务会计报告的编制、财务会计报告的对外提供、法律责任和附则。

2.2 《总会计师条例》

《总会计师条例》由国务院于 1990 年 12 月 31 日发布,自发布之日起施行。共五章二十三条,包括总则、总会计师的职责、总会计师的权限、任免与奖惩和附则。

2.3 会计准则

会计准则是会计核算工作的基本规范,就会计核算的原则和会计处理方法及程序做出规定,为会计制度的制定提供依据。我国的会计准则体系包括企业会计准则和非企业会计准则两个方面。

（1）《会计法》与会计准则

《会计法》作为会计工作的基本法，概括性地规范了会计核算内容和要求、会计监督的原则等内容。会计法难以具体规范会计人员的行为，因此必须依据《会计法》制定会计准则。

会计准则是会计人员从事会计工作的规则和指南，按其使用单位的经营性质，可分为营利组织的会计准则和非营利组织的会计准则。按其所起的作用，可分为基本准则和具体准则。基本准则概括组织会计核算工作的基本前提和基本要求，说明会计核算工作的指导思想、基本依据、主要规则和一般程序。企业会计的账务处理程序、方法等都必须符合基本准则的要求。基本准则还是制定具体准则的主要依据和指导原则。具体准则涉及会计核算的具体业务，必须体现基本准则的要求，保证各具体准则之间的协调性、严密性及科学性。我国的会计准则体系包括企业会计准则和非企业会计准则两个方面。

（2）企业会计准则——基本准则

2006年2月15日，财政部发布了以1个基本原则、38个具体准则、若干应用指南为核心的企业会计准则体系（自2007年1月1日起施行），创造了既坚持中国特色又与国际准则趋同的会计准则制定模式，奠定了我国统一的会计核算平台。其中，基本准则是进行会计核算工作必须遵守的基本规范和要求；具体准则是对共性和特殊的经济业务的会计处理做出具体规定；应用指南对具体会计准则进行解释并提供会计科目及主要账务处理等内容。

（3）企业会计准则——具体准则

具体准则是按照基本准则的内容要求，针对各种经济业务做出的具体规定。它的特点是操作性强，可据以直接组织某项业务的核算，如固定资产、存货、借款费用等准则。

2014年、2017年、2018年、2019年，财政部、国家税务总局陆续修订、制定了多项具体会计准则，调整了增值税税率。

（4）非企业会计准则

非企业会计准则是企业之外的其他单位适用的会计准则，主要包括《事业单位会计准则》，其由财政部于2012年12月6日发布，自2013年1月1日起施行。共九章四十九条，包括总则、会计信息质量要求、资产、负债、净资产、收入、支出或者费用、财务会计报告和附则。

3. 会计规章

会计规章是指国务院财政部门根据《会计法》制定的关于会计核算、会计监督、会计机构和会计人员及会计工作管理的制度，包括规章和规范性文件，还有地方人民政府根据法律、法规授权，结合本地实际情况制定的在本行政区域内具有法律效力的规范性文件。其中，会计规章是根据《中华人民共和国立法法》规定的程序，由财政部制定，并由部门首长签署命令予以公布的制度，如《财政部门实施会计监督办法》。会计规范性文件是指主管全国会计工作的行政部门即国务院财政部门制定并发布的文件，如《企业会计制度》《会计基础工作规范》《金融企业会计制度》《小企业会计准则》《民间非营利组织会计制度》《政府会计准则》等，以及财务部与国家档案局联合发布的《会计档案管理办法》等。

第3节　会计机构

会计机构是组织会计工作的职能机构。合理设置会计机构是保证会计工作顺利进行的首要条件。

1. 会计机构的设置

企业、事业、行政等单位都要设置从事会计工作的专职机构。在我国,由于会计工作和财务工作都是综合性经济管理工作,它们之间的关系非常密切,因此通常把两者合并在一起,设置一个财务会计机构,如企业设置的财务会计科(处)或者财务科(处)等。所以,会计机构通常是指财务会计部门。

为了保证会计工作顺利进行和充分发挥其作用,各企业、事业、行政等单位一般都应单独设置会计机构。一些规模小、会计业务简单的单位,如果不单独设置会计机构,则要在有关机构中设置会计人员并指定会计主管人员,以保证会计工作的正常进行。一些规模大、会计业务复杂且量大的单位,可根据"统一领导,分级管理"的原则,在单位内部设置各级、各部门的会计组织。各单位可以根据会计业务量的大小,单独设置会计组织或设会计人员。

基层单位的会计机构,一般称为会计(财务)处、科、股、组等。各单位的会计机构,在行政领导人的领导下开展会计工作。设置总会计师的单位,其会计机构由总会计师直接领导,同时也接受上级财务会计部门的指导和监督。

各级主管部门一般设置会计(财务)司、局、处、科。这些会计机构负责组织、领导和监督所辖单位的会计工作。它们的主要任务是:根据国家统一会计法规、制度的要求,制定本系统适用的会计法规、制度的实施细则;审批所辖单位的会计报表,汇总编制本系统的汇总会计报表;检查和指导所辖单位的会计工作;总结并组织交流所辖单位会计工作的先进经验;核算本部门与财政机关以及上下级之间有关款项缴拨的会计事项;等等。

会计机构是一个综合性经济管理部门,它和单位内部其他各职能部门、各生产经营业务单位的工作有着十分密切的联系,相互促进,相互制约。因此,会计机构要主动为其他各职能部门、各业务单位服务,并与其他各职能部门和业务单位共同做好会计工作,完成会计任务。

会计机构要接受上级管理机构即国家财政、税务和审计等部门的指导与监督,并按规定向它们报送会计报表。

2. 会计机构的组织形式

会计机构的组织形式一般有独立核算机构、半独立核算机构和报账单位。

2.1　独立核算机构

实行独立核算的企业必须具备一定的条件,通常要有一定的自有资金,有独立经营自主权,能够编制计划,单独计算盈亏,单独在银行开户,并在工商行政部门注册登记。

实行独立核算单位的核算组织形式可分为集中核算和分散核算两种。

(1)集中核算是把整个单位的会计工作主要集中在会计部门进行。单位内部的其他部门和下属单位只对其发生的经济业务填写原始凭证或原始凭证汇总表,送交会计部门审核,会计人员据以填制记账凭证,登记有关账簿,编制会计报表。集中核算的优点是可以减少核算环节,简化核算手续,有利于掌握全面经营情况和精减人员。

(2)分散核算又称非集中核算,是将会计工作分散在各有关部门进行,各会计部门负责本单位范围内的会计工作,单位内部会计部门以外的其他部门和下属单位,在会计部门的指导下,对本部门或本单位的经济业务进行核算。

一个单位实行集中核算还是非集中核算,主要取决于经营管理的需要,如果该单位内部要实行内部经济核算制,需要实行分级管理,分级核算,就应实行集中核算,这有利于各部门及时利用核算资料进行日常考核和分析,因地制宜地解决生产、经营管理上的问题。如果该单位规模较小,经济业务不多,实行集中核算可以减少核算层次,精简机构,减少会计人员。

2.2 半独立核算机构

独立核算企业下属的分厂、分部、分公司,若其规模比较大,生产、经营上具有一定的独立性,但不具备完全独立核算的某些必要条件,如没有独立的资金、不能在银行单独开户等,就实行半独立记账并编制会计报表,然后将会计报表送会计部门汇总。其优点是能使部门负责人和职工及时掌握生产成本和财务成果,便于动员职工参与企业管理。

2.3 报账单位

报账单位是指企业内部不单独计算盈亏,只记录和计算几个主要指标,进行简易核算,以考核其工作质量的单位和部门。这些单位和部门平时只向上级领取备用金,定期向上级报销,所有收入全部解缴上级,由财会部门集中进行核算。

3. 会计机构内部的岗位设置

会计机构内部要进行合理的分工,建立与健全岗位责任制。大中型企业工作内容比较繁杂,一般有资金核算,成本、费用核算,销售、利润核算,内部稽核及综合编表等工作,需要配备会计员、出纳员、成本员、稽核员、综合员等进行分工合作。在这些单位中,可以根据业务繁简程度设置专业科,但必须严格执行岗位责任制。会计人员不多的会计部门,可以根据工作内容划分各个会计人员的职权范围,使其各司其职,各负其责。会计机构的岗位责任制,亦称会计人员岗位责任制,就是在会计机构内部按照会计工作的内容和会计人员的配备情况,将会计机构工作划分为若干个岗位,进行合理的分工,并为每个岗位规定职责和要求,使每项会计工作都有专人负责,每位会计人员都能明确自己的职责的一种责任管理制度。

各单位应本着有利于加强会计管理,改进工作作风,提高工作效率,以及有利于分清职责,考核干部的要求,建立与健全会计机构岗位责任制。各单位建立会计机构的岗位责任制,要同本单位的经济责任制相联系,实行以责定权,权责明确,严格考核,有奖有惩。实践证明,建立会计机构岗位责任制,有利于使每一项会计工作都有专人负责,每一个会计人员都有明确的职责,办事有要求,工作有经验。这样做,可以加强会计管理,提高工作效率,保证会计工作有秩序地进行,并且有利于考核会计人员的工作成绩。

《会计基础工作规范》第十一条规定,会计工作岗位一般可分为:会计机构负责人或者会计主管人员,出纳,财产物资核算,工资核算,成本费用核算,财务成果核算,资金核算,往来结算,总账报表,稽核,档案管理,等等。开展会计电算化和管理会计的单位,可以根据需要设置相应工作岗位,也可以与其他工作岗位相结合。这些岗位可以一人一岗、一人多岗或一岗多人,各单位可以根据自身特点具体确定。同时,为贯彻内部牵制原则,出纳人员不得兼管稽核、会计档案保管及收入、费用、债权债务账目的登记工作。在较大规模的单位中,会计业务量大,会计人员较多,会计机构内部可以按经济业务的类别划分岗位,设立若干职能组,分别负责各项业务工作。如设立综合财务组、工作组、资金组、会计组等,并按分管的业务明确职责要求。有些单位按经济业务和会计方法相结合的原则进行分工,设置资金核算组、成本核算组、综合报表组、审核分析组和计划决策组等,以便发挥会计的职责作用。

实行会计人员岗位责任制,并不要求会计人员长期固定在某一工作岗位上,会计人员之间要分工并有计划地进行轮换,以便会计人员能够比较全面地了解和熟悉各项会计工作,提高业务水平,相互协作,提高工作效率,从而把会计工作做得更好。

4. 会计机构的内部控制制度和会计监督制度

内部控制就是在会计机构内部建立并健全稽核制度,对会计凭证、会计账簿、会计报表等会计资料的真实性和可靠性进行控制,包括账证、账账、账表、账实核对的控制,财产物资的采购、验收、保管、盘点、现金管理等方面的控制。

《会计法》规定,各单位应当建立、健全本单位内部会计监督制度。会计机构内部要有牵制制度,出纳人员不得兼管稽核、会计档案保管和收入、费用、债权、债务账目的登记工作。坚持账、钱、物分管,会计与出纳分管,经办与审批分管,以防止错误和弊端的产生。单位内部会计监督制度应当符合下列要求:

(1)记账人员与经济业务事项和会计事项的审批人员、经办人员、财物保管人员的职责权限应当明确,并相互分离、相互制约。即会计事项相关人员的职责权限应当明确,将失误、舞弊等问题控制到最低限度。

(2)重大对外投资、资产处置、资金调度和其他重要经济业务事项的决策与执行的相互监督、相互制约程序应当明确。

(3)财产清查的范围、期限和组织程序应当明确。

(4)对会计资料定期进行内部审计的办法和程序应当明确。

单位内部会计监督制度是一个单位为了保护其资产的安全完整,保证其经营活动符合国家法律、法规和内部规章要求,提高经营管理效率,防止舞弊,控制风险,而在单位内部采取的一系列相互联系、相互制约的制度和方法。单位内部会计监督制度的内容非常广泛,具有不同经济性质、经济规范、管理基础的单位对内部会计监督制度有不同的内容和要求,各单位应根据本单位管理的需要和实际情况,将《会计法》的规定加以具体化。

第4节　会计人员

会计人员是从事会计工作、处理会计业务、完成会计任务的人员。企业、事业、行政等单位都应根据实际需要配备一定数量的会计人员,这是做好会计工作的决定性因素。

为了充分发挥会计人员的积极性,使全体会计人员更好地完成会计工作任务,《会计法》和有关会计人员管理的法规对会计人员的职责和权限、专业技术职务、任免和奖惩等做了明确的规定。

1. 会计人员的职责和权限

1.1　会计人员的职责

会计人员的职责,概括起来就是及时提供真实可靠的会计信息,认真贯彻执行和维护国家财经制度与财经纪律,积极参与经营管理,提高经济效益。根据《会计法》的规定,会计人员主要有以下几方面职责。

(1)进行会计核算。会计人员要以实际发生的经济业务为依据开展记账、算账、报账工作,做到手续完备,内容真实,数字准确,账目清楚,日清月结,按期报账,如实反映财务状况、经营成果和财务收支情况,满足国家宏观经济管理,企业加强内部经营管理和有关各方了解本单位财务状况、经营成果、财务收支情况的需要。

进行会计核算,及时地提供真实可靠的、能满足有关各方面需要的会计信息,是会计人员最基本的职责,也是做好会计工作的最起码的要求。

(2)实行会计监督。各单位的会计机构、会计人员对本单位实行会计监督。会计人员对不真实、不合法的原始凭证,不予办理;对记载不准确、不完整的原始凭证,予以退回,要求更正、补充;发现账簿记录与实物、款项不符的时候,应当按照有关规定进行处理,无权自行处理的,应当立即向本单位行政领导人报告,请求查明原因,做出处理;对违反国家统一的财政制度、财务制度规定的收支,不予办理。

各单位必须接受审计机关、财政机关和税务机关依照法律和国家有关规定进行的监督,如实提供会计凭证、会计账簿、会计报表和其他会计资料以及有关情况的信息,不得拒绝、隐匿、谎报。

(3)拟定本单位办理会计事务的具体办法。国家制定的统一的会计法规只对会计工作管理和会计事务处理方法做出了一般规定。各单位要依据国家颁布的会计法规,结合本单位的特点和需要,建立、健全本单位内部的会计事项处理办法。例如,建立会计人员岗位责任制、内部牵制和稽核制度;制定分级核算、分级管理办法和费用开支报销手续办法等。

(4)参与拟订经济计划、业务计划,考核、分析预算、财务计划的执行情况。各单位编制的经济计划或业务计划是指导该单位经济活动或业务活动的主要依据,也是会计人员编制财务计划的重要依据。会计人员参与经济计划、业务计划的拟订,不仅有利于会计人员编制切实可行的财务计划,而且可以发挥会计人员联系面广泛、经济信息灵通的优势,使其在拟订经济、业务计划方面起到参谋作用。

会计人员通过会计核算和会计监督,可以考核、检查各项收支预算或财务计划的执行情况,提出进一步改善经营管理、提高经济效益的建议和措施。

(5)办理其他会计事务。发展经济离不开会计,经济越发展,社会分工越细,生产力水平越高,人们对经济管理的要求也就越高,作为经济管理的重要组成部分的会计也就越重要,越发展,会计事务也必然日趋丰富多样。例如,实行责任会计、经营决策会计、电算化会计等。

会计人员的职责是考核会计人员工作质量的重要标准。会计人员应守职尽责,努力做好会计核算、会计监督、会计分析、会计检查等各项会计工作,为社会主义建设事业服务。

1.2　会计人员的权限

为保障会计人员能够顺利地履行自己的职责,国家对他们赋予了必要的工作权限,主要有以下几方面。

(1)有权要求本单位有关部门、人员认真执行国家批准的计划、预算,遵守国家财政纪律和财务会计制度。如有违反法律、法规的情况,会计人员有权拒绝付款、拒绝报销和拒绝执行,并向本单位领导人报告。对于弄虚作假、营私舞弊、欺骗上级等违法乱纪行为,会计人员必须坚持拒绝执行,并向本单位领导人或上级机关、财政部门报告。

会计人员对于违反制度、法令的事项,不拒绝执行,又不向本单位行政领导人或上级财政部门报告的,应负连带责任。

(2)有权参与本单位编制计划,制定定额,签订经济合同,参加有关的生产、经营管理会议。单位行政领导人和有关部门对会计人员提出的有关财务开支和经济效果方面的问题与意见,要认真考虑,合理的意见要加以采纳。

(3)有权监督、检查本单位有关部门的财务收支、资金使用和财务保管、收发、计量、检验等情况。有关部门要提供资料,如实反映情况。

为了保障会计人员行使工作权限,各级领导和有关人员要予以支持。本单位行政领导人、上级机关和执法部门对会计人员反映的损害国家利益、违反财经纪律等问题,要认真及时地调查处理。如果反映的情况属实,单位行政领导人和上级机关不及时采取措施加以纠正的,由单位行政领导人和上级机关负责。如果有人对会计人员坚持原则、反映情况进行刁难、阻挠或打击报复,上级机关要查明情况,严肃处理,情节严重的,要给以党纪国法制裁。确立上述法律责任,就能从法律上保护并鼓励会计人员为维护国家利益、维护财政制度和财务制度、保护社会主义公共财产、加强经济管理、提高经济效益而坚持原则,履行自己的职责。

2. 会计人员应具备的条件

会计人员从事会计工作,应当符合下列要求:遵守《会计法》和国家统一的会计制度等法律、法规、制度;具备良好的职业道德;按照国家有关规定参加继续教育;具备从事会计工作所需要的专业能力。

为了合理使用会计人员,充分发挥会计人员的积极性和创造性,相关法律、制度规定,企业、事业和行政等单位的会计人员依靠学历、从事财务会计工作的年限、业务水平和工作成绩,并通过专业技术资格考试后,可以获得相关职称。目前会计人员职称分为助理会计师、会计师、高级会计师和正高级会计师。

2.1　助理会计师需具备的条件

(1)基本掌握会计基础知识和业务技能。

(2)能正确理解并执行财经政策、会计法律法规和规章制度。

(3)能独立处理一个方面或某个重要岗位的会计工作。

(4)具备国家教育部门认可的高中毕业(含高中、中专、职高、技校)以上学历。

2.2　会计师需具备的条件

(1)系统掌握会计基础知识和业务技能。

(2)掌握并能正确执行财经政策、会计法律法规和规章制度。

(3)具有扎实的专业判断和分析能力,能独立负责某领域会计工作。

(4)具备博士学位;或具备硕士学位,从事会计工作满1年;或具备第二学士学位或研究生班毕业,从事会计工作满2年;或具备大学本科学历或学士学位,从事会计工作满4年;或具备大学专科学历,从事会计工作满5年。

2.3　高级会计师需具备的条件

(1)系统掌握和应用经济与管理理论、财务会计理论与实务。

(2)具有较高的政策水平和丰富的会计工作经验,能独立负责某领域或一个单位的财务会计管理工作。

(3)工作业绩较为突出,有效提高了会计管理水平或经济效益。

(4)有较强的科研能力,取得一定的会计相关理论研究成果,或主持完成会计相关研究课题、调研报告、管理方法或制度创新等。

(5)具备博士学位,取得会计师职称后,从事与会计师职责相关的工作满2年;或具备硕士学位,或第二学士学位或研究生班毕业,或大学本科学历或学士学位,取得会计师职称后,从事与会计师职责相关的工作满5年;或具备大学专科学历,取得会计师职称后,从事与会计师职责相关的工作满10年。

2.4　正高级会计师需具备的条件

(1)系统掌握和应用经济与管理理论、财务会计理论与实务。

(2)政策水平高,工作经验丰富,能积极参与一个单位的生产经营决策。

(3)工作业绩突出,主持完成会计相关领域重大项目,解决重大会计相关疑难问题或关键性业务问题,提高单位管理效率或经济效益。

(4)科研能力强,取得重大会计相关理论研究成果或其他创造性会计相关研究成果,推动会计行业发展。

(5)一般应具有大学本科及以上学历或学士以上学位,取得高级会计师职称后,从事与高级会计师职责相关的工作满5年。

3. 会计人员的法律责任

3.1 违反《会计法》的法律责任

会计人员违反《会计法》的行为主要有：

(1)不依法设置会计账簿的；

(2)私设会计账簿的；

(3)未按照规定填制、取得原始凭证或者填制、取得的原始凭证不符合规定的；

(4)以未经审核的凭证为依据登记会计账簿或者登记会计账簿不符合规定的；

(5)随意变更会计处理方法的；

(6)向不同会计资料使用者提供的财务会计报告编制依据不一致的；

(7)未按照规定使用会计记录文字或者记账本位币的；

(8)未按照规定保管会计资料，致使会计资料毁损、灭失的；

(9)未按照规定建立并实施单位内部会计监督制度或者拒绝依法实施的监督或者不如实提供有关会计资料及有关情况的；

(10)任用会计人员不符合本法规定的。

会计人员有上述行为之一的，由县级以上人民政府财政部门责令限期改正，可以对单位并处3 000元以上5万元以下的罚款；对其直接负责的主管人员和其他直接责任人员，可以处2 000元以上2万元以下的罚款；属于国家工作人员的，还应当由其所在单位或者有关单位依法给予行政处分。

3.2 违反刑法的法律责任

(1)对于伪造、变造会计凭证、会计账簿或者编制虚假财务会计报告的行为，构成犯罪的，依法追究刑事责任。有前款行为，尚不构成犯罪的，由县级以上人民政府财政部门予以通报；可以对单位并处5 000元以上10万元以下的罚款，对其直接负责的主管人员和其他直接责任人员，可以处3 000元以上5万元以下的罚款；属于国家工作人员的，还应当由其所在单位或者有关单位给予撤职直至开除的行政处分；其中的会计人员，5年内不得从事会计工作。

(2)隐匿或者故意销毁依法应当保存的会计凭证、会计账簿、财务会计报告，构成犯罪的，依法追究刑事责任。有前款行为，尚不构成犯罪的，由县级以上人民政府财政部门责令限期改正，可以对单位并处5 000元以上10万元以下的罚款；对其直接负责的主管人员和其他直接责任人员，可以处3 000元以上5万元以下的罚款；属于国家工作人员的，还应当由其所在单位或者有关单位给予撤职直至开除的行政处分；其中的会计人员，5年内不得从事会计工作。

(3)授意、指使、强令会计机构、会计人员及其他人员伪造、变造会计凭证、会计账簿，编制虚假财务会计报告或者隐匿、故意销毁依法应当保存的会计凭证、会计账簿、财务会计报告，构成犯罪的，依法追究刑事责任；尚不构成犯罪的，可以处5 000元以上5万元以下的罚款；属于国家工作人员的，还应当由其所在单位或者有关单位依法给予降级、撤职、开除的行政处分。

第5节　会计档案的保管与会计工作交接

会计档案是指会计凭证、会计账簿和会计报表等会计核算专业资料,它是记录和反映经济业务的重要原始资料和证据。会计档案是国家档案的重要组成部分,也是单位的重要档案之一,各单位必须加强对会计档案管理的领导,建立和健全会计档案的立卷、归档、保管、调阅和销毁等管理制度,切实把会计档案管好。会计人员要按照国家和上级关于会计档案管理办法的规定和要求,对本单位的各种会计凭证、会计账簿、会计报表、财务计划、单位预算和重要的经济合同等会计资料,定期收集,审查核对,整理立卷,编制目录,装订成册。

1. 会计档案保管的基本要求

会计凭证是重要的经济资料和会计档案,任何单位在完成经济业务手续和记账之后,必须按规定的立卷归档制度形成会计档案资料。会计部门在记账以后,应定期(每天、每旬、每月)对各种会计凭证加以分类整理,将各种凭证按照编号顺序,连同所附的原始凭证折叠整齐,加具封面、封底装订成册,并在装订线上加贴封签。在封面上,应写明单位名称、年度、月份、日期、记账凭证的种类、起讫号数以及记账凭证和原始凭证的张数,并在封签处加盖会计主管的骑缝图章。如果采用单式记账凭证,在整理装订凭证时,必须保持会计记录的完整。为此,应按凭证号顺序装订成册,不得按会计科目归类装订。对各种重要的原始凭证以及各种需要随时查阅和退回的单据,应另编目录,单独登记保管,并在有关的记账凭证和原始凭证上相互注明日期和编号。某些记账凭证所用的原始凭证数量过多,也可以单独装订保管,但应在封面上注明所属记账凭证的日期、编号、种类,同时在有关的记账凭证上注明"附件另附"和原始凭证名称、编号,以便参考。

会计账簿同会计凭证一样,也是重要的会计档案,各单位的会计人员在年度终了后应将已更换的各种活页式账簿、卡片式账簿以及必要的备查账簿连同账簿使用登记表装订成册,加上封面,统一编号,由相关人员签章后,与订本式账簿一起归档保管。

会计报表也是重要的会计档案,各单位的会计人员在年度终了后应将全年编制的会计报表按时间先后顺序整理、装订成册,并加上封面,归档保存。

2. 会计档案的造册归档

每年的会计凭证、账簿、报表都应由财务会计部门按照归档的要求,负责整理立卷或装订成册,当年的会计档案,在会计年度终了后,可暂由本单位财务会计部门保管1年,期满后,原则上应由财务会计部门编造清册移交本单位的档案部门保管。财务会计部门和经办人员必须将应归档的会计档案全部移交档案部门,不得自行封包保存,档案部门必须按期点收。档案部门接收的会计档案,原则上要保持原卷册的封装。个别需要拆封重新整理的,应当会同原财务会计部门和经办人共同拆封整理,以分清责任。严格执行安全和保密制度,不得随意堆放,严防毁损、散失和泄密。

3. 制定使用、借阅手续

各单位对会计档案必须进行科学管理,做到妥善保管,存放有序,查找方便,并积极供本单位使用。各单位保存的会计档案不得借出。如有特殊需要,经本单位负责人批准,可以提供查阅或者复制,并办理登记手续。应设置"会计档案调阅登记簿"详细登记调阅日期、调阅人、调阅理由、归还日期等。本单位人员调阅会计档案,需经会计主管人员同意。外单位人员调阅会计档案要有正式介绍信,经单位领导批准。向外单位提供会计档案时,档案原件原则上不得借出,如有特殊需要,需报经上级主管单位批准,并应限期归还。调阅人员未经批准不得擅自摘录有关数字,遇特殊情况需要影印复制会计档案的,必须经过本单位领导批准,并在"会计档案调阅登记簿"上详细记录会计档案影印复制的情况。查阅或者复制会计档案的人员,严禁在会计档案上涂画、拆封和抽换。

4. 严格遵守保管期限和销毁程序的规定

各种会计档案的保管期限,根据其特点,分为永久、定期两类。定期保管期限分为10年和30年。会计档案保管期限和销毁办法,由国务院财政部门会同有关部门制定。目前的企业会计档案保管期限如表11-1所示。

表11-1 企业和其他组织会计档案保管期限表

序号	档案名称	保管期限	备注
一	会计凭证		
1	原始凭证	30年	
2	记账凭证	30年	
二	会计账簿		
3	总账	30年	
4	明细账	30年	
5	日记账	30年	
6	固定资产卡片		固定资产报废清理后保管5年
7	其他辅助性账簿	30年	
三	财务会计报告		
8	月度、季度、半年度财务会计报告	10年	
9	年度财务会计报告	永久	
四	其他会计资料		
10	银行存款余额调节表	10年	
11	银行对账单	10年	
12	纳税申报表	10年	
13	会计档案移交清册	30年	
14	会计档案保管清册	永久	

续表

序号	档案名称	保管期限	备注
15	会计档案销毁清册	永久	
16	会计档案鉴定意见书	永久	

保管期满后,需要销毁。销毁时必须严格执行会计档案保管的规定,任何人不得随意销毁。按规定销毁会计凭证时,必须开列清单,报经批准后,由档案部门和财务会计部门共同派员监销。各级主管部门销毁会计凭证时,还应由同级财政部门、审计部门派员参加监销。各级财政部门销毁会计凭证时,由同级审计机关派员监销。在销毁会计凭证前,监督销毁人员应认真清点核对,销毁后,在销毁清册上签名盖章,并将监销情况报告给本单位负责人。

但是,以下情形除外:

(1)保管期满但未结清的债权债务原始凭证和涉及其他未了事项的原始凭证,不得销毁,应单独抽出立卷,保管到未了事项完结时为止。单独抽出立卷的会计档案,应当在会计档案销毁清册和会计档案保管清册中列明。

(2)正在项目建设期间的建设单位,其保管期满的会计档案不得销毁。

采用电子计算机进行会计核算的单位,应当打印出纸质会计档案。具备采用磁带、磁盘、光盘、微缩胶片等存储介质保存会计档案条件的,由国务院业务主管部门统一规定,并报财政部、国家档案局备案。

单位因撤销、解散、破产或者其他原因终止的,在终止和办理注销登记手续之前形成的会计档案,应当由终止单位的业务主管部门或财产所有者代管或移交有关档案馆代管。法律、行政法规另有规定的,从其规定。

单位分立后原单位存续的,其会计档案应当由分立后的存续方统一保管,其他方可查阅、复制与其业务相关的会计档案;单位分立后原单位解散的,会计档案应当经各方协商后由其中一方代管或移交档案馆代管,各方可查阅、复制与其业务相关的会计档案。单位分立中未结清的会计事项所涉及的原始凭证,应当单独抽出由业务相关方保存,并按规定办理交接手续。

5. 会计工作交接

会计人员工作调动或者因故离职,必须将本人所经管的会计工作全部移交给接替人员。没有办清交接手续的,不得调动或者离职。接替人员应当认真接管移交工作,并继续办理移交的未了事项。

会计人员办理移交手续前,必须及时做好以下工作:

(1)已经受理的经济业务事项尚未填制会计凭证的,应当填制完毕。

(2)尚未登记的账目应当登记完毕,结出余额,并在最后一笔余额后加盖经办人员印章。

(3)整理应移交的各项会计资料,对未了事项写出书面材料;会计机构负责人(会计主管人员)办理移交的,对遗留问题应写出书面材料。

(4)编制移交清册,列明应当移交的会计凭证、会计账簿、财务会计报告、印章、现金、有价证券、支票簿、发票和其他会计资料和物品等内容；实行会计电算化的单位，从事该项工作的移交人员还应当在移交清册中列明会计软件及密码、会计软件数据磁盘及有关资料、实物等内容。

会计人员办理交接手续，必须有监交人负责监交。一般会计人员交接，由单位会计机构负责人、会计主管人员监交；会计机构负责人、会计主管人员交接，由单位领导人负责监交，必要时可由上级主管部门派人会同监交。

移交人员在办理移交时，要按移交清册逐项移交；接替人员要逐项核对点收。交接完毕后，交接双方和监交人在移交清册上签名或盖章，并应在移交清册上注明：单位名称，交接日期，交接双方和监交人的职务、姓名，移交清册页数以及需要说明的问题和意见等。

移交清册一般应填制一式三份，交接双方各执一份，存档一份。接替人员应继续使用移交前的账簿，不得擅自另立新账，以保证会计记录的连续性。

会计人员临时离职或者因病不能工作且需要接替或者代理的，会计机构负责人、会计主管人员或者单位领导人必须指定有关人员接替或者代理，并办理交接手续。临时离职或者因病不能工作的会计人员恢复工作的，应当与接替或者代理人员办理交接手续。移交人员因病或者其他特殊原因不能亲自办理移交的，经单位领导人批准，可由移交人员委托他人代办移交，但委托人应当承担规定的责任。

单位撤销时，必须留有必要的会计人员，会同有关人员办理清理工作，编制决算。未移交前，不得离职。接收单位和移交日期由主管部门确定。单位合并、分立的，其会计工作交接手续比照上述有关规定办理。移交人员对所移交的会计凭证、会计账簿、会计报表和其他有关资料的合法性、真实性承担法律责任。

第6节　会计职业道德

1. 职业道德与会计职业道德

职业道德有广义和狭义之分。广义的职业道德是指从业人员在职业活动中应该遵循的行为准则，涵盖了从业人员与服务对象、职业与职工、职业与职业之间的关系。狭义的职业道德是指在一定职业活动中应遵循的、体现一定职业特征的、调整一定职业关系的职业行为准则和规范。职业道德的基本内容包括：爱岗敬业、诚实守信、办事公道、服务群众、奉献社会。

会计职业道德是指在会计职业活动中应遵循的、体现会计职业特征的、调整会计职业关系的职业行为准则和规范。会计职业道德的主要内容如下：

（1）爱岗敬业，要求会计人员热爱本职工作，安心本职岗位，忠于职守，尽心尽力，尽职尽责。

（2）诚实守信，要求会计人员做老实人，说老实话，办老实事，执业谨慎，信誉至上，不为利益所诱惑，不弄虚作假，不泄露秘密。

（3）廉洁自律，要求会计人员公私分明，不贪不占，遵纪守法，清正廉洁。

(4)客观公正,要求会计人员端正态度,依法办事,实事求是,不偏不倚,保持应有的独立性。

(5)坚持准则,要求会计人员熟悉国家法律、法规和国家的统一会计制度,始终坚持按法律、法规和国家统一的会计制度的要求进行会计核算,实施会计监督。

(6)提高技能,要求会计人员增强提高专业技能的自觉性和紧迫感,勤学苦练,刻苦钻研,不断进取,提高业务水平。

(7)参与管理,要求会计人员在做好本职工作的同时,努力钻研相关业务,全面熟悉本单位经营活动和业务流程,主动提出合理化建议,协助领导决策,积极参与管理。

(8)强化服务,要求会计人员树立服务意识,提高服务质量,努力维护和提升会计职业的良好社会现象。

2. 会计职业道德与会计法律制度的关系

会计职业道德是会计法律制度正常运行的社会和思想基础,会计法律制度是促进会计职业道德规范形成和被遵守的制度保障。会计职业道德与会计法律制度,两者有着共同的目标、相同的调整对象,承担着同样的职责,在作用上相互补充,在内容上相互渗透、相互重叠,在地位上相互转化、相互吸收,在实施过程中相互作用、相互促进。

会计职业道德与会计法律制度的区别表现在以下四个方面:

(1)性质不同。会计法律制度通过国家机器强制执行,具有很强的他律性;会计职业道德主要依靠会计从业人员的自觉性,具有很强的自律性。

(2)作用范围不同。会计法律制度侧重于调整会计人员的外在行为和结果的合法化;会计职业道德不仅要求调整会计人员的外在行为,还要调整会计人员内在的精神世界。

(3)实现形式不同。会计法律制度是通过一定的程序由国家立法机关或行政管理机关制定的,其表现形式是具体的、明确的、正式的成文规定;会计职业道德产生于会计人员的职业生活和职业实践,其表现形式既有明确的成文规定,也有不成文的规范,存在于人们的意识和信念之中。

(4)实施保障机制不同。会计法律制度由国家强制力保障实施;会计职业道德既有国家法律的相应要求,又需要会计人员的自觉遵守。

3. 会计职业道德教育的管理

会计职业道德教育的管理包括以下内容。

3.1 接受教育

通过学校或培训单位对会计人员进行以职业责任、职业义务为核心内容的正面灌输,以规范其职业行为,维护国家和社会公众利益。

3.2 自我教育

自我教育是会计人员自我学习、提高自身道德修养的行为、活动。

会计职业道德教育具体包括以下四方面内容:

（1）会计职业道德观念教育。通过学习会计职业道德知识，树立会计职业道德观念，了解会计职业道德对社会经济秩序、会计信息质量的影响，以及违反会计职业道德将受到的惩罚。

（2）会计职业道德规范教育。以爱岗敬业、诚实守信、廉洁自律、客观公正、坚持准则、提高技能、参与管理和强化服务为主要内容的会计职业道德规范是会计职业道德教育的核心内容，并贯穿于会计职业道德教育的始终。

（3）会计职业道德警示教育。通过对违反会计职业道德行为和违法会计行为典型案例进行讨论和剖析，从中得到警示，增强法律意识、会计职业道德观念和辨别是非的能力。

（4）其他与会计职业道德相关的教育。

3.3　会计职业道德教育的途径

会计职业道德教育的途径主要有以下三条：

（1）通过会计学历教育进行会计职业道德教育。在学习会计理论和技能的同时，学习会计职业道德规范的内容，了解会计职业面临的道德风险，树立会计职业道德情感和观念，提高运用道德标准判断是非的能力。

（2）通过会计继续教育进行会计职业道德教育。在不断更新、补充、拓展会计专业理论、业务能力的同时，通过会计职业道德信念教育、会计职业义务教育、会计职业荣誉教育，形成良好的会计职业道德。

（3）通过会计人员的自我教育和修养进行会计职业道德教育。通过自我教育、自我锻炼、自我修养，将会计职业道德规范转化为会计人员的内在品质，规范和约束自身的会计行为。

财政部门对会计职业道德进行监督检查，检查的途径主要有：将会计执法检查与会计职业道德检查相结合；将会计专业技术资格考评、聘用与会计职业道德检查相结合。会计行业组织对会计职业道德进行自律与约束。依据《会计法》等法律法规，建立激励机制，对会计人员遵守职业道德的情况进行考核与奖惩。

财政部门组织和推动会计职业道德建设，依法行政，探索会计职业道德建设的有效途径和实现形式。会计职业组织建立行业自律机制和会计职业道德惩戒制度。企事业单位应任用合格的会计人员，开展会计人员职业道德教育，建立和完善内部控制制度，形成内部约束机制，防范舞弊和经营风险，支持并督促会计人员遵守会计职业道德，依法开展会计工作。社会各界各尽其责，相互配合，齐抓共管，社会舆论监督，形成良好的社会氛围。

第7节　会计电算化

1. 会计电算化的内容

会计电算化是会计工作的发展方向，各级领导都应当重视这一工作。大中型企业、事业单位和县级以上国家机关都应积极创造条件，尽早实现会计电算化；其他单位也应当逐步创造条件,适时开展会计电算化工作。开展会计电算化工作,是促进会计基础工作规范化和提高经济效益的重要手段和有效措施。

实施会计电算化的要求主要包括以下内容:

(1)各单位负责人或总会计师应当亲自组织领导会计电算化工作,主持拟定本单位会计电算化工作规划,协调单位内各部门共同搞好会计电算化工作。

(2)各单位开展会计电算化工作,可根据本单位具体情况,按照循序渐进、逐步提高的原则进行。

(3)各单位要积极支持和组织本单位会计人员分期分批进行会计电算化知识培训,逐步使多数会计人员掌握会计软件的基本操作技能。

(4)会计电算化工作应当讲求效益。

(5)会计电算化工作取得一定成果的单位,要研究并逐步开展其他管理工作电算化或与其他管理信息系统联网工作,逐步建立以会计电算化为核心的单位计算机管理信息系统。

2. 实施会计电算化对软、硬件的要求

2.1 软件要求

(1)会计核算软件设计应当符合我国法律、法规、规章和国家统一的会计制度的规定,保证会计资料真实、完整,提高会计工作效率。

(2)配备会计软件是会计电算化的基础工作,选择会计软件的好坏对会计电算化的成败起着关键性的作用。配备会计软件主要可以选择通用会计软件、定点开发会计软件、通用与定点开发会计软件相结合三种方式,各单位应根据实际需要和自身的技术力量选择配备会计软件的方式。

(3)配备的会计软件应达到财政部《会计核算软件基本功能规范》的要求,满足本单位的实际工作需要。

2.2 硬件要求

由于财务会计部门处理的数据量大、数据结构复杂、处理方法要求严格和安全性要求高,因此各单位用于会计电算化工作的电子计算机设备,应由财务会计部门管理,硬件设备比较多的单位,财务会计部门可单独设立计算机室。

3. 替代手工记账

3.1 替代手工记账的含义和应具备的条件

替代手工记账是指应用会计软件输入会计数据,由电子计算机对会计数据进行处理,并打印输出会计账簿和报表。替代手工记账是会计电算化的目标之一。

替代手工记账的单位应具备的条件是:

(1)配备适用的会计软件和相应的计算机硬件设备;

(2)配备相应的会计电算化工作人员;

(3)建立严格的内部管理制度。

3.2　替代手工记账应注意的问题

(1)采用电子计算机打印输出书面会计凭证、账簿、报表的,应当符合国家统一会计制度的要求,采用中文或中外文对照,字迹清晰,作为会计档案保存,保存期限按《会计档案管理办法》的规定执行。

(2)在当期所有记账凭证数据和明细分类账数据都存储在计算机内的情况下,总分类账可以从这些数据中产生,因此可以用"总分类账户本期发生额及余额对照表"替代当期总分类账。

(3)现金日记账和银行存款日记账的打印,由于受到打印机条件的限制,可将计算机打印输出的活页账页装订成册,要求每天登记并打印,每天业务较少、不能满页打印的,可按旬打印输出。

(4)在保证凭证、账簿清晰的条件下,计算机打印输出的凭证、账簿中表格线可适当减少。

4. 实现替代手工记账后应注意的问题

替代手工记账后,各单位应做到当天发生业务,当天登记入账,期末及时结账并打印输出会计报表;要灵活运用计算机对数据进行综合分析,定期或不定期地向单位领导报告主要财务指标和分析结果。

5. 建立会计电算化内部管理制度

5.1　电算化会计岗位和工作职责的划分

(1)电算化主管:负责协调计算机及会计软件系统的运行工作,要求具备会计和计算机知识以及相关的会计电算化组织管理的经验。电算化主管可由会计主管兼任,采用中小型计算机和计算机网络会计软件的单位,应设立此岗位。

(2)软件操作:负责输入记账凭证和原始凭证等会计数据,输出记账凭证、账簿、报表,并进行部分会计数据处理工作,要求具备会计软件操作知识,达到会计电算化初级知识培训的水平。各单位应鼓励基本会计岗位的会计人员兼任软件操作岗位。

(3)审核记账:负责对输入计算机的会计数据(记账凭证和原始凭证等)进行审核,操作会计软件登记机内账簿,对打印输出的账簿、报表进行确认,要求具备会计和计算机知识,达到会计电算化初级知识培训的水平,可由主管会计兼任。

(4)电算化维护:负责保证计算机硬件、软件的正常运行,管理机内会计数据,要求具备计算机和会计知识,经过会计电算化中级知识培训。采用大型、小型计算机和计算机网络、会计软件的单位,应设立此岗位,此岗在大中型企业中应由专职人员担任。

(5)电算化审查:负责监督计算机及会计软件系统的运行,防止利用计算机进行舞弊;要求具备会计和计算机知识,达到会计电算化中级知识培训的水平。此岗可由会计稽核人员兼任,采用大型、小型计算机和大型会计软件的单位,可设立此岗位。

(6)数据分析：负责对计算机内的会计数据进行分析，要求具备计算机和会计知识，达到会计电算化中级知识培训的水平；采用大型、小型计算机和计算机网络、会计软件的单位，可设立此岗位，由主管会计兼任。

5.2 建立会计电算化操作管理制度

(1)明确规定上机操作人员操作会计软件的工作内容和权限，对操作密码要严格管理，指定专人定期更换密码，杜绝未经授权人员操作会计软件。

(2)预防未审核已输入计算机的原始凭证和记账凭证等会计数据而登记机内账簿。

(3)操作人员离开机房前，应执行相应命令退出会计软件。

(4)根据本单位实际情况，由专人保存必要的上机操作记录，记录操作人、操作时间、操作内容、故障情况等内容。

5.3 建立计算机硬件、软件和数据管理制度

(1)保证机房设备安全和计算机正常运行是进行会计电算化的前提条件，要经常对有关设备进行保养，保持机房和设备的整洁，防止意外事故的发生。

(2)确保会计数据和会计软件的安全、保密，防止对数据和软件的非法修改和删除；对磁性介质存放的数据要保存双备份。

(3)对正在使用的会计核算软件进行修改、对通用会计软件进行升版和对计算机硬件设备进行更换等工作，要有一定的审批手续；在软件修改、升版和硬件更换过程中，要保证实际会计数据的连续和安全，并由有关人员进行监督。

(4)健全计算机硬件和软件出现故障时进行排除的管理措施，保证会计数据的完整性。

(5)健全必要的防治计算机病毒的措施。

5.4 建立电算化会计档案管理制度

(1)电算化会计档案，包括存储在计算机硬盘中的会计数据、以其他磁性介质或光盘存储的会计数据和计算机打印出来的书面等形式的会计数据；会计数据是指记账凭证、会计账簿、会计报表(包括报表格式和计算公式)等数据。

(2)电算化会计档案管理是重要的会计基础工作，要严格按照财政部有关规定的要求对会计档案进行管理，由专人负责。

(3)对电算化会计档案管理要做好防磁、防火、防潮和防尘工作，重要会计档案应准备双份，存放在两个不同的地点。

(4)采用磁性介质保存会计档案，要定期进行检查，定期进行复制，防止由于磁性介质损坏而使会计档案丢失。

(5)通用会计软件、定点开发会计软件、通用与定点开发相结合会计软件的全套文档资料以及会计软件程序，视同会计档案保管，保管期截至该软件停止使用或有重大更改之后的5年。

本章小结

本章是在学习了会计的基本理论和基本方法的基础上,阐述会计法规体系、会计工作组织、会计档案的保管与交接、会计职业道德和会计电算化的有关内容。

会计工作组织的主要内容包括:会计机构的设置和会计人员的配备等。实行独立核算单位的会计核算组织形式一般包括集中核算和非集中核算。企业应合理做好会计档案的保管和交接工作。

会计职业道德贯穿于会计工作的所有领域和整个过程,其作用力无所不在、无时不在。

开展会计电算化工作,是促进会计基础工作规范化和提高经济效益的重要手段和有效措施。

本章重点提示

我国已基本形成以《会计法》为中心、国家统一的会计制度为基础的相对完整的会计法规体系,主要包括会计法律、行政法规和部门规章三个层次。

会计职业道德规范的主要内容包括:爱岗敬业、诚实守信、廉洁自律、客观公正、坚持准则、提高技能、参与管理和强化服务。

企业单位的会计档案主要包括的内容有:会计凭证、会计账簿、财务会计报告、其他。会计档案的保管期限分为永久和定期两类,其中定期保管期限又分为10年和30年,时间是从会计年度终了后的第一天算起。

 思考与分析

1. 简述我国会计法规体系。
2. 会计工作组织包括哪些内容?会计人员的职责和权限有哪些?
3. 讨论集中核算与非集中核算的关系,举例说明非集中核算的内容。
4. 利用假期,到各单位走访一下,看看各单位会计档案是如何存放的。
5. 保管期限已满但还有未了结债权债务的原始凭证能销毁吗?

11-2 客观题通关测试

11-3 文章阅读

主要参考书目

[1]国家税务总局.关于深化增值税改革有关事项的公告(国家税务总局公告2019年第14号)[M].(2019-03-21)[2019-09-08].http://www.chinatax.gov.cn/n810341/n810755/c4160328/content.html.

[2]财政部会计资格证评价中心.中级会计实务[M].北京:经济科学出版社,2019.

[3]财政部会计资格证评价中心.初级会计实务[M].北京:经济科学出版社,2019.

[4]张婕.基础会计[M].北京:经济科学出版社,2017.

[5]陈国辉,迟旭升.基础会计[M].6版.大连:东北财经大学出版社,2018.

[6]陈文铭.基础会计习题与案例[M].大连:东北财经大学出版社,2015.

[7]李华.企业财务会计[M].杭州:浙江大学出版社,2018.

[8]欧阳歆.会计学原理[M].2版.上海:上海财经大学出版社,2018.

[9]蒋希众.基础会计[M].成都:西南财经大学出版社,2018.

[10]刘忠.初级会计实务(上下册)[M].北京:北京科学技术出版社,2019.

[11]黄垚.会计基础[M].上海:上海交通大学出版社,2016.

[12]黄垚.会计基础习题精练与案例[M].上海:上海交通大学出版社,2017.

[13]牟小容,王玉蓉.会计学原理[M].4版.北京:经济科学出版社,2018.